重大法学文库

国际体育仲裁专题研究

Research on International Sports Arbitration

黄晖　张春良　著

中国社会科学出版社

图书在版编目（CIP）数据

国际体育仲裁专题研究／黄晖，张春良著．—北京：中国社会科学出版社，
2017.9

（重大法学文库）

ISBN 978-7-5203-0933-2

Ⅰ.①国…　Ⅱ.①黄…②张…　Ⅲ.①体育-民事纠纷-仲裁-研究-世界
Ⅳ.①D915.704

中国版本图书馆 CIP 数据核字（2017）第 221598 号

出 版 人	赵剑英
责任编辑	梁剑琴
责任校对	周　昊
责任印制	李寡寡

出　　版	中国社会科学出版社
社　　址	北京鼓楼西大街甲 158 号
邮　　编	100720
网　　址	http：//www.csspw.cn
发 行 部	010-84083685
门 市 部	010-84029450
经　　销	新华书店及其他书店

印刷装订	北京市兴怀印刷厂
版　　次	2017 年 9 月第 1 版
印　　次	2017 年 9 月第 1 次印刷

开　　本	710×1000　1/16
印　　张	18.5
插　　页	2
字　　数	304 千字
定　　价	78.00 元

《重大法学文库》编委会

出版寄语

　　《重大法学文库》是在重庆大学法学院恢复成立十周年之际隆重面世的，首批于2012年6月推出了10部著作，约请重庆大学出版社编辑发行。2015年6月在追思纪念重庆大学法学院创建七十年时推出了第二批12部著作，约请法律出版社编辑发行。本次为第三批，推出了20本著作，约请中国社会科学出版社编辑发行。作为改革开放以来重庆大学法学教学及学科建设的亲历者，我应邀结合本丛书一、二批的作序感言，在此寄语表达对第三批丛书出版的祝贺和期许之意。

　　随着本套丛书的逐本翻开，蕴于文字中的法学研究思想花蕾徐徐展现在我们面前。它是近年来重庆大学法学学者治学的心血与奉献的累累成果之一。或许学界的评价会智者见智，但对我们而言，仍是辛勤劳作、潜心探求的学术结晶，依然值得珍视。

　　掩卷回眸，再次审视重大法学学科发展与水平提升的历程，油然而生的依然是"映日荷花别样红"的浓浓感怀。

　　1945年抗日战争刚胜利之际，当时的国立重庆大学即成立了法学院。新中国成立之后的1952年院系调整期间，重庆大学法学院教师服从调配，成为创建西南政法学院的骨干师资力量。其后的40余年时间内，重庆大学法学专业和师资几乎为空白。

　　在1976年结束"文化大革命"并经过拨乱反正，国家进入了以经济建设为中心的改革开放新时期，我校于1983年在经济管理学科中首先开设了"经济法"课程，这成为我校法学学科的新发端。

　　1995年，经学校筹备申请并获得教育部批准，重庆大学正式开设了经济法学本科专业并开始招生；1998年教育部新颁布的专业目录将多个部门法学专业统一为"法学"本科专业名称至今。

1999年我校即申报"环境与资源保护法学"硕士点，并于2001年获准设立并招生；这是我校历史上第一个可以培养硕士的法学学科。

值得特别强调的是，在校领导班子正确决策和法学界同仁大力支持下，经过校内法学专业教师们近三年的筹备，重庆大学于2002年6月16日恢复成立了法学院，并提出了立足校情求实开拓的近中期办院目标和发展规划。这为重庆大学法学学科奠定了坚实根基和发展土壤，具有我校法学学科建设的里程碑意义。

2005年，我校适应国家经济社会发展与生态文明建设的需求，积极申报"环境资源与保护法学"博士学位授权点，成功获得国务院学位委员会批准。为此成就了如下第一：西部十二个省区市中当批次唯一申报成功的法学博士点；西部十二个省区市中第一个环境资源法博士学科；重庆大学博士学科中首次有了法学门类。

正是有以上的学术积淀和基础，随着重庆大学"985工程"建设的推进，2010年我校获准设立法学一级学科博士点，除已设立的环境与资源保护法学二级学科外，随即逐步开始在法学理论、宪法与行政法学、刑法学、民商法学、经济法学、国际法学、刑事诉讼法学、知识产权法学、法律史学等二级学科领域持续培养博士研究生。

抚今追昔，近二十年来，重庆大学法学学者心无旁骛地潜心教书育人，脚踏实地地钻研探索、团结互助、艰辛创业的桩桩场景和教学科研的累累硕果，仍然历历在目。它正孕育形成重大法学人的治学精神与求学风气，鼓舞和感召着一代又一代莘莘学子坚定地向前跋涉，去创造更多的闪光业绩。

眺望未来，重庆大学法学学者正在中国全面推进依法治国的时代使命召唤下，投身其中，锐意改革，持续创新，用智慧和汗水谱写努力创建一流法学学科、一流法学院的辉煌乐章，为培养高素质法律法学人才，建设社会主义法治国家继续踏实奋斗和奉献。

随着岁月流逝，本套丛书的幽幽书香会逐渐淡去，但是它承载的重庆大学法学学者的思想结晶会持续发光、完善和拓展开去，化作中国法学前进路上又一轮坚固的铺路石。

陈德敏

2017年4月

目　　录

第一章　国际体育仲裁理念专题研究 …………………………（1）

　第一节　国际体育仲裁与体育法治信念的建构 ………………（1）

　　一　我国体育法治信念缺失的实践乱象 ………………………（2）

　　二　我国体育法治信念缺失的内因探究 ………………………（4）

　　三　体育法治信念建构的域外经验 ……………………………（9）

　　四　我国体育法治信念建构的具体攻略 ………………………（15）

　　五　结语 ………………………………………………………（20）

　第二节　国际体育仲裁与体育纠纷救济的法治 ………………（21）

　　一　引言：无救济即无法治 ……………………………………（21）

　　二　体育救济现行机制之梳理 …………………………………（23）

　　三　体育救济现行机制之评析 …………………………………（29）

　　四　体育救济法治化的中国之道 ………………………………（38）

　第三节　国际体育仲裁与体育解纷机制的法理 ………………（48）

　　一　纠纷救济机制的一般法理 …………………………………（48）

　　二　体育纠纷的法律救济机制 …………………………………（54）

　　三　我国承办奥运会的法制障碍及其建议 ……………………（60）

第二章　国际体育仲裁庭专题研究 ……………………………（66）

　第一节　国际体育仲裁庭的管辖依据：仲裁条款关联化视角 …（66）

　　一　仲裁协议的关联化及其类型 ………………………………（67）

　　二　CAS 判例及其立场 ………………………………………（68）

　　三　关联仲裁协议的正当性 ……………………………………（71）

　第二节　国际体育仲裁庭的权限内容 …………………………（79）

一 独立仲裁权 ……………………………………………… (80)

二 自裁管辖权 ……………………………………………… (84)

三 程序统筹权 ……………………………………………… (92)

第三节 国际体育仲裁庭的组庭类型 ……………………… (97)

一 约定仲裁庭与指定仲裁庭 …………………………… (97)

二 内部仲裁庭与中立仲裁庭 …………………………… (101)

三 标准仲裁庭与咨询仲裁庭 …………………………… (104)

第四节 国际体育仲裁的组庭救济 ………………………… (106)

一 国际体育仲裁庭的瑕疵 ……………………………… (107)

二 国际体育仲裁庭的补救 ……………………………… (116)

第三章 国际体育仲裁程序专题研究 …………………… (129)

第一节 国际体育仲裁程序的中立与衡平 ………………… (129)

一 中立品质的程序化 …………………………………… (130)

二 衡平品质的程序化 …………………………………… (139)

三 衡平品质的加权 ……………………………………… (143)

第二节 国际体育仲裁程序的德性与知性 ………………… (148)

一 德性与知性的程序化 ………………………………… (148)

二 知性品质的加权 ……………………………………… (150)

第三节 国际体育仲裁程序的私密与透明 ………………… (155)

一 私密品质的程序化 …………………………………… (155)

二 透明品质的程序化 …………………………………… (159)

三 透明品质的加权 ……………………………………… (166)

第四节 国际体育仲裁程序的自治与它导 ………………… (173)

一 自治与它导的程序化 ………………………………… (173)

二 它导品质的加权 ……………………………………… (177)

第四章 国际体育仲裁裁决专题研究 …………………… (182)

第一节 国际体育仲裁的裁决机制 ………………………… (182)

一 CAS 的裁决程序 ……………………………………… (182)

二 CAS 裁决的生效 ……………………………………… (184)

三 CAS 裁决的督促 ……………………………………… (185)

第二节 国际体育仲裁的裁决管理 ………………………… (189)

一　仲裁裁决的审查：裁决品质的提升机制 ················ (189)

二　裁决的矫正：裁决瑕疵的救济机制 ·················· (192)

三　裁决的公布：仲裁法理的结晶机制 ·················· (196)

四　裁决的辅执：裁决执行的佐佑机制 ·················· (200)

五　作为结语的启示：为我国体育仲裁的裁决管理制献策 ······ (204)

第三节　国际体育仲裁裁决先例化 ······················ (205)

一　何为仲裁先例 ································ (206)

二　CAS 仲裁先例的意义 ·························· (209)

三　仲裁先例的生成障碍 ·························· (213)

四　CAS 仲裁先例的可能性 ························ (221)

五　小结：CCAS 的先例促成之道 ···················· (225)

第五章　国际体育仲裁应用专题研究 ···················· (227)

第一节　内部应用：体育协会内部治理的法治度评估 ·········· (227)

一　导论：体育协会内部治理中解纷机制的概况 ············ (227)

二　仲裁机制在足协内部治理中的地位 ·················· (229)

三　足协内部仲裁机制的架构 ······················ (232)

四　足协内部仲裁机制的法治度评析 ·················· (240)

五　足协内部仲裁机制的法治化改造 ·················· (243)

六　小结：体育法治在途中 ························ (246)

第二节　外部应用：中国资本海外并购体育产业的风险及

　　　　防范 ································ (247)

一　海外职业足球俱乐部并购运动：现象及其风险 ·········· (247)

二　海外并购中解纷条款的路径选择：CAS 强制管辖的适用

　　　问题 ································ (253)

三　海外并购中解纷条款的要点考量：要素及其解析 ·········· (257)

四　海外并购中解纷条款的示范设计：方案及其序列 ·········· (263)

五　余论：解纷条款拟订中的善恶辩证法 ················ (272)

参考文献 ····································· (274)

后记 ······································· (284)

第一章

国际体育仲裁理念专题研究

第一节　国际体育仲裁与体育法治信念的建构

植根于我国法治高歌猛进的整体环境，经数十年的培育和发展，我国体育法治既可以说是渐入佳境，也可以说是渐入困境。渐入佳境是就其形式层面而言，体育法律规范的制定渐成规模，① 体育法学研究日趋繁荣，② 依法治体的观念广为接受；③ 但就实质层面而言中国体育法治进程业已步入了一个瓶颈，这个瓶颈在根本意义上制约了体育法制的动态功效之发挥，使其沦为谈资式而非真正得到遵守的书面规则。这个瓶颈可以表述为这样一个命题：中国体育界有法治之理念，而无法治之信念。不建构对体育法制的忠诚，不树立对体育法治之信仰，再完善的体育法制只是纸上谈兵，再完美的体育法治也只是空中楼阁。体育法治信念的建构实为中国体育法治化工程中画龙点睛之笔。法如涂脂而天下大乱之间的辩证关系，如有观点指出："我们看到强制性的'法'层出不穷，仅就兴奋剂一端就引出了多少'法'，国际体育组织的禁药清单也越来越长，然而，国际体坛

---

① 于善旭：《新中国 60 年：体育法治在探索中加快前行》，《天津体育学院学报》2009 年第 5 期。

② 田思源：《改革开放三十年我国体育法治建设的回顾与展望》，《法学杂志》2009 年第 9 期。

③ 贾文彤、杨银田、盖立忠：《我国体育法学研究中的法治浪漫主义评析》，《上海体育学院学报》2006 年第 3 期。

的兴奋剂非但没有被遏制，却如野火一样漫延开来。"① 这深刻彰显了中国体育法治的深度建设问题是体育法治信念的建构而非简单的法制建设。

一 我国体育法治信念缺失的实践乱象

（一）体育行政层面

新中国体育业的神速发展及其获得的辉煌成就在很大程度上得益于行政力量的主导和助推。行政力量的主导所造就的治理模式是人治而非法治性的，在体育业百废待兴、各种体育资源极其困乏的初期发展阶段，由行政途径凝聚各方力量、汇集各种资源并经由领导人的高瞻远瞩而以举国之力建设体育事业，这在彼时是必要而且是最佳的发展方式。在短暂的数十年时间里我国即从积贫积弱的体育弱国成功转型为体育大国，在新的历史时期则肩负着从体育大国转型为体育强国的崭新使命。因此，我国体育业的发展可谓是"两次转换、三种阶段"：体育弱国—体育大国—体育强国。

行政主导性的人治治理模式在第一次转换、前两个阶段付出了艰巨的努力，在体育大国建设的后期阶段即向体育强国转型过程中，此种治理模式开始表现出保守的反进步性，成为阻碍体育业进一步发展的生产关系之桎梏。基于种种主客观原因，长期施行的"行体合一"格局业已根深蒂固地形成了体育行政化和行政体育化的事实，要将行政力量从体育业机体之中抽取出去，实现"行体分离"、各行其道，这多少有点忘恩负义的情感负疚，而且也难免因利益因素而有切肤之痛。道德上的情债和利益上的纠结是导致形体难分的两大主要因素，迄今各种高度行政性色彩的干预行为仍然泛化在体育管理各方面，有文章业已指出："以规代法，规大于法的现象屡见不鲜。"②

（二）体育协会层面

就体育协会而言，其法治信念缺失的基本症结仍在于协会的行政化，有法不依、唯行政是从的现象不仅时常发生，甚至还被某些协会制度化为其基本章程，作为协会的"宪法"或"最高纲领"而得以实施。

体育协会的"章程"是其立会之本，但是国内一些单项体育协会的

---

① 任海：《体育"法治"与"德治"辩》，《体育科学》2005 年第 7 期。

② 陈培德：《论我国体育的法治现状及发展对策》，《浙江体育科学》2003 年第 3 期。

章程规范中的核心条款还明确肯认了有法不依的内容，突出表现在争议解决机制的设置之上，如"各体育组织纷纷在其章程中明令禁止其成员将争议诉诸司法救济，表现出'自力救济和/或行政救济'与'司法救济'之间的人为隔离"①。一个典型的例子即是，《中国足协章程》第62条第1—5款的规定，该条款明确要求在协会内部按照"家规家法"垄断性地解决体育纠纷，并将对违者实施处罚。这就意味着，即便该违背"家法家规"的行为是合乎"国法"行为的也不得豁免。这一主观信守的缺位从足协章程之上延伸扩展到了它所颁布的其他规范文件之中，如其颁布的《纪律准则及处罚办法》就被认为只是一种"形式法治"而非"实质法治"，还需要"对法治精神的深入领悟"②。

（三）体育裁判层面

法律与体育看似遥远，实则在精神层面是会通的，二者存在一脉相贯之处。所谓法治，亚里士多德早就指出过：它不外是"已成立的法律获得普遍的服从，而大家所服从的法律又应该本身是制定得良好的法律"③。然而，法治信念的体现不能狭隘地局限于对国家正式立法的服从，而应从对任何良性规则的服从来评判。所有活动要成为一项体育运动必须要有一定的"游戏规则"，以及为贯彻该规则而设立的"护法"使者即中立公正之裁判。在实质意义上，体育活动的游戏规则即为体育业之"法"，而体育裁判则为司法者。因此，体育本身始终贯穿着广义法律的精神，无规则即不成体育。

司法是捍卫正义的最后的防线，最大的腐败莫过于司法的腐败。同理，作为体育界之"司法者"的体育裁判们也是捍卫体育正义的最后防线，最大的体育腐败即为体育裁判的腐败。不幸的是，我国竞技体育界屡屡见诸报端的金哨变黑哨或官哨、收受贿赂、操纵比赛等现象即为种种法治败坏之证据。④此种腐败不能仅归因于无法可依，也不能归因于于法无知，而只在于有法不依，有法不依之深层根源则是法治信念的丧失。更深重的灾难是，裁判的法治信念状况还直接对运动员、社会人士产生了直接

---

① 张春良：《体育纠纷救济法治化方案论纲》，《体育科学》2011年第1期。

② 高军东：《法治视角下的中国足协及其〈纪律准则及处罚办法〉》，《天津体育学院学报》2011年第2期。

③ ［古希腊］亚里士多德：《政治学》，吴寿彭译，商务印书馆1965年版，第199页。

④ 李烈钧：《金哨、黑哨和官哨的思考》，《观察与思考》2011年第5期。

的负面影响。据统计资料显示："球场暴力行为的产生 70% 左右是由于裁判的因素而引起的，而在这 70% 的份额中，'黑哨'的原因就占到近 40% 左右。"①

（四） 运动员层面

就运动员而言，他们相对于体育管理层面和体育协会层面来说是服从者，也是体育运动规则的直接守法者，但由于体育行业管理的行政化，这使他们更多地服从和认同家规家法、行规行矩，法律对于体育人而言仅在体育之外有效。法治信念的缺乏集中表现在运动员的日常训练管理及竞技场上。在日常训练中，管理机构及教练们采取的家长式管理方法为他们建立了超越于规则之上的权威，真正有效的"法"既不是国家之法，也不是体育行政机构的规章条例，不是体育协会的章程规范，而是管理人员和教练人员的命令或禁令。以言乱法、以言代法，这是体育运动训练管理之中的常见现象。

总的来说，体育界人士具有双重身份，一是体育人，二是社会人。就体育人而言，他们仅受体育界潜规则之约束，过着一种似乎与法律无关的生活；就社会人而言，他们才在体育之外的现实生活之中重归法律调整的范围。法律与体育在他们身上只存在平行的转换关系，而并无同在的重叠关系。体育界因此就如同一道门，入门则出法，出门则入法。从上述乱象可以看出，从体育行政机构、体育协会到裁判，再到运动员，他们的法律信念存在系统性缺失。此种缺失不是主观上对法律的不认知，而是主观上对法律的不认同。法律信念的系统缺失形成一种体制性的整体脱法化，在这个脱离法律的空间里彼此行为的非法性相互证成而不是相互矫正，真正合法的行为反倒可能会受到打击。对于中国体育界的当代问题，负责任的态度不是对各种乱象的指责，而应是以比较的视野冷静探究其生成内因，再立足本国处境参鉴域外经验来思考突围困境的攻略。

二　我国体育法治信念缺失的内因探究

此处之法治应作广义解，它不仅指国家正式立法，而且也指合乎国家立法的体育业规章条例、章程规范、裁判准则，以及其他管理规范等；此处之信念也不同于观念或理念，观念或理念只是一种认知，但并无为之献

---

① 龙秋生：《依法治理黑哨探讨》，《体育文化导刊》2011 年第 11 期。

身的主观意愿；信念则不同，它是人们表明对终极意义和生活目的的一种集体关切，是一种对于超验价值的共同直觉与献身。因此，法治观念或理念可以被当作与实践无关的纯粹意识，缺乏规范实践的力量和要求；而法治信念则不仅要有法治观念或理念为前提，更要求行为人要赋予它信仰的神圣性并付诸实践。法治信念缺乏的基本问题因此是根本缺乏规则信守意识的问题，中国体育界缺乏法治信念的原因众多，可别为内因与外因两类。

（一）信念缺乏的内因

1. 历史传承

中国五千年的治理文明是信"人"而不信"法"的文明，法从人出，而非人依法行。信人的文明不重规范，而重人之示范，完善的示范之人即为圣人。因此，在中国的历史文化之中，社会秩序的建构中心始终是围绕圣人而行的，圣人之言即为具有规范力量的礼乐。由于生活实践的多变，圣人敏察到规范本身的僵滞性很可能禁锢实践之鲜活生命，无法实现与物宛转之道体流行。[①] 职是之故，圣人慎言而重实践。有研究指出，对中国历史文化起着决定作用的孔子就从未对其核心概念"仁"下过确切的定义；相反，在他的《论语》中所提到的"仁"都具有因时因境而变的特征。[②] 易言之，真正的法不是客观外在的定法，而是圣人触景而生的灵动活泼之行为。人之本质即在于其超越性，[③] 超越性拒绝规范的约束，因为作为规范的法始终存在的倾向是与现实节奏的落拍。因之，信人的文明天然地与信法的文明之间存在冲突，在人法冲突的情况下，其解决规则是人大于法。

2. 信仰实践

不论何种信仰，其核心特征在于对所信仰之对象赋予至高的意义和价值，并愿意为之奉献无上的忠诚，为捍卫其意义和价值甚至可以为之献身。信至极端即为宗教。因此，在宗教信仰之中可以见证出信念的存在，并且宗教训练也是建构信念的最有效、最强有力的途径。国人大都无宗教

---

① 牟宗三、徐复观、张君劢等：《为中国文化敬告世界人士宣言》，载张君劢《新儒家思想史》，中国人民大学出版社 2006 年版，第 587 页。

② 邓晓芒：《苏格拉底与孔子的言说方式比较》，载邓晓芒《新批判主义》，北京大学出版社 2008 年版，第 159 页。

③ ［法］萨特：《自我的超越性》，杜小真译，商务印书馆 2005 年版，第 20 页。

信仰，大多数所谓的信仰也基于利己需要，而非基于对真正的超验价值或终极意义的投身。法律与宗教之间分享着某些共同的结构和精神，伯尔曼教授曾经指出："事实上，在有的社会（比如古代以色列），法律，即《摩西五经》，就是宗教。但是，即便是在那些严格区分法律与宗教的社会，它们也是相辅相成的——法律赋予宗教以其社会性，宗教则给予法律以其精神、方向和法律获得尊敬所需要的神圣性。在法律与宗教彼此分离的地方，法律很容易退化成为僵死的法条，宗教则易于变为狂信。"① 对于法律与宗教之间的此种隐秘关联，有智识之士在法律与道德之间获得了间接的感悟："法与道德，一刚一柔，一外一内，一为治标，一为治本。两者分离，则顾此失彼，越治越乱。两者结合，则刚柔相济、内外兼顾、标本兼治。"② 道德虽不同于宗教，但二者之复杂微妙关系实可简约为：道德乃无神之宗教；宗教则是神圣的道德。但就神圣性和忠诚度的建构方面，道德不及宗教之感召强度。法治在某种程度上即要求行为人应当培育出对法律的信念，而且此种信念应当具有与宗教信仰类似的神圣性和忠诚度。法律必须被信仰，否则它形同虚设："在所有的社会里，虽然是以极不相同的方式，法律都部分地借助于人关于神圣事物的观念，以便使人具有为正义观念而献身的激情。"③ 由于国人缺乏系统的宗教信仰训练，要对法律建立一种信仰，他们信法的动机和目的就端在于趋利避害之欲求；反过来，他们也可能为趋利避害之目的而规避、滥用乃至背离法律。要言之，缺乏神圣的宗教之熏陶，国人所信之宗教则为世俗之拜金主义，这是"近数十年来，在商业和其他利益的驱使下，运动员和裁判员的行为失范现象日益严重"的主因。

（二）信念缺乏的外因

缺乏内因的孕育，信仰得以建构的路径就有赖于外因的激励。对于在现行中国处境之中的体育人而言，其外在的直接影响因素涉及考核标准、教育训练及救济机制。遗憾的是，这些外在因素对体育人的法治信念不是起到积极的建构作用，而是在消极地进一步瓦解着脆弱的法治观念。

---

① ［英］伯尔曼：《法律与宗教》，梁治平译，中国政法大学出版社 2003 年版，第 12 页。

② 任海：《体育"法治"与"德治"辩》，《体育科学》2005 年第 7 期。

③ ［英］伯尔曼：《法律与宗教》，梁治平译，中国政法大学出版社 2003 年版，第 12 页。

1. 考核标准

毋庸讳言，中国的主流考核理念是以绩效为标准的，并围绕此绩效发展出诸多考核指标。绩效的科学设立至为关键，但我国的考核标准大体上看乃是以可见的短期成绩为目标。从行政到社会如此，体育业同样如此。特别对竞技体育而言，唯一的评判标准乃是竞技成绩之好坏，这是体育界真正的标准，也是唯一可信之"法"，为此"法"可牺牲彼"法"，为达目的可以不择手段。据报道，中国的奥运冠军大都是"特权阶层"，中国体育从体育大国向体育强国迈进的拐点就是让"奥运金牌决定论寿终正寝"①。

此种唯成绩论的考核体制在直接层面根本有违奥运宗旨，在终极层面则根本有违体育精神。《奥林匹克章程》明确提及："奥林匹克主义是将身、心和精神方面的各种品质均衡地结合起来，并使之得到提高的一种人生哲学。它将体育运动与文化和教育融为一体。奥林匹克主义所要建立的生活方式是以奋斗中所体验到的乐趣、优秀榜样的教育价值和对一般伦理基本原则的推崇为基础的。"奥林匹克主义的核心"尤其强调和突出人的和谐发展，身心兼美与身心和谐"，而国际体育之精神也被认为是公平竞技、自我完善、践行人权和实现人类永久和平四个方面。② 唯成绩论的考核标准在反体育的同时，也造成了国家立法、行业法规、协会章程、管理规范的权威之丧失，奖牌和成绩成为法外特权的凭仗，法治信念被置换为绩效信念。

2. 教育培训

教育是规训人之野性，使人成为文明人的主要后天教化方式。卢梭曾言："我们生来是软弱的，所以我们需要力量；我们生来是一无所有的，所以需要帮助；我们生来是愚昧的，所以需要判断的能力。我们在出生的时候所没有的东西，我们在长大的时候所需要的东西，全都由教育赐予我们。"③ 在我国正常的教育体制中，从小学经中学到大学都有必要的道德和法律常识教育，能够基本培养一个社会人所应当具有的法律知识，初步建立对法律的遵守意识。但对于体育人，特别是对于运动员而言，由于体

---

① 汪晖：《将"王濛事件"追问到底》，《羊城晚报》2011年8月2日。

② 刘想树主编：《国际体育仲裁研究》，法律出版社2010年版，第1—2页。

③ ［法］卢梭：《爱弥儿》（上卷），李平沤译，商务印书馆2003年版，第7页。

育圈有脱离社会因而脱离法律、自成一体的倾向，导致他们在受教育及训练过程中极少接触到真正严肃的法律训练。

由于我国过去采取的是专业化因而是专门化的体育培养体制，体育运动员的选拔和培养"从娃娃抓起"，一经择定，这些潜在的运动员们便开始逐步踏上纯粹体育的轨道，从此过上一种非比寻常的学习、教育和考核生活。他们专注于专业训练，文化通识教育基本缺乏，更缺乏最基本的法律教育和法律训练，相应地，也就缺乏对规则的最低限度认同。长期以来的家长式管理又进一步导致他们认"人"不认"法"。但这样一来他们既可以对教练或管理人员百依百顺，也可以翻脸不认人，出现治理上的混乱。有人不无深刻地指出：在近期王濛事件上折射出来的是"体制内文化教育的缺失"①。举国体制的基本困境之一在于，它在正常的社会生活之外重新建构了一个相对封闭的体育社会，在体育社会之中奉行着不同于正常社会生活的治理模式。但对于体育人而言，他们不可能完全抹除其社会人的身份，从而在体育人与社会人之间出现了冲突和分裂的危机。

3. 救济机制

合符法治理念并能有效实施的权利救济机制，能够给予体育人现实的激励以建构对法治的信念。反之，权利救济机制的失灵则是诱导体育人缺乏法治信念的外因。社会学分析结论显示，在行为人尚有其他救济方式的情况下他们不会选择暴烈、极端的自我私力救济；只有在穷尽一切可供利用的合法救济仍难达到内在的基本正义标准时，行为人才会诉诸私力救济。我国体育界长期执行行业管理和行政管理，一方面外部、中立的司法救济不通畅，另一方面行业和行政救济又缺乏独立性，这几乎封锁了从业人员的权利救济途径，致使他们在广泛采取私力救济的同时，从根本上缺乏对规则、对法律的认同和忠诚感。

中立、畅通的权利救济机制是建构法治信念不可或缺的环节，它是法治得以保障的武装的牙齿。我国体育界习惯于在协会内部解决争议，挂靠在体育协会内部的争议解决机构很难做到程序正义中的中立原则，其争议处理结果难以服众。被誉为是国际体育界之最高法庭的国际体育仲裁院（Court of Arbitration for Sports, CAS）在其初期建设阶段就因其与国际奥委会（International Olympic Committee, IOC）之间的挂靠关系被饱受质疑，

---

① 丁卉：《专家：体制内文化教育缺失　让王濛迷失自我》，《沈阳晚报》2011 年 8 月 2 日。

最终在 Gundel 案件中被当事人直接抗辩。① 以此为契机，CAS 才实现了完全的法治化中立。赢得了地位上的中立性，也就为整个体育法制赢得了神圣性，极大地提升了体育法治的信念。中国体育协会内部的救济机制也受到了类似的质疑，如有观点在评价王濛事件时认为："中国体育的听证制度长期缺位，取而代之的是'内部调查'，而调查人一般是领导层。作为运动队长期封闭性训练体系的延伸，所有矛盾都习惯在内部消化。许多运动队在矛盾产生时，首先是息事宁人，以大局为重，家长式简单粗暴的解决方式因此成为常态；板子打下来，就成为定局，也没有个申诉期和类似于'体育仲裁法庭'的机构。"② 此种有效且公平的护法机制的缺乏，使法治信念之建构缺乏现实明证。

三 体育法治信念建构的域外经验

（一）内在信念的养成

聚焦于西方文明可以清晰地看出其有别于中华文明的两大核心要素：一是来源于古希腊的理性，二是来源于古希伯伦的信仰。理性与信仰本为殊途，但同归而成西方独特的文明。法律是西方人根据其理性而发展出来的造物，并成为他们修身齐家治国平天下的基本准则；宗教则以信仰的力量赋予法律神圣的色彩。二者之间的此种相互证成关系可得证于学者如下所言："假如不去探讨西方法律传统的宗教方面的话，要理解这一传统的革命性质是不可能的。"③ 理性精神与信仰文明的交互作用，造就了西方源远流长的法治传统，同时也为西方人铭刻下了对法治的忠诚信念。

1. 源远流长的法治传统

从治理模式的抉择看，西方的文明是法治的文明。与信人的文明不同，信法的文明有倒置名、实的内在要求，强调现实对规范的服从而非规范对现实的尊重。作为西方文明之鼻祖的柏拉图在终其一生的国家治理方案的探究之中，最终还是认定作为理想国的最佳治理方案不是"政治家"

---

① 张春良：《CAS 仲裁中立原则的制度安排》，《天津体育学院学报》2010 年第 2 期。

② 柳溪：《中国短道速滑队内讧事件》（http://www.hudong.com/wiki）。

③ ［英］伯尔曼：《法律与革命》，贺卫方、高鸿钧、张志铭等译，中国大百科全书出版社 1993 年版，第 200—201 页。

而是"法律"。此一定调为后世之西方所垂范数千年。客观而言，法治并非完满无缺，相反，人治模式下若能得一有德之人主政可能造就彪炳万世之功绩。但是法治相对于人治的比较优越性在于：人治可能走极端，它既可能因德主而成礼乐盛世，也可能因暴君而致山河破碎；法治则能保中庸，因法的保守性它可能无法臻于极致之治，但它却可防止将俗世变为地狱。赞成人治的基本前提是性本善；赞成法治的基本前提则是性本恶。西方国家更注重防范恶，因此它们以规范为中心的治理思维贯穿渗透在社会生活的方方面面，从治理国家到治理体育团体，从社会公民到体育人。信法和守法成为他们无所不在的行为指南。

2. 贯穿终生的宗教训练

大多数西方人都有自己的宗教身份，他们一般自其出生便在父辈的选择下皈依了特定宗教，直至死亡。宗教生活与世俗生活相互交融，定期的宗教仪式和宗教活动更强化了他们的信仰体验。甚至法律本身及其意义也渊源于宗教，"西方法律体系的基本制度、概念和价值都有其 11 世纪和 12 世纪的宗教仪式、圣礼以及学说方面的渊源，反映着对于死亡、罪、惩罚、宽恕和拯救的新的态度，以及关于神与人、信仰与理性之间关系的新设想。……西方法律科学是一种世俗的神学"①。法律从出于宗教，从宗教处获得其意义和被信仰的力量，而西方人的宗教体验也有助于直接将他们的信仰嫁接于法律之上，强化其对法律的神圣确信。

中国包括其体育的近代化和现代化，始自对西方文明的东渐运动，但东渐的文明让中国只是在制度、器具等有形层面完成了西化，而作为文明内核之一的信仰精神却并未被植入。西方的法治文明也被高调引入，建设社会主义法治国家的目标也早已形成共识且业已确立，但法治文明包括的物质文明建设和精神文明建设在借鉴过程中被悄然分离：物质即制度文明层面的建设卓有成效，但其内在的精神信仰方面的建设却始终难见成效。因此，传统的根深蒂固的人治信念悄无声息地填补了法治信念无法引入而形成的精神真空。就此而言，中国与西方的体育法治建设始终是貌合神离，徒有发达的法治外衣而缺乏真正法治文明的精气神。不明了此点，将越治越乱之怪象归咎于"体育法治"，而认为体育法治为一种浪漫主义思

---

① ［英］伯尔曼：《法律与革命》，贺卫方、高鸿钧、张志铭等译，中国大百科全书出版社 1993 年版，第 200—201 页。

潮之立场①就显然有张冠李戴之嫌疑。缺乏西人贯穿始终、生死相随的宗教训练之切身体验，这种生活实践既是妨碍我们理解体育法治真义谛的消极因素，也是妨碍我们推进体育法治化的真正困境。体育法律"之所以经常被认为没有意义，是因为它的神学前提已不再被人们所接受"②。

（二）外在因素的激励

人是属灵的动物，只要有了内在信念的坚定支持，外在制度的设计及其激励就会起到事半功倍的催化之效。反之，倘无内心的先行认同，要通过外在制度的激励而反向促成内心信念的建构，则是事倍功半之举。如果这外在的激励还只是负面激励，则会建构出反向信念导致灾难性后果。相比于国内体育界的外在负向激励，西方得当的外在正向激励与内在信念支持双管齐下更见出其体育法治之建设成效。

1. 考核体系的合理化

考核标准是体育运动的目标，合理化的考核标准之建立有利于引导体育运动的科学发展。考核标准本身是否合理是以其是否符合体育运动本质为判断依据的，对于竞技体育而言，合理的考核体系应当满足这样三个基本特征，否则即为异化③：一是竞技体育的技战术、组织管理和行为方式受人支配，而非反过来支配人；二是竞技体育的参与者是基于自主意志和兴趣爱好参加体育运动，而不是基于政治或商业利益；三是竞技体育直接与参与者的终身幸福相关联而不是分离，从而导致他们精神性、躯体性和社会性的不幸。可以认为，政治和商业是诱导体育考核标准发生异化的最重要的两大因素，尤以政治为甚。因此，就西方国家的体育考核体系而言，它们相比于中国的相对优势在于，体育运动的去政治化。或反言之，商业化趋势更为尊重体育运动的本质规律，将更大的评判标准和自主权从国家行政之手转移到俱乐部和运动员手中，通过增加体育人自决权的方式能更有利于弱化或减轻体育异化的可能性。

中国体育考核体系最大的问题在于其政治化，这在特殊历史时期是世界之主流无可厚非："应该承认的是，民族主义是20世纪国际经济体育的

---

①　贾文彤、杨银田、盖立忠：《我国体育法学研究中的法治浪漫主义评析》，《上海体育学院学报》2006年第3期。

②　[英]伯尔曼：《法律与革命》，贺卫方、高鸿钧、张志铭等译，中国大百科全书出版社1993年版，第200—201页。

③　卢元镇：《竞技体育的强化、异化与软化》，《体育文化导刊》2001年第4期。

主要潮流和基本背景。体育运动与民族事业紧密联系在一起，无论是学校体育、大众体育还是高水平的竞技体育，都包含着强烈的民族意识和民族愿望。……可以预言，在今后很长的一段历史时期，竞技体育仍然只能在民族主义中寻求支点。"① 中国体育考核体系的政治化首先表现在考核主体的行政化，作为民间性的各体育运动中心与体育行政管理机构之间并未脱钩，考核标准的拟定及评价主体即表现出政治性；其次，作为体育人自律性的真正主体即体育总会并未真正建立起自己的独立性和话语权。为国争光不仅是作为口号，而且是作为最高的评价标准被提出，它"始终是中国运动员群体所秉承的最高国家意志和崇高情怀"②，但在具体的实施过程中，为国争光被执行为为国争"牌"，再进一步质变为成绩至上。承载着政治意义的奖牌成为体育界不能承受之重，并在这一标准执行之下整体扭曲了中国体育业的结构和发展。

相比于中国体育考核主体、标准及其执行的政治化，欧盟和英美等国的体育考核却在高度自治化。高度自治化解放了体育人的政治束缚，使他们成为真正的体育运动的主体，并引导考核体系的合理化改造。有观点认为美国和欧盟代表了两种体育模式：欧盟体育模式将体育及其实践视为公民的消遣娱乐及为社会做出贡献的方式；③ 而美国体育模式则只是"主要由体育专业人员参与的"商业活动。④ 也即，欧盟体育模式是全民参与的普及模式，而美国则是严格区分业余运动和专业运动的商业经营模式。但两者共同的地方在于体育的去行政化，"全球化和商业化不只是美国的发明"⑤，美国和欧盟皆在这些潮流之列。⑥ 体育人从政治人的身份解放出来

---

① 卢元镇：《竞技体育的强化、异化与软化》，《体育文化导刊》2001 年第 4 期。

② 王晓红、李金龙：《文化教育：我国运动员群体的战略抉择》，《北京体育大学学报》2010 年第 4 期。

③ James A. R. Nafziger, "A Comparison of the European and North American Models of Sports Organization", in Simon Gardiner, Richard Parrish, Robert C. R. Siekmann eds., *EU*, *Sport*, *Law and Policy*: *Regulation*, *Re-regulation and Representation*, T. M. C. Asser Press, 2009.

④ Richard Parrish, *Sports Law and Policy in the European Union*, T. M. C. Asser Press, 2003, p. 4.

⑤ Stephen F. Ross and Stephen Szymanski, "Antitrust and Inefficient Joint Ventures: Why Sports Leagues should Look More Like McDonald's and Less the United Nations", *Marq. Sports L. Rev*, 2006 (16).

⑥ Stephen Weatherill, "Is the Pyramid Compatible with EC Law?" *Int'l Sports L. J.*, 2005 (3).

之后有了真正的主体性，自治或自理这种被认为是"值得尊重的良好治理原则"① 为合理的体育评判标准的建立与实施奠定了基础。

应当指出，体育与商业之间也存在分歧的方面，体育本质与商业本质不能等同，因此体育运动的商业化也可能诱导体育自身的异化，但通过商业规则的体育治理相比于通过政治规律的体育治理而言，商业规则治理更接近体育本质规律，并有更大的可能和自由给予体育人回归体育本质的机会。

2. 教育训练的法化

西方国家运动员教育训练的法化程度高，这也主要得益于其运动员的培养体制，即这些运动员并未脱离正常教育的大环境，其包括法律在内的文化教育得到了良好的保障。中国运动员的培养体制是专门化，因此也是脱社会化的培养体制，运动员一经选定就进入了一种相对的与世隔绝的培养状态，文化教育被"边缘化"。有文章指出了这一弊端："我们长期所依靠的竞技体育训练体制，运动员从小被送进体校，从此和社会隔绝，以放弃文化课作为代价专心训练，退役后缺乏一技之长，导致谋生困难。"②不仅在运动员层面如此，在体育管理方面也是如此，一个不争的客观事实是，"一些体育工作者的法治观念比较单薄，体育管理人员依法办事的意识和能力也普遍不足"③。于此形成对比的是西方国家的体育教育培养体制始终贯彻的是文体不二的道路。

诸如英美等国及欧盟诸成员国，运动员的选择与培养是在不脱离社会和正常教育的过程中完成的，这使运动员能够受到正常的法制教育，并因不脱离社会而身处法治氛围之中潜移默化地得到法治信念之熏陶与感召。美国竞技体育体制是以学校为中心，依托小学、中学和大学的业余训练构成了整个竞技人才培养体系；欧洲的荷兰，亚洲的韩国和日本等国在中小学均设有各类体育专项训练营，同时挂钩于政府及教育系统，这些训练营与学校均承诺保障学生必须在文化课学习达到规定要求的前提下方可进入

① Commission of the European Communities, *White Paper on Sport*, 2007, Sec. 4.

② 王晓红、李金龙：《文化教育：我国运动员群体的战略抉择》，《北京体育大学学报》2010 年第 4 期。

③ 于善旭：《新中国 60 年：体育法治在探索中加快前行》，《天津体育学院学报》2009 年第 5 期。

训练营，在升学问题上也不存在降分录取的问题。① 不仅如此，国家还通过各种方式为运动员提供贯穿终生的义务教育保障。这些培养模式都为运动员提供了充分的法制教育机会。简言之，西方国家在体育教育之中实施法制教育，实现教育训练的法化主要是通过两种方式来完成的：一是常规法制教育，这主要依托并得益于他们文体并重的运动员培养体制；二是专门法制教育，这主要是由国家提供义务教育的方式推行的。在这样的培养方式下，运动员就能确保体育人、社会人与法律人三种身份的一体而不会出现国人身上所发生的分裂。

3. 救济机制的多元化

在域外经验中，体育权利救济机制多元且有效，主要包括三层次：第一层次，各体育组织内部的、非终局性的救济机制。体育组织内部的救济机制具有两个相对的、值得强调的特征：一是适切性，即该内部争议解决机制具有高度针对性，尊重和符合特定的专业体育争议之性质，② 因此具有解决争议的高效性；二是"不饱和"的中立性，③ 由于各体育组织的内部解决机制挂靠于体育组织，其在人、财、物等方面与体育组织存在关联，因此在程序正义的中立性问题上存在较大瑕疵，这构成了体育组织内部救济机制的正当性危机，也因此为内外救济机制之衔接埋下了伏笔。

第二层次，外部的中立仲裁救济机制。在西方体育实践中，体育组织内部的纠纷救济机制所处理的结果可能存在两种仲裁上诉救济的做法：一是向 CAS 提出上诉救济，条件是先得穷尽内部救济机制；④ 二是向国内其他中立仲裁机构提出仲裁申请，如美国仲裁协会、加拿大体育与法律中心、比利时体育仲裁委员会、日本体育仲裁机构等。此种救济机制的特征在于：一方面确保了争议处理的程序正义，另一方面仍然是在体育行业内部解决争议，既兼顾了体育争议及其处理的个性需求，也补善了内部救济机制的结构瑕疵。它看似向体育组织外部进行了敞开，但又只是在更大范围的体育行业内部完成了争议之处理，辩证实现了"敞开之收敛"的体

① 孙义方、孙媛、黄爱峰：《中国特色的运动员综合教育体系构建》，《体育学刊》2010年第4期。

② Ian S. Blackshaw, *Sport, Mediation and Arbitration*, T. M. C. Asser Press, 2009, p. 4.

③ 刘想树主编：《国际体育仲裁研究》，法律出版社2010年版，第187页。

④ 张春良、张春燕：《论国际体育仲裁中的"接近正义"原则——接近 CAS 上诉仲裁救济的先决条件》，《体育文化导刊》2007年第11期。

育自治精神。[1]

第三层次，国家司法机制。司法诉讼是国家最正规、最常态、最权威、最综合，也是最后的纠纷救济机制，它是按照"司法保障不容剥夺"的人权原则对争议当事人实施法定救助的机制。作为体育争议救济机制，国际司法机制也具有两面性：一方面，它能捍卫法律和规则的权威性，从而提升行为人对体育法治的信念，反向敦促行为人做到有法必依；另一方面，它因其综合性而缺乏对体育争议及其处理个性的针对性。

在这些救济机制之间，当事人可以进行衔接转换，最大限度地保障自己的合法权益。多元化的权利救济机制，能让当事人在个案之中领略到法制的权威，并对其他体育人产生引导作用，深化对体育法治的信念。

四　我国体育法治信念建构的具体攻略

（一）　内外理路及其抉择

必须承认，中国在短短数十年的时间内便取得了让世界瞩目的经济成就，硬实力可谓直线攀升，但与之对应的"软实力"即文明影响力却并未得到同比增长。就体育治理模式这一软实力而言，中国可以说是完全的受众而并无反向输出的能力。作为体育治理模式的核心范畴即法治信念不是硬件，它不可能在短期之内如同经济建设一样迅速地得以完成；它也不是客观要素，它不可能有一个硬性的评判标准来定夺是否达标。这两个特征决定了，信念之建构必须是日积月累的沉淀和养成，而且应当是自觉的认同。上引域外经验显示，西方国家大多人士有长期的宗教训练，宗教也与法律"相互渗透"，强化了法律对西人的感召力量。国人缺乏信仰的体验和训练，也因此缺乏规则服从和献身意识，缺乏对法律和规则的基本尊重。因此，法治信念的内在培植，也就是要通过多种方式复苏体育人的信念意识，并将此信念系于体育法律规范之上。中国在历史传承与信仰实践方面的局限性决定了体育法治信念的建构主要是走外在促成的道路。原因如下。

1. 人治传统无法治基因

中国历史实践及历史上的诸子百家提出了很多治理方式，诸如礼治、法治、德治等，但其本质皆为人治。无论历史如何选择、朝代如何更迭，

---

① 刘想树主编：《国际体育仲裁研究》，法律出版社 2010 年版，第 190 页。

颠扑不破的治理逻辑始终是指向人即君主的。君明，则盛世莅临；君昧，则社稷动荡。这就导致了中国历史一治一乱、一荣一枯的死循环。治乱交替、荣枯转换的基本发力点即为君主。因此，中国历史上的种种清明与昏暗，主要是人祸而非天灾。旧式儒家文化为此种人治模式提供了正当化的根据，成为麻醉国人数千年而不自觉的精神鸦片。中国数千年的史实始终无法摆脱人治传承，在这一意义上，黑格尔认为中国文明"无从发生任何变化，一种终古如此的固定的东西代替了一种真正的历史的东西"①。中国人用五千年的历史证明，从人治传统内部无法实现突围，唯有借助外在异质文明的横空切入才能阻断僵而不死的人治传承。史实同样证明了，真正以规则而非君主为中心的宪政框架之建立，是新中国实现文化革命之后以史无前例的精神"断奶"之阵痛才赢得的外来法治文明。由于人治传统的隐秘作用和默化影响，迄今为止所输入的法治文明仍然在根本意义上有被人治传统所篡夺而成中体西用之怪象的危险。更何况，中国体育运行上的举国体制，更完整地保留了传统的人治模式，要从其内部突围无异于空谈。

2. 炎黄文明无超越信仰

说国人无信仰，很可能无法服众，因为在历史与当下国人都有很多信仰，如佛教、道教，乃至儒教；但如说国人无超越之信仰，这却是不争之事实。中国人的信仰可分为两类：一是为个人利益之目的而去信仰某物，如抱佛脚之目的是谋取自身之切身名利。在这个过程中，如果说存在信仰的话，那就是功利主义，功利主义并无超越性。二是为天下之公益而去信仰某物，如天道，但"中国的天理、天道，实际上就是人间的道德"，人间的道德在中国人治传统里又是君主之道。因此，中国人的信仰始终是无超越性的对人之信，或者是信个人之利益，或者是信君主之利益。如学者所言：中国人无真正的信仰，"因为我们没有独立的个人，我们的个人没有独立起来。没有独立的人格，没有内心独立的精神生活和精神的需要"②。正是缺乏对超越的、真正的信仰之体验，要中国体育人从内心对体育法制真实地"相信"起来，这是不可能在短期内完成的任务。更何

---

① 邓晓芒：《中国人为什么没有信仰》，载邓晓芒《新批判主义》，北京大学出版社 2008 年版，第 326、331 页。

② 同上。

况，当下之体育界之主流为名利所主导，不但无法治之意识，反而对法治无用论深信不疑。

（二）法治信念的外在促成

1. 考核主体的转变

在考核体系方面应着力理顺和提高考核主体的资格与法治水平。考核主体无外乎两类：一是体育行政管理机构，二是体育协会等组织。一方面，对于体育行政管理机构而言，应当强化法治意识做到有所为有所不为。他们应明确自己的身位与体育协会的作用存在实质不同，他们只是根据国家立法、体育行政规章对体育活动进行宏观、抽象的考核，而不能事无巨细地干涉属于民间性体育组织的所有体育决策活动。另一方面，体育协会等组织应当彰显出自己的独立性和主体性，发挥体育行业的自律作用，以更符合体育规律的方式治理体育。这就要求体育行政管理机构与体育协会等组织之间应当有个明确的法定分工，而这必然地将指向中国体育体制的根本转变：从行政主导向协会主导转变。与之伴随的是相应地要求进行体育与行政之间的脱钩；脱钩之后的体育组织与体育行政机构还应尊重基本法律规则，提升法律意识，在各自法定层面实施体育治理。

2. 法治意识的养育

健全的法治意识是可以通过教育的方式从外部予以输入、培育和养成的，这也是对中国体育人的法治改造而言最有效、最具针对性和可操作性的培养方法。实施法治意识的培植，可以有两种方式：第一种方式是在文体并重的教育过程中，设立、提高和强化法制教育，例如，可延长法制教育的期限，优化法制课程的编写与教授方法，提高体育法制教育的针对性和有效性，多元化法制教育的路径。有学者提出了一些具体的系统教育方案："要制定一个新五年的全国和地方体育系统法制宣传教育规划，建立体育法制学习和培训制度，并形成必要的考核评价机制。加大体育法治的社会宣传力度，广泛利用各种媒体和活动形式，做好体育法治宣传。"[①]在这些法制教育宣传的种种方式中，笔者认为可借鉴西方经验：一要在改变运动员培养的现有专门化体制为社会化体制的基础之上，依托现有常规大中小学的法制教育课程和方式，启蒙并建构运动员的正常法治意识；二要学习西方经验中的终身教育机制，体育行政管理机构应研究并出台具体

---

① 于善旭：《建设体育强国的法治抉择》，《体育文化导刊》2011年第2期。

举措为运动员、其他体育从业人士提供持续学习、终身学习法律的机会。在法治化教育过程中，应特别注意教育的针对性和相关性，避免法制教育的泛泛而论，如着重讲解体育法、体育类民商事法、体育行政法、体育组织法、体育仲裁与诉讼法、体育类刑法、裁判准则等具有务实性和针对性的法律知识。当然，这就要求体育法学研究和教学应当相应跟进，而这扩展开来就是一个非常复杂的系统工程。

第二种方式是通过利益杠杆来激励法治意识的建立和法治信念的复苏，如可考虑在体育执业准入和资格维持方面应具有相应的法制教育经历和级别，并可建立诚信守法档案，档案记录作为资格授予、暂停、剥夺、恢复等方面的主要考核要素之一。目前，我国体育从业资格及其维持方面并无多少法制含量的要求，考虑的首要标准乃是单纯的竞技能力问题。在体育治理体制实现民间化、商业化转变之后，我国可在体育法及相关配套法规之中明确建立准入和退出制度，在体育业准入、执业和退出环节设立法制教育和考核标准。以运动员为例，可在体育准入方面要求执业资格的授予应满足如下要求：必须接受过法定级别的培训机构进行的法制教育；其法制教育必须达到法定学时；其必修和选修门数必须达到法定要求；其考核成绩必须达到法定要求；特别是，其过去的诚信守法档案显示，并无重大违法及犯罪记录。在持续执业方面，可通过立法要求运动员应当在法定期限内接受法定级别、学时且经考核达到法定成绩的后续法治化教育。在退出环节，可对未达法制教育标准者通过立法设定强制退出的条件，等等。当然，对于其他体育主体如体育行政管理机构及其人员、体育协会等组织及其管理人员也应建立类似的法制资格要求。这些法制教育方式的实施仍然有赖于体育立法和体育执法环节的相应跟进，非朝夕可成。

3. 救济机制的改造

救济机制功效之发挥在两方面将对行为人法治信念之确立产生作用：一方面通过体育争议的个案解决，直接催生当事人对法治权威的认同；另一方面通过案件的示范效应间接感化当事人之外的其他行为人对法治权威的认可。尽管已提及，法律必须被信仰，否则就会如同虚设；但更紧要的问题是，法律被信仰只是使其被遵守和执行成为可能，还需要有效的救济实现机制。其有效运行，既是施行法律的外在措施，又是促成内在法律信念的客观明证。作为前提，救济机制必须先行实现自身的法治化。对此，我国体育救济机制的法治化改造应特别强调两方面：一是推动现行救济机制的中立化改造，二是实现救济机制的立体沟通。

　　裁判中立原则既是法治之基本要求，更是自然正义之内在理念，没有任何人会不认同这样一个不言自明的公道：任何人均不能作为自己的裁判者。令人遗憾的是，我国现行体育争议解决机制就的确存在有违公道的地方。我国体育界的争议解决机制可以大致简约为如下结构：体育行政力量主导下的体育协会自决制。所谓体育协会自决，是指体育协会禁止当事人寻求协会外救济，而强令要求在协会内部解决争议；但由于体育协会的行政化，或者反言之，由于行政力量支配着体育协会，体育协会的自决往往不是自决而是行政机关的隐形决定，或者说是得到行政机关默认的自决。不论是行政机关的决定还是体育协会的决定，它们在某些体育争议之中既是争议当事人，又是争议裁决者，这就侵犯了自然正义。对此应予中立化改造，关键抓三点：一是各体育协会内部救济机制的完善和开放；二是建立独立于各体育协会的中立的仲裁救济机制，既可以在中华全国体育总会建立，① 还可以选择与 CAS 对接；三是与国家司法救济机制的合理、合法地衔接。

　　协会内机制、行业内仲裁、国家内司法三者鼎足而立的多元化救济机制，为体育纠纷当事人提供了多种可供考虑的选择。但如果只是允许这些救济机制彼此之间绝缘共存，那么就意味着当事人的选择很可能是一种赌博：因为踏上了其中一条解决途径，也就相应地被排除在其他两种救济途径之外。这变相剥夺了当事人的程序选择权，而且也会在实务操作中导致两种极端现象的出现：一方面，体育协会内部救济机制虽然很具有针对性和效率性，但由于其欠饱和的中立性而导致当事人被迫放弃，从而出现形同虚设、门可罗雀的惨淡现象；另一方面，国家司法机制作为最权威、最中立和最具执行性的解纷机制，尽管其在解决体育争议方面并不具有绝对的比较优势，相反还可能具有比较劣势，但当事人很可能基于前述理由大量选择司法诉讼，从而导致因诉讼爆炸本已不堪负累的法院门庭若市。为此，应当在鼎足而立的多元救济机制之间建立转换机制，让当事人既可以得到有针对性、有效率的救济，同时还能确保自己有"接近正义"的机会。当然，为避免当事人的不当缠讼，即不论案件处理结果是否公平而一概地提出仲裁申诉或司法诉讼，还应在转

---

① 陈培德：《论我国体育的法治现状及发展对策》，《浙江体育科学》2003 年第 3 期。

换机制之间建立必要的限制，实现附条件、有限制的程序转换。此种附条件、有限制的转换机制在建构方面应考虑这样一些关键点：其一，应尽可能尊重并鼓励采用协会内部救济机制，例如建立穷尽内部救济原则作为可提出仲裁申请或司法诉讼的前提条件；其二，根据体育规律和法治要求，在协会内解纷程序与仲裁、诉讼之间进行必要的划分，明确可仲裁与不可仲裁、可诉与不可诉之间的区分标准，例如对于竞技场上裁判"运动规则"之适用就可以建立不可仲裁、不可诉的标准，但对于裁判运用"运动规则"的方式如因受贿而滥用的，则具有可仲裁或可诉性；① 其三，对于仲裁与诉讼之间，原则维持中立仲裁的裁决，但司法机关可在立法规定的限度内进行司法监督。

五　结语

新中国数十年的体育法治发展进程，严格来说只是画虎类犬，学了西方法治的皮毛，体育界不但缺乏对法制忠诚和对法治献身的信念，相反还对体育法制存在体制性规避和集体性不信任。没有内在信念支持的体育法治就如同被抽调灵魂的躯体。"中体（信人）西用（信法）"的错乱结构一方面以人治阉割了法治之精神，另一方面又为这人治本身戴上了法治面具。于是乎，它在双重意义上导致了中国体育法治化进程的内外交困：人治之恶果被归咎于法治，体育法治被误解而更难被信任；人治在法治面具的正当化下得以畅行无阻地毁败体育业的正常发展。只有为中国体育法制注入坚贞信念，才能启动体育法治的真正步伐为中国体育的成功转型提供制度动力。然而信念之建构，非朝夕可成，应当着眼长远，综合促成。为此，必须打破体育人与社会人二元分离的体育运作体制，通过考核体系、教育训练、救济机制等方面的法治化改造，实现体育人、社会人与法律人的三位一体，让体育服从于规则之治，而不是让体育凌驾于法律之上。有了这份自觉，才会有真正的体育法治，才会有中国体育的真正希望。②

---

① 张春良：《论竞技体育争议之可仲裁性》，《武汉体育学院学报》2011 年第 12 期。

② 本部分内容的删减版以"建构体育法治信念的中国攻略"为题，发表在《武汉体育学院学报》2012 年第 4 期，特此说明并谨致谢忱。

第二节　国际体育仲裁与体育纠纷救济的法治

一　引言：无救济即无法治

体育法治重在"治"而非"制"。"治"是动态的展开过程，而"制"则是静态的规则建构。体育法治即是以静态之"制"来动态治理体育之过程，其核心在执行，而规范执行之机制即为体育纠纷救济机制。因此，体育法治的重心固然以体育法制为前提，但更为紧要的环节则落在纠纷救济的机制运行上，没有救济机制的卫护，体育法治就是没有"牙齿"的老虎。没有"牙齿"的老虎固然不足以肩负体育法治的神圣使命，但如果"牙齿"本身存在严重问题，则它甚至还会败坏体育法治的基本追求。由此看来，要成就体育法治的丰功伟业，就不仅要为体育业武装上"牙齿"，而且这"牙齿"首先还得先于一切地法治化。

这里存在三个递进的、必须明辨开来的命题，只有合理厘定此三命题的真意才算得上理解了法治之内涵；而唯有真正把握了法治之精义，体育法治才会得到真正践行与贯彻。这三个命题分别是：无救济即无法治；有救济并不一定有法治；只有法治化的救济才能导致法治。

无救济即无法治。法治的基本含义即为依法治理，所谓法即是有关权利义务分配之规则。法律表征着一定的社会理想，它要求社会能够按照其颁定的框架和结构形成一定的秩序，此即为法治之追求。倘若体育领域内人人均能严于律己，安享各得其所之结局，也就无救济之必要，但法治状态的理想性就在于现实对它的不服从的偏离，固有对偏离法律规则之行为进行矫正之救济。救济的缺席或者迟到将使体育法治的实现被悬搁为镜花水月之现实，如学者所言："对于体育法治建设来说，如何维系体育制度的有效性是一个重要问题。从建国以来的体育制度建设来看，一定意义上讲，我们过去并不是没有制度或者说没有好的制度，而是我们的一些好的体育规章制度没有能得到切实遵守。"① 没有有效的救济，精美的制度设计便只是吹弹可破的乌托邦。职是之故，法治之实现系于救济，有救济可

---

① 李丰祥、李少龙：《体育制度化建设中的法治问题》，《体育与科学》2003 年第 1 期。

能导致法治，而无救济必然无法治。

有救济并不一定有法治。事实上所有的国家和体育组织都不可能完全没有救济机制，但问题是，救济机制本身还有一个方向性的问题，它既可能正向地导向法治，也可能反向地偏离法治。以我国体育行业的发展为例，我国体育行业的现有治理模式之中包含了相对系统的救济制度之建设：首先是在全国范围内之内有一个行政性体育管理机构即国家体育总局，它负责统管全国体育事务，包括解决某些全国性的体育纠纷；其次则是以国家体育管理总局为龙头逐级下设的地方管理机构，它们对体育行业实施行政管理和行政救济；再次，各体育组织内部也有相应的纠纷救济机制。但这些纠纷救济机制并没有担保我国体育行业的发展必然朝向法治化的方向，相反，晚近以来某些体育领域如足球业的发展却是堕落到了惨不忍睹的地步。这并不是说在足球业内缺乏纠纷救济机制，相反，足球行业的救济机制颇为系统和严谨，这充分证明了此类救济机制本身存在法治化的危机，有学者的精辟诊断一语中的："我国体育行政管理依法执行的空间和能力比较薄弱，热衷操办竞赛与活动仍是目前体育行政部门的主要形象，体育行政部门实施社会行政和行业管理的职能有限，无论是依法执政的法治能力，还是法制机构和人员配置及其作用的发挥，普遍难以适应体育法治工作的需要。"① 这正好击中了中国体育法治的根本病症，即过于行政化的救济机制。行政化的救济机制并不总是无效或低效，中国发展至今主要建立在行政"车轮"上的体育增长模式尽管存在足球业方面的严重消极现象，但瑕不掩瑜，在更主导的方面是值得肯定的。问题只是在于，行政化的救济机制无法从自身矫正先天局限，因为它自身仍然有一个"被"法治化的问题。有救济并不一定有法治便是此理，唯有法治化的救济才能导致体育的法治化。

只有法治化的救济才能导致法治。法治的要求不仅落实在结果之上，而且贯穿在整个法律运行的过程之中。法治状态的斩获不仅需要结果合乎法治标准，而且其实现路径也必须依赖法治手段，法治化的救济机制是实现法治的唯一路径。非法治化的道路并不总是通向混乱不堪的结局，并不总是会出现礼崩乐坏的破败之象，中国古代帝制虽非法治，但在其治下也并不匮乏清明盛世之锦绣年华。然而，法治化道路与非法治化道路的关键

---

① 于善旭：《新中国：体育法治在探索中加快前进》，《天津体育学院学报》2009 年第 5 期。

差别在于，法治化的道路是实现法治状态可持续发展的不二方案。不以先定之规则而实施治理的方式即为人治，人治的最大弊端即在于易生反复，从而表现出动荡无常之变局。法治立足确定无疑的规则，并依照规则之治实现稳定的治理；规则的稳定防范了治理过程及治理状态的变异，从而确保治理结果的长效安排。就此而言，唯有法治化的救济才能形成长效的可持续运行的法治。

二　体育救济现行机制之梳理

从不同的角度可以对体育救济方式进行分类，而站在救济机制法治化的立场来看，一种有效的分类方法便是将其区分为体育行业内救济与行业外救济。区分行业内外救济方式的标准是，主导纠纷解决的机构之身份：围绕体育行业内的机构建设的纠纷救济即为行业内救济；反之，围绕体育行业外的机构建设的纠纷救济即为行业外救济。

(一)　行业内救济机制

行业内救济主要是指各级体育协会或团体内部建立的纠纷解决机制，它是一种自律性的解纷机制。按照我国现行《体育法》第 5 章之规定，[①]体育行业内的社会团体包括四种类型：一是各级体育总会，其职责在于联系、团结运动员和体育工作者，其性质是群众性体育组织；二是中国奥林匹克委员会，其职责在于发展和推动奥林匹克运动，代表中国参与国际奥林匹克事务；三是体育科学社会团体，其职责是推动体育科学技术工作，其性质是学术性群众组织；四是全国性的单项体育协会，它们按照不同的竞技主题形成了不同的体育协会，这些不同的体育协会首先在地方层面，其次在国家层面，并最终在国际层面逐步形成了纵横勾连的体制。[②]这些不同类型及层级的体育团体在其制度建设之中都设立了相应的纠纷解决机制，其法律依据即为《体育法》第 7 章有关"法律责任"的相关规定。

综观该章之规定，违背体育法、体育纪律及体育规则者将分别承担民事、行政和刑事责任。刑事责任只能通过外部救济即司法救济的方式进

---

①　我国现行《体育法》是 1995 年 8 月 29 日由第 8 届全国人大常委会第 15 次会议通过的，并在 2009 年 8 月 27 日第 11 届全国人大常委第 10 次会议《关于修改部分法律的决定》予以修正。

②　按照国家体育总局截至 2008 年 6 月 20 日的统计，我国正式开展的体育运动项目共有 78 项，相应地包括了 78 个单项体育协会（http://www.sport.gov.cn/n16/n1077/n1212/706240.html）。

行，而团体内部的自律性法律责任的实施和科处主体都是各体育社会团体。为规范内部的管理秩序，各体育团体一般会围绕违背团体纪律和体育规则的行为设计相应的解纷机制，以明确处罚类型、处罚条件、处罚程序，以及内部申诉救济程序等。此即为行业内部救济机制。

各体育团体的行业内自律性救济机制并无一致做法，相反，往往存在较大分歧。以中国足协为例，或许是由于中国足球在国人体育生活中的重要意义，特别是足球运动较为极端地展示了体育领域的纠纷状态，中国足协的内部救济机制因此发展得较为系统、全面，[①] 因而也更具分析的典型意义，以之为样本可考察我国体育纠纷的内部救济机制之现状。据之可以认为，我国体育行业内部救济机制具有以下一些特征。

1. 救济方式的多元化

一般来说，这些体育组织内部至少规定了两种以上的救济方式，一是纪律委员会，二是仲裁委员会。此外，组织内部的执行委员会或者主席会议也握有一定的处理权限。《中国足协章程》第 27 条第 2 款就体现了此种三元解纷模式：纪律委员会、仲裁委员会，以及在二者处分权限之外的单位会员资格问题则执行委员会或主席会议均有权作出暂停资格的处罚。特别具有法治意义的是，中国足协还于 2009 年 6 月通过了专门的《中国足球协会仲裁委员会工作规则》，标志着其内部救济机制在独立性和完善性方面有了很大提升。

2. 救济程序的层级化

各体育组织的内部救济方式还在两大方面表现出层级化的结构：一是因应各体育团体的层级化而自然表现出来的内部救济机制的层级化；二是即便在一个单独的体育团体内部，其设计的多元救济机制之间也存在层级化的现象。由于体育团体在治理事项方面存在一致性，却在治理的地域范围上存在不一致性，从而形成围绕统一治理事项而在治理地域范围逐级放大的、层级展开的体育团体。例如，就足球治理事项而言，在中国范围之内除了有全国性的中国足协之外，其分上、下又可进一步延伸为国际足联

---

① 有观点即提出："纠纷具有反社会性，但并不因此而丧失其积极意义。根据辩证法理，事物总是以克服自身障碍的方式获得自我更新的能力和契机。作为纠纷之一维的体育纠纷正是在这一意义上起到了其对体育产业的制度创新和促进作用。"张春良：《体育纠纷救济机制的法理学分析》，《福建论坛》2007 年第 4 期。

（FIFA）和各地方足协。这些足协既是独立的社会团体，同时彼此之间又已形成单位成员与统一团体的层级关系。由于地方足协、中国足协和国际足联分别都有自己的内部救济机制，因而表现出层级化的结构。这些层级化的结构之间，还可以形成逐级上诉的救济机制。①

在各单独的体育团体之内，其内设的救济机制也常为彰显公正之精神而设立了2—3级的内部救济途径，允许对下级机构作出的裁决提起申诉或上诉。中国足协内设的救济机制也具有此种特征，其仲裁委员会除了自身的一般管辖事项之外，② 还受理对中国足球协会纪律委员会作出的处罚决定不服的事项。这就在纪律委员会与仲裁委员会之间建立起了内部上诉程序。不仅如此，对于仲裁委员会作出的《中国足球协会仲裁委员会工作规则》规定的范围之外的裁决，当事人还可以向执行委员会申诉，以更透彻、更审慎地解决体育纠纷。

3. 救济结论的终局化

为卫护体育团体内部救济机制的权威，各体育团体在其章程或章程性文件之中都无一例外地要求各个体会员或单位会员放弃诉诸外部救济的权利，无条件接受内部裁决机构作出的决定。例如，在中国足协的体制下，其内部救济机制所出决定便具有终局性，而且根据其内部多元化的解纷方式，其救济结论的终局性表现出不同的特点，具体包括一裁终局性、两裁终局性和三裁终局性三类形式。

（1）一裁终局。一裁终局性存在三种可能：一是只能由纪律委员会受理并处理的特殊争议，这规定在《中国足球协会仲裁委员会工作规则》第5条第1款之中，该条款允许对纪律委员会作出的处罚决定向仲裁委员会提起上诉的条件之一便是，"允许向仲裁委员会申请仲裁"。其言下之意显然排除了某些不能提起仲裁而由纪律委员会终局裁决的特殊争议。二是由仲裁委员会直接受理后做出的终局裁决，这主要规定在《中国足球协会仲裁委员会工作规则》第5条第2、3款之中，这些争议不受纪律委员会管辖而径直由仲裁委员会予以一裁终局。三是由仲裁委员会转交给中国

① 如国际田联即是如此。

② 2009年8月《中国足球协会仲裁委员会工作规则》第5条第2款规定："会员协会、足球俱乐部、足球运动员、教练员、经纪人相互间，就注册、转会、参赛资格、工作合同、经纪人合同等事项发生的属于行业管理范畴的争议"，属于仲裁委员会的案件管理范围。

足协主席会议直接处理的案件，这即是《中国足球协会仲裁委员会工作规则》第 27 条之规定，它要求仲裁委员会将重大或特殊的案件提交主席会议直接处理，且其处理可不受工作条例之约束。

（2）两裁终局。两裁终局的争议也包括两类：一是由纪律委员会受理并裁决之后，允许向仲裁委员会提起二次纠纷裁决请求的争议，这也就是《中国足球协会仲裁委员会工作规则》第 5 条第 1 款所规定的一种情况。① 二是由仲裁委员会所直接受理的某些特殊争议，并非一裁终局，而是允许当事人对仲裁委员会之裁决向足协执行委员会提起申诉，由执行委员会做出终局裁决。这种情况较为特殊，它规定在《中国足球协会章程》第 62 条第 3 款之中，该条款规定："仲裁委员会作出的上述范围之外的裁决，可以向执行委员会申诉，执行委员会的裁决是最终裁决"。至于这些特殊类型的争议范围具体包括哪些内容，章程只是采取了反面排除法而未正面列举，即除了《中国足球协会仲裁委员会工作规则》规定的范围之外的裁决。

（3）三裁终局。三裁终局是指这样一种争议类型，即它不属于《中国足球协会仲裁委员会工作规则》规定的范围内的，但并非直接由仲裁委员会受理而应先由纪律委员会处理的争议。此类争议由于应当先由纪律委员会进行处理，然后再向仲裁委员会提起上诉，所以已经经过了二级裁决；但它由于同时又是章程所规定的、可以由当事人向执行委员会提起申诉的争议，因此，它就历经了足协内部所设立的三级解纷程序，此即为三裁终局制。

由上可对足协内部救济机制之结构作出流程勾画，如图 1-1 所示。

（二）行业外救济机制

尽管各体育组织都主张"内部问题，内部解决"，但这并不减损外部救济机制的存在。这些外部救济机制主要包括三种类型：一是体育司法诉讼，二是行业外的体育仲裁，三是其他 ADR 解决方式。不论这些外部救济机制是否能够为体育团体所客观承认和现实利用，但在世界范围内"法院对这些充满善意的各种类型的司法外争议解决方式不仅仅在体育行业内

---

① 根据 2009 年 3 月 21 日中国足协下发的"足球字 ［2009］108 号"文件即《中国足球协会纪律准则及处罚办法（试行）》第 39 条之规定，共有 8 种纪委处理决定可提出申诉：（1）停赛或禁止进入体育场、休息室、替补席 6 场或 6 个月以上……（http：//www. news365. com. cn/xwzx/tyxw/201008/t20100808_ 2792486. htm）

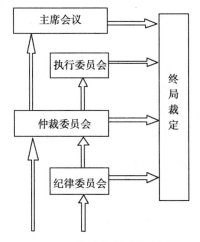

图 1-1 足协内部救济机制结构

之应用深表赞同，而且通常还积极地予以鼓励"①。

1. 体育司法诉讼

诉讼是国家最正规、最常态，通常也是最后的解纷途径。一切法律上具有可诉性的争议都可以追溯到司法诉讼上去，即便是为国家法律所正式承认的仲裁解纷方式，司法机关对它也具有不容剥夺的司法监督的权利，这是司法诉讼的解纷机制之性质使然。从理论上讲，体育行业的自治不可能限制司法的介入，但在体育实践之中，我国司法介入体育的程度非常有限，司法系统基本上是抱定如下原则进行介入的，即除非争议业已严重到了触犯刑律的程度，否则尽可能地由各体育组织自律解决。晚近以来中国足坛强劲地掀起的"反赌""扫黑"司法行动，也是足坛业已堕落到了非治不可的地步之时司法才加以迟到的救济。不论如何，司法正义是最后的正义，也是最严肃的救济，它是对一切在宪法上可诉的体育争议进行权威解决的最后手段。

2. 行业外体育仲裁

仲裁是一种行业自力救济方式，尽管它的合法性和正当性尚需国家立法所确认，② 但其历史实可追溯到法律产生之前，甚至在法外空间也存在着仲裁的解纷方式。我国 1995 年《仲裁法》承认了仲裁的有效性，并为

---

① Ian S. Blackshaw, *Sport*, *Mediation and Arbitration*, T. M. C. Asser Press, 2009, p. 16.

② 刘想树:《中国涉外仲裁裁决制度与学理研究》，法律出版社 2001 年版。

仲裁设定了基本体制。尽管各体育组织内部几乎都设立了独有的仲裁机构，但该类仲裁机构明显不等同于《仲裁法》所规定的仲裁机构，其性质也很难等同于通常所谓之民商事性质，特别是由于它在组织结构上依托于各体育组织，因此往往缺乏必要的中立性。行业外的体育仲裁与之不同，它是独立于任何体育组织之外的独立仲裁机制，在世界范围内最典型的行业外体育仲裁机构当推总部位于瑞士洛桑的国际体育仲裁院（International Court of Arbitration for Sports，CAS），它甚至成为国际奥委会所指定的、受理产生于或关联于奥运会的一切赛事争议之唯一机构。此类行业外体育仲裁机制所产生的仲裁裁决具有充足的合法性，与一般商事仲裁裁决一样在法院具有高度可执行性。

3. 其他 ADR 方式

其他 ADR 解纷方式包括当事人之间和解、协商、谈判，以及有第三人介入的调解、斡旋等。严格地说，体育仲裁也属于体育类 ADR 的方式之一，但与其他 ADR 方式不同的地方在于，体育仲裁实行一裁终局制，其仲裁裁决具有既判力，等同于一般法院的司法判决。而其他 ADR 方式则不同，其产生的结论并不具有直接可执行性，而且在制度化和效率性方面，它们都与体育仲裁相去甚远。但这并不意味着，其他体育类 ADR 就没有存在的必要，不同的体验争议具有不同的特指，特别是不同的争议当事人往往具有不同的追求，体育诉讼和体育仲裁并非万能解纷方式，它们并不一定能够满足当事人的特定需要，而诸如和解、协商或调解、斡旋等解纷方式便能够赋予体育争议当事人更大的自由来掌控纠纷解决的过程。

行业内外的纠纷解决机制在法理上一起构成了我国现行体育争议解决体制，此种内外结合的体制在理论上满足了法治化的要求，因为外部解纷机制补足了内部救济机制在中立性因而在公正性方面的缺陷，从而为体育争议之有效解决并得司法机关之认同奠定了基础。但非常遗憾的是，此种内外结合的解纷体制在我国体育实践之中却并没有得到真正的落实，由于两方面原因的存在共同抵消了现行解纷体制作为一个系统有效地发挥其法治化地解纷之功能：其一是体育组织的过度自我设限，阻碍了纠纷解决的外部过渡与衔接；其二是司法机关作为最权威、最强有力的行业外解纷机制仅消极地救济刑事性体育争议，默认了体育组织的内部行政管理权限对民事性和准行政性体育争议的自决权，在一定程度上纵容了体育组织的家长式管理。

三　体育救济现行机制之评析

（一）体育救济体制存在结构性混乱

事实上一切救济途径在宏观上不外乎三种类型：一是司法救济，二是自力救济，三是行政救济，此为三位一体的救济结构。我国现行体育救济体制存在结构性混乱，这种混乱使该体制的法治化程度受到极大抑制。具体地说，此种混乱表现在此三种救济途径的单独层面和交互层面。

1. 各别救济机制存在的问题

（1）自力救济的不足。上已述及，尽管从法律制度来看，我国现行体育救济体制存在着内外结合的救济模式，但在体育实践层面却主要依靠的是体育组织的自力救济。但该自力救济存在的最大问题便是其中立性的不足，中立性乃是一切救济程序的"心脏"，[1] 是必须得到遵守的自然正义，在现行所有国家的立法之中都明确了这一点，即凡是欠缺中立性的决定均不能获得认可和执行。在世界范围内存在着一个多达一百多个国家参与的、具有最广泛接受基础的公约，即 1958 年《纽约公约》，根据该公约之规定，所有成员国均可拒绝承认和执行仲裁裁决的条件之一便是程序的不中立。[2] 对于体育界而言，在这方面最具有典型的判例便是 CAS 所裁决的 Gundel vs. FEI 案件[3]，该案件引发了瑞士司法机关对 CAS 作为一个真正裁决机构所必须具有的中立品质之关切，因为适时之 CAS 在组织结构、人事安排和财政供给上均依托于与案件一方当事人即 FEI 存在利益共同体关系的 IOC 之中。而我国体育组织内部的所谓"仲裁委员会"就先天性地具有此种结构瑕疵，它依托于体育组织而建立，而当争议涉及该组织或者组织的代表或代表机构时，其内部仲裁委员会的中立性就会受到相同的质疑。尽管在 Gundel Vs. FEI 案件中，瑞士司法机关承认了 CAS 的中立地位，但婉转地表达了改革的期望。而 IOC 随后便新设了 ICAS，由其

---

① ［美］马丁·P. 戈尔丁：《法律哲学》，齐海滨译，生活·读书·新知三联书店 1987 年版，第 240 页。

② Matthieu Reeb, "The Court of Arbitration for Sport: History and Operation", Matthieu Reeb ed., *Digest of CAS Awards* Ⅲ（*2001—2003*），Kluwer Law International，2004，p. 1.

③ Ibid.

作为 CAS 的依托，避免 IOC 直接成为 CAS 的挂靠机构。① 但我国体育组织内部的仲裁机制仍然在体制之内而未表达在体制之外，因其中立性的欠缺而很难说得上具有法治精神。

体制之外的仲裁机制直至今日仍未成立，而其建设的法律依据却早已存在。根据我国《体育法》第 33 条之规定："在竞技体育活动中发生的纠纷，由体育仲裁机构负责调解、仲裁。体育仲裁机构的设立办法和仲裁范围由国务院另行规定。"但尽管该法授权国务院另行规定体育仲裁机制的建构问题，然而自该法 1995 年公布施行之后至今长达 20 多年的时间之内，仍然不曾建立出独立的体育仲裁机制。在诸如足协之内的组织内部所建立的仲裁机制并非《体育法》所规定的仲裁机制，从《体育法》的立意来看，它所要求建立的仲裁机制显然应当是具有与一般商事仲裁机制具有同等法律效力的解纷机制，其设立应当满足我国 1995 年《仲裁法》之规定，即不应当由体育组织径直设立，而应当在由人民政府组织有关部门和协会统一组建，且应当经省、自治区或直辖市的司法行政部门予以登记。② 照此来看，各体育组织内部未经登记和批准而是通过内部决议或决定建立起来的仲裁委员会显然不具有此等法律地位，相应的，其裁决之独立性和有效性就难以得到保障。

（2）行政救济的过度。独立的自力救济机制缺乏，而非独立的自力救济机制却又存在严重的结构缺陷，剩下的有效救济方式便只剩下行政救济和司法救济了。体育协会等社会团体在性质上是民间机构，它不等同于行政机关的下属或分支机构，尽管其设立需要经过行政审批和登记，但这并不改变体育组织的法律性质。这在各体育协会的章程之中都有明确的认识，例如《中国足协章程》第 3 条第 2 款非常精准地定位了足协的法律性质及其与行政机关的关系：首先，中国足协是中国境内从事足球运动的单位和个人自愿结成的唯一的全国性的非营利性社会团体法人；其次，中国足球协会是中华全国体育总会的单位会员，接受国家体育总局和民政部的业务指导与监督管理。从这一定位来看，足协内部事务理应由足协自律处理，行政机关不应介入太深，它只能通过监督与指导的方式对足协的管理事项进行行政救济。然而，在中国足协的实践运作之中，行政机关的介入

---

① 张春良：《CAS 仲裁中立原则的制度安排》，《天津体育学院学报》2010 年第 2 期。

② 1995 年《仲裁法》第 10 条。

过于深入，中国足协的人事、财务和活动都难以清楚地与行政机关脱离开来。其后果便是，中国足协在一定程度上质变成为行政机关的延伸系统，行政救济取代其自律性救济。中国足协的做法具有普遍性，在中国其他体育组织内部都存在程度不同的行政化倾向。行政救济的过度干预压迫了体育组织的内部救济，而此种僭越和干涉更严重的后果便是，它还在实践层面压迫了司法救济的介入。

（3）司法救济的保守。在自律救济缺乏独立性和自律性、行政救济又出现深度介入的情况下，要对行政力量予以平衡、赋予体育争议之处理法治性的唯一力量，也是唯一有足够的力量的救济便是司法救济。在国外三权分立的政治体制之下，立法、司法与行政三分天下，因此能够形成彼此的牵制和平衡，司法权能毫无顾忌地抗衡行政力量。然而，我国的治理体制是行政推进型的模式，行政推进型的模式能够依赖行政机关的智慧、活力、胆略而富有成效地推动体育产业的发展，但体育行业有其自身的规律和特征，体育组织在本质上作为体育业自治和自理的主体，能够促使体育业的发展合规律地进行。行政必要的推进是合理的，但行政过度的介入则是应予限制的。在我国行政介入体育自治团体过深的情况下，司法机关基于各种原因更愿意操持一种保守的司法态度，它充分将自身的司法职能之一部分"信托"给行政化的体育组织由其按照行政救济的方式予以处理。如果深究司法机关此种保守司法的内因，可能有二：一是对行政力量的尊重和信任；二是为维持各种救济之间的和谐关系，在行政救济强势扩展的情况下只恪守消极司法原则。

2. 各别救济交互关系

"行业内救济+行政救济+司法救济"三者之间本应维持一个合理的关系，以实现各别救济机制的分工与衔接，整合各别救济机制的优势特长，不仅合法，而且合情、合理且尊重体育业规律地消解体育争议。但各别救济机制之间的交互关系在双重意义上受到消极冲击：一方面，由于各别救济机制作为交互关系合理厘定之基础，而这些救济机制又存在上述之障弊，要建构合理有序的分工与合作关系就首先缺乏基础；另一方面，我国体育类立法缺乏对这些各别救济机制之关系的清晰厘定，只是笼统地泛泛地存在着这样的救济方式，它们之间的关系结构如何，就是一个悬而未决的问题，而在体育实践方面，最具有话语权的司法机关又坚持沉默是金、消极保守的司法态度，这就使各别救济机制的交互关系既缺乏立法规范，又缺乏司法判例的指导。① 就三类各别救济机制的关系来看，无外乎分工与合作两种类型，以下就此两角度对我国现行救济体制予以剖析。

（1）各别救济机制之分工。分工不仅是为了效率，而且它还体现了自然正义。不同的救济机制具有各自的比较优势，此种比较优势本质性地限定了它的功能应用范围，而它的应用范围不仅表征着一种合法性，而且表征着一种合理性。合法性并不总是等同于合理性，合法性是一个更宽泛的概念，某些救济机制可以被合法地利用来解决某些争议，但它并不一定非常匹配此类争议，这就还需要在合法性的基础之上进一步思考合理性的问题。因此，合理性是一种更严格的要求，它不仅要求争议解决合乎法理，更要合乎事理和情理。以仲裁为例，仲裁尽管被认为是 ADR 之中最典型、最堪与司法诉讼比肩而立的争议救济机制，它所解决的争议必须满足法定可仲裁性（arbitrability）；与此同时，并非所有争议都适合仲裁而不宜诉讼的，因此，从事理上看，合法的可仲裁的事项并不就总是合适的可仲裁事项，在法定可仲裁性之上还有一个合理可仲裁性的问题，即所谓的"宜裁性"或"适裁性"。这就对救济机制之间的分工提出了两种境界的要求：一是法定分工，二是在此之上的合理分工。

此种道理同样存在于行政救济、司法救济与体育组织的自力救济之中。在法律规定的范围之内，行政救济、司法救济与自力救济各得其所：某些争议只具有自力救济的资格，而不能诉诸行政救济和司法救济，在体育业范围内最典型的例子当数体育运动规则或"游戏规则"（rules of game）②；某些争议只能通过行政方式解决，而不具有行业或当事人的自力救济性，也不具有可司法诉讼性；而绝大多数情况下，争议都具有可司法诉讼性，毕竟司法解决争议是国家宪政所确立的基本维度，也正是因为司法救济的此种宪政根基直接产生了司法保障不容剥夺的基本原则。这是三者分工的法定维度，从合理分工的角度来看，就要求对某些具有普适性的争议即至少可通过两种乃至三种救济机制予以解决的争议进一步分析，以在两种或三种法定救济机制之间确定最佳解决机制。例如，以体育转播

---

① 需要指出的是，我国的司法原则并不包括"遵循先例"，对于上级法院所判案例只具有指导意义，就如同国家体育行政机关对体育组织只具有指导而不具有规范的意义，是为判例指导实践。

② 张春良、张春燕：《论国际体育仲裁中的"接近正义"原则——接近 CAS 上诉仲裁救济的先决条件》，《体育文化导刊》2007 年第 11 期。

合同争议为例,该争议既可以由当事人或仲裁机构自力救济,也可以由司法救济,如果考虑到双方当事人追求争议的快速、弹性和友好地解决,那么无疑选择自力救济最为合理;而如果当事人根本就没有友好解决争议之善意,而希望得到正式权威的裁决,那么最合理的解决机制就是司法救济了。

在我国现行体育救济体制下,各救济机制之间的分工是极度不健全的,表现在:第一,自力救济与行政救济之间并无明确的分工界限,在实质层面表现出行政救济干预、左右乃至直接决定自力救济之态势,由此形成的基本格局是"有行政救济而无自力救济",尽管它表现出自力救济的形式。第二,自力救济与司法救济之间分成两大方面,刑事方面有明确分工即专属司法救济范畴;民事方面则基本没有形成分工,采取统一的自力救济而无司法救济。第三,由于自力救济与行政救济之间的实质同一关系,因此在我国现行体育救济体制上的分工便具有本质上的如下既不合理也不合法的关系:体育刑事问题由司法管辖,所有行政、民事乃至某些轻微刑事问题由行政管辖。最尊重体育行业个性、最强调体育行业自治和最符合体育发展规律的自力救济途径基本上为行政救济所"监护",未得充分应用,特别是作为行业自力救济的独立体育仲裁机制至今未曾建立。

(2) 各别救济机制之合作。各别救济机制之间不仅有分工,更有合作。合作主题关注的是如何系统整合三种救济机制以形成组合的立体救济方案,它针对的是具有广适救济性的争议,而对某些特定类型、专属某一特定救济机制的争议则不适用。例如,属于体育刑事范畴的商业贿赂、足球赌博等在救济方式上就不具有广适性,而专属司法救济,它就不存在各别救济机制之间的合作问题。与之相反,更多的体育类民商事争议,例如球员合同、电视转播协议等争议,就既可以自力救济,也可以司法救济,从而需要在两种救济机制之间进行必要的衔接与过渡,实现救济机制之间的合作。

在各别救济机制之间的合作问题上,特别具有法治化精神的要求是,应当在所有救济方式之后打开通往司法救济之门户,而不是关闭保守,此即为"接近正义"(access to justice)之需要。① 由于自力救济和行政救济

---

① 张春良、张春燕:《论国际体育仲裁中的"接近正义"原则——接近 CAS 仲裁救济之先决条件》,《体育文化导刊》2007 年第 11 期。

的价值取向不重在基本正义之维护，而在于诸如效率、成本之考虑，但基本正义之捍卫又是作为一个群体的公共选择与公共政策，因此各国在其立法体制之中于确立自力救济与行政救济之正当性后又都重申了司法最后救济的必需性。这就要求，一切司法救济之外的其他救济机制应当为当事人提供司法救济之机会，而不是采取闭锁做法。即便是在某些法律规定必须保留给自力救济和行政救济范围之内的争议，它们也必须尊重司法救济，而体育行业之中最具代表意义的"运动规则"是否应当豁免于司法审查之救济，其历史发展过程充分肯认了司法救济的不可豁免性。

何谓"运动规则"，马克斯·库默尔（Max Kummer）最早将之界定为："一种规则，违背之将受到参与该运动的限制性不利处罚。"① 库默尔本意是缩限体育组织的自治权限而区分"法律规则"（rules of law）和"运动规则"（rules of game），以此方式为体育组织限定一个自治的范围，但就在这个库默尔认为理当属于体育组织自治权限的运动规则问题上，瑞士、德国乃至 CAS 都纷纷以判例的形式表达了这样一种共识：运动规则本身属于体育组织自治的范畴，但是运动规则之判断与运用方式，则由于涉及对争议当事人经济利益和人格权（personality rights）而必须纳入司法审查的范围。也就是说，在当代体育争议的司法救济立场上看，区分法律规则与运动规则的做法已经不合时宜，"每一个受此类规则（运动规则——引者注）约束的人都可以请求一个独立的机构确认该规则是否得到遵守。这包括对裁决或者向国家法院，或者，再有的话，向仲裁机构提起上诉"②。这一结论表明，所有体育业涉及的争议都不能完全排除在司法救济的范围之外，而这就相反说明了，在救济体育争议的问题上应当建立起"自力救济和/或行政救济 + 司法救济"之间的合作关系，敞开"正义通道"，步出"柏拉图之洞"，③ 接受司法正义之光的普照。

以此审视我国现行体育救济机制之间的合作关系，就能够发现其问题之所在。首先应当指出我国《体育法》的相关规定，我国《体育法》只是纲要性地要求建立体育仲裁机制来对竞技体育中存在的问题进行救济。

---

① M. Kummer, "Spielregel und Rechtsregel", p. 44, Cited from Frank Oschutz, *The Arbitrability of Sport Disputes and the Rules of the Game*, in *The Court of Arbitration for Sport*（1984–2004）, edited by Ian S. Blackshaw, Robert C. R. Siekmann and Janwillem Soek, T. M. C. Asser Press, 2006, p. 201.

② Ibid., p. 209.

③ 刘想树主编：《国际体育仲裁研究》，法律出版社 2010 年版，第 190 页。

这一规定事实上就是要求各体育组织对竞技类争议不能实行封闭式管理和解决，而应诉诸外部独立的仲裁机制，从而表达了"内部自力救济＋外部仲裁救济"的合作期望。但因为我国至今尚未建立独立的体育仲裁机制，因此这一合作救济模式也就连带着并未真正践行。然而，是否因为《体育法》并未明确司法救济的介入，因此就应当在民商事和行政性体育争议上仍然维持体育组织的自治权限，对这个问题的回答显然是否定的。

尽管如此，各体育组织仍然在其章程之中明令禁止其成员将争议诉诸司法救济，因而表现出"自力救济和／或行政救济"与"司法救济"之间的人为隔离。例如，《中国足协章程》第62条第1—5款都以严厉的措施要求各成员放弃司法救济、恪守行业救济。其方式是三类：其一，正面明确要求各成员放弃司法救济，如其第1款规定："会员协会、注册俱乐部及其成员，应保证不得将他们与本会、其他会员协会、会员俱乐部及其成员的业内争议提交法院，而只能向本会的仲裁委员会提出申诉。"其二，反面明确规定其内部救济具有最终法律效力，即如其第2款规定："仲裁委员会在《中国足协仲裁委员会工作规则》规定的范围内，作出的最终决定，对各方具有约束力。"第3款规定："仲裁委员会作出的上述范围外的裁决，可以向执行委员会申诉，执行委员会的裁决是最终裁决。"其三，违约惩罚性规定，即如果成员违背上述关于争议解决之规定而擅自提出外部救济请求的，将受到中国足协的处罚，而且足协及联赛组织均有权采取必要措施保证成员予以遵守。这便是该条第4、5款之规定。不仅如此，中国足球协会仲裁委员会在其工作规则第4条再次强调了其裁决的终局性，申明仲裁委员会在处理纠纷案件时实行"一裁终局制度"。

体育组织的此种"家规家法"并不具有法律效力，但如果司法救济只是在体育刑事问题上采取介入态度的话，那么体育组织的这种没有法律效力的做法也就在现实意义上得到了司法机关的默认和纵容。以此方式，我国体育救济机制之间的通畅合作关系就断裂开来，体育民事及行政争议由于缺乏获得司法审查的机会而出现法治退化乃至反法治化的现象。长久以来，体育组织在解决内部争议时采取的行政作风不是从根底处消解了争议，而是以压抑的方式积累了矛盾，而体育从业人士也因为习惯了这类脱法化的治理方式而淡化乃至遗忘了本应强化的法治意识，在体育业、体育组织这样一个"法外空间"之中过惯了"逍遥法外"的生活，直至他们触犯了刑事法律而涉嫌犯罪时，司法介入的强势救济才让他们明白法律存在的真实性。反思之，如果司法救济能在日常的体育民事及行政争议问题上敞开其道路，在体育案件的日常司法处理之中对法制存在的意识、对法治精神的理解和为权利而斗争的自觉将以润物无声的方式对他们起到潜移默化的教化作用，提示法律尊严不容践踏，那么以这样的预警方式很可能会提醒他们遵守法律而不至于涉嫌犯罪。这也是体育救济机制之间合作关系被非正常割裂所丧失的积极意义。

（二）体育救济体制反法治化之体现

体育救济体制的结构性坍塌与混乱，及由各别救济机制单独及交互合作所承担的解纷功能的弱化或者丧失，最终使我国体育救济整体机制表现出反法治化的色彩。其具体表现可归结为如下四个方面。

1. 体育救济的行政化

行政与司法具有不同的运行风格。行政强调统一与效率，因此必须确保一个凝聚的力量核心之形成，并依靠该精英力量主导前进的方向。司法强调稳健与公平，因此注重考察决策机构的中立品性、决策过程的自然正义、决策结论的客观衡平。由于体育救济机制在于为争议当事人提供一种维权路径，因此体育救济机制在功能定位上乃具有司法的属性而不是行政决策。这就决定了，体育救济机制的设计与运作应当以司法精神为要义而不是追随行政的价值取向。在司法与行政之间，我国体育业现行救济机制不仅是偏离司法化而接近行政化的问题，而且几乎是完全脱司法化和完全入行政化的问题。最突出的证据便是，救济机构具有行政性。体育组织内部救济机构是由体育组织依靠行政性力量建设的，其纪律委员会、执行委员会和主席会议等是典型的组织内部行政性机构，而内部仲裁委员会尽管具有仲裁机构之名，却无一般仲裁机构之实，它并非依照我国《仲裁法》要求的方式建立，而是在体育组织内部直接设立、对该体育组织负责的机构，其承担的救济功能并不是单纯的司法功能，而是行政管理功能，其处理决定在本质上也就是行政决定而非司法裁决。

2. 体育救济的垄断化

现行救济机制的反法治化还表现在其救济途径上的垄断上，即禁止争议当事人向外部仲裁机构，特别是向国家法院提起解纷请求。宪法赋予每一个公民对自己的权利保有寻求司法诉讼的机会，也可根据程序自治之法理选择中立的仲裁机制捍卫权利。但宪法并没有承认除此之外的任何自律性民间团体能够通过所谓的章程或者约定建构一方游离于国家正式法律体制之外的法外空间。宪法承认自律性社会团体具有一定的内部管理权限，但要求此种内部管理权限必须接受司法审查。因此，体育组织之类的自律性团体并无终局裁决内部争议的最高权限，更不得剥夺当事人诉诸司法救济的机会。正规权威如国家行政机关者，其作出的裁定也必须经受司法机关的审查，这是 WTO 的要求，同时也是现代法治的应有之义。从这一法治要义来看，足协等体育组织通过章程或内部仲裁规则要求当事人放弃向外"接近正义"的救济机会，这种做法就是无效声明，是反法治的做法。只要体育组织有一次这种弃权要求，就有一次反证体育组织缺乏基本法治素养的明证。所以，此种自我封闭、自我垄断的家长式做法不但不能强化、巩固和合法化体育组织的自裁管辖权，相反它只不过是说明我国体育行业整体反法治化的笑柄。各体育组织在其后的规则拟定和重修过程中必须删除此类没有任何积极意义，反而只有负面影响的"自恋式"表达。

3. 体育救济的非中立性

事实上，法律并不否认体育组织的自力救济，反倒是鼓励体育组织合理地进行自力救济。问题只是在于，体育组织的内部救济并不具有充足的中立性，因此其处理结论并不完全符合法治精神，除非得到外部中立救济机制的法意补充。中立性要求救济机制必须在组织结构、人事安排、经济供给等方面处于争议当事人之间，不能与任何一方存在经济关联、利益共同体的关系，此为程序正义的自然要求。体育组织内部救济机制都存在中立性品质不足的缺陷，不论其救济机制如何独立于该体育组织的其他机构，只要在该体育组织的框架之内，即违背法律所规定的程序正义。以足协的内部救济机制为例，纪律委员会、执行委员会和主席会议不用多言，其人事、财物和结构方面都使这些机构与足协存在依附关系，唯一在内部具有相对独立性的机构是其仲裁委员会。在《中国足协仲裁委员会工作规则》第 3 条中，它明确宣示仲裁委员会"独立审理案件"，这种独立性显然不是绝对独立性，而是足协内部的相对独立性。首先，在人事任免方面，足协决定仲裁委员会的组成人员;[①] 其次，在组织结构上，仲裁委员会也依然是足协"处理行业内部纠纷的仲裁机构"[②]。既然仲裁委员会相对独立于足协其他仲裁机构，但又依托于足

① 《中国足协仲裁委员会工作规则》第 25 条。
② 《中国足协仲裁委员会工作规则》第 2 条。

协，显然，当某些争议以足协或其代表为当事人时，就会违背"任何人不得作为自己的仲裁人"之规则。而仲裁委员会作出的此种裁决也很难为争议对方当事人所接受，它难免会受到 CAS 曾经所遭遇过的、被视为体育组织之"奴仆"的对待。

4. 体育救济的人治化

在缺乏独立救济机制的情形下，体育组织的治理色彩就是行政独大，它不仅要负责整个体育组织的日常运作，而且直接或间接地影响救济机制的运作。在这样的治理模式下，救济机制的功能便会以服务行政目标为宗旨，而不会具有自己独立的价值根据与理想诉求。而体育组织也将会把纠纷救济机制作为更便利地实现其行政目标的佐助措施，以贯彻其行政意志。这就一方面倾斜了救济机制的中立属性，促使其行政化；另一方面也使纠纷救济机制不再符合法治精神，而反向走上了人治道路。

四　体育救济法治化的中国之道

中国体育救济体制的法治化进程必须走中国特色的道路，既要尊重体育业的规律从而尊重体育行业的自治，同时又要为之融入法治精神，实现自治与法治的有效融合，建构出均衡化的三位一体的法治化救济体制，实现三种救济机制的合理分工、衔接与过渡。中国问题必须在中国语境之中进行评价和解决，在对体育纠纷救济机制进行法治化改造过程之中，不能激进地丧失行政支持对体育业推动的积极作用。[①] 这是法治化体育救济方案必须强调的"中国特色"。

（一）建构均衡的三位一体救济框架

1. 救济框架的理想设定

救济机制的法治化改造必须先行搭建合理的救济框架，在搭建出均衡合理的救济框架这一宏观结构后，进一步的问题才谈得上对各别救济机制之补善。合理的救济框架首先应当满足均衡化的特质，即应健全自力救济、行政救济和司法救济，并实现三者制度化的分工与衔接。按照法治精义，可对体育救济框架作如下理想设定，这一理论框架的要义有以下几方面。

---

① 对于中国处境、制度遭遇与本地化变通极有见地的理解，可参阅汪祖兴《中国仲裁机构民间化改革要略》，《法学研究》2010 年第 1 期。

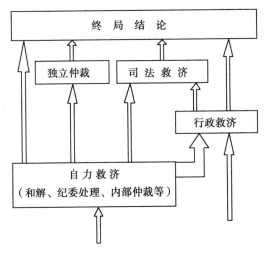

图 1-2　理想的体育救济流程

2. 救济框架的立体展开

它由三大板块的救济机制所构成，分别是自力救济、行政救济和由仲裁与诉讼所组成的独立救济。自力救济包括争议当事人之间的和解、体育组织内部纪律委员会的处理，以及可能存在的内部仲裁等。行政救济涉及两大方面的争议：或者是法定的直接诉诸行政机构进行裁决的争议，或者是经由体育组织内部争议救济机制之后，允许再次向行政机关提起申诉或复议的争议。独立仲裁与司法救济都具有专业性、独立性和司法性品质，[1] 是最权威和最公正的体育救济机制。三类救济机制彼此形成"品字形"结构展开，组合成立体的体育救济机制。特别重要的是，由于独立仲裁与司法救济最具有法治精神，因此它们成为这个立体救济框架中的核心部分，其他救济机制都可以向之敞开，通过它们指向终局裁决，弥补现行救济机制下自力救济与行政救济直接短路的弊端。

3. 交互关系的合理厘定

在三大类救济机制的彼此关系状态下，它含有以下几种终局裁决

---

① 仲裁既具有契约性，也具有司法性，它表现出某种混合的性质。事实上从不同的角度就可以作出不同的解读：从仲裁的生成与启动角度来看，仲裁具有契约性；从仲裁的行使与运作来看又具有司法性。参阅张春良《论国际商事仲裁权的性态》，《西南政法大学学报》2006 年第2 期。

情形。

（1）一裁终局型。即对于能够通过体育组织自力救济便得到合理解决的争议，当事人不再启讼端，即可承认该内部裁决之终局性。此外，对于法律规定必须经由行政机关裁决或者当事人合法地提交行政机关裁决的争议，在行政机关裁决之后，当事人接受裁决而不生讼端的，即可承认该裁决的终局性。

（2）两裁终局型。一是经体育组织内部自力救济之后，争议当事人不服而选择向行政机关请求行政救济的，行政机关作出裁决，当事人接受裁决，即可承认该裁决的终局性。二是经体育组织内部自力救济之后，争议当事人不服而选择向司法机关请求司法救济的，司法机关作出裁决，则不论当事人是否接受裁决，即应承认该裁决的终局性。三是经体育组织内部自力救济之后，争议当事人不服而选择向独立仲裁机构请求中立仲裁的，仲裁机构作出裁决，则不论当事人是否接受裁决，即应承认该裁决的终局性。四是当事人依法将体育争议提交行政机关裁决，行政机关作出裁决后，当事人不服而向司法机关提起审查请求的，司法机关作出裁决，即应承认该裁决的终局性。

（3）三裁终局型。当事人经过体育组织内部救济之后，不服体育组织之裁决，而选择向行政机关请求行政救济，行政机关作出裁决后，当事人不服再次向司法机关请求审理，司法机关作出裁决后，即应承认该裁决之有效性。

需要注意的是，除非法律另有硬性规定，否则应当确保所有经过体育组织内部救济及/或行政救济的争议之当事人拥有接近司法救济或仲裁救济之机会，这是"接近正义"的法治精神之要求，同时也是对基本人权的捍卫。易言之，行政救济和体育组织自力救济都是非自足性救济机制，行政救济之所以缺乏终局裁决权威在于其本性使然，因为行使裁决权并非行政机关之本职使命，而是其根据立法规定对特定类型的争议所具有的附带管辖职权；体育组织自力救济之所以缺乏终局裁决权威则在于其救济机制的非独立性。因此，在各别救济机制的交互关系之间，一方面应当尊重当事人的意志，允许他们对纠纷救济机制行使必要的选择权限；另一方面也应当充分尊重体育组织的自力救济权限，但与此同时更应当确保这些救济机制对中立救济机制保持畅通，突破传统的闭锁结构，建设开放性的自力救济机制。

（二）实现自力救济的理性化

在行业自力救济方面要禁止两种非理性倾向：一是维持现状的极端保守态度；二是完全摒弃行业自助的轻率立场。只有建构出一方面能够最大限度发挥行业自力救济之合理性和优越性效应，另一方面又能够自觉到自力救济之不足而允许在外部救济之中得到完善机会的制度安排，才算得上理性且理想的自力救济机制。

行业自力救济之合理性源自行业自我管理的合理性。与传统商业行会一样，体育行业也有自身独特的运作逻辑和发展规律，由体育组织自行管理其事务能够尊重体育规律，按照最适合体育管理的方式来治理体育业。体育组织在治理体育业时所根据的规则不是硬生生地来自外部的规则的强加，而是来源于体育实践，是将体育实践直接翻译成为体育治理规则。这是一般法律规则适用于体育业时所不及的地方。为此，应当为体育组织自力救济机制保留两大权限：一是特定问题的终局决定权，二是程序必经权。

特定问题的终局决定权，是指由体育组织对某些特定争议享有排他的管辖权和最终决定权。此类问题主要是"赛场裁决"和"运动规则"之中的专业技术问题。在悉尼奥运会期间 CAS 特设分庭仲裁 Bernardo Segular vs. IAAF 案件时，被申请人 IAAF 提出答辩认为，CAS 仲裁庭不能审理这个案件，因为它涉及技术性规则或运动规则。仲裁庭明确指出："CAS 仲裁庭不会审查由负责实施运动规则的裁判员在竞技场上作出的裁定［除非该规则是因恶意（bad faith）而实施，例如是因为贿赂而得之结果］。"[1]在 2002 年盐湖城奥运会期间 CAS 特设分庭仲裁的 Korean Olympic Committee vs. International Skating Union 案件中，特设仲裁分庭审查认为，国际体育仲裁院仲裁庭对于公断人、裁判员或其他官员在竞技场上作出的"场地"裁决不做审查。这些公断人、裁判员或官员有责任适用特定比赛的法律或规则。仅在有证据证明恶意——通常为直接证据——的情况下，仲裁庭才得审查场地裁决，在此情况下，例如"随意""违反职责"，或者"不良意图"等任一用语都意味着存在某种对特定参赛团队或参赛者

---

① See Gabrielle Kaufmann-Kohler, *Arbitration at the Olympics*: *Issues of Fast-track Dispute Resolution and Sports Law*, Kluwer Law International, 2001, p. 19.

的偏向或歧视。① 由此可见，纯粹关于运动规则之理解和运用的专业技术性问题是完全保留给体育组织进行管辖和裁定的，而中立仲裁救济机制最多只能审查该规则的运动方式是否违法。

程序必经权，是指外部中立救济机制如仲裁机构与司法机关在受理针对体育组织内部自力救济所产生的裁决而提出申请的案件时，可以采取"穷尽内部救济"原则，② 要求首先穷尽该体育组织的内部救济机制，在纠纷仍然得不到解决的情况下，再予受理。这种做法有两大好处：一是充分尊重了体育组织的内部自治权，以此友善态度降低了体育组织对抗外部救济机制的敌意，并缓和了对后续裁决可能存在的不满；二是有效发挥了行业内救济作为一种行政性裁决方式的效率优势，通过其内部处理之后，即便不能解决争议，但至少可以对争议进行初加工乃至半加工，发挥其作为中端解决措施的分流与缓解功能，为外部救济机制整理争点，消除局部分歧，以提高争议解决的效果。

（三）实现行业救济的中立化

行业救济有广狭二义：广义的行业救济还应当包括具有准司法性的外部独立仲裁机制，如 CAS 仲裁机制，狭义的行业救济即指特定体育组织内部的救济机制，如中国足协的内部救济机制。就广义的行业救济而言，要在中国实现其中立化当指两方面的措施：一是根据《体育法》之规定建立独立的专业性体育仲裁机制；二是对各体育组织内部的狭义行业救济机制进一步强化其中立品性。

1. 独立仲裁之建设

中国的独立体育仲裁机制自《体育法》通过以来直至今日仍然没有

---

① See Arbitration CAS ad hoc Division (OWG Salt Lake City 2002) 007, Korean Olympic Committee (KOC) /International Skating Union (ISU), award of 23 February 2002, in Matthieu Reeb (ed.), *Digest of CAS Awards* Ⅲ (*2001-2003*), Kluwer Law International, 2004, pp. 611-616. 此外，在亚特兰大奥运会期间 CAS 特设分庭仲裁的法国拳击运动员 christophe Mendy vs. AIBA（国际业余拳击联合会）案件中，CAS 仲裁员也认为在对体育裁判对技术性判罚的申请进行评价时，要保持克制，除非明显侵犯了运动员的权利。Arbitration CAS ad hoc Division of 1996 Atlantic Olympic Game 006, Mendy vs. AIBA, in *Digest of CAS Awards* (*1986-1988*), Switzerland, 1998, pp. 413-415.

② 张春良、张春燕：《论国际体育仲裁中的"接近正义"原则——接近 CAS 仲裁救济之先决条件》，《国际体育文化导刊》2007 年第 11 期。

建设起来，其原因为何暂且不论，从法理角度来看，独立的体育仲裁机制是救济体育争议最有效的机制，也是体育救济机制法治化方案中最应当强调的部分。理由如下。

（1）实现知性与德性的"共和"。体育仲裁机制能够融贯体育仲裁的专业性和普通仲裁中立性，实现知性与德性的"共和"。《体育法》之所以要求在普通商事仲裁机构之外建立单独的体育仲裁机制，其深层用意在于它充分考虑到了体育争议与普通民商事争议的特异之处，这便是体育争议通常涉及"处罚性"争议，事关行政法乃至刑法法理。国际体育仲裁院奥运会特设分庭前任主席曾指出："在与体育实践相关的争议中，被适用的一般法律原则通常不是从诸如国际商事仲裁领域中的合同法律规范抽象出来的，而是从刑事性或行政性法律规范中获得根据，例如无罪推定原则（nulla poena sine lege）和疑罪从无（in dubio pro reo）原则。"① 这就决定了普通商事仲裁机制应用于体育争议的不适切性。而建构出独立的体育仲裁机制，一方面可以确保其具有胜任处理专业体育争议的知识能力，另一方面又可以维持它与一般商事仲裁机构所共有的独立品性，从而实现知性和德性的共和。

（2）实现自治与法治的兼容。独立的体育仲裁机制在本质上仍然属于广义的行业自治，因此能够在更宏观的意义上实现自治与法治的兼容。仲裁在本性上即为行业自治的产物，只不过此行业是大一统的行业而不是某一个或几个体育组织或体育协会，因此，《体育法》所指的体育仲裁机制一方面是位于各具体的体育组织或协会之外的独立仲裁机制，另一方面它却又是位于整个大一统体育行业之中的自治机制。这就在宏观行业的意义上实现了自治与法治的兼容。独立的体育仲裁机制所具有的此种身份上的辩证属性使它更容易在具有对立关系的体育组织自治与司法救济之间产生一种奇妙的缓冲功能，同时为对立双方所接受而又能兼容对立双方各自的优势。有学者将体育仲裁机制的此种功效称作"敞开之收敛"，即各体育组织敞开了自己闭锁的救济机制，但在更大的范围内又重新实现了不再向外（主要是指向司法机关）扩展的收敛目的，因为独立的体育仲裁机制被法律认定为具有充足的法治精神，因而允许其终局裁决而无须接受司

---

① See Gabrielle Kaufmann-Kohler, *Arbitration at the Olympics: Issues of Fast-track Dispute Resolution and Sports Law*, Kluwer Law International, 2001, pp. 100–101.

法机制之再救济。① 在独立的体育仲裁机制与独立的司法机关之间,各体育组织对前者更具有自然的亲和力和认同感。

（3）实现权威与效率的兼美。统一的体育仲裁机制能够整合散见于众多体育组织之中的、彼此平行的自力救济资源,实现权威与效率的兼美。各体育组织之间的条块分割连带着导致其内部的救济机制也存在条块分割的散乱情况,众多的内部救济机制产生的重复建设和资源浪费并没有赋予这些救济机制正式的终局效力,既无权威,也无效率。建立统一的体育仲裁机制无疑可以高度整合体育行业内的离散资源,凝聚行业精英,推动体育争议的统一解决,一方面可以提升争议解决的效率,另一方面也树立了裁决结论的权威性。

（4）提升世界竞争力。统一而独立的体育仲裁机制还能够有效提升中国体育仲裁参与世界竞争的能力。如同中国正在经历从体育大国向体育强国转折的伟大时刻,② 中国仲裁也应当自觉地从仲裁大国向仲裁强国转变。在体育仲裁方面,世界范围内正在逐渐形成一个"一超多强""多极化发展"的秩序。CAS 的超级地位是任何仲裁机构都无法撼动的,特别是它作为 IOC 唯一指定的奥运会争议解决机制。③ 除此之外,日本、加拿大、比利时、卢森堡、澳大利亚、英国和韩国等国家都已经建立起了全国统一的专业体育仲裁机构,④ 相比于中国体育仲裁机制只驻足于倡议与呼吁阶段而言,这些国家的体育仲裁机制之发展及其竞争能力已然占据了先发优势。中国体育强国的成功转型、体育业的繁荣勃兴、世界体育市场的占有、体育世界战略的实施,特别是体育仲裁业的世界竞争都离不开体育仲裁机制的建设与发展。而我国体育仲裁机制要担负起如此光荣而艰巨的使命,就只有走高度集中、强化资源整合的独立而专业的大一统体育仲裁机制的道路。

2. 内部仲裁之改造

在各体育组织之外而又在体育整体行业之中建设独立的体育仲裁机制,这是最彻底、最完善地实现行业救济中立化的方案。除此之外,为

---

① 刘想树主编:《国际体育仲裁研究》,法律出版社 2010 年版。

② 于善旭:《我国迈向体育强国的法治进路》,《天津体育学院学报》2009 年第 2 期。

③ 张春良:《CAS 仲裁庭审模式研究》,《天津体育学院学报》2010 年第 3 期。

④ 可参阅刘想树主编《国际体育仲裁研究》,法律出版社 2010 年版。另可见于善旭等《建立我国体育仲裁制度的研究》,《体育科学》2005 年第 2 期。

更有效地发挥各体育组织内部救济机制的解纷功能，还可以通过制度设计和创新推动这些内部救济机制的中立性改造。毋庸置疑，这些内部救济机制因其依附性而不具有法律标准意义上的独立性，但它们可以在体育组织内部相对于其他机构维持一定的独立性。具体改造方法包括但不限于以下几种。

（1）在依托机构的选择上，为避免内部救济机制受到过多机构的干预，同时为提高其权威性，可以将主管争议解决机制的机构设定为体育组织内部的最高权力机构。这些最高权力机构一般为体育组织的会员大会，在会员大会闭会期间则由特定的委员会如足协的执行委员会负责，在执行委员会闭会期间则另有特设机构如足协的主席会议负责。体育组织内部的争议解决机制应当归属执行委员会或者主席会议直管，从而使它较少受下设的其他机构的干扰或牵制。（2）在人事任免暨仲裁员的聘任上，应由依托机构根据专业知识、法律素养、道德秉性而非其他身份或职务之考虑予以委任或聘任。这些愿意接受仲裁员聘任的人士应当签署承诺书，承诺恪守仲裁员职责，确保公正独立地裁决案件。（3）在仲裁程序的设计及其具体展开方面，也应当尽量仿照一般独立仲裁机制的方式，建构出良好的仲裁前、组庭中和组庭后的中立制度安排。[①] 据此最大限度地弱化内部仲裁机制的非独立性缺陷，赢得争议当事人对其处理过程及结论的尊重和接受。

（四）实现司法救济的通畅化

由于"司法保障不容剥夺"关涉基本人权，也是法治精神的根本体现，因此，在完善我国体育救济机制、实施法治化改造的过程中必须确保各种救济机制能够通畅地抵达司法救济。在理解和践行司法救济的问题上，必须把握其如下含义。

1. 司法救济只是一种机会保障而非必经程序

实现司法救济的通畅化，并不是要求也不是鼓励所有体育争议都应当最终诉诸司法救济。这种通畅化保障只是为有必要寻求司法救济的争议提供可能的机会，而不是说司法救济是解决一切体育争议的必经程序。将司法救济设定为必经程序会有这样一些消极后果：一是导致司法救济之前的一切救济成为一种摆设，浪费了程序资源，也极大地减损了解纷效率；二

---

① 张春良：《CAS 仲裁中立原则的制度安排》，《天津体育学院学报》2010 年第 2 期。

是导致诉讼积累、诉讼爆炸，司法救济机关将不堪讼累，最终致使司法救济机制的梗塞失灵。因此，实现司法救济的通畅化，其真正含义并不是要悬搁一切其他救济机制之功效，而只是为一切争议之解决提供司法救济的可能机会。相反，如果其他救济能够最大限度地发挥其分流与解纷止争的功能，司法救济能够做到"无为而治"，那么这才是司法救济所追求的上善之境。

2. 司法救济是一种广义救济而不限于诉讼救济

司法救济并不等同于诉讼救济，诉讼救济无疑是司法救济中最常规的一种救济形式，但还应当从广义的角度理解"司法救济"。广义的司法救济强调从本质与功能的角度来理解解纷机制是否体现了法治精神，而不是从主持解纷机制的机构来简单判断。简言之，只要一种法律认可了的救济机制能够中立地审断纠纷，就是广义法治的体现；只要一种救济体制能够为一切争议提供这样一种中立审查或复查的机会保障，这也就是司法保障不同剥夺的广义理解。这是对法治的功能理解而不是机械的形式理解。以此标准审视之，为体育争议提供司法诉讼救济显然是法治精神的体现；同时，为体育争议提供一种中立的仲裁救济也依然是法治精神的体现。所以，保障体育争议的司法救济之通畅化既可以为其提供通往诉讼救济之途，也可以为其提供通往仲裁救济之途。当然，此处所谓的作为法治精神化身的仲裁救济不是体育组织各别内部建立的非独立的仲裁机制，而是指超越各组织之外的独立的仲裁机制如 CAS。

以这样的见解来审视中国足协章程所规定的两种仲裁救济条款，就可以见出二者所包含的法治精神实是南辕北辙，但这很可能并未为中国足协乃至整个中国体育界所意识，这是一种缺乏法治意识的集体无意识状态。这两种仲裁救济条款共同构成了《中国足协章程》第 11 章，该章分两条即第 61 条和第 62 条。第 61 条是对涉及国际足联、亚足联的争议采取的处理方式，即应援引国际足联、亚足联章程中所规定的仲裁条款，不得将与国际足联、亚足联及其会员协会和俱乐部的任何争议提交法院，而同意将争议提交各方认可的仲裁委员会，并接受仲裁委员会的裁决。第 62 条是对中国足协内部争议采取的处理方式，即应将业内争议提交足协仲裁委员会，而不得向法院提交。这两条款规定除了涉及的主体不同之外，其措辞与行文几乎完全相同，但第 61 条的规定是符合法治精神因而是有效的，而第 62 条的规定则违背法治精神因而是无效的。

查阅国际足联、亚足联的章程，① 它们所援引的仲裁机构并不是什么"仲裁委员会"，而就是在瑞士注册的独立仲裁机构即 CAS，该仲裁机构并非是国际足联、亚足联的内部仲裁机构，也不是 IOC 下的仲裁机构，它的独立身位使它的救济性质符合法治精神，因此该仲裁条款具有法律效力。但《中国足协章程》第 62 条的规定则是违背法治精神的，因为它所援引的仲裁救济机制并不是独立于中国足协的仲裁机制，中国足协仲裁委员会也并非根据我国 1995 年《仲裁法》规定的条件和程序设置的，其本质不过是中国足协的内设机构而已。所以，该纠纷机制虽有"仲裁委员会"之名，但并无 1995 年《仲裁法》所指"仲裁委员会"之实，二者名同而实异。我国认可仲裁条款具有排除法院管辖的效力，② 但该仲裁条款所援引的必须是独立的仲裁机构而不是诸如足协内部的仲裁委员会。以这样的内部救济机制来终结争议之处理也就不符合法治精神，而国际足联、亚足联指定具有独立地位的 CAS 作为其争议的终端救济，则正好是广义的"司法救济"之法治化做法。简言之，CAS 作为一种独立的仲裁救济是合乎法治精神的广义司法救济；而中国足协仲裁委员会作为一种非独立的仲裁救济是不具有广义司法救济之资格的，因而其救济也就不合法治要义。

由上可见，在体育救济法治化方案建设中，司法救济是其结构上不可或缺的终端环节，但不应将其设定为必经的程序环节，更不能将其视为实现法治理想的最佳方案。如果以这样的方式来理解法治，并指导体育救济机制的法治化建设，那么它就与金色的法治之途背道而驰了。将司法救济作为悬临于一切救济之上的可能机会，为各种救济机制打开通往司法救济的道路，为那些有需要且有必要的争议当事人确保司法救济的机会，并在此前提之上努力提升整体救济机制化解纠纷的系统功能，最终不是追求司法救济的繁荣而是达致司法救济无为而治的状态，实现"刑措"而"礼乐兴"的歌舞升平之清明世界，才是司法救济也是体育救济法治化方案的

---

① 国际足联 FIFA 在 2002 年即在其章程中明确指定 CAS 作为争议解决机构，这种做法使 CAS 仲裁机制成为 FIFA 框架内的制度化解纷机制，只要是 FIFA 的会员，或者参与 FIFA 所承办的赛事者，都自然地适用该解纷机制。H. E. Judge Keba Mbaye，"Introduction to Digest of CAS Awards Ⅲ（2001–2003）"，in Matthieu Reeb（ed.），*Digest of CAS Awards Ⅲ（2001–2003）*，Kluwer Law International，2004.

② 刘想树：《中国涉外仲裁裁决制度与学理研究》，法律出版社 2001 年版。

善之善者！

必须强调，法治化并不是"格式化"，格式化是毁灭，是否定一切后的完全虚无；法治化是建构，应立足本地资源，接通特定处境的"地气"，才谈得上收拾破碎河山而成礼乐世界。中国体育救济机制的法治化方案因此不应激进地追求制度革命，试图在中国现有制度基础之上"复制"外国法治图景；而应当多一些理性，少一些激愤，让现有救济机制从残缺破败之中内在地开展出法治之"光"。唯有如此，法治化的救济机制才能治疗中国体育业的人治痼疾；也唯有如此，法治化的救济机制才能担负起重振我中华体育煌煌伟业之重任。①

第三节　国际体育仲裁与体育解纷机制的法理

纠纷具有反社会性，但并不因此而丧失其积极意义。根据辩证法理，事物总是以克服自身障碍的方式获得自我更新的能力和契机。作为纠纷之一维的体育纠纷正是在这一意义上起到了其对体育产业的制度创新和促进作用。体育纠纷的客观存在迫使人类完善法律救济机制以为体育产业提供制度支撑。体育产业蕴藏着的巨大经济利益也使探讨体育纠纷的救济机制成为时代显学。随着体育行业的产业化、大众化、国际化，体育的和体育性的纠纷不再纯粹、不再易于解决。本节从探讨人类社会迄今为止架构纠纷救济机制的一般原理出发，厘定了体育纠纷的性质和特征，并以此为基础阐述了体育纠纷救济机制的两大模式，尤其是我国解决体育纠纷的现实渠道，最后以现实为观照，对承办国在承办奥运会期间存在的制度障碍进行诊断并提出切实的建议。②

一　纠纷救济机制的一般法理

纠纷是利益纠缠的对抗性表达，而对利益的争夺是植根于人性的深层

①　本部分的删节版以"体育纠纷救济法治化方案论纲"为题，刊登在《体育科学》2011年第1期。特此说明，并谨致谢忱！

②　本部分是在《体育纠纷救济机制的法理学分析》一文的基础之上经扩充调整而成，对刊发该文的刊物和编辑谨致谢忱。参见张春良《体育纠纷救济机制的法理学分析》，《福建论坛》2007年第4期。

欲望。因此，纠纷的出现就像人性一样不可绝对消除和遏制。[1] 人类社会由此发展出相应的救济机制来裁决权益归属、消解利益纷争。分析现存的纠纷救济机制，可归纳出如下三大规律，即纠纷性质决定救济机制的范围选择；纠纷特征影响救济机制的具体确定；纠纷所涉地域制约救济机制的功能发挥。

（一）纠纷性质决定救济机制的范围选择

纠纷的性质一般地由纠纷当事人的法律地位和纠纷所涉利益的性质来决定。按照纠纷当事人法律地位的不同，可以分为平等地位当事人之间的纠纷和非平等地位当事人之间的纠纷；按照纠纷所涉利益的性质不同，可以分为商业性纠纷和非商业性纠纷。

平等地位当事人之间的纠纷主要是指民商事纠纷，区别于行政性纠纷、刑事性纠纷。区分此类纠纷的关键是，纠纷当事人的地位是否对等，即当事人享有的权利和义务是否对等。民商事纠纷当事人享有的权利和义务是完全对等的，一方享有的权利即构成对方所负担的义务，二者之间并没有命令与服从的关系，因此此类纠纷当事人享有最大的自由来处理纠纷。而行政性、刑事性纠纷的当事人享有的权利和义务则是非对等的，在行政性争议和刑事性争议当中，一方当事人是代表国家机关行事的，行使的是公权力，争议相对人只能服从，如果相对人认为对方行使权力时存在滥用情况、危及自身利益，则只能通过向对方当事人，尤其是其上级机关提出复议请求或者向法院提出相应诉讼，而不能通过本身的能力进行救济和矫正。[2]

商业性纠纷和非商业性纠纷的区分较为棘手，绝大多数国家立法倾向于对"商业性"纠纷作尽可能广义的解释。联合国国际贸易法委员会提交的《国际商事仲裁示范法》曾经试图对"商事"一词作出比较清晰的界定，但终因意见不一致而只能在该法的条文注释中作了最为广泛

---

[1]　正是在这一意义上，学人认为，从体育社会学的角度来看，体育纠纷的存在是一种必然的人类社会现象。参见卢元镇《中国体育社会学》，北京体育大学出版社2001年版，第149页。

[2]　如我国《行政诉讼法》第2条即规定："公民、法人或者其他组织认为行政机关和行政机关工作人员的具体行政行为侵犯其合法权益，有权依照本法向人民法院提起诉讼。"而刑事争议则完全由国家机关垄断处理，对刑事案件的侦查、拘留、执行逮捕、预审，由公安机关负责。检察、批准逮捕、检察机关直接受理的案件的侦查、提起公诉，由人民检察院负责。除法律特别规定的以外，其他任何机关、团体和个人都无权行使这些权力。

的说明。① 我国的界定方式与该示范法接近，最高人民法院于 1987 年颁布的《关于执行我国加入的〈承认及执行外国仲裁裁决公约〉的通知》明确规定，商事性争议具体是指由于合同、侵权或根据有关法律规定而产生的经济上的权利义务关系。②

　　纠纷救济机制的种类繁多，从大体上讲，可以分为诉讼和 ADR（alternative dispute resolution，替代性争议解决机制）两大类，而 ADR 进一步还可以分为若干类别。国内学者多将代替性纠纷解决方式划分为三种基本模式即谈判（negotiation），调解（mediation）和仲裁（arbitration）。Murray、Rau 和 Sherman 则划分为谈判、调解和裁决（adjudication），并进一步将裁决细分为司法程序（judicial process）、仲裁、行政程序（administrative process）和立法程序（legislative process）。③ 英国学者 Henry J. Brown 和 Arthur L. Marriott Q. C. 则认为纠纷解决机制是一个连续体（continuum），一端是谈判，当事人拥有最大的处分权利；另一端是诉讼，当事人拥有最小的处分权利。他们的分类方法是将三种基本程序（primary process）及其混合程序（hybrid combinations）划分为两大系统，即裁决系统（adjudication system）和合意系统（consensual system）。前者是由中立的第三方对争议问题作出有拘束力的裁定；后者则由当事人对争议的处理结果和争议解决方式的任何方面保有控制权。他们接着按争议事项当事人对争议事件所享有的处分权和控制权的大小对纠纷解决机制提出了 18 种分类。④ 为限制讨论范围的宽泛化，本部分选取诉讼、仲裁、和解这三种

---

① 该《示范法》第 1 条的注释说明："'商事'一词应作广义的解释，以便包括所有商事性质关系的事项，不论这种关系是契约性的还是非契约性的。商事性质的关系包括但不限于下列交易：提供或交换商品或服务的任何贸易交易；销售协议；商事代表或代理；行纪；租赁；工程建筑；咨询；工程许可；投资；融资；经营银行；保险；开采协议或特许；合营企业或其他形式的工业或商业合作；货物或旅客的航空、海洋、铁路或公路运输。"

② 例如货物买卖、财产租赁、工程承包、加工承揽、技术转让、合资经营、合作经营、勘探开发自然资源、保险、信贷、劳务、代理、咨询服务和海上、民用航空铁路、公路的客货运输以及产品责任、环境污染、海上事故和所有权争议等，但不包括外国投资者与东道国政府之间的争端。

③ See Murray, Rau & Sherman, *Process of Dispute Resolution：The Role of Lawyers*, Foundation Press, 1989, p. 69.

④ See Henry. J. Brown and Arthur L. Marriott Q. C., *ADR Principles and Practices*, Sweet & Maxwell Press, second edition, 1999, pp. 16-20.

最典型的争议救济机制进行探讨。

上文已经提到，纠纷的性质将决定救济机制的范围选择。由于平等地位当事人对于他们之间产生的纠纷享有最大的自由处分权利，对争议的解决方式和途径掌控着绝对的主动，因此，在纠纷救济机制的范围选择上，平等地位当事人之间的纠纷可以通过任何一种现存的救济机制解决，包括但不限于当事人自我和解、第三人调解或者仲裁，乃至法院诉讼。应当注意的是，与非平等地位当事人之间产生的纠纷不同，法院是否能够主动介入纠纷解决完全取决于当事人的意志，即所谓的"不告不理原则"。非平等地位当事人之间产生的纠纷在救济机制的选择上要受到限制，由于当事人不能自由掌控纠纷的化解过程，完全由当事人进行的自助式解决机制以及其他一些半自助性质的解决机制就不能被当事人采用，如和解、调解（包括民间私人调解和国家法院调解）、商事仲裁等救济机制即是如此；刑事性争议的解决更是受到限制，只能由国家机构代表国家通由法院诉讼途径解决，即使当事人进行私了也不能阻止和排除国家行政、司法机关行使检控审判权力，而且私了行为本身也不能产生任何法律效力。至于商业性和非商业性争端的救济机制范围问题，商业性争端一般地归属于平等主体之间产生的纠纷范畴，因此，其纠纷救济机制的范围选择仍然是最为广泛的；非商业性争端并不能简单地与非平等地位当事人之间的纠纷画等号，前者的范围涵纳了后者，因此对非属于平等地位当事人之间产生的纠纷，其救济机制受限制，而属于平等地位当事人之间产生的纠纷则存在广泛的、不受限制的选择。这其中存在一项比较特殊的争议，即劳务雇佣争议，包括体育领域的运动员雇佣争议。劳务雇佣争议虽然属于平等地位当事人之间的纠纷和商事性纠纷，按照本部分归纳的一般原理，当事人应当享有最为广泛的自由和权利来处理自己的纠纷，但是我国法律体制对这类争议采取的是诉讼前的强制性仲裁安排，因此，当事人在救济此类争议时，没有权利排除该强制仲裁方式。

（二）纠纷特征影响救济机制的具体确定

纠纷的特征从不同的角度存在多种界定，本节主要讨论纠纷当事人之间的关系亲密程度、纠纷产生时当事人的情绪状态以及纠纷解决的时间性要求三个特征维度对救济机制的确定所产生的影响。

1. 纠纷当事人之间的关系亲密程度

中国古代法律传统中就存在着因当事人之间的关系亲密程度不同而确

定不同的纠纷救济机制的法律原则。如秦律中规定了"公室告"和"非公室告"两种诉讼形式，后者是指家长与家人和卑幼之间的案件不能交给国家机关裁处，只能由家族头脑仲裁或者调解。① 美国法社会学家布莱克认为，纠纷解决机制的确定与主体间的关系息息相关，他将社会的横向关系和分工、亲密度、团结性等人员分布的状态的普遍变量称为关系距离（relation distance），描绘出关系距离与法的变化之间的曲线关系后指出，控告式法律（如诉讼）与关系距离成正比，而补救式法律（如仲裁）则与关系距离成反比。② 可见，当事人之间的关系亲密程度将直接影响救济机制的具体确定。引申到体育领域，但凡纠纷当事人关系越亲密，纠纷越容易通过当事人自助方式，如和解或者私人调解，被消解掉；反之，关系越恶化，纠纷则只能通过国家诉讼或者正式的仲裁机制解决。

2. 纠纷产生时当事人的情绪状态

人是情绪动物，当情感压倒理智并占据上风时，在非理性的激情支配下会丧失清醒的判断和控制，从而更容易产生纠纷。但是此类纠纷容易在事后通过自助的或者半自助的救济机制予以解决，这是因为纠纷产生的原因比较单纯，可能与清醒时期发生的纠纷相比，没有更加深刻的利益算计，从而纠纷仅仅是在表面存在，并因激情消退而失去存在的客观基础。事实上，生活常识告诉我们，因冲动等缘由发生的争议很可能使当事人事后后悔不已，并对自己的过激行为感到遗憾，这样的"赎罪"心态很容易促使当事人以和解的方式解决纷争。相反，当事人在清醒的状态下发生的争议，是经过深思熟虑并多次磋商、谈判不能达到自己的预期效果时才作为一个总的矛盾得到爆发的，也就注定此类争议已然无法通过纯粹的自助获得解决，从而只能诉诸第三方支持下的解决方式，或者是私人调解，或者是行政调解，或者是正式仲裁，也可能是严肃的司法诉讼。后面将提到，体育纠纷，特别是竞技体育下的纠纷很多都是激情性纠纷，这种纠纷特性决定了其救济机制。

3. 纠纷解决的时间要求

"时间就是金钱"的古谚已不再是抽象的说教。现代国际社会更倾向

---

① 参见张晋藩《中国法律的传统与近代转型》，法律出版社1997年版，第117页。

② ［美］布莱克：《法律的运作行为》，唐越、苏力译，中国政法大学出版社1994年版，第47—56页。

于以国际商事仲裁的方式而不是国际民事诉讼的方式谋求纠纷解决，其重要的取舍标准就是纠纷解决的时间性要求。[①] 学者 J. Thibaut 和 L. Walker 曾经就时间性要求对当事人争议解决方式的选择产生的影响做过一次试验，试验结果表明，参加试验的当事人对于纠纷救济机制的选择有着敏感的时间观念。当处在紧迫的时间压力的情况下，纠纷当事人赞成某种第三方参加的解决方法，因为直接的谈判太浪费时间；当在纠纷中既有时间性考虑，又有其他标准的情况下，赞成第三方干预的救济机制，如仲裁、诉讼等，就更为强烈。[②] 可以预见，如果当事人对纠纷解决没有时间性的要求时，他们将更愿意以自助的方式和解纠纷，以防止当事人之间的相关信息，尤其是商业秘密被泄露，同时也为了保持长久和谐的合作关系。体育纠纷对于时间性要素的考虑也是紧迫和必要的，尤其是关涉重要竞技比赛且有时效性的事项，如对某一运动员是否具有参赛资格、是否服食过兴奋剂等问题的裁断就是非常典型的此类体育纠纷。

（三）纠纷所涉地域制约救济机制的功能发挥

救济机制产生的结论通常会得到当事人的接受并自愿地履行相应义务。但是，基于种种复杂的原因，当事人可能抱一种不予合作的态度，从而导致救济机制产生的结果不能得到有效落实，妨碍救济机制功能的发挥。纯粹国内性质的纠纷面对的阻力相对要小得多，这种情况尤其体现在国家诉讼的方式上。如果国内法院判决被诉讼失利方拒绝执行，胜诉方即可要求国家相应执行机关凭借国家权力强制执行；如果纠纷所涉地域超越一单纯国度则将使得内国法院的判决或者裁定的可执行性接受严峻考验，特别是当该裁决需要在国外获得承认和执行的时候更是如此。根据国际私法的理论和实践，一外国法院的裁决要在另一个国家获得承认和执行需要满足多达七八个条件。[③] 相比之下，仲裁裁决在外国的承认和执行要容易得多，因为在国际社会上存在一个承认和执行外国仲裁裁决的 1958 年《纽约公约》，这一制度安排确保仲裁裁决的外国可接受性大大提高。我国的实际情况是，对于纠纷的司法诉讼救济机制而言，其解决纯粹国内纠

---

① 理论和实务界通说认为，国际商事仲裁的效率价值使它比肩甚至超越国际民事诉讼。

② 朱景文：《现代西方法社会学》，转引自范愉《非诉讼纠纷解决机制研究》，中国人民大学出版社 2000 年版，第 268—270 页。

③ 参见刘想树《国际私法基本问题研究》，法律出版社 2001 年版，第 396—397 页。

纷的功能比解决涉外纠纷的功能要有效得多；对于纠纷的仲裁救济机制而言，其解决涉外纠纷的功能要比纯粹国内纠纷的功能有效得多。之所以出现这一原因是我国对于涉外仲裁裁决实行的是程序性事项监督，而对于纯粹的国内仲裁裁决则实行实体和程序事项的全面监督。[①] 由此可见，纠纷的地域性质制约了救济机制的功能发挥。

二 体育纠纷的法律救济机制

体育纠纷不完全同于一般性纠纷，既有一般纠纷的特征，又具有一般纠纷所没有的个性和独特之处。由于纠纷的特征决定着纠纷救济机制的具体确定，因此，探讨体育纠纷的特征具有重要意义。

（一）体育纠纷的特征

与一般纠纷相比，大致而言，体育纠纷具有如下几类特征。

1. 体育纠纷具有复合性

体育纠纷本身就是一个综合性概念，这种纠纷类别是按照产业类型而不是纠纷的微元要素——如纠纷当事人的法律地位、纠纷所涉利益的性质等——来划分的，而每一产业就是一个缩微的社会，包括社会中可能存在的一切性质的争议。体育纠纷的复合性首先表现在纠纷的性质上。体育纠纷具有一般纠纷的所有类型，包括平等主体之间的民商事纠纷、非平等主体之间的行政性、刑事性争议，在体育领域中具体表现为竞争型体育纠纷、合同型体育纠纷、管理型体育纠纷和保障型体育纠纷。[②] 其中竞争型体育纠纷最具有体育纠纷的典型意义，即包括许多技术性细节，此类纠纷多属于平等主体之间的民商事纠纷，从原则上讲能够采取各种广泛的救济措施解决纷争，但由于包括有专业性技术事项在内，因此这一类纠纷最好是由体育行会内部的纠纷处理机构裁决，或者由专业性体育仲裁机构予以仲裁。合同型体育纠纷典型地属于平等主体之间的民商事纠纷，因此纠纷当事人拥有广泛的自主权来定夺争议的救济机制。管理型体育纠纷更具有

---

① 学术界对仲裁裁决究竟是应当采取全面监督还是程序性监督，多倾向于后者，也有少数学者仍然坚持严格的全面监督。有关学术论争请参见陈安《中国涉外仲裁监督机制申论》和肖永平《内国、涉外仲裁监督机制之我见——对〈中国涉外仲裁监督机制评析〉一文的商榷》，两文均载于《中国社会科学》1998 年第 2 期。陈安《再论中国涉外仲裁的监督机制及其与国际惯例的接轨——兼答肖永平先生等》，《仲裁与法律通讯》1998 年第 1 期。

② 杨洪云、张杰：《论体育纠纷的争端解决机制》，《体育学刊》2002 年第 4 期。

非平等主体之间的行政性争议性质，此类纠纷也适用于体育行会内部的处理，或者通过法院的行政诉讼机制予以救济。保障型体育法律关系属于经济法调整的范畴，经济法是国家干预经济的基本法律形式，其功能在于通过国家宏观调控来达到执政者的预期目的，因此而产生的争议属于行政性质，也主要通过行政复议、行政诉讼等方式来消解。

2. 体育纠纷具有即时性

体育纠纷的即时性是指纠纷产生通常具有突发性，而在解决纠纷的时间上也要求具有即决性。体育纠纷的发生，尤其是球迷骚乱往往具有即时性，对于此类纠纷通常具有不可预测性。体育运动，尤其是竞技体育运动本身就富含竞争性、对抗性、优美性、观赏性，因此不管是运动员还是观众都会因为某一挑战极限的、超乎人类想象力的完美动作而陶醉、充满激情，尤其是在市场运营下的商业化竞技运动更是为了吸引人们的眼球而大肆造势，甚至在比赛前就营造了紧张、刺激的氛围，[①] 这种情绪状态和氛围无疑是滋生体育纠纷的温床。通常是一件无足轻重的细节就足以点燃人们压抑心中的对抗性情绪，从而导致体育纠纷的即时性产生。同样的，体育纠纷，尤其是关于某一位运动员是否具有参赛资格的纠纷，在纠纷解决的时间要求上有紧迫感，为此，国际奥委会在《奥林匹克章程》中增设了奥运会特别仲裁制度，即在每一届奥运会主办国设立一临时性的仲裁机构，该仲裁机构只是负责处理与该届奥运会有关的体育争议，而且裁决应当在收到仲裁申请后的 24 小时作出，除非临时仲裁机构的负责人授权延长该期限；此外，对仲裁程序的规定也体现了加速仲裁的时间要求，如允许采用电话、电子邮件等方式进行联络、通知，[②] 而这些事项在普通商事仲裁中几乎是不可能的，[③] 否则很可能被失利方抓住而以违反"正当程序"为由要求严格的司法审查。

3. 体育纠纷由无目的性向目的性发展

相对于其他一些纠纷，尤其是恶意性纠纷而言，体育纠纷并不具有明

---

① 如在足球运动中，经常存在一种"德比"赛，尤其是当比赛两队人气指数都很高时，其赛前气氛更是空前刺激。而媒体也总是使用一些煽动性的语言来强化这种氛围。

② See art. 18, art. 19, CAS Arbitration Rules for the Olympic Games（14/12/03）（http：//www.tas-cas.org/en/code/frmoo.htm）.

③ 如国际商会 ICC 仲裁规则和中国国际商会仲裁院仲裁规则中都明确规定了以书面的或者其他有投递记录的通信方式进行通知、联络。

确的事先意图或者动机，但这种现象显然已经因为体育产业化程度的提高、政治经济利益的渗透而成为历史。现今的发展趋势是，体育纠纷越来越具有明确目的性，尤其是政治、国别考虑。政治上，很多运动中已经泛滥起种族歧视而产生明确的目的性纠纷；国别上，一些足球业发达国家为了消除因外国球员大量流入而对本国球员就业产生冲击的消极影响，同时为了提高本国球员的竞技水平，严格限制非本国球员的上场数量，从而导致运动员、俱乐部、运动联盟两两之间的纷争。①

4. 体育纠纷向规模化发展

伴随体育业的国际化、规模化，以及全球物质条件的改善，人们的价值观、健康观开始转向体育消费，越来越多的人热衷于参与、观赏、投资各种运动。关注体育运动的人增多为体育纠纷的产生提供了物质条件，而体育运动的国际化趋势则引发了体育纠纷的规模化发展。每一次足球世界杯，每一届奥林匹克运动会，每一次其他区域性、全球性运动竞赛的开展总是引发了跨国的、规模化的体育纠纷。

（二）体育纠纷法律救济机制的两大模式

综观国际社会的现行做法，对于体育纠纷的法律救济主要存在两种模式，一是将体育纠纷作为一类整体对待，采用同一救济机制解决；二是将体育纠纷按照性质进行分割，不同性质的纠纷采取不同的救济机制。

1. 整体对待下的救济机制

这一模式主要为国际性仲裁机构采用，如国际体育仲裁院（Court of Arbitration for Sport）、美国仲裁协会（AAA）等。

国际体育仲裁院原来隶属于国际奥委会，后成为独立的专业性仲裁机构，自从21世纪初国际田联和国际足联承认并接受该仲裁院的管辖后，在奥林匹克范围内的所有国际单项体育联合会都接受了该院的管辖，② 根据《国际体育仲裁委员会与体育仲裁院章程与规则》第1条之规定，该

---

① 例如意大利足协规定，在甲乙两级联赛中，各俱乐部最多只能允许拥有 5 名非欧盟球员，而在一场比赛中，每队最多只能同时安排 3 名非欧盟球员上场参赛。现在这一规则正面临意大利宪法规则以及欧盟基本条约有关规则的挑战。参阅高天放《"黑博斯曼"可能造福中国球员》，转引自郭树理《体育纠纷的多元化救济机制探讨——比较法与国际法的视野》，法律出版社 2004 年版，第 280 页。

② 黄世席：《奥运会特别体育仲裁制度若干问题探讨——兼谈北京 2008 年奥运会之有关问题》，载《中国国际私法学会 2004 年年会论文集》（下册），第 468 页。

院负责裁决的事项是"与体育有关的争议"，显然，这一宽泛的用语意味着体育仲裁院的管辖范围是广泛的，根据该仲裁院仲裁规则的内容，仲裁庭享有三种管辖权：一是裁决普通体育纠纷案件；二是裁决不服体育联合会内部纠纷处理机构的裁断而提起的上诉体育案件；三是为国际奥委会、国家奥委会、国际单项体联等机构提供咨询意见。① 实际上，体育仲裁院的裁决范围从商事性的体育纠纷，如球队俱乐部或者球员与赞助商之间的争议，到非商事性纠纷，如球员与球迷、球迷与球迷之间的侵权争议；从平等主体之间的纠纷，如球队俱乐部与球员之间的雇佣合同争议，到非平等主体之间的纠纷，如体育协会内部的纪律委员会之类的权力机构对运动员所作的行政性处罚。美国仲裁协会是一普通商事仲裁机构，其受理案件的范围并不限于体育纠纷。尽管美国仲裁协会主要业务不是体育纠纷，但是美国大多数体育行会都在其内部章程中规定了类似"格式条款"的管辖权规则，即明确由美国仲裁协会受理与之相关的体育争议。② 与国际体育仲裁院的管辖权相比，美国仲裁协会的管辖权主要包括两个方面：一是普通体育纠纷，即由当事人在事前或者事后签订仲裁协议将体育纠纷提交该协会仲裁；二是裁决不服体育行会内部纠纷裁决机构处理决定的纠纷。从裁决体育纠纷的性质看，既有平等主体之间的纠纷，也有非平等主体之间的纠纷；既有商业性纠纷，也有非商业性纠纷。一般而言，关于体育行业商业方面的事项，例如商业资助、门票分成、电视转播权出让等方面的纠纷，各体育行会的章程均明确规定美国仲裁协会可对其进行管辖，但是对于一些非商业的纠纷，例如联盟俱乐部因对联盟的纪律处罚决定不服而引起的管理型纠纷，美国仲裁协会是否可以仲裁，各体育行会做法不一。③ 总的来讲，美国仲裁协会能够对体育纠纷这一类型整体对待，而不是按照其性质进行分割处理。我国的实际做法与之恰恰相反。

2. 分割对待下的救济机制

我国现存的法律体制下无法推论出体育纠纷解决的整体性对待模式。

（1）在司法诉讼方面，我国法院审判机构的设置是按照纠纷的性质

---

① 汤卫东：《体育法学》，南京师范大学出版社 2000 年版，第 270 页。

② Aaron N. Wise and Bruce S. Meyer, *International Sports Law and Business*, Kluwer Law International, 1999, p. 673.

③ 郭树理：《体育纠纷的多元化救济机制探讨——比较法与国际法的视野》，法律出版社 2004 年版，第 195 页。

进行的，即行政审判庭裁决行政案件、民事审判庭裁决民事案件。如果一个体育纠纷案件被提交法院，首先要在立案庭进行性质的界定和识别，确定案件的民事性质或者行政性质，其次再分配给相应的审判机构进行处理。这种做法是典型的分割制模式。（2）在仲裁救济方面，我国除了《体育法》第33条规定外，没有关于专门性体育仲裁机构设置的任何条款，而实际上，该条款并没有得到具体落实，以至于我国迄今没有事实上的专业性体育仲裁机构。对于普通商事仲裁机构能否仲裁全部体育纠纷，根据我国现行《仲裁法》第2条之规定："平等主体的公民、法人和其他组织之间发生的合同纠纷和其他财产权益纠纷，可以仲裁。"即非平等主体之间的体育纠纷不能由普通商事仲裁机构进行仲裁；即便是平等主体之间的纠纷也不是全部都能由普通仲裁机构进行处理的，涉及人身性质的婚姻、继承等事项，涉及雇佣劳动合同的争议事项就有自己的特殊性处理程序。可见，在仲裁救济机制下，体育纠纷仍然面临被分割的危险，事实上，普通商事仲裁机构，包括中国国际商会仲裁院都只能仲裁商事性的、平等主体之间的体育争议。而且在仲裁实践中，体育纠纷的仲裁解决方式远没有国外开展得具有生机活力。

（三）我国体育纠纷救济的现实渠道

目前，我国体育争议的解决主要以如下几种方式进行。

1. 由一般仲裁机构进行仲裁

我国《仲裁法》第2条明确规定平等主体之间发生的合同纠纷和其他财产权益纠纷可以仲裁。因此，体育领域产生的此类性质争议当可以通过一般仲裁机构按照普通仲裁程序进行仲裁。但是对于非平等主体之间产生的行政处罚性质的争议，如2001年10月中国足协对甲B四川绵阳、成都五牛等几家俱乐部作出的处罚，以及中国足协对北京现代队罢赛事件的处罚决定等。普通仲裁机构对此类争议显然无能为力。

2. 由体育协会进行行政裁决或者仲裁裁决

国内许多单项协会内部设置有纠纷处理程序，用以调整协会内发生的相关争议。如中国足协就设立了纪律委员会、诉讼委员会等内部解纷机构，根据诉讼委员会的规程（草案），它专门受理对中国足球协会纪律委员会或中国足球协会其他委员会的处罚决定不服，属于允许申诉的案件并作出判决；按照国家有关部门的规定，遵守《中国足球协会章程》，全面负责受理中国足球协会与各会员协会之间、俱乐部之间等方面发生争议的案件，从而达到公正、公平；受理中国足球协会各会员协会之间、俱乐部之间，俱乐部与运动员、教练员、工作人员之间及会员协会与俱乐部之间；会员协会与运动员、教练员、工作人员之间就注册、转会、参赛资格、工作合同等方面发生争议的案件，并作出判决，等等。可见，诉讼委员会具有协会内部仲裁机构的性质，它处理的争议不仅包括平等主体之间的体育性争议，而且还涵纳了非平等主体之间存在的行政性争议。但是，其法律效力尚不能阻止国家司法审查的介入。

3. 由劳动争议仲裁委员会进行仲裁

我国劳动法规定，劳动争议实行强制性仲裁，而且是由劳动争议仲裁委员会而非一般仲裁机构进行仲裁。因此，体育性争议中涉及运动员与俱乐部之间就劳动合同发生的争议，尽管当事人之间的法律地位是平等的，但是依照我国仲裁法和劳动法规定，此类仲裁必须由劳动争议仲裁委员会进行仲裁。

4. 由法院按照诉讼程序予以审决

司法审查不容剥夺是现代法治原则，一项争议，无论是通过何种方式进行裁决都不能免除当事人接近正义（access to justice）的需要。而法院通常被视作终极正义的捍卫者，也因此，法院的司法审查具有不容剥夺的性质。我国体育领域内的争端即便通过协会内部设置的程序进行了处理，或者通过劳动争议仲裁委员会作出了仲裁裁决也不能排除当事人向法院提起诉讼的权利。至于普通仲裁机构作出的仲裁裁决，即便是涉外仲裁裁决，也必须在程序上接受法院的司法审查。在这一意义上，法院诉讼途径是全能的。应当注意，体育协会对所属俱乐部作出的行政处罚从法理上言具有行政可诉性，但是2002年长春亚泰俱乐部针对中国足协作出的处罚向法院提出的行政诉讼却被北京第二中级人民法院裁定不予受理。这种做法显然剥夺了被处罚人的正当权利。对于这种行政处罚性质的争议，既不能通过普通仲裁机构进行裁决，也没有专门的体育仲裁机构进行审理，当法院诉讼之门关闭之后，长春亚泰实际上已经没有其他救助办法了。

5. 由当事人协商和解或者第三人调解

协商和解或者调解不仅能够消解争议，还能够缓和当事人之间的紧张和对立。但是这种方式主要依靠当事人的理性说服、沟通、妥协，能够解决的争议主要是一些利益纷争较小、冲突对抗情绪不大的纠纷，对于涉及面广、利益分歧较大的争议来说，这种方式的效果是非常微小的，而且只有平等主体之间的争议才允许当事人进行自我处置。应当注意的是,在世界贸易组织(WTO)的争端解决机制中存在一种强制性磋商制度,这一制度的效果如何并不重要,关键是这一制度安排显示出国际社会对于当事人自我救济的重视,而且发展出"同情地考虑"等技术性细节,即一方对于另一方就争议事项所作的阐述和提出磋商的请求,应当予以推己及人地审慎考虑。这些制度值得借鉴。而且我国向来具有悠久的和解和调解精神,并积聚了相当丰富的历史经验,应当充分发挥本土资源并在体育纠纷救济机制中转化为有效的制度表达。

三　我国承办奥运会的法制障碍及其建议

中国成功申办并举办了 2008 年奥运会,给国人带来惊喜的同时也开始对"体育法治"进行清醒的反思。奥运会发展至今已经积累了丰富的纠纷解决经验和机制,但由于奥运会过分依赖内部救济机制从而在相反方面较少顾虑奥运会承办国的法制安排,很可能引起承办国的法制抵抗,如何衔接两种救济机制遂而成为理论和实践的关注焦点。根据国际奥委会的安排,在奥运会期间发生的所有体育纠纷均由国际体育仲裁院垄断性受理(刑事性纠纷除外),因此,下文将集中考察我国法律体制与奥运会体育仲裁存在的主要冲突及其消解。

(一) 体育仲裁的合意性问题

仲裁是一种双方合意下的纠纷救济机制,对合意的强调是仲裁机制的突出特点,也是仲裁机制得以有效运行的基础,即"无协议,无仲裁"。这就对国际体育仲裁院的管辖权提出了质疑和挑战,因为该院行使体育仲裁管辖权的依据是国际奥委会的强制性、排他性仲裁条款。按照国际奥委会的惯常实践,它通常要求所有参赛的运动员、教练和官员必须签署包括一个强制性的和有拘束力的仲裁条款在内的报名表,以此作为参加奥运会的先决条件,任何拒绝签署报名表的运动员将不得参加比赛。① 此种做法实际上是对当事人进行体育仲裁的强制性安排,相对方没有任何选择和谈判的余地,要么接受,要么不接受。如果相对方在迫不得已的情况下接受了这一仲裁条款,在纠纷发生后不愿进行体育仲裁从而向奥运会承办国司

---

① 转引自黄世席《奥运会特别体育仲裁制度若干问题探讨——兼谈北京 2008 年奥运会之有关问题》,载《中国国际私法学会 2004 年年会论文集》(下册),第 469 页。

法机构提出诉讼，要求确认仲裁协议无效，此时，相应司法机构会作出何种回应尚有待司法和仲裁实践印证。

笔者认为，对国际奥委会的这种做法应当持宽容的态度，在司法实践中可以支持仲裁协议有效。这种仲裁协议虽然不是完全、充分的意思自治，但是毕竟清晰地体现了仲裁的意愿，实际上我国的法院判例曾经有过类似原理的先例。最高人民法院 1995 年 10 月 20 日就发函确认，国际海上货物运输提单中的格式仲裁条款有效。提单是一个单方面的法律文件，甚至不需要对方当事人签字，它也不符合一般合同的缔结形式和程序，因此对于提单项下的仲裁条款是否同于一般合同的仲裁条款，并对当事人具有法律拘束力并无定论。有的国家判例认为其有效，有人认为无效。① 我国承认由海上货物运输承运人签发的单方面提单中的仲裁条款有效，这一原理同样地适用于国际奥委会单方面提供的格式仲裁条款。

（二）体育纠纷的可仲裁性问题

所谓可仲裁性是指"可以在各国公共政策所允许的范围内通过仲裁解决的争议的界限"②。按照国际仲裁的一般原理，仲裁地法对仲裁事项的可仲裁性起着支配性作用。根据国际体育仲裁院仲裁规则规定，任何由体育仲裁院各个仲裁庭作出的裁决均视作仲裁地位于瑞士的裁决，因此国际奥运会特别仲裁庭在北京作出的裁决根据该规则同样应被视作仲裁地位于瑞士的裁决，即由瑞士法律来确定体育纠纷的可仲裁性问题。但本质上，"仲裁地所在国即为作出裁决的国家"③。也就是说，2008 年北京奥运会特别仲裁庭作出的仲裁裁决，其仲裁地在规则推定上是瑞士，但在事实上则是作出裁决地的中国。仲裁地发生冲突，究竟应当以哪一个仲裁地为标准来确定仲裁地法以判断体育纠纷的可仲裁性呢？如果以瑞士法为基准，体育纠纷具有完全的可仲裁性；如果以中国法为基准，由于中国仲裁法只承认平等主体之间的民商事法律关系才具有可仲裁性，所以体育纠纷中的非平等主体之间的纠纷，如体育行会管理机构对被管理者的行政性处罚，则不具有可仲性。对于这一问题，中国仲裁法对仲裁地的确定并没有明确

---

① 刘想树：《中国涉外仲裁裁决制度与学理研究》，法律出版社 2001 年版，第 64 页。

② Alan Redfern and Martin Hunter, *Law and Practice of International Commercial Arbitration*, London Sweet and Maxwell, 1991, p. 137.

③ 赵秀文：《国际商事仲裁案例评析》，中国法制出版社 1999 年版，第 122 页。

规定，有学者认为，根据我国现行仲裁立法和实践，当事人约定将它们之间的争议提交某一特定的仲裁委员会仲裁，就意味着由该委员会在其所在地仲裁，仲裁地点通常情况下就是仲裁机构所在的地点。① 如果这一判断属实，则可以认定上述问题并不客观存在，因为奥运会特别仲裁庭是隶属于国际体育仲裁院的机构，该仲裁院所在地的瑞士也就是特别仲裁庭裁决的仲裁地，而根据仲裁地法即瑞士法，体育纠纷具有完全的可仲裁性。笔者认为，无论在理论和实践上如何，我国司法机构应当对体育仲裁院的仲裁地推定规则予以尊重，并放弃作为实际仲裁地的中国法对体育纠纷可仲裁性的干预，这不仅符合国际奥运会的以往实践和惯例，也符合国际仲裁的一般法理，而且在根本上，由于我国仲裁立法对此规定是一个空白，所以也并不违背我国仲裁立法的规定。

（三）临时措施和保全措施问题

为保证仲裁程序的正常进行和将来仲裁裁决的有效执行，在仲裁程序中，有时有必要对与争议有关的财产、证据或者行为采取强制性的保全措施和临时措施。根据商事仲裁的立法和实践，临时措施和保全措施一般实行三权分离，即管辖权、决定权和实施权的分离，由于临时措施和保全措施涉及强制性行为的采取，通常被认为是关涉法院地国的公共秩序问题，因此在临时措施和保全措施的实施上，均毫无例外地划归法院地国实施，至于管辖权和决定权的行使问题，国际社会大致有三种模式：② 或者由法院专属行使；或者由法院与仲裁庭并行行使；或者由当事人协议选择由仲裁机构或者法院来行使。

但是 2008 年北京奥运会面临的难题是，根据国际体育仲裁院仲裁规则的规定，仲裁庭主席可以自行采取临时措施和保全措施。此处的"采取"至少包括决定是否实施临时措施和保全措施的权力，而我国仲裁立法规定与之直接相反，即我国有权决定并具体实施的主体是人民法院，仲裁机构无权采取临时措施和保全措施。对于这一尖锐矛盾如何化解，一种观点认为，由于国际体育仲裁院的临时仲裁庭并非中国的仲裁机构，中国的仲裁法与民事诉讼法关于仲裁程序中的强制措施的规定对其不应当适用，

---

① 赵秀文：《仲裁地点与司法监督》，载《中国国际私法学会 2004 年年会论文集》（下册），第 456 页。

② 常怡：《比较民事诉讼法》，中国政法大学出版社 2002 年版，第 849 页。

临时仲裁庭可以自己采取临时措施和保全措施，无须我国法院作出决定。[①] 对于这种观点，笔者认为该设想是理想和善良的，但是我们必须务实地看到，临时措施和保全措施毕竟涉及一国公共秩序问题，而公共秩序保留是国际私法调整涉外民商事关系过程中一个不许损抑的硬性原则和制度，除非相关方就这一问题有特殊的协定或者安排（如对等措施等），否则主权国家有足够的理由和现实力量来阻碍临时仲裁庭在中国行使此类权力。因之，另一种观点则显得稳妥但也柔软得多，即通过改变现行立法和创设新的规则确保国际体育仲裁院奥运会特别仲裁分院"有权力根据国际体育仲裁院奥运会特别仲裁规则的规定进行增加当事人和合并仲裁以及采取临时救济或者证据保全等措施，譬如证据和财产保全、传唤证人等"[②]。笔者认为修改立法固然能够一劳永逸地解决根本问题，但是立法的兴废更替是一个漫长的过程，更为简便也容易实施的做法是由国家机构或者国家奥委会代表国家与国际奥委会签订一个协议，就国际体育仲裁院奥运会特别仲裁分院采取临时措施和保全措施等问题的权力作出明确的安排，根据我国民法涉外篇的规定，当国内立法与国际条约发生冲突时，以国际条约优先，从而使该特别仲裁分院的权力能够得到保障。当然，倘若没有这些安排和协定，特别仲裁院如果能够遵从我国立法的规定，提请相关人民法院予以协助，从尊重国际惯例和充分考虑国际奥运会的精神角度出发，我国人民法院也会作出友好回应。

（四）关于仲裁裁决的国籍问题

仲裁裁决的国籍在普通商事仲裁中起着至关重要的作用，它不仅决定着一仲裁裁决获得承认和执行的程度，而且也决定着对有瑕疵的仲裁裁决的补救主体。

根据 1958 年《纽约公约》的精神，判别一仲裁裁决的国籍主要有两个标准，一是领域标准，二是非内国标准，其中主要的是领域标准。领域标准认为，仲裁裁决的国籍就是裁决作出地国的国籍。至于裁决作出地国究竟是仲裁机构所在地国、仲裁地点所在国、开庭地点所在国还是仲裁庭合议地点所在国的问题，理论界并没有清晰的界定，如果一个仲裁的若干

---

① 郭树理：《CAS 体育仲裁若干问题探讨》，《比较法研究》2004 年第 5 期。

② 黄世席：《奥运会特别体育仲裁制度若干问题探讨——兼谈北京 2008 年奥运会之有关问题》，载《中国国际私法学会 2004 年年会论文集》（下册），第 478 页。

环节在不同的国家进行将使这一问题的重要性和复杂性得以显现。但是在国际体育仲裁院及其奥运会特别仲裁分院仲裁的情景下，这个问题不会显得过于复杂，因为奥运会特别仲裁分院一般是在奥运会承办国境内于 24 小时内完成，这就使得一体育仲裁的若干环节都是集中在一个国家完成，在无其他条件限制的情况下，这个国家当被认定是该仲裁裁决的国籍国。但是吊诡的是，上文已经谈到，国际体育仲裁院体育仲裁规则已经明确规定，任何仲裁庭作出的裁决均视作仲裁地位于该仲裁院所在地即瑞士的裁决。这一规定将法律意义上的仲裁地与仲裁中的其他地点——事实上的仲裁地、仲裁庭所在地、开庭地点所在地、仲裁庭合议地点所在地等——分割开来，由此对该仲裁裁决的国籍的确定带来不确定性因素。此种情况下，究竟应当以何种地点确定该仲裁裁决的国籍，理论界和实务界倾向于以法律意义上的仲裁地点来决定，而法律意义上的仲裁地点通常是由仲裁协议专门约定或者当事人约定适用的仲裁规则对仲裁地点的专门规定。①根据国际体育仲裁院体育仲裁程序规则即第 27 条规定，当事人约定将有关体育之争议提交体育仲裁院仲裁，则该规则适用于仲裁。而该规则中已经对仲裁地作出了专门的规定，即仲裁地均视作瑞士的洛桑。因此，该仲裁院的任何奥运会特别仲裁分院作出的裁决应当视作是瑞士的裁决，对于我国而言，该裁决的承认和执行必须按照 1958 年《纽约公约》的精神来进行。由此引发的另一个问题是，由于 1958 年《纽约公约》明确规定，该公约只能约束商事性质的仲裁裁决，而判断一仲裁裁决针对的事项是否是商事性的，其主体和依据则是被申请承认和执行该仲裁裁决的国家和该国法律。很明显，体育纠纷中的某些事项，特别是非平等性质的行政性争议对我国而言很难被认为是商事性的，这是否意味着该特别仲裁分院作出的某些裁决不能获得我国的承认和执行。在这一问题上，笔者倾向于既要坚持我国立法的尊严和原则，也要尊重国际惯例和奥委会的制度安排，理想的办法是就这一问题作出特殊的另行安排。

至于特别仲裁院作出的仲裁裁决的补救问题，同样地应当由裁决国籍国法院管辖。一般而言，补救错误仲裁裁决的途径主要有如下几种：或者

---

① 赵秀文：《仲裁地点与司法监督》，载《中国国际私法学会 2004 年年会论文集》（下册），第 455 页。

申请法院撤销仲裁裁决；或者申请法院变更仲裁裁决；或者诉请法院发回重裁。[①] 因此，在 2008 年北京奥运会期间，国际体育仲裁院奥运特别仲裁分院作出的有瑕疵的仲裁裁决应当由当事人向裁决国籍国，即瑞士国家司法机构根据其仲裁法规则申请补救，而不是向中国法院申请。

应当注意的是，我国承办奥运会所面临的法制问题远不止此，上文仅仅涉及其中的关键性环节，更多的细节问题尚有待深入探讨。值得庆幸的是，我国正好以此为契机，对我国体育法律制度来一次彻底的整改以完成体育法制健全化和体育运动法治化的历史使命。

---

① 刘想树：《中国涉外仲裁裁决制度与学理研究》，法律出版社 2001 年版，第 212 页。

第二章

国际体育仲裁庭专题研究

第一节 国际体育仲裁庭的管辖依据：仲裁条款关联化视角

体育仲裁本质上仍然隶属仲裁的范畴，这就决定了它必须信守仲裁的基本规则和一般理念，但奥运会仲裁体制及 CAS 的仲裁规则与实践都展现出国际体育仲裁不同于一般国际商事仲裁的独特个性。[①] 从国际体育仲裁是仲裁一般理念和规则在体育领域的延伸角度理解，它本应是国际仲裁的体育化，理当具有不同于一般商事仲裁的风格，然而国际体育仲裁的某些个性似乎过度张扬，偏离了仲裁一般理念的逻辑框架。这冲击了仲裁的意思自治根基，反过来则在意思自治的解释准则下出现了正当性的危机。这面临两种选择，要么通过解释国际体育仲裁以使其被传统仲裁理念所兼容，要么变革传统仲裁理念以涵摄国际体育仲裁。扬言革命传统仲裁理念也许会被证实是一种轻狂，通过解释国际体育仲裁个性的精神气质以缓解它与仲裁理念的紧张、从而使其被后者所包容，则成为一条必得如此也是最好如此的选择。国际体育仲裁协议作为整个体育仲裁活动的宪章，[②] 也是体育仲裁个性特征得以展现和聚集的载体，其中需要得到正当化解释的

[①] 刘想树主编：《国际体育仲裁研究》，法律出版社 2010 年版，第 17 页。

[②] Alan Redfern，Martin Hunter，*Law and Practice of International Commercial Arbitration*，Sweet & Maxwell，1986，p. 98.

个性包括体育仲裁协议的强制性①、可仲裁性②、复级性③、关联性。它们涉及的共同主题是仲裁的意思自治理念是否得到尊重。关于体育仲裁协议的强制性、可仲裁性及复级性业已得到学者的关注和论述，此处专论关联性体育仲裁协议的正当根据。

一　仲裁协议的关联化及其类型

仲裁协议是一种契约，而关联仲裁协议则是契约连锁化的产物。根据仲裁协议的关联形式，可区分为三种形态，即垂直性、平行性、环形仲裁协议。

垂直性仲裁协议发生在连环合同系列中，例如 A 将货物卖给 B，B 将货物转卖给 C，C 再将货物转卖给 D 等，A 与 B 之间、B 与 C 之间、C 与 D 之间均签订有仲裁协议，且该仲裁协议彼此之间以指引（refer to）或并入（incorporate）方式相互关联，则此类若干个仲裁协议即构成关联仲裁协议。应当指出，如果 A、B、C、D 两两之间的仲裁协议未得其他人士的同意，则根据仲裁的意思自治原则，此类仲裁协议实质上是彼此独立的仲裁协议，不能因为仲裁协议的指引方式而将 A、B、C、D 捆绑仲裁。

平行性仲裁协议发生在若干个平行的合同系列中，例如公司 A 与数个买方 B、C、D 分别签订合同，各合同中的仲裁协议彼此之间以指引或并入方式相互关联，则此类仲裁协议群即构成平行性仲裁协议。同样的，A 与 B、C、D 分别签订的仲裁协议实质上仍然是彼此独立和平行的，除非 A、B、C、D 均同意的情况下，该若干合同纠纷不能进行捆绑仲裁。

环形仲裁协议发生在多方当事人签订或缔结一个协议的情况下，在多方当事人之间缔结的合同中存在一个仲裁条款，该仲裁条款拘束所有合同当事人，每一当事人在理论上都向任何其他当事人敞开，可以向其他任意当事人提请仲裁或者被申请仲裁，由于此一仲裁条款能在所有当事人之间均发生拘束力，具有首尾相连的环形特征，因此可谓为环形仲裁协议。

另外一种可能的情况则是垂直性仲裁协议和平行性仲裁协议的叠合，

---

①　张春良：《强制性体育仲裁协议的合法性论证》，《体育与科学》2011 年第 2 期。

②　石现明：《承认与执行国际体育仲裁裁决相关法律问题研究》，《体育科学》2008 年第 6 期。

③　黄晖：《体育争议解纷机制的复级化及其正当性》，《天津体育学院学报》2011 年第 4 期。

其形式结构是 A 与 B 之间存在仲裁协议，B 分别与 C、D、E 等之间就相同主题也存在平行的仲裁协议，且此类平行协议通过指引或并入方式与 A、B 之间的仲裁协议相关联，则在 A、B、C、D、E 之间的仲裁协议构成复合性关联仲裁协议。此类仲裁协议从严格的意思自治原则出发也应当判断为独立仲裁协议，除非当事人之间同意，A、B 之间的仲裁协议不能吸收或兼并 B 与 C、D、E 之间的仲裁协议，B、C 之间的仲裁协议也不能吸收和兼并 B 和 D 之间的仲裁协议。

二　CAS 判例及其立场

但在 CAS 国际体育仲裁实践中，司法机关和国际体育仲裁院表现出截然不同的态度，CAS 的先例业已显示：在复合性关联体育仲裁协议的情况下，A、B、C、D、E 不能作为同一仲裁当事人，尤其是 B、C、D、E 不能同时作为共同当事人；当 B、C 之间发生仲裁时，在 A、B、C 同意的情况下，A、B、C 可以合并仲裁为共同当事人，但此时的 D 或 E 只能作为不具有独立请求权的仲裁第三人，不能与 C 同时并列为当事人，因为 C、D、E 之间就相同或类似主题并没有达成合并仲裁的合意。然而在有关司法机关看来，只要 A、B、C、D、E 之间主题相同，且若干个仲裁协议之间相互指引或并入，则构成一个环形仲裁协议，即 A、B、C、D、E 之间共享一个仲裁协议，彼此均可作为仲裁当事人。

（一）Sullivan 案及 CAS 裁决

Sullivan vs. The Judo Federation of Australia Inc., the Judo Federation of Australia Inc. and Raguz 案就是如此。该案案情较为复杂，涉及澳大利亚两名柔道运动员 Sullivan 和 Raguz 何者具有资格代表国家参加奥运会的争议。两名运动员皆为澳大利亚柔道协会女子 52 公斤以下级的队员，2000 年 5 月澳大利亚柔道协会将 Raguz 提名为奥运会参赛运动员，并将其提名报送到澳大利亚奥委会，Raguz 被要求签署了一个报名表，其中含有一份 CAS 仲裁条款，即规定根据澳大利亚奥委会和柔道协会的有关提名协议，相关争议应提交 CAS 仲裁。Sullivan 于 6 月 24 日向柔道协会内部上诉机构提起申诉，要求撤销柔道协会的认定。在上诉机构维持了柔道协会的提名，Sullivan 随后向 CAS 提起仲裁，并将澳大利亚柔道协会作为被申请人，Raguz 作为利害关系人。CAS 仲裁庭裁决，澳大利亚柔道协会选拔程序违规，其上诉机构的裁决程序错误，撤销澳大利亚柔道协会作出的提名，满足申请人 Sullivan 的仲裁请求，建议澳大利亚奥委会应当让 Sullivan 取代 Raguz 的参赛资格。[①]

（二）司法程序及法院裁定

Raguz 不服 CAS 仲裁裁决，向澳大利亚新南威尔士上诉法院寻求撤销 CAS 仲裁裁决的司法救济，诉讼书将 Sullivan、澳大利亚柔道协会及其内部上诉机构、CAS 作为共同被告。原告称，根据仲裁裁决，她不是第三人，而是仲裁协议当事人。各方首先在法院的司法管辖权问题上展开争论：澳大利亚柔道协会支持原告提出的该仲裁协议并不排除司法管辖的观点，而 Sullivan 和 CAS 则认为，他们之间的仲裁协议已然形成一个一体化的协议安排，因此具有排除法院对此案享有的司法管辖权的效力。

法院进而考察当事人之间是否存在一个关联仲裁协议，以确定 Raguz、Sullivan 和澳大利亚柔道协会之间是否存在一个排除司法管辖权的仲裁协议。Raguz 认为，她只是与澳大利亚柔道协会之间存在 CAS 仲裁协议，只有在针对她与柔道协会的争议时才是仲裁当事人，而她与 Sullivan 及 CAS 之间并具有仲裁协议，据此法院享有针对后类争议的管辖权。Raguz 同时强调，直到在她决定参与 CAS 仲裁的时候她才成为仲裁当事人，因此，CAS 仲裁协议只拘束作为当事人的 Sullivan 和澳大利亚柔道协会。Raguz 尽管参与了柔道协会与 Sullivan 之间的仲裁程序并提交了意见，但她只是仲裁第三人。但 Sullivan 抗辩认为，Raguz 参与 CAS 仲裁程序就证明她们之间存在一个单独的仲裁协议，该仲裁协议因此具有排除司法管辖的效力。

受案法院指出，在澳大利亚奥委会和柔道协会之间的单独仲裁协议涉及向澳大利亚柔道协会设立的上诉机构行使申诉权和向 CAS 提起仲裁的规定；法律承认几个相互交叉的文件可以证明或者构成一个有多方当事人的合同；而在单独仲裁协议中以及体育仲裁规则中同意仲裁的条款都含有多方当事人相互承诺的意思，尽管这种相互承诺的意思表示并没有予以明确，但是它对于构成一个有效的合同并不存在法律上的障碍。法院进一步推理认为：在有关运动员被选为候选人员之后，这些队员通过报名表也应遵守澳大利亚奥委会和柔道协会之间的单独仲裁协议。据此，每一个遵守单独仲裁协议的当事人都要对其他人承诺遵守其条款的规定，这种多方当

[①]　黄世席：《奥林匹克赛事争议与仲裁》，法律出版社 2005 年版，第 23—28 页。

事人协议是可以强制执行的，而不用考虑传统的合同法上的要约和承诺的概念。

法院顺势得出裁决认为，澳大利亚奥委会、柔道协会和运动员彼此之间有单独的，但又是互相交叉的契约性的协议，因此，相关单独仲裁协议也是多方当事人的共同仲裁协议。当事人通过行为或者签字成为两个仲裁协议的当事人，而其中位置最高的是澳大利亚奥委会和柔道协会之间的仲裁协议；根据该协议澳大利亚奥委会、柔道协会以及两个运动员都承诺遵守 CAS 仲裁的规定；两个运动员分别签署的报名表涉及提名方面的任何争议的规定使它们合成一个单独的协议，每个人都通过其行为成为相关协议的当事人。法院最终得出的结论是，在这些当事人之间并不是各自存在一个单独的仲裁协议，而是存在一个由不同仲裁协议组成的一个单一仲裁协议。①

（三）　简要评析

该案经过复杂的内部上诉、CAS 仲裁上诉和司法机关外部救济后，终于尘埃落定。如果我们要概括抽象出它的逻辑脉络，可将澳大利亚奥委会设定为 A，澳大利亚柔道协会设定为 B，Raguz 和 Sullivan 设定为 C 和 D，则法院的推理可简述如下。

A、B 之间就提名争议设定一 CAS 仲裁条款，B 分别与 C、D 通过参赛报名表就相同争议事项援引 A、B 之间的仲裁条款。B 首先提名 C 为参赛运动员，D 不服 B 之决定，遂向 B 之内部上诉机构提起申诉；上诉机构维持 B 之决定后，D 向 CAS 提起仲裁，将 B 作为被申请人，将 C 作为利害关系人。CAS 裁定支持 D 之要求，撤销 B 之决定，建议将 D 作为候选人。C 不服 CAS 裁决，向法院提起撤销之诉，诉讼被告为 B、D 和 CAS。法院审理后认为：A、B、C、D 之间彼此关联的文件构成了一个整体仲裁框架，② 组成一个由不同协议组成的单独仲裁协议。法院据此裁定，A、B、C、D 均是这一单独仲裁协议的当事人。

如果从关联仲裁协议的类型转换来看，法院的逻辑更加简单。无疑，A—B—C 和 A—B—D 之间的关联仲裁协议构成了垂直性仲裁协议，而 B

---

① Gabrielle Kaufmann-Kohler, *Arbitration at the Olympics：Issues of Fast-track Dispute Resolution and Sports Law*, Kluwer Law International, 2001, pp. 51-78.

② Ibid., p. 52.

和 C、D 之间的两个仲裁协议（B—C 与 B—D）则是平行性仲裁协议，这两类仲裁协议的叠加，即在 A、B、C、D 之间形成了一个单独仲裁协议，即转化为环形仲裁协议（A—B—C—D）。

客观地说，垂直性仲裁协议与平行性仲裁协议的重叠并不必然向环形仲裁协议转化与过渡，法院通过宽容的解释再次支持了 CAS 仲裁协议的广延性和包容性，这应当看作司法机关对 CAS 及仲裁的友好和善意，然而它更多的是一种情感判断，却很难经受住逻辑的严谨拷问。如果说 A—B—C 或 A—B—D 之间的垂直性仲裁协议还可解释成为一个仲裁协议，那么 B—C 或 B—D 之间的仲裁协议则没有合而为一的根据。就本案而言，Sullivan 与 Raguz 之间并不具备成为同一个仲裁协议当事人的资格，CAS 的态度较司法机关显然来得严谨。在另一个类似的案例中，CAS 也采取了与该案相同的处理方式。① 但是，司法机关毕竟开启了一个先例，而且这一先例也必将对 CAS 以及其他司法机关带来影响。如果这一先例为以后的仲裁实践所遵循，则此种缺乏当事人意思自治而强行捆绑仲裁的关联仲裁协议正当性何在？这是一个不得不思考和解决的问题。

三 关联仲裁协议的正当性

(一) 善意解释原则

关联仲裁协议的正当性同样依赖于对当事人意思自治精神的延展解释，在仲裁协议解释准则中，善意解释原则是第一个也是最被广泛接受的解释准则，该准则并不当然意味着，任何有争议的仲裁协议都应当支持其有效性，毋宁说它是一般法律原则的体现，它注重的是当事人的一般意志而非语言文字所表达的字面意义，它要求刺穿语言文字的面纱而直接探求当事人内心深处的自由意志。语言不外是当事人意志的外部显示，是当事人自由意志的表演。有学者就认为，整个人生就是表演，作为内在表演的是自我意识，作为外在表演的是人格，作为人格表演过程的是自由。②

善意解释准则要求从三个方面去寻求当事人的真实意志：首先，必须根据具体境况考虑当事人的意志，即应当考虑当事人合理和正当地预期的

---

① ［英］布莱克肖：《体育纠纷的调解解决——国内与国际的视野》，郭树理译，中国检察出版社 2005 年版，第 157 页。

② 邓晓芒：《文学与文化三论》，湖北人民出版社 2005 年版，第 214—215 页。

结果。其次，应当考虑当事人签署协议直至争议产生时的态度。最后，协议必须进行整体解释，即将关联合同放在一起进行综合权衡，考察仲裁协议在其中的地位和作用，及当事人对仲裁协议的感知和反应。①

在国际商事仲裁实践中已存在相关案例，呼应了上述解释准则，即若干个关联协议之中的仲裁条款构成一个多边的却是同一个单独仲裁协议。在 Westland Helicopters Ltd. vs. Arab Organization for Industrialization etc. 案中，仲裁庭面对一个由若干关联合同构成的合同群时，各合同中的仲裁协议并未构成单一整体，仲裁申请人 Westland 公司将合同群的所有相对人都列为被申请人，向国际商会（International Chamber of Commerce，ICC）仲裁院提请仲裁。作为被申请人之一的埃及政府提出抗辩，认为：在同一个仲裁程序中包含所有被申请人是不适当的。然而，尽管仲裁庭首席仲裁员不同意多数意见并因此提出不同的见解，但仲裁庭经过多数表决后裁定："本案中任何情况均取决于当事人在仲裁条款中表达的意志。必要的也因而是充足的理由是，他们希望同时接受仲裁，并且希望他们中的任何人士对所有其他人员通过一个仲裁程序启动仲裁，当他们之间的仲裁条款之内容表明了它们在所有当事人心中构成了一个整体时，这些仲裁条款不再是多个仲裁协议。"②

按照这一解释准则，奥运会体育仲裁体制也应当按照整体的方式进行阐释，从多方面考察该若干仲裁协议是否真正构成一个整体的仲裁框架。回顾上述 Sullivan vs. Raguz 等案，澳大利亚新南威尔士上诉法院认为：只有双方当事人之间的仲裁协议才是有效仲裁协议。这需要上诉法院裁定上述三者是否是相关仲裁协议的当事人：澳大利亚奥委会和柔道协会已经订立了所谓的仲裁选择协议。在其他事项上，该仲裁协议为运动员的指定纠纷设置了争议解决机制。它开始的时候仅仅拘束奥委会和运动协会，并对其他当事人封闭。随后，各运动员被要求以所谓的"指定与团队队员书"的形式参加这一仲裁选择协议。根据法院的态度，这些彼此关联的文件已

---

① Philippe Fouchard, Emmanuel Gaillard and Berthold Goldman, Fouchard, Gaillard, *Goldman on International Commercial Arbitration*, CITIC Publishing House, 2004, pp. 257-258.

② "Westland Helicopters Ltd vs. Arab Organization for Istrialisation, United Arab Emirates, Kingdom of Saudi Arabia, State of Qatar, Arab Republic of Egypt and Arab British Helicopter Company", Mauro Rubino-Sammartano, *International Arbitration Law and Practice*, CITIC Publishing House, 2004, pp. 287-288.

经构成了一个整体仲裁框架。①

法院的理解思路略显形式化，如果按照仲裁协议善意解释准则进行思考，将得出更为圆融的推理：（1）澳大利亚奥委会、澳大利亚柔道协会以及所有运动员在签署相关文件的时候已经可以合理预期，相关争议的处理很有可能被提交到 CAS 进行仲裁，将当事人之间的仲裁协议理解为一个整体仲裁框架并未脱离当事人的预期判断。（2）在当事人签署相关文件直到争议产生并诉诸 CAS 后，各方当事人均没有对 CAS 仲裁提出异议或者抗辩，反而在积极应诉和答辩，Raguz 甚至作为利害关系人参与了仲裁并提交了文件，整个仲裁程序的展开都非常流畅和自然。（3）当事人签署的文件都直接指向同一个主题，当事人也完全感受到仲裁协议在整个文件体系中的存在和地位。所有这些因素都表明当事人可以理性而正常地充分预料到 CAS 仲裁的现实性，从仲裁协议签订到仲裁协议执行的整个过程中，当事人的言行也再次证实了他们之间的仲裁合意。因此，司法机关将此类相互关联的文件中若干个不同仲裁协议视作一个整体既尊重当事人意志，也符合实践的需要。

（二）关联合同的整体化

把若干份关联合同通过一个仲裁机制化解纠纷，从逻辑上讲有两种方法：一是把关联仲裁条款整体化，即将若干个分散在不同合同中的仲裁条款视作一个单独的仲裁协议，从而通过一个仲裁程序解决纷争，上段所述的善意解释原则就是这一思路的表达。二是将若干个关联的合同整体化，把后续合同视作主要合同的一个延伸或者一个条款，从而将主要合同中包含的仲裁条款延展到其他关联合同中，建立一个多边的、统一的仲裁机制。

在一个国际商事仲裁案例中，② 一德国公司与另一保加利亚公司发生纠纷，德国公司诉诸纽伦堡法院，纽伦堡法院拒绝行使管辖权，原因是德国公司与保加利亚公司之间存在仲裁协议。但当事人之间的贷款合同并不包含仲裁协议，与该贷款协议相关联、但彼此分离的另一份销售合同才包含一份仲裁协议。德国公司不服一审法院裁定而向德国联邦最高法院上诉，上诉法院维持了一审法院的裁定。纠纷最后提交给仲裁庭裁决，仲裁

---

① Gabrielle Kaufmann-Kohler, *Arbitration at the Olympics*: *Issues of Fast-track Dispute Resolution and Sports Law*, Kluwer Law International, 2001, p. 52.

② See ICC Award 60/1980.

庭赞同法院的意见，他们裁定，贷款协议与销售合同密切相关，必须将贷款协议视为销售合同的一个条款，即便它是单独签订的。产生于贷款协议的纠纷也因此受仲裁条款的拘束。

因此，关联合同整体化也可作为另类视角理解奥运会仲裁体制的多边、统一框架。由于《奥林匹克章程》将一切产生于或关联于体育领域的纠纷一揽子提交 CAS 仲裁，则一切受《奥林匹克章程》涵摄或约束的活动及其延展的协议也应当接受这一仲裁条款的拘束，从关联合同整体化的精神看，包括 IOC 与 NOC、IFs、奥运会承办国等所签订的协议，以及运动员签署的参赛报名表均可视作《奥林匹克章程》的展开，都是构成《奥林匹克章程》的条款或执行细则，由此《奥林匹克章程》中规定和设置的纠纷解决机制即 CAS 仲裁条款也应延伸拘束此类主体。事实上，CAS 奥运会特设分庭就是按照这一思维裁决相关案例。在 2000 年悉尼奥运会上，特设分庭先后通过 Baumann、Melinte 两个案件驳回了 IAAF 就其管辖权适格性问题提出的抗辩，其逻辑理路就是关联合同整体化，从而扩展仲裁协议的效力。

在 Baumann 案中①，Baumann 是巴塞罗那奥运会 5000 米田径赛金牌获得者，他因涉嫌兴奋剂违规而被国家运动协会暂停参赛资格，其后该机构撤销了停赛处罚，并澄清了违规嫌疑。德国 NOC 任命他作为奥林匹克运动员参赛。但与此同时，IAAF 将该案提交协会内部仲裁庭，仲裁庭经过三天时间审理后作出了禁赛两年的裁决。之前 IOC 授予 Baumann 参赛资格，该参赛资格在 IAAF 作出裁决后被撤销。Baumann 随后向 CAS 特设分庭就该撤销事项提出仲裁申请，IOC、德国 NOC 和 IAAF 均作为被申请人。IAAF 首先提出管辖权抗辩，因为 IAAF 的规章并没有规定提交 CAS 仲裁，尽管 2001 年 IAAF 开始接受 CAS 仲裁管辖，但 IAAF 仅就其反兴奋剂案件接受 CAS 管辖。因此，IAAF 内部仲裁裁决即为终局的、具有拘束力的裁决。CAS 将其抗辩视作对仲裁庭缺乏管辖权和基于既判案件而提出的答辩。与 FIFA 一样，IAAF 赛事也是在夏季召开的、在其规章中未采用 CAS 仲裁条款。仲裁庭认为，IAAF 作为奥林匹克运动的一个组成部分，应根据《奥林匹克章程》第 74 条之规定就与奥运会相关的争议接受 CAS 的仲

---

① Dieter Baumann vs. International Olympic Committee, National Olympic Committee of Germany, and International Amateur Athletics Federation, Reported in CAS Awards-Sydney 2000.

裁管辖。尽管其他仲裁当事人没有提出管辖权异议，仲裁庭仍然分别就其他几个被申请人应当接受 CAS 管辖的问题作出了说明。仲裁庭指出，作为奥林匹克运动的成员，德国 NOC、IFs 理应受《奥林匹克章程》第 74 条约束；此外，当 NOC 推荐运动员参加奥运会时，运动员签署的参赛报名表构成 CAS 仲裁管辖的额外依据，《奥林匹克章程》第 74 条也再次支持了参赛报名表中的仲裁条款。在 Melinte 案中，仲裁庭以相同理由驳回了 IAAF 的抗辩。[①]

分析案例可以认为，CAS 特设分庭运用了关联合同整体化的理论延伸和助长了《奥林匹克章程》第 74 条的长臂效应。按照特设分庭看来，即便参赛运动员或相关体育组织，诸如 IAAF 等未另行签署仲裁协议，但只要是参加了奥运会活动，则体育组织与其管理的运动员之间关于奥运赛事方面的合同或协议就是《奥林匹克章程》的展开，就是其组成部分之一，也因此《奥林匹克章程》第 74 条之规定当然约束相关人员和组织。IAAF 在理解 CAS 特设分庭的裁决理由后，在后续案件中再未以此理由对抗 CAS 的管辖。在悉尼奥运会随后的一个案件中，IAAF 就未以 CAS 缺乏管辖权为由提出抗辩，而是转而以争议事项不具可仲裁性提出抗辩。[②]

（三）效率性补偿

将关联合同整体化从而拓展仲裁条款的管辖空间，或者反过来将关联仲裁条款整体化从而整合为一个多边统一的仲裁框架，这两条进路都或多或少承受着有违当事人意思自治的法律风险，通过解释来规避这一法律风险却又陷入僭越当事人自由意志、侵犯当事人内心世界的道德危机。为缓解这一不可解脱的矛盾，诉诸现实的根据也是一种适当的补偿。

关联化从而整体化的仲裁协议在商事仲裁领域较为宽容的环境下或许的确应当承受较大的指责，尽管国际商事仲裁追求效率，对时间品质要求较高，但与国际体育仲裁相比，尤其是涉及奥运会争议的体育仲裁，国际商事仲裁在时间上的富裕程度让国际体育仲裁庭无法企及。由于赛事争议的及时性和紧迫性，国际体育仲裁庭必须在受案后极为短暂的时间内作出裁决，而且不得以公平为置换代价，这被认为是奥运会仲裁必须具备的品

---

① Michael Melinte vs. IAAF, Reported in CAS Awards-Sydney 2000.

② Gabrielle Kaufmann-Kohler, *Arbitration at the Olympics*：*Issues of Fast-track Dispute Resolution and Sports Law*, Kluwer Law International, 2001, p. 19.

质。对速度的需要已然成为 CAS 特设分庭仲裁追求的目标，并在仲裁实践中通过案例不断逼迫和挑战仲裁的时间极限。如果说运动员是挑战人类运动极限，则仲裁庭是挑战时间极限，他们甚至被允许先行给出不附具理由的仲裁裁决，然后在以后的适当时间内再给出理由。①

当速度与效率成为 CAS 仲裁的核心品质后，CAS 仲裁机制的架构必然发生一系列的影响。对于 CAS 来说，只要能在公平问题上不过分贬损，他们愿意以极限速度来予以补偿。关联仲裁协议的正当性或许最让人信服的理由就在于此。将当事人纳入一个多边的统一仲裁程序安排，就同一仲裁主题作出一致的裁决，一方面避免了重复仲裁的效率贬损现象，另一方面也消除了矛盾裁决的可能，更为重要的是它赢得了时间，速度产生的积极效应甚至能代偿仲裁因为关联而对其意思自治精神的抑制，更何况速度的快慢与正义之高低并无线性比例关系。因此，通过时间因素能在一定程度上补偿关联仲裁的正当性瑕疵，缓冲关联仲裁的道德危机。

作为关联仲裁的一个表现方面，合并仲裁这一在商事仲裁领域褒贬不一的制度在国际体育仲裁界被广泛推崇。合并仲裁产生于对合并诉讼的模仿，都是源于对公正价值的效率附加，它在"时间和费用上的效益是显而易见的"，并可"减少或避免作出不一致的甚至完全不同的裁决"②。然而有更多的理由反对合并仲裁，它被认为是对仲裁制度意思自治原则的直接危害，③ 是司法干预仲裁的另一有效路径。④ 与国际商事仲裁界对合并仲裁制度的本能抵制不一致，国际体育仲裁对合并仲裁的需要基于速度被认为是必要的，并已经意识到这将是对"仲裁程序的一场革命"。哪些人员可以加入合并仲裁可能是这场革命的制约因素，因为如果以法律权益是否会受到影响作为判断某人可否成为合并仲裁的当事人，那么在体育竞赛中所有奖牌获得者都是潜在的利益受影响者，因此必须寻求某种合理平衡，否则合并仲裁程序将变得不可控制。⑤ 对速度的渴望使国际体育仲裁愿意

---

① Gabrielle Kaufmann-Kohler, *Arbitration at the Olympics*：*Issues of Fast-track Dispute Resolution and Sports Law*, Kluwer Law International, 2001, p. 45.

② 易扬：《仲裁程序的合并与现代国际商事仲裁》，《法学评论》1991 年第 6 期。

③ 张建华：《仲裁新论》，中国法制出版社 2002 年版，第 203 页。

④ 刘想树：《中国涉外仲裁裁决制度与学理研究》，法律出版社 2001 年版，第 113 页。

⑤ Gabrielle Kaufmann-Kohler, *Arbitration at the Olympics*：*Issues of Fast-track Dispute Resolution and Sports Law*, Kluwer Law International, 2001, pp. 51-78.

承受仲裁合并所可能带来的风险，支持国际体育仲裁此种先锋尝试并使之正当化的因素恰是效率补偿机制。

事实上，无论是体育仲裁协议的强制属性还是关联性，都涉及对当事人意思自治的限制，当事人的意志并非不可损抑的，即便强硬如国家主权者，也要受到很多客观条件的局限。对当事人意志的束缚不仅来自当事人的自律，也来自国家法律的公共政策，还可能来自实践和法律对某些价值的权衡取舍。体育仲裁协议的关联性无论怎样在理论上向当事人真实意志靠拢，它始终与当事人的真实意志存在一定的距离，而它能获得 CAS 仲裁实践的支持、国家司法机关的认可乃至当事人的遵守，更多的是来源于某种现实考虑和代偿机制。强制性体育仲裁协议以公正性作为补偿，①关联性体育仲裁协议则以效率性作为补偿，通过这一途径来抵消对当事人意思自治的抑制，这应是体育仲裁协议的此类属性具有正当化可能的根本原因。

（四）仲裁私密性弱化

仲裁是私人之间的秘语，也是仲裁相对诉讼的比较优势之一。商事仲裁直接面向商业中人，商海如战场，商人们的战斗艺术不再仅仅局限于传统的成本优势，信息战成为主要的竞争手段。为防止商业秘密的不当泄露并因而带来不可控制的未来损失，当事人都不愿意公开地解决纷争，以防止纷争所涉及的秘密以及在纠纷裁决程序的展开过程中关涉的更大范围的商业信息可能的走漏。法院判决被认为是大众共同拥有的财富；而仲裁只是当事人之间的私有财产，这令仲裁非常受一些机密的、敏感的、涉及政治的、大型的商业合约欢迎。②国际商事仲裁对当事人予以最充分的尊重，除非当事人同意，否则整个仲裁过程都秘密进行，当事人也能更加放心地畅所欲言，纠纷也因而更加容易化解。但国际体育仲裁的性质决定其仲裁秘密性功能将受到限制，与商事仲裁一般不公开其裁决不同，CAS 特设分庭仲裁裁决在送达当事人后，一般都会召开新闻发布会，公开裁决的特定部分，除非当事人或仲裁庭另有决定。究其原因在于，CAS 仲裁裁决因明显关涉

---

① 张春良：《强制性体育仲裁协议的合法性论证》，《体育与科学》2011 年第 2 期。

② 杨良宜：《国际商务仲裁》，中国政法大学出版社 1997 年版，第 38 页。

公共利益而不能全面处于保密状态。①

　　事实上，国际体育仲裁要保守秘密在很多情况下是不可能的，涉及运动员资格认定或服用兴奋剂问题、涉及奖牌归还等问题都不是仅仅局限于当事人，它必然涉及其他相关利益关系人，比如在上述 Sullivan 和 Raguz案中，其中任何一方资格认定问题都影响对对方资格的认定，在其他的诸如兴奋剂服用问题的案件中，金牌或其他奖牌获得者因服用兴奋剂而被裁定取消奖牌资格都必然导致后继者因顺位而取得奖牌。的确，国际体育仲裁裁决涉及的不仅仅是当事人的利益，其裁决结果直接对当事人之外的第三者或更多的成员施加了权利或义务，它关涉公共利益。而国际商事仲裁裁决通常都仅仅关涉纠纷当事人，它不会经常影响案外第三人的利益，换言之，国际商事仲裁关涉的是私人利益。

　　正是由于国际体育仲裁的私密性因其性质受到弱化，从而出现与国际商事仲裁很多与保密性相关的制度被国际体育仲裁所扬弃，典型的例子之一就是仲裁第三人的出现。在国际商事仲裁领域，仲裁第三人是否应当存在引起了广泛的争论。反对者的理由仍然以仲裁的意思自治为根据，他们认为，仲裁条款的契约性质引申的必然结论是仲裁程序及其裁决只能局限于当事人；也有一些仲裁案例承认了仲裁第三人的存在。② 但国际商事仲裁毕竟受限于当事人意志，仲裁第三人制度并未普遍确立起来。在国际体育仲裁中，私密性要求被时间性、效率性、公共利益性等特征所削弱，束缚仲裁第三人制度生存和发展空间的消极因素不复存在，CAS 仲裁庭可广泛地传唤证人、接受第三人的介入，以帮助它在最可能短的时间内查清案件事实并作出无损公正价值的裁决，在上文所述的澳大利亚两位柔道运动员与澳大利亚柔道协会、国家奥委会的案件中，Raguz 就是以第三人的面目出现在仲裁庭面前的，国际体育仲裁正因此表现出某种透明化的发展趋势。③

---

　　①　Gabrielle Kaufmann-Kohler, *Arbitration at the Olympics*：*Issues of Fast-track Dispute Resolution and Sports Law*, Kluwer Law International, 2001, p. 45.

　　②　"Westland Helicopters Ltd vs. Arab Organization for Istrialisation, United Arab Emirates, Kingdom of Saudi Arabia, State of Qatar, Arab Republic of Egypt and Arab British Helicopter Company", Mauro Rubino-Sammartano, *International Arbitration Law and Practice*, CITIC Publishing House, 2004, p. 295.

　　③　张春良：《国际体育仲裁透明化之释证》，《武汉体育学院学报》2011 年第 2 期。

同样的，仲裁私密性的弱化也促使关联仲裁协议下多方当事人捆绑仲裁成为可能，当事人之间保密性要求降低，其他人士介入作为多方当事人固然可能违背仲裁意思自治的原则，但无损于两方当事人的隐秘利益。这为关联仲裁协议乃至一切应秘密性要求而发展起来的仲裁制度提供了一个正当化和合法化的契机。

体育仲裁协议的关联化在功能上必然反向减损体育仲裁的自治根基，是对当事人意思自治的客观限制。但这不应被视为仲裁发展中的反动趋势，毕竟国际体育仲裁具有不同于国际商事仲裁的特殊处境。在国际体育仲裁场景下，将彼此错综勾连的仲裁协议予以关联化处理，在更深层次上并不脱离被关联各方的合理预期因而可以被视为走向更彻底、更综合的意思自治。这直接延伸出善意解释规则及关联契约整体化的两大正当化根据。国际体育仲裁所裁决的争议之公共利益属性，一方面呼吁更具效率的解题思路，另一方面则相对抑制了仲裁私密性的欲求。体育仲裁协议的关联化处理方案立足于此予以积极回应。抓住此四项基本原则，看似反仲裁性的关联化现象就能得到合仲裁性的理解。①

第二节　国际体育仲裁庭的权限内容

以意思自治为基础的国际体育仲裁机制始终是渊源于因此也始终是服务于当事人这一基本主体的。为着这一目的而依托于当事人合意建构出来的仲裁庭在国际体育仲裁中居于更主动的地位，享有广泛的权力去推动整个仲裁程序的进行。这些权力依其功能可分为三方面：独立仲裁权、自裁管辖权、程序管理权。独立仲裁权是其最高需要；自裁管辖权是对独立仲裁权的最彻底的担保；同时，为推动独立仲裁有效施行，也需要仲裁庭具有必要的铁腕手段以管理和推进仲裁程序，此即仲裁庭的程序管理权。三权在握，国际体育仲裁庭就能确保公平、独立、高效地作出仲裁裁决。本部分特别以 CAS 奥运会特设仲裁为例，具体阐述仲裁

---

①　本部分是在《论体育仲裁协议的关联性及其效力》一文的基础经增删调整而成，该文刊登在《体育与科学》2015 年第 2 期。原稿部分内容吸收了高峰、苏本磊两位老师的建议和意见，特对两位合著者及刊发该文的刊物谨致谢忱。

庭的权限。①

一　独立仲裁权

仲裁权作为判断权必须具有独立的、不受干扰的德性，它除了唯一地听命于仲裁者的理性之外不服从于任何外力的干涉。由于仲裁权的本质在于事实判断和法律判断，仲裁权的独立性也体现在这两方面。

（一）事实判断

独立的事实判断是独立地进行法律判断的前提，它是对案情客观事实的回复。由于时间的不可逆性决定了任何事实都无法完全恢复到其原始状态，②因此仲裁庭必须凭借纠纷过程所残留的种种证据再加以因果关系的黏合作用重新拟制出最合情理、最具逻辑的案情事实，并在此基础上独立地作出事实判断。ICAS 仲裁法典为此赋予仲裁庭审查事实的充分权力，③奥运会仲裁规则也要求仲裁庭全权（full power）确立案件事实。④体育仲裁庭独立的事实判断可进一步分解为三个环节，即取证权、查证权与采证权。

由于调查取证可能涉及某些强制措施的采取，并进而影响相关人士的财产权和人身权，因此仲裁取证责任主要地由当事人承担，仲裁庭无为而治，仅根据当事人提供的证据进行查证和采证。与诉讼不同，如果无法提取某些证据或者当事人拒绝提交某些证据，"仲裁庭没有法官那样的权力，不能处罚不遵守仲裁庭命令的当事人，但如果一方当事人因合理的理由，要求对方当事人提供所指定的文件材料，而对方当事人拒绝提供，仲裁庭将明确表示，该当事人拒绝公开文件将导致对其不利的推论，除非该当事人也有其合理的特殊理由"⑤。如果说法官调查取证权的有效性源于国家法律的强力支持，那么仲裁员调查取证权的有效性则表现为一种合理威胁，即在证据上拒绝合作方将由此获得对其不利的仲裁裁决。通过仲裁裁决的不利后果之威胁实施仲裁庭的取证权并不总是有效，这在仲裁证据旁落他人的情况下尤其如此，因此引入司法支持补充仲裁权之柔软性成为

---

①　本部分是在《论国际体育仲裁庭之权限》一文的基础经扩充调整而成，该文发表在《武汉体育学院学报》2011 年第 12 期上。特此说明，并对该刊特致谢忱！

②　顾培东：《社会冲突与诉讼机制》，法律出版社 2004 年版，第 76 页。

③　See R57 of ICAS/CAS Code of Sports Related Arbitration.

④　See Article 16 of Arbitration Rules for the Olympic Games.

⑤　刘想树：《中国涉外仲裁裁决制度与学理研究》，法律出版社 2001 年版，第 124 页。

必要。然而，商事仲裁庭在取证方面的无能却在 CAS 仲裁机制下得到一定程度的改善，根据 ICAS 仲裁法典第 57 条的规定，上诉仲裁庭之首席仲裁员在接手案卷后即可发出有关传讯当事人、证人和专家以及进行口头陈述的指令；并且首席仲裁员还可以请求得到纪律委员会或类似机构拥有的被上诉决定的相关案卷。奥运会仲裁规则还授权仲裁庭在任何时候采取与证据相关的一切适当措施，尤其是授权仲裁庭指定专家、发布提交文件资料、相关信息以及其他证据的命令。① CAS 仲裁规则赋予仲裁庭极大的调查取证权，很可能与被上诉体育组织的章程规范相冲突，在发生此类情况下，仲裁庭的取证权不受后者约束，可径依 CAS 仲裁规则行事。②

仲裁庭全权组织查证程序，负责拟订查证步骤、归纳查证要点并决定在适当时机终结查证程序转入取证环节。根据 ICAS 仲裁法典第 44 条第 2 款、第 57 条之规定，可归纳出体育仲裁庭的查证内容如下：查证步骤一般采取交叉质询的方式，由申请方和被申请方及其证人交互发言，仲裁庭在双方陈述和证据提交完毕后即归纳出查证要点，查证程序转入辩论阶段；仲裁庭通过适当的仲裁策略将双方当事人的辩论聚焦在查证要点上，并通过不断循环的交叉辩论完结各查证要点、归纳新的查证要点，最终穷尽当事人的言谈内

---

① 原文如下：The Panel may at any time take any appropriate action with respect to evidence. In particular, it may appoint an expert and order the production of documents, information or any other evidence. See Article 15 (d) of Arbitration Rules for the Olympic Games.

② 2004 年雅典奥运会仲裁的一个案例说明了这一结论。该案案情大致如下：一名在径赛和田赛方面有着辉煌生涯的美国运动员 Torri Edwards，在国际运动联盟协会（IAAF）在马提尼克岛的一次集会的检验中，刺激物可拉明呈阳性。USADA 指控她兴奋剂犯罪并对其禁赛两年。不同于被指控非解析性阳性的运动员，Edwards 请求由北美 CAS 专家组初审其案件，该专家组由获得 CAS 及美国仲裁协会（AAA）授予资格的仲裁员组成。在专家组审理之前，Edwards 承认她因过失犯有兴奋剂罪行，但争辩存在"例外情形"，应对她减轻或免除制裁。北美 CAS 专家组决定例外情形可能存在并将该事项提交一个 IAAF 兴奋剂检查委员会（DRB）。DRB 认为该情形并非例外，并要求北美 CAS 专家组裁定两年的禁赛处罚，该处罚在 2004 年 8 月 10 日的裁决中做出。该运动员不服向 CAS 仲裁庭提起上诉，但 IAAF 的反兴奋剂规则将 CAS 专家的权力限制在审查 DRB 的决定的范围之内。AHD 专家组认为"在［AHD 专家组］依据 CAS 特别规则第 16 条所赋予的调查［事实］的权力，与依据 IAAF 对其调查权力所提供的有限基础之间，存在不符"。尽管这种不符对于 AHD 专家组的最终决定没有影响，专家组规定"CAS 受其自身规则的约束，有不受限制的权威以调查事实与法律"。See Richard McLaren, "International Sports Law Perspective: the CAS Ad Hoc Division at the Athens Olympic Games", *Marquette Sports Law Review*, 2004 (15).

容和证据资料；经征询当事人意见，仲裁庭如认为已获悉充分的材料，可以决定不再开庭，程序转入关键性的采证环节。而奥运会仲裁的查证则是大陆法系纠问原则与英美法系交叉诘问原则的奇妙综合。①

如果说法官的采证尚需受制于某些客观量化的规则，那么仲裁员的采证几乎只受制于自己的良心。拥有极大的自由裁量权是 CAS 仲裁员采证权的炫目特征，然而更大的自由意味着更多的责任，CAS 仲裁实践雄辩地证明其仲裁员从未滥用过这一神圣权力，仲裁规则给予他们的自由并未过火。ICAS 仲裁法典以既不纵容也不限制的姿态对仲裁庭如何采证避而不言，奥运会仲裁规则却以毫不吝惜的字眼堆砌着仲裁庭查证的自由，其第15 条第 4 款第 2 段规定，仲裁庭可在其自由裁量权限内决定采取或排除当事人提供的证据，并对证据进行衡量。② 对仲裁员采证权唯一称得上限制的措施即是要求仲裁员明示其采证理由并直接告知当事人，或者在裁决书中载明推理过程。

（二）　法律判断

法律判断是一种价值判断，与仲裁员的主观状态密切相关，更大程度地依赖于仲裁员丰富的内心活动。CAS 上诉仲裁庭首先适用的是争议当事人意思自治选择的法律规范，否则适用作出被上诉决定的体育协会或者组织所在国的法律规范。对此类法律规范的理解与适用尚可求助于相关国家的司法解释或者专家意见，但是在 CAS 奥运会特设仲裁背景下，仲裁员的法律判断则需要更多地动用其法律素养和心证体验，因为奥运会仲裁规则要求仲裁庭根据《奥林匹克章程》、应予适用的规章、一般法律原则和

---

① 有学者认为，奥运会仲裁奥林匹克规则法典的 R44.2B 部分和第 15（b）条款给予仲裁员广泛的权力和组织仲裁审理程序的自由裁量权。关于由第 15（d）条而得到的证据也有相似的自由裁量权。这样，在进行审理时有混合的规则。一些是根据纠问原则，另外更多的是根据普通法的一般口头证言和论点。结果是临时仲裁机构保有广泛的权力审理每一个案件并分辨出实质真实。这种程序是通过纠问原则进行的大陆法方法与通过诘问和交叉诘问进行的普通法的奇怪的混合。两种方法的冲突在兴奋剂案件的审理中最为明显，特别是在奥运会中的维达康（Raducan）案件。See Richard H. McLaren, "The Court of Arbitration for Sport: An Independence Arena for the World's Sports Disputes", *Valparaiso University Law Review*, 2001（35）.

② 原文如下：It may also, in its discretion, decide whether to admit or exclude evidence offered by the parties and assess the weight of evidence. See Article 15（d）of Arbitration Rules for the Olympic Games.

他们认为适当的法律规则裁决争议①。

　　《奥林匹克章程》过于抽象，它不过是体育精神的抽象宣言；应予适用的规章则主要是指被上诉体育组织或者体育协会的章程规范；一般法律原则不过是空洞无物的浮华字眼；仲裁庭认为适当的法律规范更是其自由裁量权的高度体现。上述法律文本的抽象已然使仲裁员的法律判断转变为法律解释，② 上述法律文本自身的冲突更是使仲裁员的法律判断转变为法律创制，其原因在于仲裁庭面对的案件绝大多数争议均与体育机构指定规则的解释相关，这些规则包括 IF 制定的规则③、奥林匹

---

① Gabrielle Kaufmann-Kohler, *Arbitration at the Olympics: Issues of Fast-track Dispute Resolution and Sports Law*, Kluwer Law International, 2001, p. 100.

② 有学者指出，悉尼裁决中的最后一个概念是 CAS 实施自由裁决权的能力。尽管仲裁院的行为完全受制于法律，但是如果严格适用法律会导致不公平，为了确保受损害方得到救济，法律适用解释可能会被适用。应该注意仲裁院将完全在法律领域内行动，并且仅仅根据适当的法定框架作出符合逻辑的解释。因此，法律仍然会对一些当事方产生不公平的结果，在这些情况下，仲裁院只能建议国际奥委会修改《奥林匹克章程》。See Richard H. McLaren, "The Court of Arbitration for Sport: An Independence Arena for the World's Sports Disputes", *Valparaiso University Law Review*, 2001 (35).

③ 在国际田径协会诉美国田径协会案中，涉及两协会规则冲突的问题，美国田径协会作为国际田径协会的成员单位，其规则允诺对在国内受兴奋剂检测的运动员检测结果保密；然而国际田径协会规则要求披露检测结果。仲裁庭首先认为，国际田联规则应当被视为包括美国田径联合会在内的所有成员采纳并约束这些成员的决议。当某一成员的规章制度与国际田联的相应规则不相一致或较后者更为宽泛时，应以国际田联规则优先。接着指出，体育仲裁法院的许多裁决均可支持美国田径联合会所持立场，包括雅典 AEK 案，该案裁决明确指出"如果一方当事人的行为使得另一方当事人可能产生合法期待利益，则禁止前者随意变更其行为致使后者利益受损"。保护运动员合法期待利益的意义得到了体育仲裁法院的反复承认，例如在 USA Shooting, Watt and Prusis 一案中。这些裁决都体现了公平精神。仲裁庭由此得出的结论是：尽管有对国际田联相关规则的合理解释，本案的独特事实和情况仍然构成美国田径联合会无须向国际田联披露相应信息的正当有力之理由。See Arbitration CAS 2002/O/401, International Aaaociation of Athletics Federation (IAAF) / USA Track & Field (USATF), award of 10 January 2003, pp. 36-67. 类似的关于体育组织之间规则冲突与解释的案例还有很多，可查阅 Arbitration CAS 2000/A/312, L. / Federation Internationale des Luttes Associees (FILA), award of 22 October 2001, pp. 148-158; Arbitration CAS 2000/A/317, A. / Federation Internationale des Luttes Associees (FILA), award of 9 July 2001, pp. 159-184。

克章程①、奥运会反兴奋剂条例。"几乎每一个案件都证实这些规则文本的不完善、前后逻辑不一致、起草糟糕。"但法律文本的残缺却产生了积极的意义，"规则制定得有多糟糕，仲裁庭就在相应程度上依赖一般法律原则，这必然导致体育法的统一化和全球化"②。CAS 仲裁庭的能动作用正在创制一个新的体育法律帝国，"而 CAS 无疑将面临导致体育法进一步发展的新的且复杂的问题"③。

二　自裁管辖权

国际体育仲裁庭自我裁断管辖权限的做法固然有违裁判规则之自然正义，然而这一制度的确有效避免了仲裁庭生命力任由法院宰割的状况。仲裁庭的自裁管辖权业也上升为仲裁公理，其正当性甚至只是依靠当事人提交仲裁的合意即可证成，无须援引任何国家法律作出解释，即便后者作出否定性陈述，也无碍于仲裁庭自裁管辖权的行使。④

---

① 对案件适用的体育协会规则进行解释是 CAS 仲裁庭的经常性任务，如在加拿大国家奥委会与 Beckie Scott 诉 IOC 案件中就涉及对奥运宪章第 2.2.1 节第 25 条（若被禁止参加奥运会……获得的任何奖牌或证书均应交还国际奥委会）的解释。仲裁庭认为，该条中"或"字应理解为"在本条项下，运动员被禁止参加奥运会总是与取消被处罚运动员的参加奥运期间一切比赛的资格和没收相应奖牌相结合的"。See Arbitration CAS 2002/O/373, Canadian Olympic Committee（COC）& Beckie Scott / International Olympic Committee（IOC），award of 18 December 2003, pp. 17－35.

② Gabrielle Kaufmann-Kohler, *Arbitration at the Olympics: Issues of Fast-track Dispute Resolution and Sports Law*, Kluwer Law International, 2001, p. 100.

③ Richard H. McLaren, "The Court of Arbitration for Sport: An Independence Arena for the World's Sports Disputes", *Valparaiso University Law Review*, 2001（35）.

④ 经常被引用的国际商会第 1526 号案例的裁决非常典型地说明了这一点。该案涉及一个非洲政府终止特许权协议。国际商会仲裁庭独任仲裁员认为，依据商会仲裁规则之规定，尽管该政府持有相反的意见并拒绝对仲裁程序的任何参与，仲裁庭仍然拥有管辖权。理由是该政府有能力进行仲裁而且该争议是可被仲裁的。他指出："在国际仲裁事务中一个受到认可的规则就是：在国家程序法没有做出相反的规定时，仲裁员自己决定自己的权限……法国法律、国际商会总部的法律、瑞士法律、仲裁地的法律以及此案中的非洲国家的法律都不能让此规则无效。在国际仲裁事务或在接受的程序中现在普遍认可的另一个规则就是：依据法国最高法院的说明，仲裁协议无论是被明确订立或是包含在其适用的法律契约内，除了特殊的情况外，具有完整的法律上的独立性，不会受到合同无效的影响。"国际商会仲裁庭当时的秘书长 Yves Derains 对此裁决评论说他很遗憾该独任仲裁员觉得有必要援引各种当地的程序法作为自己裁决的依据，而并没有强调规则赋予仲裁员决定自己管辖权限的这一特定的权力。该权力本身就存在于对合同的参考中。（转下页）

（一） 自裁管辖的前奏

仲裁庭行使自裁管辖权的前提条件是存在一个表面的仲裁协议，这一所谓门卫性的权力由仲裁机构行使，在通过仲裁协议的表面审查后，仲裁机构即应将案件转交给仲裁庭，由其实质性地审查管辖权是否成立。对此，ICAS 仲裁法典第 52 条作了明确规定："除非一开始即明显不存在提交 CAS 仲裁的协议。为此目的，仲裁院办公室应当向上诉申请人送达上诉陈述书，上诉仲裁分处主席应当根据 53 条和 54 条组建仲裁庭。必要时亦可立即就停止申请书做出决定。" 可见，CAS 与其仲裁庭之间存在一个管辖权裁断的分工，先由 CAS 上诉仲裁分处主席审查体育仲裁协议是否表面存在，如果仲裁协议表面不存在则由主席直接作出拒绝行使管辖权的决定；如果仲裁协议表面存在，则在主席协助下迅速组建仲裁庭，并由仲裁庭实质性地行使自裁管辖权。在仲裁实践中应当如何谨慎把握仲裁协议是否 "表面存在"，这一微妙标准应当如何解释，并无通行规则。从有利于仲裁的角度出发，如果双方当事人合约或往来信函中出现仲裁字样或者类似的意思表示，仲裁协议表面存在的事实即可成立，毕竟法院对 "仲裁院的监督日趋温和。或是，尽量对不明朗有矛盾的仲裁条款宽松解释，来支持仲裁，去中止（stay）法院诉讼。可以说，今天合约中只要有仲裁（arbitration）一字，都逃不了要去仲裁解决争议"①。

（二） 自裁管辖的依据

CAS 共有四类仲裁庭，分别是上诉仲裁庭、普通仲裁庭、奥运会仲裁庭与咨询仲裁庭，不同的仲裁庭拥有不同的管辖权依据。限于本部分探讨主旨，此处专论上诉仲裁庭与奥运会仲裁庭的管辖依据。

上诉仲裁庭的管辖依据主要表现为两大类型：一是体育纠纷当事人缔结的单独仲裁协议，协议约定就彼此之间的争议提交 CAS 上诉仲裁处仲

（接上页）既然已得到当事人同意的规则给予仲裁员决定自己权限的权力，为何还需做更多的解释？该仲裁员甚至在决定充分使用决定自己的权限的权力时，显然已经假定了自己的权限不会受到强制性的国家法律的阻碍，尽管事实上国际商会规则早已明确规定了这种权力。在认识到这种可能存在的限制时，该仲裁员论证了自己裁决的可执行性，而不必决定什么样的国家法律可能适用于该问题。这没有给该仲裁带来特别的困难，因为事实上他审核过的所有的国家法律都支持他的结论。W. Laurence Craig, William W. Park and Jan Paulsson, *International Chamber of Commerce Arbitration*, Dobbs Ferry, 1988, p. 155.

① 杨良宜：《国际商务仲裁》，中国政法大学出版社 1997 年版，第 26 页。

裁，此类管辖依据需满足穷尽当事人内部救济原则，且其针对的主题事项符合上诉仲裁处的受理范围；二是体现在体育协会或者其他体育组织章程或条例中的制度化、格式化仲裁条款。

奥运会仲裁庭的自裁管辖依据表现形态更为广泛，甚至各管辖依据之间错综复杂、彼此牵连，形成一个蛛网式的指向 CAS 仲裁的管辖规范体系。之所以奥运会仲裁条款如此繁复，IOC 不过是以此用心良苦地维持体育世界的自治地位，尽可能地排除司法机构涉入这一方净土。由于参与奥运会赛事的主体包括 IOC、运动员、国际单项体育协会 IFs、国家奥委会 NOCs、国家单项体育协会 NFs、奥运会组织委员会 OCOG，因此 CAS 奥运会仲裁庭的管辖依据表现为：①

（1）拘束 IOC 的仲裁协议。《奥林匹克章程》第 74 条的规定确保 IOC 在事关自己时同样不能豁免于 CAS 的管辖，该条款构成 CAS 拘束 IOC 的管辖依据。

（2）拘束运动员的仲裁协议。特设分庭对运动员行使管辖权的依据是，由每一个运动员签署的参赛书上包含 CAS 仲裁条款。该条款进一步得到《奥林匹克章程》第 74 条的支持。参赛书规定，应由 CAS 解决"穷尽 NOCs、IFs、OCOG 和 IOC 所确定的一切法律救济手段后仍不能解决"的争议。

（3）拘束国际单项体育协会的仲裁协议。自 2002 年 FIFA 最终接受 CAS 管辖以后，所有国际单项体育协会都采纳了 CAS 仲裁条款。奥运会仲裁庭一直认为，根据《奥林匹克章程》第 74 条规定，由于各 IF 密切接近奥运会的整体框架，它对它们拥有管辖权。换言之，作为 IF 参与奥运会的必然结果就是，IF 接受了章程中设定的仲裁条款。这一结论为《奥林匹克章程》第 29 条进一步证实，该条规定，IF 的地位、实践与活动必须遵守《奥林匹克章程》。

（4）拘束各国家奥委会的仲裁协议。国家奥委会作为国际奥委会的有机成员，必须接受《奥林匹克章程》的约束，包括其第 74 条有关 CAS 管辖的规定。

（5）拘束国家单项体育协会的仲裁协议。由于 NOCs 签署了包含仲裁

---

① Gabrielle Kaufmann-Kohler, *Arbitration at the Olympics*: *Issues of Fast-track Dispute Resolution and Sports Law*, Kluwer Law International, 2001, p. 106.

条款的奥运会参赛书，CAS 的管辖权具有了合法根据。而且，奥运会仲裁庭认为，国家体育协会作为国际体育协会的成员已经接受了 CAS 的管辖，因为后者服从与 CAS 的管辖。

（6）拘束奥运会组织委员会的仲裁协议。奥运会组织委员会随着奥运会承办国的变迁而变动，每届奥运会承办国设立的组织委员会必须与 IOC 签署承办协议，其内容包括由 CAS 排他地管辖彼此争议的条款。

概括而言，CAS 仲裁庭管辖专业性体育争议的依据主要包括如下仲裁协议或者条款：

（1）单独仲裁协议，由当事人在体育争议发生前或者在争议发生签署；

（2）体育组织章程规范中确立的仲裁条款，包括 IOC 章程、国家奥委会章程、国际单项体育协会章程、国家单项体育协会章程中制度化的仲裁协议；

（3）各届奥运会期间签署的各类文件中含有的仲裁条款，包括 IOC 与承办国奥运会组织委员会签署的文件、各参赛运动员签署的参赛报名表中嵌入的仲裁条款。①

（三）自裁管辖的形态

无论是基于当事人的正当考虑，抑或作为延缓仲裁程序的策略性措施，CAS 仲裁实务中经常遇到针对其管辖权的抗辩，典型的抗辩理由包括如下几类。

1. 仲裁协议不存在

仲裁协议是仲裁合意的形式表现，如果证据表明当事人之间并不存在真实的仲裁协议，则仲裁庭理应拒绝行使管辖权；如果有证据表明当事人之间存在仲裁合意，则不论该仲裁协议是经过援引还是基于事实推定，仲裁庭均有权行使管辖权。

在很多仲裁案例中，CAS 查明当事人之间尽管不存在直接的书面的仲

---

① 参赛报名表的格式化内容如下："我同意遵守现行有效的《奥林匹克章程》，尤其是于奥林匹克中于 CAS 仲裁相关的条款……我所属的 NOC 和/或国家体育协会已经提请我注意到相关条款和规则。……我同意将与穷尽 NOC、IF、SOCOG 和 IOC 所设定的法律救济机制仍然不得解决的争议相关的纠纷提交 CAS 专属管辖，由其根据作为体育仲裁法典组成部分的悉尼奥运会仲裁规则作出终局和有拘束力的裁决。CAS 对其管辖权作出裁决，享有颁发临时和保全措施的专属权力。裁决是终局的。……"

裁合意，但当事人参与接受 CAS 仲裁管辖的体育组织承办之活动，在该种情况下 CAS 裁定存在仲裁合意，管辖权有效。如悉尼奥运会期间，Baumann 案与 Menlinte 案都涉及作为被申请人的 IAAF 对 CAS 仲裁庭的管辖权提出抗辩，抗辩的理由是，IAAF 在 2000 年尚未接受 CAS 的管辖，仲裁协议不存在，且其内部救济程序之决定为终局裁决。仲裁庭的意见是，IAAF 参与 IOC 举办的奥运会之行为即构成奥林匹克运动的组成部分。在随后的 Segura 案件中，IAAF 未再以缺乏仲裁协议为依据对 CAS 管辖权提出异议，而是从可仲裁性方面变换了攻击 CAS 管辖基础的角度。① 自从 IAAF 与 FIFA 接受 CAS 仲裁条款以后，以与此类似的理由对抗 CAS 管辖权的情况未再出现。

另一个案件则表明，某体育组织签署的仲裁协议也延伸拘束该组织的成员，因为该组织在签署仲裁协议时不仅以自己的名义缔结 CAS 管辖权条款，同时也代表了其麾下的所有成员，② 其成员不得以未签署仲裁协议为由拒绝 CAS 的管辖。

2. 仲裁协议未生效

仲裁协议未生效的情形有两种，一种是附时间条件的仲裁协议，在约定时间尚未届满时该仲裁协议未生效；另一种是附主体身份条件的仲裁协议，在未经特定主体签署时该仲裁协议未生效。前者如 CAS 于 2002 年仲裁的 Besiktas vs. FIFA 案，后者如 CAS 于 2002 年盐湖城冬奥会上裁决的 Bassani-Antivari vs. IOC 案。

Besiktas vs. FIFA 案中，被申请人国际足协对 CAS 管辖提出异议，认为尽管国际足协已经接受了 CAS 仲裁条款，但该管辖条款只适用于 2002 年 11 月以后的体育纠纷，在 CAS 受理本案时，该仲裁条款尚未生效。CAS 仲裁庭对其管辖权异议进行审查后得出结论③：国际足联规则中与本

---

① Gabrielle Kaufmann-Kohler, *Arbitration at the Olympics*: *Issues of Fast-track Dispute Resolution and Sports Law*, Kluwer Law International, 2001, p. 19.

② See Arbitration CAS ad hoc Division（CG Manchester 2002）02/001, Commonwealth Games Canada（CGC）/ Triathlon Canada（TC）, award of 2 August 2002. Matthieu Reeb（ed.）, *Digest of CAS Awards* Ⅲ（2001-2003）, Kluwer Law International, 2004, pp. 617-627.

③ See Arbitration CAS 2002/O/422, Besiktas / Federation Internationale de Football Association（FIFA）& SC Freiburg, award of 10 March 2003（translation）. Matthieu Reeb（ed.）, *Digest of CAS Awards* Ⅲ（2001-2003）, Kluwer Law International, 2004, pp. 90-105.

案相关的规定不包括任何确立体育仲裁法院管辖权的仲裁条款。Besiktas 呈交申诉状时，国际足联条例和球员身份及转会规则均未规定体育仲裁法院具有相应管辖权，可通过普通程序或仲裁申诉程序解决国际足联和其成员或任何第三方之间关于国际足联机构作出的最终决定的争议。因此，无论是根据国际足联规则，还是根据国际足联对体育仲裁法院管辖权的承认，体育仲裁法院对这一申诉都没有管辖权，因为这种承认只适用于 2002 年 11 月后作出的决定。

在奥运会参赛报名表中亦载有 CAS 仲裁条款，该报名表需要运动员和其所属国家奥委会共同签署，仅有运动员签署而未经其所属国家奥委会签署的报名表无效，其中的 CAS 仲裁条款也不得适用。此类仲裁协议的生效与成就需要特定的主体即国家奥委会签署，否则 CAS 不得行使管辖权，在 Bassani-Antivari VS. IOC 案中就涉及这一关键点。该案申请人不服 IOC 之决定，向 CAS 冬奥会特设仲裁分庭提起上诉，要求确认申请人具有参与相应赛事的资格。被申请人提出管辖权抗辩认为，根据 CAS 特设仲裁规则第 1 条之规定，CAS 只能就《奥林匹克章程》第 74 条所罗列的争议依据参赛报名表中的仲裁条款行使管辖权，本案中并不存在符合规范的参赛报名表。CAS 仲裁庭审查后得出如下结论①：（1）未经参赛者本国奥委会签署的奥运会比赛报名表属于不具法律约束力的单边文件，特别是不能导致其中仲裁条款的适用。（2）申请者无理由向国际体育仲裁院主张其产生了《奥林匹克章程》第 74 条和报名表中仲裁条款所涵盖的争议。没有这一理由，国际体育仲裁院就不能发起仲裁。（3）依据《奥林匹克章程》第 49 条第 1 款的第一句话，各国奥委会拥有报名参赛的专属权，对此没有任何其他解释。遵照其自身的规则，国际奥委会无权单个否定各国奥委会的参赛报名权。基于同样的理由，国际体育仲裁院也无此权力。仲裁庭最终拒绝行使管辖权。

3. 争议不可仲裁

将争议事项不可仲裁性作为对抗 CAS 管辖权的合法性是体育纠纷当事人常见的抗辩策略，CAS 仲裁规则与长期的仲裁实践均说明，纯粹技术

---

① See Arbitration CAS ad hoc Division（OWG Salt Lake City 2002）003, Bassani-Antivari / International Olympic Committee（IOC）, award of 12 February 2002. Matthieu Reeb（ed.）, *Digest of CAS Awards* Ⅲ（2001-2003）, Kluwer Law International, 2004, pp. 585-591.

性的规则或者体育运动的游戏规则不具有可仲裁性，该争议是赛场裁判的独断权力，除非证明该规则被恶意地滥用。①

4. 争议超越仲裁协议

争议事项超越仲裁协议在本质上属于无仲裁协议的类型，仲裁庭应当审慎查明争议事项与约定仲裁事项的关系。在仲裁实践中，有学者认为值得推荐的仲裁事项表述方式是"产生于或者关联于某某合同的争议"，此种表述方式被认为既符合仲裁协议的起草要求，同时赋予了仲裁庭尽可能多的管辖权和裁定权。② 事实上，《奥林匹克章程》第74条的表述风格与其基本相同。但体育纠纷当事人并非总是愿意将一切产生于或者关联于某一特定体育主题事项的争议提交仲裁，如尽管国际田联（IAAF）同意于2001年以后接受CAS仲裁管辖，但与国际足协FIFA不同，后者赋予CAS广泛的管辖权，而国际田联仅仅将与兴奋剂相关的争议提交CAS仲裁。③ 因此，当事人与国际田联之间发生的、超越兴奋剂领域的争议不能依据其章程的仲裁条款向CAS提起上诉，除非当事人另行缔结特别仲裁协议。根据国际田联（IAAF）接受的CAS仲裁条款，能够向CAS提起上诉仲裁需满足两项条件：一是该争议与兴奋剂相关，二是该争议属于纪律委员会或者类似机构作出的决定。下述案例极具启发性。

---

① （1）该案中，仲裁庭认为，其无权审查公断人、裁判员或其他官员在竞技场上作出的"场地"裁决。这些公断人、裁判员或官员有责任适用特定比赛的法律或规则。（2）仅在有证据证明恶意——通常为直接证据——的情况下，仲裁庭才得审查场地裁决，在此情况下，例如"随意""违反职责"，或者"不良意图"等任一用语都意味着存在某种对特定参赛团队或参赛者的偏向或歧视。国际体育仲裁院认为这为任何申诉者设置了寻求审查的障碍。然而，如果这一障碍变低，闸门就打开了，任何不满的参赛者都将寻求对赛场裁决的审查。See Arbitration CAS ad hoc Division（OWG Salt Lake City 2002）007, Korean Olympic Committee（KOC）/ International Skating Union（ISU）, award of 23 February 2002; Matthieu Reeb（ed.）, *Digest of CAS Awards* Ⅲ（2001–2003）, Kluwer Law International, 2004, pp. 611–616. 其他相关典型案例还包括亚特兰大奥运会仲裁的Mendy vs. AIBA案、悉尼奥运会仲裁的Segura vs. IAAF案等。

② 如国际商会推荐的仲裁协议示范条款如下：所有因此合同产生或与此合同相关的争议应依据国际商会仲裁规则由根据该规则指定的一个或多个仲裁员最终解决。该条款被认为是当事人愿意将最广范围的争议提交仲裁庭解决。汪祖兴：《国际商会仲裁研究》，法律出版社2005年版，第54页。

③ See H. E. Judge Keba Mbaye, *Introduction to Digest of CAS Awards* Ⅲ *2001–2003*, in Matthieu Reeb（ed.）, *Digest of CAS Awards* Ⅲ（2001–2003）, Kluwer Law International, 2004, p. xiii.

在国际田联（IAAF）于 2001 年正式接受 CAS 管辖后，CAS 仲裁庭于 2002 年仲裁了一个针对国际田联所提起的上诉仲裁案例，该案案情简单，但程序比较复杂。Andrea Longo（下简称 Longo）作为 CAS 仲裁申请人是意大利一名专业田径运动员，在一次赛事期间经抽检发现体内存在违禁物质，根据国际田联的规定，意大利田联组织了一次内部纪律小组的听审会。在运动员的要求下，另一家药检机构发现其供给的食物被违禁物质污染。国际奥委会授权另一家机构进行检查，结果显示 Longo 食物含有违禁物质。意大利田联对 Longo 作出禁赛两年的处罚。Longo 向意大利田联上诉庭提起申诉，后者维持了处罚决定，Longo 再次求助意大利奥委会设立的体育调解与仲裁庭，但没有就意大利田联上诉庭所作之决定向 CAS 和国际田联仲裁庭提起上诉。Longo 最后在意大利田联的协助下以存在"例外情形"（exceptional circumstance）① 为由，根据国际田联规则第 60 条第 9 款之规定向后者提起"恢复原状"（early reinstatement）的请求。然而国际田联最终驳回了 Longo 恢复原状的申请。Longo 遂针对国际田联的决定向 CAS 提起上诉仲裁。

根据 CAS 仲裁法典第 47 条之规定，仲裁程序的启动需要当事人论证被上诉的处罚决定符合下列三条件：其一，上诉针对的是体育协会、联合会或者体育管理机构所属纪律处罚庭或类似机构作出的决定；其二，上诉仲裁申请人的身份；其三，上诉申请人签署有仲裁协议。Longo 在未详细论证上述内容的情况下主张 CAS 拥有管辖权。被申请人认为，上述三点内容均未满足：首先，国际田联作出的拒绝 Longo 恢复原状的申请并不是纪律性机构作出的决定；其次，国际田联规则并不允许对其理事会作出的

①　所谓"例外情形"是指，允许免除服用兴奋剂责任的情况。由于兴奋剂违纪采取严格责任原则，涉嫌服用兴奋剂者必须证明其服用兴奋剂属于例外情形，否则不论其服用兴奋剂时主观状态如何，均不得免责。运动员不能以不知情、无意食用、归咎于医生或教练作为"例外情形"。See Arbitration CAS 2003/A/448, International Association of Athletics Federations（IAAF）/ Federation Camerounaise d'Athletisme（CMR）, award of 2 October 2003; Matthieu Reeb（ed.）, *Digest of CAS Awards* Ⅲ（2001–2003）, Kluwer Law International, 2004, pp. 431–439. 但在一定条件下，某种可能被视作兴奋剂的医疗方法被证明是正当的，是典型的例外情形，但需要运动员或者医疗人士加以证明。See Arbitration CAS 2002/A/389, 390, 392, & 393, A., B., C., D. & E. / International Olympic Committee（IOC）, award of 20 March 2003; Matthieu Reeb（ed.）, *Digest of CAS Awards* Ⅲ（2001–2003）, Kluwer Law International, 2004, pp. 348–365.

有关恢复原状的决定提起上诉；最后，当事人之间并没有签署特别仲裁协议。

仲裁庭审查后作出如下认定：其一，根据法典第 47 条，裁决的性质就决定这个裁决是否可以上诉。不管上诉的裁决由司法或行政机关作出，关键在于裁决是否是关于处罚性质的。其二，国际田联理事会承认在其第 60 条第 9 款规定的例外情况下申请恢复原状的裁决是关于处罚的执行，而不是处罚本身。总之，据法典第 47 条，国际体育仲裁院没有权力复审该种性质的裁决。其三，上诉国际田联理事会裁决的权利，并非来自国际田联规则第 60 条，而是来自其他条款的规定，尤其是第 21 条第 2 款和第 3 款。然而，根据国际田联规则第 21 条第 2 款，在例外情况下要求恢复原状不是双方当事人之间的程序，也不属于所列争议种类的范围。最终的结论是，根据国际田联规则第 60 条第 9 款在例外情况下要求恢复原状的裁决不能向国际体育仲裁院提起上诉。①

本案尽管属于兴奋剂争议，但由于不属于仲裁协议载明的争议范畴，最终被 CAS 驳回了上诉仲裁请求。申请人选择对国际田联的决定提起上诉，这一策略证明是失败的，它使申请人显得非常被动。如果申请人选择对意大利田联内部上诉庭之处罚决定提起上诉，情况或许不会如此糟糕。无论如何，体育争议超越仲裁协议约定范畴很可能使仲裁庭在自裁管辖权时作出消极决定，即便仲裁庭强行行使管辖权，其逻辑后果必然是它作出的仲裁裁决得不到承认和执行。在司法机关可能的否定与自我否定之间，珍惜自己羽翼的仲裁庭显然倾向于后者，因为它是光荣的自我毁灭。

三　程序统筹权

仲裁庭是仲裁程序能动的灵魂，是仲裁程序的策划者和推进者。一个运筹帷幄的仲裁庭能对仲裁程序进行事前的筹划与预演，② 根据个案的具

---

① See Arbitration CAS 2002/A/409, Longo / International Association of Athletics Federations (IAAF), award of 28 March 2003; Matthieu Reeb (ed.), *Digest of CAS Awards* III (2001-2003), Kluwer Law International, 2004, pp. 403-409.

② 有学者将仲裁程序形象地喻指为一出"戏剧"，仲裁员与当事人构成戏剧主角。"它可以说是以仲裁人及仲裁契约当事人为'主角'之一场'戏剧'，间亦有法院、鉴定人、证人、代理人及通译等'角色'之'演出'。"转引自刘想树《中国涉外仲裁裁决制度与学理研究》，法律出版社 2001 年版，第 110 页。

体情况设计出张弛适度、刚柔相济①的仲裁方案，在保全公正的程序框架内极限提升仲裁效率。为此，仲裁庭的统筹权包括两个主要方面，即程序策划权与程序推进权。

（一）程序策划权

　　尽管机构仲裁之仲裁规则已经描绘出仲裁程序的框架与步骤，然而仲裁庭的策划仍然是必不可少的。对于具体的案件而言，仲裁机构的仲裁规则并不具有可操作性，仲裁庭必须结合双方当事人的个人信息、仲裁员的具体情况、案件所处的具体环境、当事人的特殊需要、案件所涉证据分布状况、仲裁环境、相关司法机关的态度等等大量的案件个性化信息反复设计、琢磨和完善仲裁进程、节奏、环节，对仲裁过程可能出现的意外情况进行预见并谋划应对方案，以勤勉谨慎地完成当事人委托的事务。在商事海事仲裁过程中，仲裁庭一般会开一个预备会议，预备会议具有重要意义，伦敦海事仲裁员协会甚至将预备会议通常需要考虑的因素列成一个格式化的细目表，② 以供仲裁员参考。由于仲裁程序中变量因素太多，仲裁庭没有必要也不可能在筹划阶段事必躬亲，可设计出大致的仲裁要点并视情况确定一种到两种选择方案。一个正常的标准仲裁流程中，需要仲裁庭进行筹划的要素包括以下几点。

　　1. 是否开庭

　　仲裁庭既可以采取书面审，也可以采取口头审，主要取决于案件的复杂程度。口头审的庭审方式有利于当事人直接交锋、当面质证，但它对双方当事人、各仲裁员、证人等的时间要求高，成本较高，并且过多地依赖口头审还会导致仲裁的技术化，出现雄辩胜于事实的现象。较好的方式是，采取一次口头审，其余则采取书面审。在顺序上仲裁庭应当首先进行一次或者数次的书面审阅，摸清案件主要事实、论争焦点、双方当事人证

---

　　① 设计完善的程序机制不仅能够最大化正义，而且能够最小化利益耗损。仲裁程序被视作效率优先、兼顾公正的程序架构，其刚柔得体、张弛适度的程序特征已经广为人诵、深入人心。参见汪祖兴《国际商会仲裁研究》，法律出版社 2005 年版，第 227 页。

　　② 该细目表主要包括五个大项目，分别是：检查控辩诉状；检查披露工作情况；开庭中的问题（含证据问题、现场勘察问题、成立开庭时的案卷、仲裁员预先查阅文件、当事人代理人等）；其他开庭问题（含开庭天数、聆讯时间、开庭地点、安排记录员、仲裁语言及其翻译）；其他项目（含避免意外情况、携带重要书籍的提示、提交书面开庭陈词、争议项目细表、仲裁费的预收）等。参见杨良宜《国际商务仲裁》，中国政法大学出版社 1997 年版，第 196—201 页。

据之厚薄程度，再集中举行口头审，在各方主体均在场的情况下查证、采证和确认案件事实。

在决定开庭方式时仲裁庭最好征询、尊重当事人的意见，如国际田联IAAF内部仲裁程序就分为口头审和书面审，并且授权当事人可选择庭审方式。IAAF章程规范第23条规定了仲裁庭审方式与程序，其第9款确认了"书面仲裁"（"paper only"Arbitration），即运动员可请求仲裁庭仅依据提交的书面资料作出裁决。

体育仲裁背景下，仲裁庭进行庭审方式的组合选择时除考虑案件的复杂程度、争议标的，双方当事人的对抗程度之外，尤其需要考虑案件处理的时间要求，力争在限定的时间内完成必要的开庭。

2. 何时开庭

决定何时开庭的因素主要取决于各方参与人的时间要求和对案件的准备程度。仲裁庭在确定开庭时间时应当为自己、为双方当事人留足必要的熟悉案情、了解对方的时间，不草率开庭和匆忙开庭，在开庭前的时间中应当组织双方当事人完成有关证据与资料的提交、互换与补充完善，仲裁庭成员也应当陈列出双方争议的主要焦点和证据明细表；当事人也应当积极熟悉双方的证据与诉求、加速开庭前的披露与交换。ICAS仲裁法典规定，一旦双方陈词交换完毕，仲裁庭主席即可发出开庭的指示，特别要确定庭审日期。

3. 何地开庭

仲裁地存在名义与事实之分，名义上的仲裁地具有极为重要的法律效果，不仅决定或者影响案件的法律适用，而且赋予仲裁裁决的国籍，直接影响仲裁裁决的承认与执行状况。事实上的仲裁地可以与名义仲裁地不一致，如果说名义仲裁地出于仲裁战略的考虑需要进行精心设计与选择，那么事实仲裁地则更多的是出于便利仲裁进行的角度进行确定。名义仲裁地决定仲裁的法律环境，事实仲裁地则决定仲裁的现实环境。仲裁庭在选择事实仲裁地时应当着重考虑该地对于双方当事人的中立性、交通便利程度、影响仲裁的辅助资源状况，诸如译员的聘请等。

ICAS仲裁法典将名义仲裁地直接确定为瑞士洛桑，无论CAS仲裁庭在何地或者若干地方进行庭审并作出裁决，仲裁地一律视作瑞士洛桑，从而赋予CAS仲裁裁决瑞士国籍，瑞士具有较为中立的国际地位、先进的仲裁理念、宽容的仲裁立法，同时还是1958年《纽约公约》成员国，因此CAS仲裁裁决总是能够得到其他国家司法机关的善意支持，而CAS运转至今，瑞士联邦最高法院对其也关爱备至，迄今为止尚无一例被其撤销的 CAS 仲裁裁决。

至于 CAS 仲裁庭的事实仲裁地则视情况需要，在征询当事人同意后由仲裁处主席予以定夺。奥运会仲裁的事实仲裁地即为奥运会赛场，所有奥运会特设仲裁分庭仲裁员必须随时在场，全天候处于备战状态。

4. 如何开庭

开庭过程中，双方当事人、证人、第三人等应当有秩序地发表自己的意见，仲裁庭应当根据参与者的人数、案件争议焦点、各方提交的证据等综合情况设计出有效的开庭程序，并以争执点为核心，引导所有参与者调动一切言辞、证据逐一澄清、证实或者证伪争执点。CAS 仲裁庭应当注意综合运用中国大陆法系的纠问原则与英美法系的交叉质询式的辩论原则，既要发挥辩论原则下双方当事人的能动积极作用，也要求贯彻纠问原则由仲裁庭发挥引领、斡旋、主持作用，从而将庭审质量与庭审速度有机结合在体育仲裁的机制需求中。

5. 仲裁突袭及其防止

与体育活动一样，仲裁同样也是一种竞技，也就需要讲求竞技技巧。必要的仲裁技巧是需要的，有利于提高仲裁效率，然而仲裁的技术化必须限定在一定范围之内，否则以明辨是非、赏善罚恶为神圣目标的仲裁就会异化为技术崇拜的游戏。仲裁突袭就是最为常见的仲裁技术。

仲裁突袭虽然能够带来胜利，却是以牺牲客观事实为代价的。为查明案件事实而非单纯地角逐技术，ICAS 仲裁法典与奥运会仲裁规则对仲裁突袭进行了严厉的狙击；防止仲裁突袭的有效手段是开庭前的证据开示与资料交换，并且要求开示与交换是彻底和及时的；如果当事人在开庭前未完成开示或者交换，则不得在后续环节补充提交证据资料，除非仲裁庭认为必要，或当事人基于不可抗拒的客观理由无法在规定时间内提交。ICAS 仲裁法典第 44 条第 2 款规定："一旦庭审结束，则除非仲裁有此决定，当事人不得再行提交进一步的书面陈述。"第 3 款接着规定："如果仲裁庭认为补充当事人的陈述是适当的，则其可随时命令提交补充文件或询问证人，委任和聆讯专家，并采取其他的程序性措施。"第 56 条也作了措辞强硬的规定："除非当事人另有约定或者首席仲裁员根据特设情况另有指令，提交上诉理由和答辩后当事人无权补充其主张、提交新的的证据或详述其拟依据的新证据。"

6. 其他意外情况之预见、预防与应对

仲裁程序的进展是动态变化的，人的认识和把握能力也是有限的，所谓智者千虑、必有一失，仲裁程序中出现不可预测的情况仍然可能存在。因此仲裁庭必须具有从容冷静的心理和随机应变的能力，避免意外情况的出现打乱仲裁程序有序前进的步伐，并尽可能将意外情况对仲裁程序的冲击和负面影响降到最低。

其他意外情况的出现既可能是人为的结果，如纠纷当事人滥用权力，频繁和随意地提出回避、任命不适格的仲裁员或者拒绝在任命仲裁员上进行合作、拒绝出庭或者拖延出庭等；也可能是客观事件造就的，如开庭过程中的仲裁设备、仲裁环境、交通系统等出现障碍等。对这些意外情况的回避与处理要求仲裁员凭借其精湛的仲裁技艺、深厚的仲裁经验进行事前预防、事中策变、事后救济，同时寻求仲裁机构、地方法院的协助与配合。ICAS 仲裁法典授权仲裁庭全权掌控和管理仲裁程序，也要求仲裁机构在需要的时候进行支持，以协力应对意外情况的出现及其造成的消极后果。

（二）程序推进权

仲裁庭不仅是左右仲裁程序的舵手，而且是推进行仲裁程序的动力。对仲裁程序之推进带来阻力的干扰因素主要来自当事人的不合作或者滥用程序、司法机关的不当介入等，因此赋予仲裁庭推进程序的强权在强调和突出仲裁速度的体育仲裁体制下具有重要意义。根据 ICAS 仲裁法典与奥运会仲裁规则之规定，与时间赛跑的 CAS 仲裁庭可采取如下措施克服程序进行的阻力和摩擦力以提速仲裁程序。

（1）采取临时措施和保全措施排除妨碍仲裁程序进展的消极因素。纠纷当事人在穷尽内部救济并上诉于 CAS 仲裁庭后，即可向其申请采取临时措施和保全措施，当事人须同时放弃向有关国家机构请求此类措施的权利。在采取此类措施时，首席仲裁员可要求相对方在 15 日内或情况需要时在更短的时间内陈述其观点，但首席仲裁员应当迅速发出指令；在特别紧急的情况下，首席仲裁员可不经征询意见而径直发出指令，再聆讯异议一方当事人。

（2）采取所有适当措施启动仲裁程序。为防止当事人利用攻击 CAS 仲裁庭管辖权基础的手段延宕仲裁程序，CAS 应当在仲裁机构与仲裁院办公室的协助下尽快启动仲裁程序，并迅速行使自裁管辖权，判断管辖是否适当。

（3）在当事人拒不提交答辩状等文书或者拒绝出庭的情况下，经适当通知后仲裁庭可继续仲裁程序。

（4）禁止仲裁突袭，完善庭前证据开示和资料交换手续。当事人如果滥用证据技巧，采用仲裁突袭，其后果是突袭无效，不得再补充陈述、提交证据资料。

（5）形成强势仲裁庭结构，全权查明案件事实和法律适用，享有极大自由裁量权。仲裁庭可以采取与证据相关的所有适当措施，可以适用其认为适当的法律规范，完全控制和掌握庭审程序，在它认为妥当时终结开庭程序。

（6）较为频繁地合并仲裁程序或者设立仲裁第三人，通过对仲裁程序私密性一定程度的抑制来换取案件事实的快速查明，便利案件进展。此外，为防止仲裁庭的重复减少，对于案情相关的体育纠纷一般由同一个仲裁庭进行裁决，奥运会仲裁规则第11条即规定，如果提交仲裁申请的争议与仲裁庭已经进行的仲裁案件有关的，奥运会特设仲裁分庭主席应当将案件交与同一个仲裁庭仲裁。

（7）为防止仲裁庭意见分歧，裁决在无法形成多数意见时，仅仅根据首席仲裁员意见即可作出裁决，裁决由首席仲裁员一人签署即为有效。在奥运会仲裁体制下，可首先公布仲裁裁决，理由部分可延期公布。

第三节　国际体育仲裁庭的组庭类型

根据不同的标准，国际体育仲裁庭可以划分为若干类型，不同类型的仲裁庭具有不同的优缺点，表征着不同的庭审风格。结合国际体育争议的个性特征，仲裁机构或者纠纷当事人可以选择适当的仲裁庭类型，以促进纠纷消解的合理化。

一　约定仲裁庭与指定仲裁庭

按照仲裁庭成员委任方式不同，体育仲裁庭可以分为约定仲裁庭和指定仲裁庭。约定仲裁庭之仲裁员均由当事人通过纠纷前仲裁协议确定，或者在纠纷产生后由当事人协商确定；指定仲裁庭之仲裁员由仲裁机构代当事人指定。

（一）约定仲裁庭

约定仲裁庭为常见形态，它契合仲裁机制的自治精神，将仲裁员的委任权交由当事人自行处置。仲裁庭约定组成机制保证了当事人与仲裁员之间的必要信任关系，① 尽管学界将仲裁员视作当事人的代理人的观点有失科学，但此观点毕竟反映了当事人与仲裁员之间的亲密关系；相对于诉讼机制下当事人与法官之间的冷漠而言，当事人约定仲裁员更为温情化，铁面无私并不等于冷漠无情。在仲裁规则与仲裁实践中，约定仲裁庭通常因奇数制和偶数仲裁庭而有不同的表现形式。在奇数制仲裁庭下，独任仲裁庭由双方当事人协议确定仲裁员；在多人奇数制仲裁庭下，双方当事人各自约定对等的仲裁员，余下一名仲裁员可由双方当事人协商约定或者由双方当事人推选的仲裁员协商确定。在偶数制仲裁庭下，双方当事人约定对等仲裁员。约定仲裁庭的候选人员一般只能在仲裁机构设立的仲裁员名单中选择，因为当事人选中了某一仲裁机构也就意味着当事人接受了该仲裁机构包括仲裁员名单、仲裁规则等在内的管理文件，② 但更为普遍的实践

① 有学者认为："如果要保留国际仲裁中当事人和他们的裁决者之间最小的信任，就必须由当事人来指定仲裁员。是自己指定还是授权仲裁机构代理全凭当事人选择。" See Emmanual Gaillard, John Savage（eds.）, *Fouchard Gaillard Goldman on International Commercial Arbitration*, CITIC Publishing House, 2004, p. 453.

② 这在菲利普兄弟案中是一个非常重要的事项。该案中，由于政府颁布了一道禁止可可出口的禁令，导致菲利普兄弟这个英国贸易公司无法完成和其他国际可可贸易商大量签订的可可销售合同。这些贸易商根据协议约定，以及 AFCC 规则，针对菲利普兄弟公司提起了仲裁。该仲裁规则规定，仲裁员应该从一份由 AFCC 提供的罗列着可可工业领域的知名人士的名单中选取。但菲利普兄弟公司向巴黎初审法院提起请求，认为仲裁员名单太短，争议的总额有待解决（最后基于同一个事实，做出了十八份仲裁裁决），以及事实上所有的或几乎所有的仲裁员都和原告有着某方面的联系。菲利普兄弟公司因此拒绝接受任何对于在该名单上挑选的仲裁员的指定，而是要求从该指定名单之外另行指定仲裁员，并且要求法院"从现任或已退休的法国法官中"挑选指定首席仲裁员。根据 1988 年 10 月 28 日和 1989 年 6 月 29 日的两个规则，巴黎初审法院的主席拒绝了菲利普兄弟公司的请求，并特别指出：在这个案件中，由于同意对争议合同适用 AFCC 的仲裁委员会指定的仲裁规则，菲利普兄弟公司已经全盘接受，对适用该委员会的规则没有任何保留。巴黎上诉法院接着审理了关于从 AFCC 的名单里所挑选的仲裁员做出的裁决进行搁置的请求。上诉法院和初审法院的态度相同，认为：一旦选择适用 AFCC 的仲裁规则来解决任何当事人之间的商事关系所引起的争议，当事人就是充分接受这些规则的所有方面，包括接受已经存在的仲裁员名单，以及每一个仲裁中指定仲裁员的规则。选择这类专门的仲裁机构就意味着当事人愿意将他们的争议交由仲裁机构选定的专业成员来解决。因此，菲利普兄弟公司关于仲裁员名单太短的提法是缺乏根据的，因为他们已经同意了仲裁规则作为仲裁程序法。See Emmanual Gaillard, John Savage（eds.）, *Fouchard Gaillard Goldman on International Commercial Arbitration*, CITIC Publishing House, 2004, p. 458.

表明，将仲裁员名单作为建议性方案、允许当事人进行更为广泛自由的抉择是较为开明和理智的做法。[①]

约定仲裁庭制度在一定程度上建立了仲裁员与当事人之间的亲密距离，在仲裁员的努力之下容易在仲裁庭与当事人之间形成互信和互动；约定仲裁庭制度也有利于形成结构均衡的仲裁庭，在制衡之中体现仲裁庭的独立与公平，这在允许非中立仲裁员[②]存在的情况下更是如此。此外，1927 年日内瓦《涉外仲裁裁决的承认与执行公约》第 2 条第 3 款第 1 项还规定，一个仲裁裁决要得到承认和执行，必须由根据根据当事人同意的方式组成之仲裁庭作出；法国司法实践表明，如果组成仲裁庭的时候没有遵守当事人的意思表示，法国法院的态度非常明确：撤销裁决或拒绝实施裁决。[③]

尊重当事人在仲裁员委任事项上的决定有可能导致当事人滥用此项权力以实现其阻击仲裁程序顺利进行的恶意企图，在仲裁实践中经常遇到的此类情况包括当事人拒绝委任、拖延委任或者委任不适格的仲裁员。拒绝委任或者拖延委任仲裁员最终虽能延缓但还不至于破坏仲裁程序，然而当事人如果恶意委任不适格的仲裁员，则可能导致仲裁程序的提前终止，导致仲裁精神的彻底丧失，"所以，一个水平极低，莫名其妙的人被其中一方当事人任命为仲裁员是大有可能的。对一个案情不利于他的当事方，这也是技巧一种，去指定一名愈差愈好的仲裁员，最后裁决会有奇迹出现的机会应是增多"[④]。此外，当事人的约定并不是绝对的，它还受制于司法监督的合理管制、必须符合法定诉讼程序中诸如接受公平审判权、平等对待权等基本原则。[⑤]

[①]　Russel Thirgood 认为，一个真正的国际仲裁机构，其仲裁员名册应当终止，或者至少仅为建议性的。See Russel Third, "A Crictic of Foreign Arbitration in China", *J. Int'l Arb.*, 2000（3）.

[②]　有些国家的立法允许当事人约定仲裁员是非中立的，在仲裁过程中可以偏向于指定他的一方当事人。详见 ICC 仲裁。

[③]　See Emmanual Gaillard, John Savage, Fouchard Gaillard（eds.），*Goldman on International Commercial Arbitration*, CITIC Publishing House, 2004, p. 464.

[④]　杨良宜：《国际商务仲裁》，中国政法大学出版社 1997 年版，第 236 页。

[⑤]　See Emmanual Gaillard, John Savage（eds.），*Fouchard GaillardGoldman on International Commercial Arbitration*, CITIC Publishing House, 2004, pp. 464–465.

（二）指定仲裁庭

指定仲裁庭为补充形态，一般作为辅佐当事人意思自治的产物。在当事人未能约定仲裁员人选或者故意拖延仲裁庭组成的情况下，需要一个强权机构介入代为当事人指定仲裁庭，以保证仲裁程序的顺利进行。绝大多数仲裁机构都保留了此项权力，尤其是对首席仲裁员的任命，有些仲裁规则授权仲裁机构在考虑当事人意见后予以指定，如意大利仲裁委员仲裁规则即规定："如果当事方协议认为争议应由三名仲裁员解决，则每一方当事人应按仲裁的要求，在规定的答复期内指定一名仲裁员。如果一方当事人不能在规定期限内选择出仲裁员，则由仲裁院代为指定。第三名仲裁员，仲裁庭的首席仲裁员，应由仲裁院指定，除非当事人达成合意由他们自己或两名他们已指定的仲裁员在规定的时限内选择第三名仲裁员。如果并未标示出这样的期限，仲裁院将会做出规定。如果在双方或仲裁院建立的期限终了时，当事人或者是他们所指定的仲裁员，并未指定出第三名仲裁员，则应由仲裁院代为指定。"在偶数制仲裁庭下，许多仲裁规则要求仲裁员再指定一名附加的公断人并由该公断人作为仲裁庭的首席仲裁员。[①] 而诸如 ICAS 仲裁法典甚至直接授权仲裁机构确定首席仲裁员，无须赋予当事人意思自治的权力。除仲裁机构之外，国家法院也有权介入仲裁庭的组成程序进行必要的干预和支持。

指定仲裁庭的优点在于：一是作为间接规则补足当事人意思自治的漏缺；二是作为直接规则替代当事人意思自治，加速仲裁庭的组建以换取特定仲裁所需的时间；三是在熟悉仲裁员候选人士的情况下选择出更为中立、客观和专业的仲裁员，提升仲裁庭的质量。指定仲裁庭最大的缺点在于它对当事人意思自治的限制，并由此可能演变成为仲裁裁决的正当性危机，因为国际商事仲裁的要义是意思自治的优先性，法国仲裁实践鲜明地体现了这一精神："当遇到关于仲裁庭的组成方面的问题时，法国法院从来不会凌驾于当事人的共同意愿之上，如果他们的意思表示非常清楚的话。他们也不会把自己当作第三方来指定仲裁员。如果他们最终发现自己处于不得不指定一个仲裁员的境地时，也会考虑当事人的意见，或至少是

---

① See Mauro Rubino-Sammartano, *International Arbitration Law and Practice*, CITIC Publishing House, 2003, pp. 314–317.

他们的希望。"① 因此，仲裁机构或者司法机构在代为指定仲裁员的情况下一般应将其作为当事人意思自治的辅助线，唯有在当事人滥用意思自治的情况下才具有代为指定的正当性，除非仲裁程序另有其特殊的个性要求，恰如奥运会仲裁等特殊情况。

（三）国际体育仲裁庭的抉择

国际体育仲裁除了有较为紧张的程序节奏外，还具有准行政诉讼性，此二特征都对当事人意思自治施加了必要的限制。紧张的程序节奏要求加强仲裁机构对当事人约定的必要干预以减少仲裁庭的组建时间；程序的准行政诉讼性则实质性地削减了当事人意思自治的基础，双方当事人地位和人事上的从属性固然在理论上无损于法律资格上的平等，然而经过实践修正的合意却具有贫困化和苍白化的趋势，只有诉诸仲裁机构干预下的衡平才能形成真正的合意。因此，在国际体育仲裁背景下，仲裁机构对当事人约定仲裁庭的干预具有合法性前提，指定仲裁庭能保证体育仲裁渴望的时间和双方当事人在指定仲裁员时的实质性平等。

CAS仲裁法典允许当事人首先意思自治委任各自的仲裁员，并经过上诉仲裁分处主席确认后生效；首席仲裁员则由仲裁分处主席直接任命。仲裁庭成员均应由仲裁分处主席查明其资质，确保他们独立于当事人，并应立即披露可能影响其对任何一方当事人独立性的情况；仲裁员人选只能在CAS仲裁员名单选出，并具备迅速完成仲裁的各项条件。可见，CAS上诉仲裁庭采取当事人约定加仲裁机构指定的组合方式，既反映体育仲裁的本质特征，尊重了当事人的意志，同时又结合了指定仲裁庭的优势，发挥了仲裁机构干预的速度和挑选仲裁员的中立能力。奥运会仲裁庭的组成基于时间的极限要求丧失了倾听当事人意见的宽容，而由奥运会特设仲裁分处主席直接任命三人制仲裁庭及其首席仲裁员，其人选同样地只能在奥运会仲裁员特别名单中选出。

二　内部仲裁庭与中立仲裁庭

仲裁最初是商人共同体的自治机制，相对于国家法院诉讼机制而言具

---

① See Emmanual Gaillard, John Savage（eds.）, *Fouchard Gaillard Goldman on International Commercial Arbitration*, CITIC Publishing House, 2004, pp. 462-463.

有内部性，随着仲裁机制由体制外纳入体制内，① 传统的行业内部仲裁开始出现外化趋势并转变为地位中立的仲裁机制。仲裁制度的合法化和法治化敞开了行业自治的屏蔽，但法律仍然为行业自治留下了一块必要的空间，使行业自治与行业法治之间存在一个合理的分界点。行业自治的空间为内部仲裁机制的生成提供了场所，并与外部诉讼机制与外部仲裁机制遥相呼应。

（一）　内部仲裁庭

各行业协会通常在其纲领性文件中会确立相对独立的内部仲裁机制，以采取适合自身的纠纷消解方式。此类行业协会不仅包括国际性组织，诸如政府间的国际组织 WTO 和 ICSID，而且包括专业性团体，诸如国际奥委会、国际足球协会、各国际单项体育运动协会等体育组织。内部仲裁庭具有如下几个特征：一是组织上的隶属性，地位中立性有待提高。有观点评价美国四大球职业联盟内部仲裁机制时指出："由于内部仲裁机制毕竟是一种体育行会内部的纠纷救济制度，其中立性往往存在疑问，特别是在纠纷一方当事人为体育行会自己的时候，这一问题容易引发诉讼案件。这也在一定程度上解释了为何在美国，各体育行会均有自己完备的内部救济解决机制，体育诉讼案件还是越来越多的原因。"② 二是纠纷当事人意思自治的有限性，行政属性较强。仲裁庭的权限、程序和职能概由行会内部章程确定，当事人对于仲裁庭的支配能力大大削弱。三是仲裁员名单的强制性，当事人别无其他选择的自由。行会仲裁员名单范围较窄，主要由行会成员大会或其日常理事机构推选，人员一般由数名或者数十名仲裁员构成，当事人只能在此类人员中选定。如 IAAF 即规定仲裁小组由六名成员组成，并由 IAAF 大会从其理事会（council）提名的人士中选拔；仲裁庭则由此六名成员之三名人士组成，其中应当包括以轮庄形式任职的仲裁小组主席。③ 四是处理事项具有内部性，纯粹的外部纠纷不能提交该仲裁庭进行裁决。五是仲裁主题具有纪律处罚性，平等地位基础上产生的商事争

---

① 刘想树：《中国涉外仲裁裁决制度与学理研究》，法律出版社 2001 年版，第 1—2 页。

② 郭树理：《体育纠纷的多元化救济机制探讨——比较法与国际法的视野》，法律出版社 2004 年版，第 204 页。

③ See Rule 22（1），（5），（7）of International Amateur Athletic Federation Handbook Division Ⅱ Constitution；Robert C. R. Siekmann and Janwillem Soek（eds.），*Arbitral and Disciplinary Rules of International Sports Organisation*，T. M. C. Asser Press 2001，pp. 47–48.

议较为少见。六是赋予裁决终局性，但在"接近正义"的司法原则下，内部仲裁庭裁决之终局性难以保障。几乎所有行会章程均授权其内部仲裁庭具有终局权力，其仲裁裁决不得诉诸外部仲裁机构或者司法机构，然而在国际体育界中越来越得到接受的公理却是，在给予行会穷尽内部救济机制的情况下允许向外部中立仲裁庭寻求救助。这已为包括 IAAF 和 FIFA 这两个在此问题上最为强硬的国际体育组织所确认。

内部仲裁庭的优点在于，它能保证案件的专业化和及时性处理；并能为后续救济机制提供准备。其局限性则在于仲裁庭的中立性地位严重不足；其本身更多时候仅仅作为一种过渡性救济机制，不但不能起到定纷止争的功能，反而成为一种不得不经历的、延宕进程的垃圾程序。

（二）外部仲裁庭

为补足行业内部仲裁机制的法治化残缺，并且在新的层面继续维持自治精神，外部仲裁机制得以建立，从而在体育行业与国家诉讼之间形成新的分界。外部仲裁庭主要采取两类形式，一类是专业性外部仲裁庭，典型者如 CAS 之仲裁庭；另一类是商事性外部仲裁庭，典型如美国仲裁协会下辖仲裁庭，它不仅能仲裁普通商事案件，同时兼容仲裁管辖体育争议。

CAS 仲裁庭作为最普遍和最受尊敬的专业性外部仲裁庭，凭借其设计良好的机制、先进的仲裁管理与服务理念、世界一流的仲裁员团体，已逐渐获得"体育世界最高法庭"的声誉，并通过其权威地位有力地塑造着国际体育世界的秩序，成为约束各国际体育单项运动协会使其在法治框架内运转而不背离体育法治精神的制约性力量。CAS 作为外部仲裁庭的光辉典范，其优点相对于内部仲裁庭而言包括以下几方面。

一是地位中立。上文业已提及，CAS 从最初翼护于 IOC 的挂靠地位转变为独立于各体育组织的中立仲裁庭，摆脱了一个适格裁决者应当杜绝的经济依赖、人事依赖和组织依赖的关系锁链，从而以超然的姿态和客观的距离充当体育法制的守护神角色。

二是组成民主。与内部仲裁庭狭窄的可选范围相比，CAS 仲裁员名单由 150 名来自不同利益群体、不同文化群体、不同法系群体的人士组成，当事人可以选择的自由度极大提高，并可直接委任自己的仲裁员。

三是功效显著。CAS 仲裁庭运转功效业绩显赫，几乎得到了各体育协会的普遍承认和执行，少有的数起案例诉诸瑞士联邦最高法院，也得到后者的一贯支持。这直接渊源于仲裁庭的质量构成，以及 CAS 仲裁机构的先进管理。

四是延续行业自治精神。由于行业内部仲裁庭的中立性先天不足，司法监督不容剥夺的法治精义必然要求揭开行业自治的面纱，进行必要的司法审查。正如仲裁速度对于奥运会仲裁而言不再是是否需要的问题，而是如何需要的问题，司法对仲裁的审查也不再是是否需要的问题，而是限度何在的问题。对于单个体育运动协会敞开自我已然成为别无选择的历史宿命，唯一容许他们进行自由裁量的则是向谁敞开，即他们可以选择向司法机构敞开，允许司法机关的介入，也可以选择向中立性地位饱和的仲裁机构敞开，允许外部仲裁庭的介入。在这一必然的命运安排之下，IAAF 和FIFA 才不得不低下桀骜不驯的头颅接受 CAS 上诉仲裁庭的管辖和审查，从而在仲裁与诉讼的宏观格局中仍然维持着体育行业自治的精神。这也是通过体育界单个个体的自我敞开来置换体育界整个行业的自我治理。

（三）国际体育仲裁庭的抉择

国际体育仲裁庭的模式几乎均为内外结合仲裁庭形式，首先是经过各体育行会内部仲裁程序，然后允许当事人向外部仲裁庭提起上诉仲裁，从而在体育界中创制出金字塔式的复级仲裁制。CAS 仲裁庭得益于《奥林匹克章程》第 74 条的规定，将产生于和关联于奥运会的争议集于一身，并通过持续努力形成的权威地位获得各单项体育运动协会的信任和托付，迄今为止一切国际单项体育运动协会均在其章程中明确了 CAS 上诉仲裁庭的管辖权。但为充分发挥体育协会行业自治的积极优势，穷尽行业内部救济机制成为衔接内部仲裁庭与外部仲裁庭的必要之先决条件，一般不允许当事人跨过内部仲裁庭而飞跃上诉。内外结合的仲裁庭结构将行业自治的优势与外部仲裁的法治精神有机融为一体，然而作为融合的消极结果则是行业自治的形骸化，即象征行业自治的内部仲裁已经日益沦落为铺垫性环节，其案件分流功能和纠纷消解功能极大受损。

三　标准仲裁庭与咨询仲裁庭

仲裁庭以仲裁案件、作出裁决为主要使命，但凡以此为特征的仲裁即为标准性仲裁庭；然而在特殊情况下，仲裁庭的功能却不在于认定事实和适用法律，而是对相关法律问题进行阐释，担负此项职责的仲裁庭即为咨询仲裁庭。

标准仲裁庭是最为常见的仲裁庭形式，几乎所有仲裁机构均主要地甚至唯一地设立标准仲裁庭，而不设立咨询仲裁庭。咨询庭的建立通常意味着该机构拥有甚高的威望，不仅消极地解决争议，而且摇身一变，成为相关领域法律规范的赫尔墨斯，肩负起阐释法义的注释要务。在这一意义上，CAS 仲裁庭极具国际法院的精神，根据《联合国国际法院规约》的规定，国际法院的功能就不仅仅限于管辖和裁决特定国际争议，而且有权对提交给它的国际法律问题发表咨询意见。与此类似，CAS 仲裁庭共有两种表现形态，一是以仲裁案件为首务的标准仲裁庭，并可进一步细分为仲裁商业性体育争议的普通仲裁庭、仲裁专业性体育争议的上诉仲裁庭、仲裁奥运会争议的特设仲裁庭；二是以提供咨询意见为首务的咨询仲裁庭。CAS 的咨询仲裁庭具有如下几个特征①。

1. 咨询主体具有特定性

能够向咨询仲裁庭提交咨询申请书的主体必须具有特定身份，并非所有体育组织或者运动员均可提出咨询案。国际法院将允许提出咨询案的主体范围主要限定在联合国会员和国际法院规约成员；CAS 咨询仲裁庭也将咨询主体限定为国际奥林匹克委员会、国际单项体育运动协会、国家奥林匹克委员会、国际奥委会承认的体育协会以及奥运会组织委员会等机构。可见，咨询主体不得是运动员等自然人，也并非所有体育类组织，而是特定的体育类组织，主要涉及奥运会及其组织机构与成员。

2. 咨询主题具有特定性

与标准仲裁庭针对特定的案件事实和法律适用不同，咨询仲裁庭主要就体育的实践或发展或有关体育的活动之法律问题发表咨询意见。可见，咨询主题具有特定性，它不关涉具体案件事实的查明，也不关涉具体案件的规则或规范适用方式，而是针对带有普遍性的法律问题进行阐释，且该问题事关体育之实践、发展或相关活动。

3. 咨询庭具有独立性

CAS 咨询职能不由具体审理案件的标准仲裁庭担任，而是先由 CAS 主席负责审查提交事项是否构成一项有效的咨询申请案，然后再从 CAS 仲裁员名单中任命一名或者三名仲裁员组成独任制或者合议制咨询仲裁庭专门对相关法律问题提供咨询意见。

---

① 参见刘想树主编《国际体育仲裁研究》，法律出版社 2010 年版，第 252—254 页。

4. 咨询结论具有建议性

咨询仲裁庭凭借其对体育精神的深刻领悟、对体育规范的厚重理解、对相关咨询问题的独到经验独立地提供咨询意见，该咨询意见转由 CAS 交付申请人，但该结论仅具有建议性质，而不能强迫当事人接受，亦不能强迫相关人士赞同、承认、遵守或履行。

5. 咨询意见具有私密性

咨询意见尽管针对的是与体育有关的普遍性法律问题，但如果未经申请人同意，出于对其尊重，咨询仲裁庭和 CAS 均不得公开该咨询意见，除非申请人同意。

6. 咨询费用的有偿性

与上诉仲裁庭不同，上诉仲裁员的报酬不由当事人直接支付，咨询仲裁程序是有偿的，当事人应当支付咨询仲裁庭仲裁员报酬，其数额和方式由 CAS 仲裁院办公室经征求要求发表咨询意见的当事人意见后确定。

CAS 承担咨询职能不仅仅是职能多元化的表现，而且通过咨询职能 CAS 已转变为体育世界的立法者和规范创制者，① 尽管 CAS 咨询仲裁庭之结论不具有强制性，然而 CAS 可以通过后续的标准仲裁庭之运作确保案件的处理在咨询仲裁庭提供的意见基础上运行，换言之，CAS 仲裁庭通过咨询仲裁庭设定标准，再通过标准仲裁庭执行此一标准。在这一双轨运行之中，CAS 已然成为体育世界的立法机关和司法机关，双重身份的混同与重叠极大地巩固了它在体育世界的多元结构中之核心地位。

第四节　国际体育仲裁的组庭救济

组庭制度是国际体育仲裁制度的核心环节，本部分主要从组庭中存在

---

① Simma 不无精辟地指出："体育仲裁有关规则的规定，将使体育仲裁院在更为广泛的范围内发挥其作出咨询意见的功能，这一功能或许比它作为一个仲裁机构仲裁纠纷的功能更为重要。因此，如果咨询意见的请求被提出，体育仲裁院可以发展一种类似于宪法解释的机制，对国际体育法领域内的基本问题进行解释。" See Simma, *The Court of Arbitration for Sport*，转引自 [英] 布莱克肖《体育纠纷的调解解决——国内与国际的视野》，郭树理译，中国检察出版社 2005 年版，第 72 页。

的瑕疵及其救济角度探讨国际体育仲裁的组庭机制。[1] 当仲裁庭在独立性、保密性及快捷性方面出现问题时即为三大首要的组庭瑕疵。除此法律瑕疵之外，仲裁庭组庭瑕疵还包括违背职业操守的道德瑕疵。鉴于仲裁庭品质与仲裁质量息息相关，包括 ICAS 仲裁法典及奥运会仲裁规则在内的各仲裁体制皆着力设置组庭瑕疵的救济制度。救济制度包括救济主体、补救措施、补救效果等方面，据此建构出当事人、仲裁庭、仲裁机构、司法机关单独或交互采取回避、撤换、替代、重组等综合措施的救济途径。对仲裁庭业已完成的仲裁行为，因其瑕疵之类型而在程序、实体两方面有被全部或部分追溯无效的效果，且仲裁员将区分过错类型而承担相应的责任。应当强调，国际体育仲裁庭是人合性组织，仲裁员的个性与素质在很大程度上影响着仲裁质量，[2] 尽管存在国家仲裁立法与仲裁机构仲裁规则的框架限制，但是此类规范一般授予仲裁庭很大的自由裁量权以充分挥洒其聪明才智，对仲裁员约束较少。仲裁员权力自行扩张和伸展的倾向使当事人面临着"所托非人"[3] 的危险，仲裁庭一旦超越当事人的意志便滋生出种种瑕疵，需要当事人、仲裁机构和司法机关具有限制仲裁庭滥用权力的力量，并对其进行补救。

一　国际体育仲裁庭的瑕疵

仲裁庭作为整个仲裁机制的动力中心和左右仲裁程序的意志中心，无异于仲裁的心脏和神经中枢，仲裁庭存在瑕疵，则意味着仲裁机制发生了心脏病变和精神病变。仲裁员的角色身份表明仲裁机制具有发生病变的先天倾向，仲裁员的角色问题在 Argo leader 案中被很好地得到界定："我们不受制于法院规则的约束，法院的证据规则和狭隘的司法解释通常会妨碍真正的公正。大多数人的决定旨在维护法律，但这不一定包含公正、平等、公平。居于仲裁员地位被委托作出正确裁决的人不应该以牺牲公正为

① 本部分是在《国际体育仲裁组庭瑕疵之救济》一文基础之上经扩充调整而成，该文刊登在《体育学刊》2012 年第 6 期。另外，郑州大学法学院马志强教授对该部分提出许多有益建议。特此说明并致谢！

② J. -F. Lalive，"Melanges in I' honneur de Nicolas Valticos"，Droit et Justice（1989）Editions Perdone at 289，转引自 Alan Redfern and Martin Hunter，*Law and Practice of International Commercial Arbitration*（3rd edition），Sweet & Maxwell，1999，p. 9.

③ 杨良宜：《国际商务仲裁》，中国政法大学出版社 1997 年版，第 258 页。

代价来维护。"① 在仲裁庭这一自我定位的宣言中，我们除了可以领略到仲裁员为维护公平正义而不羁法律规范的潇洒风采外，也有理由担忧仲裁庭超越法律、滥用权力，尤其是在不规定仲裁员资格作为发展趋势的仲裁背景下，仲裁员的质量究竟如何予以保障，当事人的授权和自治、当事人的理性和自由能否充足地弥补或者容忍仲裁员滥用权力的瑕疵？在真正应对仲裁庭瑕疵之前，先行了解其种种面向有其必要。根据仲裁庭瑕疵的表现形态可将它划分为法律瑕疵和道德瑕疵。

（一）国际体育仲裁庭的法律瑕疵

瑕疵意味着缺陷或不符，国际体育仲裁庭的法律瑕疵即指它有违仲裁法律规范的规定。此处所指"法律"，应当从广义的角度进行解释，不仅包含国家立法或者国际条约，而且主要是指机构仲裁规则。由于国际体育仲裁具有超越具体国家的国际属性，因此仲裁庭的法律瑕疵在一般情况下并不是指其违背某一特定国家的仲裁立法，而更多的是指仲裁庭与国际仲裁立法尤其是机构仲裁规则相悖谬之处，但在国际体育仲裁"跌落尘埃"② 而不得不寻求国家司法机关的支持时，被请求国特别是仲裁裁决国的仲裁立法也将作为判断仲裁庭是否存在法律瑕疵的标准。CAS 仲裁法典与奥运会仲裁规则作为约束 CAS 仲裁庭的仲裁规则，其相关规定构成判断 CAS 仲裁庭是否存在法律瑕疵的主要标准。依据此两部仲裁规则可认为，CAS 仲裁庭存在的法律瑕疵主要包括独立性瑕疵③、保密性瑕疵④和快捷性瑕疵⑤。

1. 独立性瑕疵

裁决者的首要德性是公平，捍卫公平的首要措施是独立。ICAS 仲裁法典对仲裁员的宽容和信任可从其对仲裁员资格的只言片语式的界定方式

---

① Mauro Rubino-Sammartano, *International Arbitration Law and Practice* (2nd edition), CITIC Publishing House, 2004, p. 353.

② 体育仲裁作为体育共同体的自治手段，相对于世俗国家立法而言在理想状态上具有超越的属性，但体育仲裁的超越性是不彻底的，司法保障不容剥夺的法治原则仍然使体育仲裁不得不面临跌落尘埃的命运。恰如学者指出，"在仲裁当事人合意基础上产生的仲裁裁决，从其诞生时刻开始起飞，消失在苍穹，只落脚于裁决执行地"。See Roy Goode, "The Role of the Lex Loci Arbitri in International Commercial Arbitration", *Arbitration International*, 2000 (17), p. 21.

③ 详见 CAS 仲裁法典第 18、33 条；奥运会仲裁规则第 12 条。

④ 参见 CAS 仲裁法典第 19 条。

⑤ 参见 CAS 仲裁法典第 33 条；奥运会仲裁规则第 12 条。

上得到证实，该法典对仲裁员资格和责任的强调尽管惜墨如金，然而却通篇渲染着对仲裁员独立地位之推崇。因此，仲裁庭的非独立性便构成ICAS仲裁法典最为诅咒的"罪恶"，主要表现为：

（1）作为当事人的代理人。尽管有观点赞成仲裁员是当事人的代理人，[①] 但仲裁员毕竟不同于纯粹意义上的代理人。然而，国际商事仲裁中存在着"非中立仲裁员"的实践，即允许当事人指定的仲裁员表现出倾向性，而由首席仲裁员予以平衡。在偶数制仲裁庭下，仲裁员的倾向性更具有正当性，被当事人推选的仲裁员几乎可视作他们的谈判代表，就争议问题进行磋商，如果无法形成合意则诉诸第三名"公断人"，而在后续的公断人程序中，当事人选任的仲裁员直接转变为各自当事人的辩护人进行对抗。ICAS仲裁法典与奥运会仲裁规则要求仲裁庭具有彻底和完全的独立性，无论是当事人指定的仲裁员抑或仲裁机构代为其指定的仲裁员必须独立于当事人，不得以代理人的身份行事，否则即构成仲裁庭的独立性瑕疵。

（2）作为当事人的顾问或与其存在利益关系。当事人的顾问与他们之间存在利益关联，这一事实构成对顾问能否独立于雇佣人这一问题的正当怀疑基础。恰如学者所言："几乎没有什么比仲裁员同当事人之一有经济关系更能成为其公正性的阻碍的了。最明显的例子就是候选的仲裁员同指定其为仲裁员的当事人之间当时存在雇佣关系。"[②] 如果仲裁员是一方当事人的顾问，则当事人通过经济利益的激励很容易操控仲裁员的意志和行为，使其沦为自己的傀儡。对此，奥运会仲裁规则明确规定："任何仲裁员在特设分庭前均不得作为当事人的顾问或其他利益关系人。"

如果仲裁员曾经被争议当事人聘请为顾问，那么这一既往事实是否也构成对仲裁员独立地位的合理怀疑之情事，ICAS仲裁法典和奥运会仲裁规则对此均未明确规定，留待仲裁机构或者相关仲裁处负责人自由酌量似乎更为合理。不过，国际商会仲裁的实践对此持有谨慎的宽容态度，即便他们承认仲裁员与一方当事人存在经济、业务或从属关系可能会影响其判断的独立性，但是"如果这些关系都发生在过去，那么要对这些情况作出

---

① Philippe Fouchard, Emmanuel Gaillard and Berthold Goldman, Fouchard Gallard, *Goldman on International Commercial Arbitration*, CITIC Publishing House, 2004, p. 605.

② W. Laurence Craig, William W. Park and Jan Paulsson, *International Chamber of Commerce Arbitration*, Dobbs Ferry, 1988, pp. 223-237.

分析就比较困难。不能再说仲裁员同当事人存在从属关系。"而必须结合其他情况进行综合判断。① 对于此种微妙情况，CAS 仲裁庭完全没有必要去尝试，毕竟仲裁员名单中 150 名人士的选择范围足够避免出现此类情况，仲裁机构和当事人都应当自觉规避类似情况的出现，不要为挑战仲裁庭独立地位的底线而承受不当的风险。

（3）作为与当事人之外的特定国家或者利益集团的代言人。作为当事人的直接代言人或者自己利益的代言人固属不当，作为第三者的利益代言人也在禁止之列。在国际体育仲裁环境下，干扰仲裁员作出独立判断的第三者最可能的是仲裁员所属国或仲裁员利益所属团体。由于 ICAS 仲裁法典在聘请仲裁员时采取利益格局上的"五权分立"机制，类似股份制的人员结构，尽管达到了利益散化后的利益制衡，但是各利益集团之间的斥力和对立并未消除，这使仲裁员有受特定利益集团牵制的潜在风险；同时，仲裁法典不仅要求仲裁员名单能够反映整个体育世界，而且还希望仲裁员名单能够反映整个地理世界，即希望仲裁员能"公平地代表不同的国家"。在以国家为单元进行竞技的奥运会赛事下，仲裁员的国籍与仲裁员的利益归属就益发可能成为影响其独立裁判的消极因素。

尽管国际商事仲裁规范大多数情况下并不禁止当事人选择与他具有相同国籍的仲裁员，为此，巴黎初审法院在一个案件中曾经陈述："虽然这个惯例（仲裁员与当事人保持不同国籍——引者注）在许多仲裁规则中都被采用，但不必然表示初审法院主席就必须拒绝选择与当事人有相同国籍的人做仲裁员。仲裁员是准法官并不是一方当事人的代表，不能仅凭其国籍就怀疑其有偏见。个人选择中的公正性要求足以保证审理得以正常进行。因此法院认为当一方是法国人，另一方是墨西哥公司时，指定一位法国首席仲裁员是公平合理的。从法律的角度看法院的做法无可厚非，因为一个仲裁员的国籍本身不能成为其不公正的一个构成要素。但国籍应该作为一个事实因素列入考虑范围。在国际仲裁中表面是否中立比中立性本身还要重要。"② 国际商会仲裁院尽管对仲裁员国籍并没有明确限制，但是

---

① W. Laurence Craig, William W. Park and Jan Paulsson, *International Chamber of Commerce Arbitration*, Dobbs Ferry, 1988, pp. 223–237.

② Philippe Fouchard, Emmanuel Gaillard and Berthold Goldman, Fouchard Gaillard, *Goldman on International Commercial Arbitration*, CITIC Publishing House, 2004, p. 570.

为抵消国籍可能带来的不利影响，它要求首席仲裁员的国籍必须与当事人不同。①

CAS 仲裁庭的构成似乎也遵循着类似的潜规则，仲裁员国籍与当事人的国籍错位给当事人这样的信仰，即仲裁庭的独立性是充分和圆满的。奥运会临时仲裁庭的组成也是在考虑当事人国籍的基础上进行组建的，前奥运会特设仲裁分处主席即撰文指出："特设仲裁分处组成后……某一争议指定的仲裁员的独立性将在基于当事方身份和国籍的考虑下所选定仲裁庭成立后进一步确认"②。考虑仲裁员的地理国籍不仅是重要的，甚至进一步考虑仲裁员的"文化国籍"也是明智的，③ 在 ICC 仲裁实践中曾经遇到类似的情况，该案中申请人是一个摩洛哥人，ICC 国际仲裁庭任命了一个希腊籍首席仲裁员，而该争议的两个被申请人是西班牙人和德国人，摩洛哥一方认为希腊籍仲裁员和被申请人属于同一个政治、法律、经济世界，欧洲社会的"市民关系"使得国籍被同化。④ 尽管该异议未被采纳，但它也从一个侧面说明了不同的文化属性和身份属性对仲裁员独立地位的可能影响，至少给了当事人正当的或者恶意的攻击依据。

2. 保密性瑕疵

上乘仲裁员不仅应当具有精湛的业务素质，而且应当善于"遗忘"。对酷守私密的当事人而言，仲裁员应当是"健忘"的，否则也应该做到守口如瓶。国际体育仲裁因涉及公共利益而在仲裁裁决阶段趋于透明，但是 ICAS 仲裁法典仍然要求仲裁员保守秘密，庭审也主要以不公开方式进行。一般商事仲裁维持私密性主要地是对保护当事人之间的商业秘密而言，鉴于 CAS 上诉仲裁与奥运会仲裁主要关涉非商业性的处罚性纠纷，此类仲裁程序似无保持秘密的必要。因此，仲裁法典要求仲裁员恪守秘密

① W. Laurence Craig, William W. Park and Jan Paulsson, *International Chamber of Commerce Arbitration*, Dobbs Ferry, 1988, pp. 223–237.

② Gabrielle Kaufmann-Kohler, *Arbitration at the Olympics*: *Issues of Fast-track Dispute Resolution and Sports Law*, Kluwer Law International, 2001, p. 109.

③ 有学者就认为，国际商事仲裁的发展趋势表明当事人应"明智地选择从文化或法律文化的角度看都具有公正性的仲裁员"。Mauro Rubino-Sammartano, *International Arbitration Law and Practice* (2nd edition), CITIC Publishing House, 2004, p. 326.

④ Philippe Fouchard, Emmanuel Gaillard and Berthold Goldman, Fouchard Gaillard, *Goldman on International Commercial Arbitration*, CITIC Publishing House, 2004, p. 571.

可能更多的是出于维护纠纷当事人人身和声誉的需要。如果仲裁员未经当事人许可擅自泄露或者发布相关信息，则构成保密性方面的渎职。结合ICAS仲裁法典与奥运会仲裁规则的相关规定，可认为CAS仲裁庭的保密性瑕疵主要包括如下三个方面。

（1）泄露仲裁程序事项和案件争议事实。根据ICAS仲裁法典第19条之规定，按照该仲裁规则进行的程序是保密的，当事人、仲裁员以及CAS均承诺不向任何第三方披露有关争议或者程序的事实以及其他资料。

（2）泄露仲裁庭审情况。ICAS仲裁法典第57条规定，仲裁庭审以非公开方式进行，除非当事人另有约定。庭审的非公开，不仅意味着仲裁庭应当对外保持沉默，不泄露当事人之间争议的焦点、庭审直接针对的情况以及因为庭审而牵涉的其他相关信息，而且仲裁庭还应当负有责任采取积极措施避免庭审信息的外泄，包括禁止相关人士旁听、庭审现场采取必要的屏蔽技术或者防窃听安排等。

（3）泄露仲裁裁决信息。即便体育仲裁裁决原则上应予公开，但仲裁员并不是披露该信息的主体，而是由CAS任命的发言人陈述裁决内容并说明简要理由，换言之，仲裁员、主席、副主席以及仲裁分处成员均不得对媒体发表陈述，除非被任命为发言人（通常为秘书长）才拥有对公众发表意见的授权。[①] 对仲裁裁决的哪些内容进行公布、如何公布等均须由CAS审查，如果当事人约定保密，则不能公布仲裁裁决。在CAS仲裁实务中，其组建的咨询仲裁庭提供的咨询意见曾经被不当泄露，受到相关人士的谴责。[②]

3. 速度性瑕疵

国际体育仲裁需要速度，紧张的赛事节奏使迟到的正义成为最大的不正

---

① Gabrielle Kaufmann - Kohler, *Arbitration at the Olympics: Issues of Fast-track Dispute Resolution and Sports Law*, Kluwer Law International, 2001, p. 45.

② 该案涉及一种依据鲨鱼皮肤特征与流体力学而设计出的游泳衣能否作为竞赛用服的问题。澳大利亚国家奥委会就此向CAS提请咨询仲裁，要求对如下五个问题进行解释：（1）身着该泳衣是否构成对国际泳联规则的违背；（2）国际泳联是否有权对这一问题的合法性进行裁定；（3）如果国际泳联无权裁定，则它允许使用该泳衣的意见具有何种效力；（4）如果国际泳联无权裁定，对身着该泳衣的运动员成绩如何认定；（5）国际泳联是否真正同意使用该泳衣参赛。CAS咨询仲裁庭的意见在未经当事人同意的情况下被各大媒体纷纷以头条新闻的形式予以报道，Berry Bertels对此表示谴责，认为CAS无权将该咨询意见向公众公开，除非当事人一致同意。See Janwillem Soek, "You Don't Win the Silver—You Miss the Gold", *International Sports Law Journal*, 2000 (9), pp. 15–18.

义，快捷性成为评价国际体育仲裁庭的一个硬指标，ICAS 仲裁法典第 33 条特此要求仲裁员应当具备迅速完成仲裁的各项条件。事实上，仲裁速度是一个综合性指标，速度的提升不仅需要仲裁员具有过硬的专业素质，勤勉谨慎的敬业精神，而且还需要仲裁参与者的密切配合，因此导致仲裁庭出现速度瑕疵的作用因素主要有当事人和仲裁员本身两个因素。

（1）当事人的原因。延宕仲裁程序的进行并不需要耗费当事人太多的智商，纠纷当事人可以通过太多的手段减缓仲裁程序并表现出无辜的形象。最为常见的拙劣手段包括滥用仲裁管辖的抗辩权、在仲裁员任命上的不合作，而较为高明的伎俩则是委任不合格的仲裁员①或者向仲裁庭提交过量且无用的证据资料。

（2）仲裁员的原因。仲裁员业务素质是影响仲裁速度的首要原因，体育争议不仅关涉法律问题，而且会牵涉复杂的专业性问题，如果仲裁员没有经过系统的法律训练，也没有从事体育业的经验，则最好不要接受当事人的委托从事体育仲裁，这种情况因 ICAS 对仲裁员名单的把关而很少遇见，但并非所有 ICAS 仲裁员都能胜任任何体育案件的仲裁，因此仲裁员的必要专业化和专门化也是需要的，在由仲裁机构指定或者受托指定的情况下，仲裁员裁决特定案件的业务素质应该更能得到保证。仲裁员的道德风尚是制约仲裁速度的重要原因，仲裁员一旦接受委托即应积极勤勉地筹划和推进仲裁程序，一位消极懈怠的仲裁员只能对程序的进展带来毁灭性的打击。②

---

① 有熟悉行情的仲裁人士指出，在当事人委任仲裁员情况下，难保有不良企图的一方会去找一个最不妥、最莫名其妙的人做他的仲裁员，这种情况经常发生，只是"乱搞"（abuse）的程度不同。详见杨良宜《国际商务仲裁》，中国政法大学出版社 1997 年版，第 255 页。

② 极端特殊的情况是，仲裁员滥用裁决合议中的异议权力，结果导致程序的累赘与繁冗，即如下例。在美国仲裁的一个案件中，一位仲裁员提交一份异议书，被法庭称为"是对多数仲裁员同意的裁决书的特别异议"，原因是虽然该异议只用了几页来表述其理由，却另有几百页作为证据。这种如此不同寻常的情况使法庭决定传仲裁员做证人来证明仲裁庭对案件的商讨范围与方式。然而，该案法官指出这种情况"不应被视为可以询问仲裁员对案件商议的过程的先例"，"允许在诉讼程序中询问仲裁员是因为持异议仲裁员对另两位仲裁员的行为有严重指责"。最后法庭发现持异议仲裁员对另两名仲裁员持有严重偏见。的确，法庭认为"持异议仲裁员的证词特别冗长且不公平地攻击了多数方"，法庭认为"这种事件"是"十分不幸的"。See James H. Carter, *The Rights and Duties of the Arbitration：Six Aspects of the Rule of Reasonableness*, The ICC International Court of Arbitration Bulletin（ICC Publication N. 564）. 转引自汪祖兴《国际商会仲裁研究》，法律出版社 2005 年版，第 142—143 页。

（二）国际体育仲裁庭的道德瑕疵

仲裁规则对仲裁员的约束毕竟是有限的，更多的道德或者纪律性规定载于机构仲裁或者相关协会的仲裁员行为规范中。由于仲裁员国籍的多样性以及不同仲裁地流行的不同习惯，很难起草一个全面的行为手册，20世纪70年代末期，国际商会的一个工作小组试图制定这样一个手册，但是从未得到仲裁院的认可，① 因此仲裁员行为守则之类的规范更多的是由律师协会或者仲裁协会加以制定的。国际社会比较典型的规则包括美国仲裁协会与美国律师协会在1977年制定的《商事争议中仲裁员的行为道德准则》②、国际律师协会在1987年制定的《国际仲裁员行为准则》③ 以及英国皇家御准仲裁员协会在1999年通过的《仲裁员道德行为规范》。

此类道德规范围绕仲裁规则对仲裁员品质的要求作了延伸规定，与仲裁规则的抽象性规定不同，道德规范表现出不同程度的具体性，是仲裁机构或者相关协会结合具体仲裁实践从中锤炼和归纳出来的具体评估标准，在这一意义上，此类道德规范在效力约束上并非"道德性"的，而是强制性的。对比而言，国际体育仲裁庭的道德瑕疵可能表现为如下形态。

---

① 虽然如此，当事人有权希望国际商会的仲裁员遵守下面的这些一般原则：（1）一个同当事人进行书面联系的仲裁员应该给另一方当事人、其他仲裁员和仲裁院秘书处他们通信的副本。（2）仲裁员不应在一方当事人以及其他仲裁员不在的情况下同另一方当事人讨论案件实质或接受另一方当事人的证据或论证。（3）仲裁员可以就确定程序日期或仲裁的其他实际及具体方面同一方当事人进行交流，但交流的内容应该立即告知另一方当事人和其他仲裁员。（4）仲裁庭一般应允许当事人修改或选用程序规则，包括在仲裁程序中可能达成的程序规则。例如，如果双方当事人约定，他们可以单方面地同自己指定的仲裁员交流，尤其是当事人同意这样的交流可以支持一种解决方式的时候。（5）一位仲裁员不应在第三仲裁员缺席的情况下同另一名仲裁员讨论仲裁实质，除非第三仲裁员同意且被告知讨论的主题。W. Laurence Craig, William W. Park and Jan Paulsson, *International Chamber of Commerce Arbitration*, Dobbs Ferry, 1998, p. 203.

② 该道德准则提出了仲裁员独立公正义务的六条标准，加上第七条关于"一方指定仲裁员的道德因素"，共七条道德准则。

③ 该行为准则由导言和9条行为规范构成，导言先将仲裁员道德品质归纳为公正、独立、能干、勤勉、谨慎，然后指出准则的目的在于确立实践中评估仲裁员是否具有此类品质的方法。具体准则分别涉及：（1）接受指定；（2）偏袒的构成；（3）披露的义务；（4）与当事人的联络；（5）酬金；（6）勤勉尽职的义务；（7）对和解建议的参与；（8）审议的保密。转引自姜秋菊《仲裁员行为规范比较研究》，载《中国国际私法学会2004年年会论文集》（下册），第520页。

1. 不廉洁

根据 1977 年《商事争议中仲裁员行为道德准则》之规定，维持仲裁程序的廉洁和公平是仲裁员的首条基本规范。该规范要求仲裁员做到：仲裁员不应自己谋求指定。为此，仲裁员除非有足够的时间、精力和能力不应接受指定或任命；一经担任仲裁员，便应避免与当事人建立金钱、商业、职业、家庭或社会联系，或谋求金钱或私利，也不得接受当事人的礼物和实质性款待；仲裁员不应超越也不应缩小当事人的协议授权，并应按仲裁规则的要求进行仲裁程序。① 仲裁员如果违背此类规范，即为不廉洁。

2. 不温情

仲裁员作为特殊服务者，还应当保持温文尔雅的风度，对当事人应当奉行"同等关注与礼貌原则"，对于证人、专家、鉴定人以及仲裁机构的秘书都应当彬彬有礼，言谈规范，举止文明；② 仲裁员也应当注意仲裁庭审气氛的和谐，不要把仲裁庭审气氛失控为诉讼体制下的剑拔弩张。如果仲裁员缺乏必要的耐心、爱心和敬业心，则将违背仲裁服务的温情化规范，难以给当事人提供一种如沐春风的感觉。

3. 不谨慎

仲裁员保持谨慎细腻的仲裁风格是必要的。从仲裁员的服务身份而言，没有谨慎的品质，仲裁员就不会做到见微知著、察言观色，不会对纠纷当事人的心态需求、立场考虑、纠纷演变的动态特征有体贴入微的把握，也就难以提供到位、细致、周全的服务；从仲裁员的裁决者身份而言，仲裁员必须对当事人提供的证据资料进行审慎的阅读、质询；对各种证据的证明力、可采程度、彼此之间的关联性及其推导的逻辑结论进行谨慎斟酌，才能正确案件事实，并为正确司法提供基础。此外，仲裁的不谨慎还可能表现为过度的自负与傲慢，实践中"仲裁员自以为是无所不知，英明神武的'上帝'，控方争的是 A，辩方争的是 B，但仲裁员不声不响的去判 C"③。这样的情况并不少见。

4. 不勤勉

勤勉是对仲裁员职责的积极要求，仲裁员的勤勉职责不仅要求他们

---

①　陈敏：《仲裁员的行为规范》，《仲裁与法律通讯》1994 年第 3 期。

②　潘俊星：《仲裁文化概论》，西安出版社 2003 年版，第 192—193 页。

③　杨良宜：《国际商务仲裁》，中国政法大学出版社 1997 年版，第 263 页。

合乎仲裁规范和当事人意志地展开仲裁，而且还应当尽可能快、尽可能好地展开仲裁，为纠纷当事人鞠躬尽瘁。国际体育仲裁的个性特征尤其要求仲裁员保持勤勉的工作精神，并通过持续不断的努力和智慧安排来加速仲裁程序的进度。仲裁员不勤勉并不总是表现为不合仲裁规范，相反，在很多情况下仲裁员虽然完成了仲裁规则确定的义务，但并没有满足勤勉的要求，它要求的是果断而不是武断、轻快而不是轻率、稳健而不是犹疑。

二　国际体育仲裁庭的补救

对出现瑕疵的国际体育仲裁庭必须根据案件具体情况和仲裁庭的瑕疵程度进行与之相切合的补救，不同的补救主体可以采取不同的补救措施，并由此产生不同的补救效果。

（一）补救主体

在整个体育仲裁的内外部体制框架中，所涉及的主体主要包括纠纷当事人、仲裁机构、仲裁庭以及司法机关，各主体之间围绕当事人之间的体育争议彼此展开交往并形成繁复的交往关系，从每一主体总是能够根据不同的关系纽带过渡到另一主体，正如人是社会关系的总和，每一仲裁主体也是仲裁关系的总和。在彼此关联和制约过程中、在彼此作用和反作用过程中，仲裁关系得以维持健康的平衡，也正是仲裁关系锁链的规范和束缚功能，确保了各主体难以异化或者发生异化后能及时得到补救。因此，仲裁关系的有机化和系统化使整个仲裁体制生成了一种免疫能力，那就是，每一主体的病变都能通过其他主体的集体力量获得治疗，仲裁庭的病变也就能借助其他主体的力量得到补救。

1. 当事人补救

当事人是仲裁程序的阿基米德点，他们的仲裁合意不仅是仲裁程序的时间起点，而且是仲裁权展开的逻辑开端。尽管随着仲裁程序的纵深发展，支配和能动的力量不断地从当事人转移到仲裁庭，似乎当事人从主宰地位沦落为被宰制的地位，但是此种地位的转变恰是为满足当事人仲裁合意所必需，在这一意义上，整个仲裁流程，哪怕其后续环节似乎构成压迫仲裁当事人的异己的陌生力量，也仍然是限定在当事人掌控之间。当事人的仲裁合意赋予包括仲裁庭在内的一切仲裁环节之终极正当性，也因此，仲裁庭的病变与瑕疵也将通过当事人的合意得到彻底根除。①

　　体育纠纷当事人对仲裁庭的补救既可以通过新的合意进行合力救济，也可以独力救济，视救济对象的不同和救济事项的性质而定。在救济途径上，当事人既可以直接向仲裁员提出异议，也可以向 CAS 等仲裁机构提出异议，除此之外，当事人尚可直接在程序进行中或者在裁决作出后向相关司法机关提出司法救济。当事人的救济通常是间接性的，不管是要求仲裁员回避或者撤换仲裁员，都必须求助于其他主体，之所以如此，原因在于避免当事人对正常仲裁庭的不当干扰，防止当事人的意志渗入仲裁庭的独立判断。

　　2. 仲裁庭补救

　　仲裁庭之成员在未完全丧失理性的情况下还可以进行自救，此种自救形式多见于仲裁员的自行回避。仲裁是危险的行业，② 仲裁员在接受当事人的指定时应当保持必要的清醒头脑，对可能影响自己独立性的情事进行审慎的评估，并尽可能地予以披露。ICAS 仲裁法典通过第 33、54 条的规定强化了仲裁员的自我披露义务，仲裁员在对可能影响自己独立判断的信息方面保持坦诚不仅是保护当事人利益的需要，同时也是仲裁员的自我保护机制，它能有效降低仲裁员的不当介入而为其声誉和财产③可能带来的

---

　　① 应当注意的是，有的仲裁立法可能赋予仲裁庭一经仲裁协议成立便具有不可撤销的权力，从而使当事人的合意不再对仲裁庭发生效力，即便在仲裁庭发生病变的情况亦是如此，如 1950 年英国仲裁法有规定：The authority of an arbitration or umpire appointed by or by virtue of an arbitration agreement shall，unless a country intention is expressed in the agreement，be irrevocable except by leave of the Hight Court or a judge thereof。然而，在一个仲裁案例中，双方当事人约定的独任仲裁员索取 5 万美元才肯启动程序，结果双方当事人同意不去推进仲裁，让它去"睡觉"，而另行任命一位新的独任仲裁员来审理。详见杨良宜《国际商务仲裁》，中国政法大学出版社 1997 年版，第 258 页。

　　② 杨良宜：《国际商务仲裁》，中国政法大学出版社 1997 年版，第 251 页。

　　③ 国际商事仲裁中，仲裁员责任是否成立、如何成立均存在争议，由此形成了绝对豁免论、不豁免论和有条件的豁免论三种观点。附条件的豁免论略占上风，"赋予仲裁绝对的豁免权受到了批评，因为从政策和法律观点来看这都是令人疑惑的。应认识到大多数国家的法规都会让因为故意的过失（或腐败行为）而造成伤害的仲裁员承担民事责任的事实……" See M. Blessing，"The ICC Arbitral Procedure Under the 1998 ICC Rules—What has Changed？" 8 *ICC bull*. 16，35（December 1997）. 但对于国际体育仲裁中仲裁员是否也应当承担民事责任（包括赔偿责任），ICAS 及其仲裁庭并没有给我们提供观瞻相关仲裁案例的机会，因为迄今为止的一切 CAS 仲裁几乎都没有关涉这一问题。

更大损失。

仲裁员披露自身情况是一个非常复杂微妙的措施，"真正的问题不在于披露义务是否存在，而在于确定哪些事实是候选仲裁员应该披露的"①。尽管 ICAS 仲裁法典要求仲裁员立即披露"可能影响其对任何一方当事人独立性之情事"，但对于披露事项仍然未作相对明确的界定。巴黎上诉法院曾经在一个案例中指出，是否属于披露事项不仅应根据争议情况是否属于常识的程度来审查，还应当根据它在合理的情况下是否会影响仲裁员的裁决及其影响程度来判断。而不应披露的情况至少应满足如下两种情况：它们或者是众所周知的，无所谓披露或者不披露；或者它们并不能引起关于仲裁员独立性的"合理怀疑"。②此类标准对于 ICAS 而言不无借鉴意义。

概言之，仲裁员的自我补救可归结为：仲裁员在接受指定时应当进行自我评价，如果觉得可能存在影响独立地位的情事，则应该考虑拒绝接受指定或者披露相关信息，由仲裁机构或者当事人进行抉择。无论如何，仲裁员在履行披露义务的时候从严掌握披露标准，适度宽泛地披露相关信息无疑是值得称赞的做法。

3. 仲裁机构补救

仲裁机构作为仲裁庭的依托母体不仅是它强有力的后备支撑和有效运转的平台，而且仲裁机构的行政性监督还是其健康运作最为有效的保障。强势仲裁机构的存在不仅能使其依靠长期仲裁过程中所积累的丰富管理经验辅佐仲裁庭正确判断和少出错误，而且仲裁机构的威望也会为仲裁裁决的质量增加自动执行的筹码。对存在瑕疵的仲裁庭进行补救是仲裁机构的首要任务，尽管仲裁庭是在仲裁机构的监督甚至直接任命下组成的，但是仲裁庭仍然可能存在仲裁机构难以预料的差错，这在当事人约定仲裁员甚至在仲裁员名单之外的人士中选任仲裁员的情况下，更是如此。

ICAS 仲裁法典匠心独具的规定在很大程度上降低了仲裁庭出错的概率，这主要通过如下举措得到保证：一是设立了强制仲裁员名单制，当事人一般不能在仲裁员名册之外另行选择仲裁员，这在一定程度上减少当事

---

① Emmanual Gaillard, John Savage, Fouchard Gaillard (eds.), *Goldman on International Commercial Arbitration*, CITIC Publishing House, 2004, p. 580.

② Ibid., p. 581.

人所托非人的情况。二是由仲裁机构直接委任首席仲裁员，在奥运会仲裁体制下，不论是三人制仲裁员还是独任制仲裁员均由特设分庭主席直接委任，减少了当事人委任情况下可能出现的偏袒。三是即便当事人委任的仲裁员也仍须仲裁机构确认，以确保其符合仲裁独立性和快速性之要求。

经过上述防护措施仍然发生病变的仲裁庭则由仲裁机构采取撤换或者替换的方法进行补救，以匡扶 CAS 仲裁庭良性运转。

4. 司法机关补救

司法机关对国际商事仲裁存在广泛的影响，[①] 既可以对其施加监督，也可以对其进行支持，而对仲裁庭瑕疵的补救更多地隶属于司法监督的情形。

司法机关介入仲裁庭的补救主要有两种形式，一是应当事人的请求对仲裁庭的组成提供帮助，二是在审核仲裁裁决过程中逆向回溯审查仲裁庭之组成，以决定其是否构成不予承认和执行仲裁裁决的情事之一。[②] 尽管 ICAS 仲裁法典排除司法机关进入体育仲裁程序，但 CAS 仲裁裁决曾经面临过，将来也仍然面临着相关司法机关的审查。概括而言，司法机关可能介入补救仲裁庭的情况主要包括如下几种情况。

（1）仲裁庭之组成与当事人缔结之仲裁协议不符。根据 ICAS 仲裁法典的规定，当事人可以在仲裁协议中约定仲裁庭形式，并选任仲裁员。不过在奥运会仲裁中，由于仲裁庭形式由特设分庭主席负责确定，仲裁员也由他直接指定，也就无所谓仲裁庭组成与当事人仲裁协议不相符合的问题。

---

① 根据国际商会仲裁院的实践经验，最经常发生的司法影响集中在如下五个主题：（1）仲裁协议的效力问题；（2）争议事项的可仲裁性问题；（3）仲裁提交的前提条件；（4）临时措施问题；（5）审核裁决书问题。W. Laurence Craig, William W. Park and Jan Paulsson, *International Chamber of Commerce Arbitration*, Dobbs Ferry, 1988, p. 496.

② 根据 1958 年《纽约公约》第 5 条第 1 款第 4 项之规定，仲裁庭的组成或者仲裁程序同当事人间的协议不符，或者当事人间未签订此种协议时，而又与仲裁地国的法律不符。与此相同，《联合国国际商事仲裁示范法》第 34 条第 2 款（A）项（b）、（d）两目规定，如果仲裁庭"未将有关指定仲裁员或仲裁程序的事情适当地通知提交申请的当事一方"，或者"仲裁庭的组成或仲裁程序与当事人各方的协议不一致，除非这种协议与当事人各方不能背离的本法的规定相抵触，或当事人各方并无此种协议，则与本法不符"时，当事人可据此请求补救。转引自刘想树《中国涉外仲裁裁决制度与学理研究》，法律出版社 2001 年版，第 207—208 页。

（2）仲裁庭不具有独立地位，从属于一方当事人。在涉及 CAS 独立性问题的最初几个案件中，仲裁败诉方均向司法机关提出了仲裁庭不具有独立地位因此应该撤销仲裁裁决的请求。以瑞士联邦第一民事审判庭在 2003 年 3 月 27 日审理 A 和 B 共同诉国际奥委会、国际滑雪联、CAS 的案件中，当事人要求撤销 CAS 作出的四个仲裁裁决，理由之一即是仲裁庭不具有独立性，CAS 从属于作为被申请人之一的 IOC；其次，申请人还根据《瑞士联邦国际私法法典》关于一个与公共政策不一致的仲裁裁决可被撤销的规定，并结合大量证据对仲裁裁决提出质疑。在其提供的证据中主要说明仲裁员不具有独立性，诸如仲裁庭的成员或者是 IOC 的代理律师，或者是国际滑雪联的代理人，这些仲裁员在一起进餐、可能居住在同一个旅馆或者一起旅行，等等。① 但法院最终驳回了当事人的上诉请求。

（3）仲裁庭未能平等对待当事人。平等对待当事人包括两个层面的意思，一是平等对待同一案件中双方当事人；二是平等对待案情相同的若干个案件当事人，使其法律适用具有前后一贯性。

在第一种情况下，A 与 B 诉 IOC/FIS/CAS 案中，申请人不仅主张仲裁庭不具有独立地位，而且还进一步认为仲裁庭违背了"公平对待当事人以及公平听审权"。法院判决指出，根据已有的判决，公平听审权尤其包括被指控方在裁决作出前有发表自己意见的机会，有查阅有关卷宗的权利，提供证据、检查证据和对证据发表自己意见的机会等，并且所有的当事人都应当有机会来对有关的争议发表自己的看法。② 法院认定，CAS 仲裁庭没有违背当事人的公平庭审权，因此维持了 CAS 的仲裁裁决。

CAS 作为体育法的创制者，致力于统一体育规范的建立和适用，因此其仲裁庭有义务遵守"遵循先例"的原则，并维持前后一致的判决逻辑。对不同案件当事人在相同案情的条件予以平等对待，不仅是遵循先例的需要，而且是仲裁庭公平和平等的需要。2000 年悉尼奥运会期间仲裁的 Raducan vs. International Olympic Committee 案件中，败诉方 Raducan 不服 CAS 的仲裁裁决，向瑞士联邦第一民事庭提起公法上诉。上诉人的理由之

---

① See Judgment of 27 may 2003, delivered by the 1st Civil Chamber of Swiss Federal Tribunal in the case A. & B. versus international Olympic Committee （IOC）, FIS, CAS. 转引自黄世席《奥林匹克赛事争议与仲裁》，法律出版社 2005 年版，第 74—77 页。

② 黄世席：《奥林匹克赛事争议与仲裁》，法律出版社 2005 年版，第 74 页。

一在于，CAS 仲裁裁决有违诚实信用和平等对待原则，违反了《瑞士联邦国际私法法典》第 190 条第 2 款第 5 项意义上的公共政策。原来，CAS 于 1992 年 6 月 25 日根据国际马术协会一般条例之规定证实盛装尿液样本的容器未被密封，而这样可能使容器盖被轻易打开，从而导致人为的使用其他外来物质玷污尿样；CAS 承认，在案情存疑的情况下应当有利于申请人。Raducan 由此认为 CAS 仲裁庭没有按照这一结论处理本案，而认定其兴奋剂违纪，构成了"明显的不平等对待"，侵犯了诚实信用原则以至于"不符《瑞士联邦国际私法法典》第 190 条第 2 款第 5 项意义上的公共政策"①。而法院则认为，本案案情所有证据都构成一个完整的一致的链条，即两份尿样都发现违禁物质，而上诉人自己承认服用了流感药（pill of nurofen cold and flu），本案案情与 CAS 以前裁决的上引案例完全不同（totally different），因此上诉人关于 CAS 违背平等对待的公共政策是站不住脚的（ill-funded）。

应当注意，瑞士立法允许当事人就 CAS 仲裁裁决基于违背公共政策之理由提起公法上诉，而公共政策既包括实体上的公共政策，也包括程序上的公共政策。上述两案中的平等对待问题即属于程序上的公共政策范畴。

总结 CAS 仲裁庭的司法补救措施，它具有如下几个特征。

（1）采取尾端控制法。即司法机关介入仲裁庭的补救不是在仲裁程序进行中，而是针对仲裁裁决提起的公法上诉中，要求确认仲裁裁决的效力之时发生的。

（2）司法补救主要地由 CAS 仲裁裁决国即瑞士联邦法院进行，因此其调整国际仲裁的立法《瑞士联邦国际私法法典》关于司法监督的规定对于是否补救、如何补救的标准和方式之规定具有决定性意义。

（3）迄今为止的司法判例表明，当事人寻求仲裁庭瑕疵的司法补救未有成功例，司法机关对 CAS 给予了足够的信心和尊重，并在相对程度上保持了司法克制的绅士风度。

（4）当事人寻求司法救济、攻击 CAS 仲裁庭瑕疵的主要理由是 CAS 仲裁庭践踏了公平对待的公共政策，而仲裁庭不独立、仲裁庭组成与仲裁

---

① Gabrielle Kaufmann-Kohler, *Arbitration at the Olympics: Issues of Fast-track Dispute Resolution and Sports Law*, Kluwer Law International, 2001, p. 8.

协议不符等理由已难以成为有效的上诉根据。

（5）攻击仲裁庭的瑕疵已经成为当事人挑战 CAS 仲裁裁决、寻求司法监督的惯常伎俩，并从正当理由转变为诉讼技巧。

（6）无论司法补救仲裁庭瑕疵的实例之结果如何，攻击仲裁庭构成上的瑕疵已经成为炸开 CAS 封闭自治体制的有效突破口，成为司法介入的绿色通道。

（二）补救措施

不同的补救主体构成了不同的补救方式，由于各补救主体相对于体育纠纷而言具有不同的角度和立场，因此拥有与各自身份相应的不同补救措施。常见的补救措施包括回避、替代、撤换、重组以及针对裁决的补救。

1. 回避

仲裁员回避包括两类情形，一是当事人申请回避，二是仲裁员自行回避。无论是何种回避形式，回避的理由在于被回避者的独立地位堪疑，可能影响仲裁员独立判断。一般商事仲裁下，可能引起仲裁员回避的情事包括以下几类：仲裁员不独立；国籍，尤其是首席仲裁员或者独任仲裁员的国籍与当事人相同；与仲裁事项有直接利益关系；同一方当事人持续的经济业务或从属关系；同一方当事人以前的职业经济关系或从属关系；心存偏见或者以前表达过歧视性观点；在相关仲裁中担任仲裁员；违背正当程序等。① ICAS 仲裁法典与奥运会仲裁规则都对仲裁员回避事项作了细致的规定，充分说明回避事项对于补救仲裁庭瑕疵的重要意义。归纳起来，CAS 仲裁员回避情况下需要满足的条件包括以下几点。

（1）只能基于对仲裁员独立性存在合理或者正当怀疑的根据方可提出回避申请；仲裁员自行回避也必须是基于同一理由。当事人提出回避申请必须存在正当的怀疑根据，诚实地提出回避申请是当事人的义务，但是仲裁实务中仲裁员的回避申请很可能演变成为一种拖延程序进行的技术。对于何谓"合理理由"或者"正当根据"，ICAS 仲裁法典没有也不可能给出具体的界定，而主要由 ICAS 主席或者奥运会特设分庭主席根据案件具体情况、参考国际商事仲裁的一般做法并结合自身的仲裁实践经验予以确定，关键是判断该情事之存在是否影响、在何种程度上影响仲裁员的独

---

① W. Laurence Craig, William W. Park and Jan Paulsson, *International Chamber of Commerce Arbitration*, Dobbs Ferry, 1988, pp. 223-237.

立判断。至于能够引起回避的事项必须与仲裁员独立地位相关，当事人不能针对仲裁员的专业素质等提出回避申请。

（2）回避申请应当在知悉回避事由后立即提出。ICAS 仲裁法典要求当事人在知悉回避事由后即刻提出回避申请，确定回避申请时间限制的目的是要求当事人在了解到有关仲裁员的信息并认为仲裁员不合格时尽快采取行动，防止当事人延宕仲裁程序。原则上，在当事人知悉仲裁员姓名、身份、相关信息和所披露的情事后即应当提出回避申请，除非在该时刻据以申请回避的理由并不存在或者因为客观原因并不为当事人知悉，否则申请人最迟应当于知道或应当知道回避事由时提出申请。

（3）回避与否的决定权掌握在 ICAS 或奥运会特设仲裁分处主席手中。在 CAS 上诉仲裁程序下，关于回避的决定权还可由 ICAS 移交给其理事会行使。

（4）回避申请应当附具理由，并给予另一方当事人、被请求回避仲裁员、其他仲裁员提交书面意见的机会；同时，ICAS 作出的相关决定也应当附具简要理由。为保证回避决定的公平性，并消除因回避问题而在仲裁员、当事人与仲裁机构之间可能引起的误解，仲裁法典要求所有环节都应当透明，并附具相关理由作出简要陈述。

在 CAS 仲裁实务中，当事人对仲裁员提出回避的情况并不多见，这一方面源于仲裁员自身的客观独立性，另一方面则是源于上诉仲裁处在指定首席仲裁员时的深思熟虑，降低了当事人申请回避的概率。在奥运会仲裁下，极度紧张的仲裁程序缩小了当事人利用回避以战略控制仲裁程序的空间，仲裁庭所有成员均在奥运会特设仲裁分处主席的考虑下予以指定，在指定人员上的谨慎和中立也极大限度地避免了当事人申请回避的必要。

2. 撤换

ICAS 仲裁法典第 35 条规定了 ICAS 撤换仲裁员的内容。撤换不同于申请回避，两者不可相互替代。根据国际商会仲裁的实践，结合本条规定，可认为 ICAS 行使撤换权的特征包括：

（1）撤换是 ICAS 主动为之，而不是基于当事人或者仲裁员的申请。ICAS 撤换仲裁员具有主动性，不过，根据国际商会仲裁院的实践，"仲裁院在本问题的行动，说是出于自主的决定，然而也可能是由于一方或双方当事人抱怨的结果。然而，更多的时候是在秘书处同该仲裁员经过长期的通信后向仲裁院提交的观察报告而引起的仲裁员替换"①。除了不干涉仲裁庭独立仲裁外,仲裁机构总是试图对仲裁庭提供某些帮助,以促使后者能够按照仲裁规则的规定独立、及时、公平地裁决案件。因此,仲裁机构通过秘书处等日常办事机构对仲裁庭进行观察或考察便成为其任务之一,如果秘书处的考察结果显示,仲裁员承担该项仲裁任务并不适当或者可能出错,则仲裁机构有权力也有义务在查实后予以救济。ICAS 同样具有较大的自主权和协助权,它授权 CAS 参与组建仲裁庭以及程序的平稳进行,并通过由秘书长和顾问组成的仲裁院办公室行使日常事务。其中理应包括对仲裁庭组成人员及其运行状况的关注,并在发现异常情况时提请 ICAS 注意和决策。

(2) 撤换不同于回避,二者不可彼此替代。回避申请必须存在相应的主体,ICAS 不能主动要求仲裁员回避或者告知当事人提出回避申请,在当事人或仲裁员回避申请面前,ICAS 出于被动地位。二者尽管不一样,却可以同时被使用,国际商会仲裁院就曾经驳回了当事人对某一仲裁员的回避申请,却同时对他进行了撤换:"然而也存在一些个别例外的情况,仲裁院……替换了仲裁员,同时驳回了一方当事人提出的对仲裁员的相关质疑。在那些发生了这种情况的案件中,仲裁院愿意驳回要求仲裁员回避的申请,然而却会替换处于讨论中的仲裁员,因为虽然仲裁员未能履行责任,但并不是行为有过失。"②此种情况是当事人的回避申请并不充足,但为了消除当事人的顾虑,仲裁院也以变通的方式满足了当事人的要求。

(3) 撤换的理由是仲裁员拒绝或者因故不能履行或未履行仲裁法典规定的职责,一般不存在过失。仲裁员拒绝履行职责使仲裁庭变得残缺,甚至足以导致仲裁庭的瘫痪,仲裁机构于此情此景必须及时撤换仲裁员才能保证仲裁程序的正常进行。此外,如果因为种种客观原因导致仲裁员难以履行或者没有履行相关职责的,仲裁机构也应当撤换仲裁员,在此种情况下,仲裁员一般不存在过失。事实上,如果仲裁员存在过失,按照理性人假设,当事人必定会提出回避申请,也就没有必要由仲裁机构撤换仲裁员;反之,如果当事人没有提出回避申请,但仲裁员确未履行职务的,仲

---

① W. Laurence Craig, William W. Park and Jan Paulsson, *International Chamber of Commerce Arbitration*, Dobbs Ferry, 1988, pp. 223-237.

② Ibid., p. 239.

裁机构有权对其进行撤换。

（4）撤换应当附具理由，并给予相关人员发表书面意见的机会。ICAS 在作出撤换决定前，应当征询当事人、被撤换仲裁员和其他仲裁员的意见，并在思考他们书面评论的基础上作出审慎决定是否撤换，如果仍然需要撤换的，ICAS 应当给予理由。

3. 替代

仲裁员在回避、辞职或者死亡的情况下，空缺仲裁员分不同情况予以替补。在回避情况下，被回避仲裁员属于当事人指定或者共同指定的仲裁员的，由当事人单独或者共同指定；如果被回避仲裁员属于 CAS 主席指定或者代为指定的仲裁员，则继续由 CAS 主席指定或者代为指定。辞职或者死亡的情况下，以此类推。

在商事仲裁实践中，对于仲裁员出现空缺的情况可不再由其他仲裁员替代，而是维持仲裁庭的残缺状态，继续仲裁进程，此即为"缺员仲裁庭"或"瘸腿仲裁"。[1] 对于缺员仲裁庭的运作，国际商会仲裁院要求满足三个条件：一是只适用于仲裁程序后期；二是只能在未能履行职责或者缺席的仲裁资格终止后方能行使职权，由仲裁院而非仲裁庭决定缺员仲裁庭是否能够继续进行仲裁。[2] 然而，ICAS 仲裁法典明确排除缺员仲裁庭的有效性，它要求采取与缺席的仲裁员相同的任命规则进行递补。

4. 重组

仲裁庭瑕疵可能导致仲裁裁决难以获得承认和自行，司法机关的严厉措施是否定仲裁裁决的效力，然而当司法机关否决仲裁裁决效力之后既可能撤销裁决，也可能变更仲裁裁决，还可能发回重裁。[3] 在通知重裁的情况下，仲裁机构应当重组仲裁庭主持仲裁程序，它具有如下几个特征。

（1）重组仲裁庭要求成立一个崭新的、完全由不同仲裁员组成的仲裁庭进行仲裁。

（2）仲裁程序重新开始，不受先前仲裁程序及其结果的束缚。

（3）重组仲裁庭独立展开仲裁，既可能基于不同理由得出相同结果，

---

① 汪祖兴：《国际商会仲裁研究》，法律出版社 2005 年版，第 180 页。

② W. Laurence Craig, William W. Park and Jan Paulsson, *International Chamber of Commerce Arbitration*, Dobbs Ferry, 1988, pp. 245–248.

③ 刘想树：《中国涉外仲裁裁决制度与学理研究》，法律出版社 2001 年版，第 212 页。

也可能基于不同理由得出不同的结果，甚至可能作出与上次仲裁裁决相同的理由与结果，但在后者情况下，程序性瑕疵得到矫正。

（4）在 CAS 仲裁实务中，迄今为止尚无一例仲裁裁决被司法机关予以撤销和通知重裁，具体实践尚不可知。

（5）奥运会体育仲裁由于时间限制不适用采取重新仲裁的司法补救方式，而 CAS 上诉仲裁程序是否适用这一方式，有赖于体育仲裁的时间需要与尊重 CAS 仲裁需要二者冲突下的取舍。

（三）补救效果

仲裁庭瑕疵客观存在且足以影响仲裁裁决的公平性的，将会通过各主体的不同补救措施发生补救效果，表现为仲裁庭成员的局部或者完全替换。仲裁庭在调整之后将产生如下三种效果。

1. 程序效果

程序效果是指，仲裁庭在调整后对已经进行的程序和和尚未完成的程序各发生何种影响，其法律评价为何。程序性法律效果又可分为仲裁庭完全重组和局部重组两种细目分别探讨。

（1）仲裁庭完全重组情形，由于完全重组主要发生在司法补救下的通知重裁，因此其产生的程序效果是完全回溯和可逆的，对先前已经进行的仲裁程序及其效果进行清零，实行彻底的溯及既往规则。

（2）仲裁庭局部重组情形，由于局部重组主要是当事人申请回避或者仲裁员自行回避，以及仲裁机构的撤换或者替代，因此其产生的程序效果视情况而定。根据 ICAS 仲裁法典第 36 条的规定，实行不溯及既往为原则、溯及既往为例外的规则。即仲裁庭已经进行的程序有效，调整后的仲裁庭仅面向未来，继续余下的仲裁程序；如果当事人另有约定或者仲裁庭自行决定的，则程序可向前回溯，直到程序始端。

2. 实体效果

实体效果是指，仲裁在调整后对已经采纳的证据、认定事实和尚未采纳的证据、尚未认定事实各发生何种影响，其法律效果为何。实体性法律效果仍然可区分仲裁庭完全重组和局部重组两种情况，并采取与程序性效果一致的做法，即完全重组情况下实行彻底的溯及既往规则；局部重组情况下实行不溯及既往为原则、溯及既往为例外的规则。

3. 责任效果

仲裁庭调整后，被替换、撤销或者重组的仲裁员是否需要承担责任，以及在何种程度上承担责任，这就是仲裁员的责任效果。

在国际商事仲裁理论与立法中，对于无过错的仲裁员行为导致的损害后果一般都奉行豁免①责任，但是对于仲裁员存在故意或者过失而导致的损害后果是否需要免除以及在何种程度上免除仲裁员的责任，则各国立法与实践分歧甚大。大致规律是从仲裁员职责的性质上进行划分，但凡认为仲裁员履行准司法职能者，一般倾向于将仲裁员与法官进行类比，免除仲裁员的损害赔偿责任；但凡认为仲裁员履行服务契约义务者，一般倾向于将仲裁合同与一般服务合同进行类比，主张仲裁员应当承担相关损害赔偿责任，但对于仲裁员应当在何种程度和范围内承担责任，REIMS 初审法院审理的一个案件为我们提供了一些启示。该案中，一方当事人对仲裁员提起诉讼，要求仲裁员赔偿仲裁裁决对其造成的损失，法院审理后认为："所有的申请人都必然批评仲裁员作出了错误的裁决。在这里，仲裁员只对重大失误、欺诈，或纵容一方当事人引起的责任负责。否则仲裁员的保护、独立性和权利就受到很大限制以至于到达和赋予他们的司法任务不相符合的地步。"② 可见，即便在仲裁员承担责任的情况下，也必须考虑其履行的司法职能之特殊要求，并将赔偿责任限制在重大过失的条件之下。总括而言，仲裁庭调整导致的责任效果可作如下归纳。

（1）区分过错行为与非过错行为，前者尚需进一步区分，后者则实行免责原则。

（2）对于仲裁员的过错行为，区分仲裁员职务的性质，各国主要存在两种做法，即将仲裁员作为裁决者，则仲裁员免责；如果仲裁员作为服

---

① 这里的"豁免"主要是普通法国家的法院和法学家所主张的，即仲裁员履行司法职能时对自己的行为免责的原则。大陆法系国家一般认为法官所享受的保护不可以延伸到仲裁员。这里的"豁免"只有公共的机构（如司法机关，法院等）才可以享受，因为它们服务于公共利益，只有享有责任豁免才能保证司法性质的仲裁活动顺利进行。豁免和合同中的免责或责任限制条款有所区别但也有相同之处，即仲裁员具有契约性质。由于这个问题没有国际公约的规定，仲裁员的豁免权利只能由国内法律赋予。因此，仲裁机构一般不会用"豁免"这个词汇来排除或限制仲裁员的契约责任，除了 CACNIQ 是个例外。仲裁员提供仲裁服务是处于一种契约性的地位，我们应该对其过失考虑免责或责任限制。Emmanual Gaillard, John Savage（eds.），*Fouchard Gaillard Goldman on International Commercial Arbitration*, CITIC Publishing House, 2004, p. 589.

② Emmanual Gaillard, John Savage（eds.），*Fouchard Gaillard Goldman on International Commercial Arbitration*, CITIC Publishing House, 2004, p. 590.

务者，则仲裁员承担责任。

（3）在仲裁员承担责任情况下，必须设定承担责任的条件并实行责任限额。承担责任的条件应当限定在仲裁员存在恶意或者重大过失行为；责任限额是必须衡平考虑仲裁员履行的司法职能，不能完全主张无条件等价赔偿民事责任。

上述结论能否适用，以及在何种程度、以何种方式适用于国际体育仲裁，ICAS 仲裁法典和奥运会仲裁规则对此未作任何规定。从仲裁法典和奥运会仲裁规则的行文精神看，结合上诉体育仲裁和奥运会体育仲裁的非金钱性、非财产性以及程序的免费性看，免除仲裁员的责任似乎是更为可取的理解方向。在这一基础上可将仲裁庭调整后的责任效果界定为：主要是非物质性责任，表现为对仲裁员的道德谴责，更为间接的责任效果是 CAS 剥夺或者终止其作为 CAS 仲裁员的资格。

第三章

国际体育仲裁程序专题研究

中立与衡平、德性与知性、私密与透明、自治与它导在不同的标准下构成仲裁程序的二维向度，其中的中立、德性、私密、自治是一般仲裁程序的标准品质，它们确保了程序机制的道德正当性，并奠定了程序机制的基调；而衡平、知性、透明、它导等属性则是以仲裁程序的标准品质为参照，并结合案件的个体情况和体育仲裁的个性需要而伴生的辅助品质。正如有俗语谓："幸福若无痛苦与之平衡，幸福将显得毫无意义。"同理，仲裁程序的中立、德性、私密与自治品质，如无衡平、知性、透明与它导的平衡，前者就会走向自己的背面。职是之故，仲裁程序体育化必然要求对此类品质的配置比例进行适合体育行业的调整，奥运会赛事争议最集中和极端地代表了体育纠纷的特征，它的时间性、公益性、荣誉性、非商业性等特征倾斜了传统商事仲裁程序品质的配置规律，要求重新设定中立与衡平、德性与知性、私密与透明、自治与它导的黄金分割点，并对衡平、知性、透明、它导等程序品质进行加权考虑，从而构成国际体育仲裁程序的加权品质。

第一节　国际体育仲裁程序的中立与衡平

中立原则是一切程序的"心脏"，也是仲裁程序的基本准则。CAS 仲裁程序的中立性由三大制度安排得到建构。新设 ICAS 从 IOC 手中接管并独立负责维持 CAS 的运转，使 CAS 摆脱"奴仆"地位并在结构上赢得了真正独立性。仲裁员名单准入、自我披露与独立性承诺共同预防了审前有损仲裁组庭中立性的可能性。回避、撤换与替换制度则担保在组庭之后能有效救济仲裁组庭的中立性瑕疵。三大制度赋予 CAS 仲裁程序中立的地位和独立裁决之骨气，使 CAS 及其仲裁庭真正成为监护体育世界这一方净土的卫道士。当然，中立之外，尚需衡平考虑。

一　中立品质的程序化

中立原则在英国被视作"程序的心脏"，戈尔丁将中立原则概括为三个规则：一是任何人不能作为自己案件的法官；二是冲突的结果不含有解决者个人的利益；三是冲突的解决者不能有对一方当事人的好恶偏见。[①] 在国际体育仲裁规则中，ICAS/CAS《与体育相关的仲裁法典》第 14 条、第 33 条关于仲裁员的聘任，第 21 条、第 34 条关于仲裁员的回避，第 35 条关于仲裁员的撤换以及第 36 条关于仲裁员的替换等规则维护了体育仲裁程序的中立品格。具体而言，CAS 的中立性是通过如下几个层面的制度安排来完成的[②]。

（一）　对 CAS 仲裁中立性的组织结构救济

组织结构具有重要的意义，适当的制度结构能最大化中立性，并有效缓冲或抑制外来因素对裁判者施加的不当干涉。CAS 在 1983 年 4 月 6 日新德里举行的一次会议上得以成立，其从产生之始便处理有关私人性质的特殊体育纠纷，但 CAS 是由 IOC、IFs、NOCs 以及 IOC 主席各任命 15 名成员，共计 60 名成员所组成；此外，CAS 运转的一切费用均由 IOC 支持。组织结构和经济供养使 IOC 等机构与 CAS 之间存在非常亲密的关系，此种关系使 CAS 在仲裁以 IOC 等机构为一方当事人的案件时很难保持其中立立场，它严重违背裁决中立的要求，即任何人不得裁决自己作为一方当事人的案件。最终因 Gundel vs. FEI 案件引发了司法机关对 CAS 作为一个真正裁决机构所必须具有的中立品质的关切，ICAS 被创造出来取代 IOC 成为 CAS 的依托母体，从而在组织上和财政上切断 IOC、IFs、NOCs 等机构在作为仲裁程序一方当事人时对 CAS 中立地位

---

① ［美］马丁・P. 戈尔丁：《法律哲学》，齐海滨译，生活・读书・新知三联书店 1987 年版，第 240 页。

② 本部分是在《CAS 仲裁中立原则的制度安排》一文的基础之上经增删调整而成，该文刊登在《武汉体育学院学报》2010 年第 2 期。特此说明并对该刊特致谢忱！

的干扰途径。

最早质疑 CAS 中立性的案件是 1992 年 Gundel vs. FEI 案，法院在 1993 年 3 月 15 日作出裁决，承认 CAS 是一个真正的仲裁院。裁决一方面认为，CAS 并非 FEI 的机构，也没有从 FEI 接受指命，从 CAS 的 60 名成员中选任出的 3 名仲裁员保有完全和充分的自治权和裁决权；另一方面，法院也指出 CAS 与 IOC 之间存在着千丝万缕的联系，包括：CAS 几乎由 IOC 独家提供财政支持；IOC 有权修改 CAS 规则和章程；IOC 享有相当大的权限，且其主席有权任命 CAS 成员。瑞士联邦最高法院认为此类联系使 IOC 作为仲裁程序一方当事人时，CAS 的中立性将足以引起严重问题，法院的态度是 CAS 必须在组织和财政上更加中立。①

ICAS 的创设减少了 IOC 对 CAS 通过组织结构可能带来的负面影响，它主要是通过两种方式实现这一目的的：一是将 IOC 与 CAS 之间的直接关系间接化；二是稀释 IOC 在 CAS 中的人事存在和经济存在。经过这一变革，CAS 的中立性得到了广泛认可，正如瑞士最高法院在 Larissa Lazutina & Olga Danilova vs. IOC、FIS 和 CAS 案中评价的一样，CAS 不是"IOC 的奴仆"，它充分独立于当事人，其涉及 IOC 案件的裁决被认为是真正的仲裁裁决，如同国家法院判决一般。② 2015 年 1 月 15 日，德国慕尼黑地方高等法院对德国速度滑冰运动员佩希施泰因案做出裁决（以下简称"慕尼黑裁决"），裁决涉及对 CAS 仲裁独立性的否定，其认为：佩希施泰因与国际滑联的仲裁条款违反了德国的反垄断法，应判定无效；国际滑联将接受仲裁条款作为运动员参赛的前提条件，属于滥用垄断地位。并且，国际体育仲裁仲裁员选任方式及个案中首席仲裁员的任命方式无法保证国际体育仲裁院的独立性。③ 如此，该裁决内容挑战了国际体育仲裁院的权威地位，对体育仲裁院管辖权的合法性和合理性造成了一定的

① See Matthieu Reeb, "The Court of Arbitration for Sport: History and Operation", in Matthieu Reeb (ed.), *Digest of CAS Awards* Ⅲ (2001–2003), Kluwer Law International, 2004.

② Ibid.

③ Jeremy Dickerson, *International Arbitration in Sport: Why the Pechstein Case Could Throw the Court of Arbitration for Sport into Disarray*, http://www.lawyerissue.com/international-arbitration-in-sport-why-the-pechstein-case-could-throw-the-court-of-arbitration-for-sport-into-disarray/.

冲击。① 尽管如此，德国上级法院随后还是撤销了慕尼黑地方高等法院的裁决。至此，CAS 的中立地位仍然有惊无险地得以延续。

（二）对 CAS 仲裁中立性的事前救济

所谓事前救济，是指通过具体的规则或者制度对 CAS 仲裁员在受理仲裁案件之前对其中立性品质提出的条件限定，它是事前的积极规制和防范。具体而言，国际仲裁对于中立性的事前救济主要包括三个方面，即仲裁员资格的准入制度、仲裁员的披露制度和仲裁机构或仲裁员的承诺制度。

1. 资格准入

仲裁员不仅是服务提供者，更是裁决案件的民间法官，② 这决定了仲裁员具有双重身份。为更好地履行自身的职责，各国立法以及各国际仲裁机构都对仲裁员的资质提出了一定的要求，有的立法更是提出比较严格的准入条件，尽管有学者对此提出质疑，③ 但从仲裁员任命资格上予以把关无疑是确保仲裁员独立品性的有效措施。根据《与体育相关的仲裁法典》第 13 条的规定，CAS 仲裁员至少不低于 150 名，2003 年的仲裁员人数为 241 名。其中，ICAS 应当聘请经过系统的法律专业训练、在体育以及相关方面拥有经承认的资格的人员，并原则上按照下列方式予以分配：1/5 仲裁员从 IOC 自其成员或者非成员中提议的人员选任；1/5 仲裁员从 IFs 自其成员或者非成员中提议的人员选任；1/5 仲裁员从 NOCs 自其成员或非成员中提议的人员选任；1/5 仲裁员在考虑到保障运动员利益的基础上经适当协商后选择；1/5 仲裁员自独立于依本条负责提议仲裁员人选之组织的其他人员中选任。此外，为保证仲裁员的独立客观性，ICAS 提名仲裁员名单时，应当确保他们能公平代表不同国家。

---

① 参见李智《从德国佩希施泰因案看国际体育仲裁院管辖权》，载《中国国际私法学会 2016 年年会论文集》，湖南长沙，2016 年 11 月。

② See Emmanual Gaillard, John Savage（eds.）, *Fouchard Gaillard Goldman on International Commercial Arbitration*, CITIC Publishing House, 2004, p. 559.

③ 如有人认为："尽管中国国际经济贸易仲裁委员会名册由许多中外技术方面的专家组成，但这个名册绝对不可能包括所有方面的专家。中国国际经济贸易仲裁委员会要成为一个真正的国际仲裁机构，其仲裁员名册制度应当终止，或者该名册至少只能是建议性的。" See Russel Thirgood, "A Critique of Foreign Arbitration in China", *Journal of International Arbitration*, 2000（3）, p. 98. 转引自赵秀文《国际商事仲裁及其法律适用研究》，法律出版社 2002 年版，第 325 页。

总结 CAS 为保证仲裁独立性而设置的仲裁员名册准入机制，它具有如下两个特征：一是设立双重"股份制"式的选任模式，第一重"股份制"式的选任模式是对 ICAS 的 20 名成员采取"4×5"的方法选任，即由五个不同的机构群或者人员群各选任 4 名，共 20 名成员组成 ICAS；[1] 第二重"股份制"式的选任模式是由 ICAS 直接从相关人士或间接从 IOC、IFs、NOCs 等机构提议的人士中按照"X×5"（X 不得少于 30）的方法选任仲裁员，即由 ICAS 从五个方面各选任 30 名以上的仲裁员组建不低于 150 名仲裁员的名册。通过双重股份制选任，使仲裁员利益高度分散化，并最大限度地稀释 IOC 在 CAS 中的人事存在。二是地域分散化。通过地域分散，要求仲裁员能够代表不同的国家，也使仲裁员不仅在经济利益上，而且在可能的狭隘的民族情操或地域性偏见方面有所超越和突破，从而在仲裁案件时能克服地方或国家、区域沙文主义。国际法院的实践证明，地域性分散对于确保裁判者中立立场、克服地域歧视具有积极的作用。[2]

2. 仲裁员披露

CAS 仲裁员必须履行披露义务，根据《与体育相关的仲裁法典》第33 条第 1 款的规定，仲裁员应当维持独立于当事人，并应立即披露可能影响其对任何一方当事人之独立性的情形。在披露内容及其范围上，应当站在国际仲裁的立场上，充分考虑到 CAS 仲裁的全球分布性，尤其是 CAS 仲裁员具有高度的地域离散性，因此，仲裁员应当充分披露如下五个方面的内容：一是仲裁员自己认为的影响其独立性的情况。二是站在当事人的立场衡量可能会影响其独立性的情况，诸如仲裁员是否曾经与一方当事人有过不愉快或者不和谐的竞赛经历等。三是只要存在影响仲裁员独立性的可能情况就应披露，而不管该项情形是否真正构成对独立性的威胁。对于何谓"可能"的影响因素，一般可按照法国法院在审查一个仲裁案例时采取的"合理怀疑"标准进行判断，即一个"理性的人"在各种不同的情况下遇到案中情况时的反应。[3] 四是应当站在超越国别、法系当事

---

[1]　See Artcile S4 of Sports-related Arbitration Code.

[2]　国际常设法院的法官共 15 名，其任命资格除了要求必须具有本国最高司法职务任命资格之外，还应当尽量使其能够代表不同法系。

[3]　See Emmanual Gaillard, John Savage（eds.）, *Fouchard Gaillard Goldman on International Commercial Arbitration*, CITIC Publishing House, 2004, p. 587.

人之间的立场来判断取舍披露的内容，而不仅仅限于自身的角色。① 五是站在 ICAS 的立场衡量可能会影响其独立性的情况。此外，为便利仲裁裁决的承认和执行、防止仲裁裁决被撤销，仲裁员还应当充分考虑司法机关，尤其是瑞士联邦最高法院的司法态度，并衡量《瑞士联邦国际私法法典》有关仲裁员披露义务的要求。

3. 双重承诺

为强化仲裁员的责任意识，可通过一定的仪式唤醒仲裁员内心深处的神圣意识以转化为信仰的力量，据此确保仲裁员谨慎、勤勉地维持其独立地位，这一仪式通常表现为庄严的誓约及其书面承诺。CAS 仲裁员的中立地位也是通过类似的声明或者承诺书来巩固的。《与体育相关的仲裁法典》第 5 条和第 18 条规定了双重承诺制度，分别保证 ICAS 委员以及由 ICAS 约请的 CAS 仲裁员的中立性。第 5 条第 2 款规定："ICAS 成员一经委任，即应签署一项声明，承诺以私人身份行使其职权，完全客观中立并符合本规章规定。"第 18 条规定："列名于仲裁员名单的人员可应约请服务于 CAS 任何一个处组成的仲裁庭。CAS 的仲裁员和调解员一经委任，即应签署一份声明，承诺以私人身份行使其职权，完全客观中立，并遵守本规章的规定。"CAS 双重承诺制度旨在淡化仲裁员的身份意识，以"利益无涉"的姿态中立断案。CAS 仲裁实践表明，纠纷当事人更多时候质疑的不是仲裁员的中立性，而是 CAS 作为一个整体与 IOC 等机构之间的中立性，一旦 CAS 中立地位受到瑞士联邦最高法院的承认，CAS 的仲裁法典和规则以双重承诺等制度严谨地构建出来的仲裁员中立地位很少给予当事人攻击的机会。当然，奥运会赛事尽管本质上是给予参赛队员实现自我、提升自我的平台和机会，但其必然导致"追名逐利"结果的出现，正如有人指出："当政治和经济动机给竞技场蒙上一层阴影时，这种过分单纯化的观点就不再可能了。因为胜利者可以获得巨额奖金，所以奥林匹克理想正处在成为一个时代错误的危险中。'对奥运会而言，最重要的一点是重在参与，而非获得胜利……'这曾是人们认为最重要的一点。但是，现在人们不再只需要竞争的快感，而需要获得胜利。'奥林匹克运动员，尤其是金牌得主，一定会依靠有利可图的保证合

① 详见汪祖兴《国际商会仲裁研究》，法律出版社 2005 年版，第 153 页。

同赚得大钱。'"① 对名及其背后的驱动因素即利益的强调使各参赛运动员或团体不再满足"重在参与"的奥林匹克精义，甚至不再满足于铜牌或银牌的奖彰，他们都希望登上"天下第一"的巅峰地位，以至于"如果你没有获得金牌，那银牌对你也就失去了意义"②。

CAS 双重承诺制度担保下的仲裁员中立性能否经受得住仲裁员面临的主动诱惑和被动诱惑的双重考验，尚需未来的仲裁实践加以验证。但 CAS 的双重承诺制度毕竟只是一种良心的单方面宣示和表态，它的约束力之根据更多的是道德戒律与良心的碰撞所产生的情绪节制，人毕竟是游走在神圣和世俗之间的边缘性动物，其向往圣洁但无往不在名利之枷锁中，因此双重承诺制度这种软约束还需要结合上述组织结构的事前救济，以及下述之事后硬性救济才能充分完成对仲裁员人性之"抑恶扬善"，纯化其中立属性。

(三) 对 CAS 仲裁中立性的事后救济

智者千虑，必有一失。无论多么周详的事前安排都难以彻底排除不适格仲裁员被选任上岗。被任命的仲裁员如果出现影响其中立性的因素，就需要一定的矫正机制进行事后救济，国际仲裁领域常见的矫正机制即是对仲裁员提出回避、进行撤换或替换。

1. 回避

CAS 仲裁规则和法典为维持仲裁程序的中立性，建立起了四重回避制度，回避对象分别涉及 ICAS 成员、ICAS 委员会成员和 CAS 仲裁员。其回避制度具有如下几个特征。

（1）回避对象广泛。回避对象不仅仅局限于直接仲裁案件的仲裁员，而且对于决定"回避"问题的间接人员，即仲裁员的"仲裁员"，如 ICAS 及其理事会的成员也在回避的对象之列。除此之外，对于可能左右或者影响仲裁程序进展的上诉仲裁分处或普通仲裁分处的主席也可提出回避，分处主席尽管不仲裁案件，也不对仲裁员的回避事项进行负责，但根据 CAS 仲裁法典的授权，他"居间行使程序规则授予的有关程序顺利运

---

① See Rodnals, "Court of Arbitration for Sports: Independent Arena of International Sports Disputes", *Valparaiso University Law Review*, 2001（35），p. 379.

② See Janwillem Soel, "You Don't Win the Silver—You Miss the Gold", *Issue of the International Sports Law Journal*, September 2000, pp. 15-18. 转引自［英］布莱克肖《体育纠纷的调解解决：国内与国际的视野》，郭树理译，中国检察出版社 2005 年版，第 61 页。

行的所有其他职权"①。因此，CAS 回避制度将一切直接或间接、现实地或可能影响仲裁程序中立进行的人士都列作考察对象，为纠纷当事人营造出一个值得信赖的仲裁环境。

（2）回避层次严谨。CAS 仲裁规则建立起四重回避制度，第一重回避制度使 ICAS 成员与仲裁员不致发生身份混同，避免 ICAS 成员同时作为仲裁员而需要对其独立性进行评估时，进行自裁管辖或者通过其与其他 ICAS 成员的对等承诺或亲密关系规避回避矫正机制。第二重回避制度使 ICAS 成员或其理事会成员在决定一项仲裁的某些程序事项时能保持中立地位，防止对仲裁程序的直接干预。第三重回避制度使普通仲裁处或上诉仲裁分处主席不致滥用职权对仲裁程序的中立性施加不当干预。第四重回避制度使审理案件的仲裁员直接接受当事人的评估，毕竟仲裁员才是直接影响案件审理的"程序的主人"。通过四重回避制度，仲裁程序的中立性几乎在理论和逻辑上得到巩固，因为但凡能够直接或间接干预仲裁程序中立性的渠道和途径都得到有效的封堵：ICAS 及其理事会权力最大，他们不仅可以决定仲裁员和仲裁分处主席的回避，而且可以行使仲裁法典和规则授予的职权以影响仲裁程序事项，但 ICAS 及其理事会成员也因此而被列入回避范畴；CAS 仲裁分处主席行使职权维持仲裁程序的顺利进展，他因此也在回避对象之列；至于仲裁员作为案件的直接裁决者，也是当然和首要的回避对象。除此三类主体通由此三类渠道外，仲裁程序相对于外界几乎是封闭的，尽管可能存在合并仲裁或者第三人、仲裁证人介入仲裁的现象，但该类人员显然地缺乏干预仲裁程序中立性的权力，严格地说，他们都是被干预或被支配者，因而也就不存在回避的需要。当然，CAS 尽管建立起了异常严谨的回避体系，但仍然存在逻辑盲点，即当 ICAS 或者其理事会成员需要回避时，根据其规则之规定，应当由 ICAS 决定，在这里，由于 ICAS 作为回避体系的权力顶点，不再存在一个更高的裁决机构以决定其成员的回避，从而为了在逻辑上能成为一个圆环，ICAS 在这一问题上建立起了仲裁领域的第二个"自裁管辖制度"，即 ICAS 成员的回避由 ICAS 自裁管辖。鉴于 ICAS 成员组成的权威性、离散性及其对仲裁案件的远端性，尤其是维持体育行业、体育仲裁的自治性，过多地指责 ICAS 对自身成员回避问题的自裁管辖可能并不适当，而且这样的指责只能复杂化

---

① See Article S20 (b) of Code of Sports-related Arbitration.

问题而不能解决问题，因为如果取消 ICAS 的自裁管辖，诉诸另一个更高一级的机构或者仲裁外部的机构决定 ICAS 成员的回避，则无限的追溯仍然需要在逻辑起点上设定一个自裁管辖的逻辑圆环。

（3）回避决定透明。各国仲裁立法和各仲裁机构仲裁规则对于回避决定是否需要附具理由，并不存在一致的做法。早期的立法与实践更多地倾向于不附具理由，如 1994 年《仲裁协会国际仲裁规则》第 15 条第 1 款第 2 段规定："仲裁员回避之请求必须附具理由。仲裁院在对被要求回避的仲裁员进行听证后，并在诸多因素中考虑到作为仲裁员行使职权之特点的独立性和公正性要求的基础上作出决定，但无义务说明其动机。"国际商会仲裁院的仲裁规则在 1975 年和 1998 年两个版本之间体现出了回避决定透明化的倾向，根据 1975 年规则之规定，如果一方当事人要求某仲裁员回避，其应通知该仲裁员、其他仲裁员和另一方当事人，被通知人员均可对回避请求予以评论，但是仲裁员的评论一般只提供给国际商会仲裁院和秘书处，而不转交给当事人，这种做法容易招致"秘密法庭"的抱怨和不符合"正当程序"的尖锐批判。① 而现行仲裁规则明确了将上述评论转交各当事人和每一位仲裁员的内容。回避程序透明度的提高是否会对"保密性"造成影响，及仲裁员率直的评论是否会在仲裁庭内部造成矛盾，以及透明度的提高带来的益处是否能够优越于随之而来的弊端，还需要仲裁实践的检验。② 而 CAS 仲裁规则在回避问题上的透明度更加彻底，仲裁法典第 34 条规定 ICAS 及其理事会就回避事项作出决定时，决定应当附具简要的理由。必须附具理由，这是 ICAS 的责任和义务，但是 ICAS 除了拥有专有权力决定仲裁员是否回避外，也有专有权力决定附具理由的内容及其程度，也就是说"简要"的判断标准由 ICAS 自由裁量和把握。

2. 撤换或替换

当仲裁员中立地位现实地受到影响，ICAS 可采取撤换或者替换措施。其替换或撤换制度具有如下几个特征。

（1）透明度高。以 CAS 为典型的国际体育仲裁固然要坚守仲裁的

---

① See Stephen R. Bond, *The Constitution of the Arbitral Tribunal*, in the ICC International Court of Arbitration Bulletin（Special Supplement）ICC Pub. S. A., Nov. 1997, pp. 23—24.

② 详见汪祖兴《国际商会仲裁研究》，法律出版社 2005 年版，第 187—188 页。

保密本性，然而在很多环节和制度方面透明度在不断提高。CAS 仲裁法典基本上奉行的是"能够透明的就透明"这一潜规则。除了上述回避决定应当附具理由外，关于撤换仲裁员的决定也需要附具简要理由。理由之繁简详略尽管是由 ICAS 或其理事会自由裁量，但毕竟有了一个明确的责任。

（2）不容许"缺员仲裁"。"缺员仲裁"（truncated tribunal）是指，当合议制仲裁员之一因种种因素不能从而不再继续履行仲裁员职务时，在不添加新仲裁员的情况下由余下的仲裁员继续仲裁案件并作出终局裁决。国际商会现行仲裁规则第 12 条第 5 款就作了如此规定："在程序结束后，在没有更换已经死亡的或仲裁院按照第 12 条第 1 款和第 2 款免职仲裁员的情况下，仲裁院认为适当时可以决定其余不变的仲裁员应继续仲裁。仲裁院在作出这一决定时应考虑到其余的仲裁员和当事人提出的意见以及其在某种情形下认为合适的其他事项。"缺员仲裁毕竟不是一种正常的情形，国际商会仲裁规则之所以容许这一仲裁形式的存在，可能是基于保障仲裁的流畅性和仲裁效率，避免因新仲裁员的介入对已经形成的案件事实带来影响或者拖延程序。基于此，国际商会仲裁规则与实践一般在满足下列条件的情况下才允许采取缺员仲裁："第一，在免除一名仲裁员的职务后，应该由仲裁院而非剩下的仲裁员决定是否进行由剩下的两名仲裁员进行的合议。第二，仲裁院的权力是有限的：如果缺席的仲裁员在仲裁程序结束前死亡或被仲裁院撤职，替换是唯一的解决办法。第三，在行使替换缺席仲裁员或允许缺员仲裁庭继续进行最后合议的权力时，仲裁院应考虑余下仲裁员和各当事人的看法以及根据情况其认为适当的其他因素。第四，当事人都一致认可规则允许缺员仲裁庭继续最后合议的规定，可能足以让仲裁庭的决定免受国家法庭的攻击。在任何情况下，有关任何仲裁程序的国家法庭的立场，特别是仲裁地法庭的立场，都是仲裁院在仲裁程序结束后，对替换死亡或缺席仲裁员或允许缺员仲裁庭继续仲裁行使其自主权时要考虑的因素之一。"① CAS 仲裁立法要求 ICAS 或者其理事会按照委任被撤换或替换仲裁员相关的规定填补仲裁员职位的空缺，这固然可能使新仲裁员的介入影响乃至延宕仲裁程序，但也维持了仲裁庭的"鼎足而

---

① See W. Laurence Craig, William W. Park and Jan Paulsson, *International Chamber of Commerce Arbitration*, Oceana Pub. Inc., 2000, p. 249.

立"的三分之势所带来的结构稳定性，因为在三人制仲裁庭情况下，缺员仲裁很可能使奇数仲裁庭变成偶数仲裁庭，从而在发生分歧意见时难以形成多数意见。CAS上诉仲裁庭一般是三人制仲裁庭，除非申请人在提交仲裁申请时说明当事人已经约定独任仲裁庭或上诉分处主席基于紧急情况决定设立独任仲裁庭。因此，CAS仲裁规则排除缺员仲裁形式，能够维持仲裁庭的稳定结构，并发挥集体智慧群策群力裁决疑难的上诉仲裁案件。

（3）原则上不溯及既往，除非当事人另有约定或者仲裁庭另行决定。已经进行的仲裁程序是否因新仲裁员的加入而重新展开，基本上现有仲裁规则和立法都倾向于由仲裁庭决定，如1997年《美国仲裁协会国际仲裁规则》第11条第2款规定：仲裁员按照第10条或第11条被委任后，仲裁庭应自行决定以前全部或部分审理是否需要重新进行。国际商会现行仲裁规则第12条第4款规定："在更换仲裁员时，仲裁院有权决定是否按照原指定程序指定仲裁员，一旦重新组庭并已经请当事人作出评论后，仲裁庭则应决定是否以及在何种程度上重新进行原先的程序。"CAS仲裁法典规定，在仲裁庭重新恢复正常后，原则上并不需要重新进行仲裁程序，除非仲裁庭和当事人另有约定。CAS的这一规定，一方面考虑了国际体育仲裁的时效性和效率性，原则上不再重新启动已经进行过的仲裁程序；另一方面也兼顾了仲裁庭的意志，尤其是当事人的意志。

二　衡平品质的程序化

国际体育仲裁双方当事人地位和实力的悬殊造成一种双方对抗力量的不对等，作为被处罚者的运动员或参赛团队难以抗衡作为处罚者的体育协会等管理机构，它需要仲裁规则或仲裁立法在制度上作出适当倾斜，也需要仲裁庭在运用自由裁量权的时刻抱以高尚的同情。CAS仲裁法典显然地在谨慎地致力于一种衡平，此种衡平一方面不能损害中立这一自然正义在仲裁程序的地位，另一方面则需要对假定的弱者进行扶持。其微妙敏感展现为CAS仲裁法典隐晦的言说方式。而《奥林匹克仲裁规则》以明确的措辞表达了对弱者的衡平，在其第1条第1款中载明如下内容："本规则之目的旨在着眼于运动员和体育之利益通过仲裁方式解决《奥林匹克章程》第74条所涵盖的争议，只要该争议是在奥运会期间或奥运会开幕式前十日内产生的。"《奥林匹克仲裁规则》以基本原则的形式确立了衡平精神，而查阅 CAS 仲裁法典之内容，绝大多数规定都体现出制定者在保持程序中立方面用心良苦和匠心独具，但至少在人事、经济和庭审技术方面直接或间接地传递出对弱者衡平的信息。①

（一）人事安排

国际体育仲裁院重要的人事安排主要包括 ICAS 的成员和 CAS 仲裁员的选任两方面。CAS 仲裁员对于案件的重要意义自不待言，ICAS 成员对于案件的影响也是很大的，其不仅可以直接依据仲裁法典的授权对仲裁的某些程序问题施加影响，而且可以间接通过有关上诉仲裁分处主席和 CAS 仲裁员的回避、撤换或替换等制度对仲裁案件施加影响。根据仲裁法典的安排，ICAS 20 名成员中有 1/5 的成员是为保证运动员利益经适当协商后委任的；同样的，CAS 不低于 150 名的仲裁员中 1/5 的仲裁员是在考虑到保障运动员利益的基础上经适当协商后选任的。包括 IOC、各 NOC 和各 IFs 在内的体育管理机构选任的成员在 ICAS 和 CAS 中占据了 3/5 的优势地位，此种人事安排虽然并不能抵消作为管理者和处罚者的体育管理机构的强势地位，但它毕竟对作为弱者的运动员或参赛团队的利益进行了一定程度的衡平，至少它表达出衡平的努力和态度。

（二）经济援助

人们习惯认为国际商事仲裁的一个比较优势是花费少，然而这已经被证明是一个美丽的谎言。以此类推国际体育仲裁的可能费用，则体育仲裁服务完全算得上奢侈性消费品了。然而，CAS 上诉类国际体育仲裁原则上是免费的，但上诉人可能需要支付额外的三笔费用：一是上诉人应支付最少 500 瑞士法郎的仲裁院办公费用；二是当事人、证人、专家和翻译人员的费用需要当事人预交；三是上诉仲裁分处主席可以依据职权或经仲裁庭请求，确定仲裁费用，该费用包括根据 CAS 费用表计算的仲裁员报酬和开支、CAS 的费用和开支以及上述两项费用。即便如此，仲裁庭对于第二、第三类费用可以考虑仲裁结果以及当事人的行为和财务来源后，在裁决中决定上述费用由谁来承担或者按照何种比例承担。这就为仲裁庭实践中的衡平提供了空间和可能。《奥林匹克运动会仲裁规则》更是明确免除一切仲裁费用，当事人只需支付各自的代理费、专

---

① 本部分的删节版本以《论国际体育仲裁中的衡平救济——基于 CAS 衡平仲裁之考察》为题，发表在《西安体育学院学报》2012 年第 2 期。特此说明并致谢忱！

家、证人和译员费，第一、第三类费用完全免除。由于上诉类国际体育仲裁和奥运会体育仲裁都是作为弱者的参赛队员或团体对强势体育管理机关作出的处罚决定提起的，CAS 仲裁法典和奥运会仲裁规则免除相关上诉费用或仲裁费用，显然地直接但隐晦地帮助了弱者，体现出 CAS 仲裁法典和规则独特的冷抒情方式。

此外，ICAS 还可以在其认为适当的时候设立法律援助基金以便利在 CAS 提起仲裁。该规定是"接近正义"的人权原则之精神显现。

（三）庭审技术

在庭审过程中对弱者进行衡平，CAS 仲裁法典在这一点上仍然保持既往的含蓄。法典第 57 条第 1 款规定："仲裁庭应拥有审查事实和法律的充分权力。案卷一经移交，仲裁庭主席即应发出有关聆讯当事人、证人和专家以及口头陈述的指示。仲裁庭主席亦可请求得到纪律委员会或相似机构拥有的被上诉决定的相关案卷。"《奥林匹克运动会仲裁规则》第 15 条也规定，仲裁庭应在考虑到案件的特殊需要和具体情况尤其是考虑到当事人利益、参加庭审的权利、对速度和效率的特殊需要等因素按照其认为适当的方式组织仲裁程序；仲裁庭全权控制证据程序；庭审中，仲裁庭应当就证据采取适当行动。第 16 条还规定，仲裁庭享有完全的权力以查清事实。此类表达方式烘托出一个强势仲裁庭的形象，也就是说在国际体育仲裁，尤其是奥运会体育仲裁中，仲裁庭占据着国际商事仲裁庭难以达到的支配地位，它可以自由裁量证据问题、自由裁量查案方式，只要它认为适当即可。

进一步的问题是，仲裁庭能否将衡平弱者的措施视作适当行为，有学者在研究国际商会仲裁规则有关"适当的方法"之术语时得出结论，对此采取附条件的肯定。① 该学者假设如下一种情况：A 方当事人由一个精明强干的律师代理，而对方当事人 B 方则没有律师。随之而来的是，B 方在程序中既不能很好地陈述自己的观点，也不能有力地反击对方的陈述，甚至不会适时、适当地提供证据，自己在案件的事实调查和辩论中完全处于被动境地。仲裁庭对这种境况也是进退两难，是应"采用适当的方法"（如引导 B 方陈述、要求 B 方澄清等）来确定案件事实呢还是冒险（有不能平等对待双方当事人之嫌）为 B 方答辩作出特殊的规定呢？对此的回

---

① 详见汪祖兴《国际商会仲裁研究》，法律出版社 2005 年版，第 276—277 页。

答是，仲裁庭必须在"采用适当的方法……确定案件事实"①与"平等对待双方当事人"之间小心翼翼地予以平衡，绝不能因为仲裁规则赋予仲裁庭有"采用适当的方法"调查案件事实的权力而使之"公平和公正"职责受到质疑。换言之，按照该学者的观点，仲裁庭在双方当事人力量对抗不平衡的情况下可向当事人双方指出应当注意的争议焦点和辩论重心，也可告知双方当事人提出相应证据来证明各自的主张。

因此，CAS 仲裁法典和仲裁规则都为仲裁庭在仲裁实践中对弱者进行衡平设置了余地，对仲裁庭而言，适当的方法当然包括通过弱者衡平而达到实质中立，留给它们的悬念和发挥空间则是如何才算"适当"，以及"适当"的界限在什么地方，以避免对"平等对待"各方当事人之程序正义带来冲击。

CAS 仲裁法典和仲裁规则在程序的衡平上比较内敛，有学者即认为，纠纷主体实际行为能力方面的差异是客观存在的，仲裁规范应当对带有普遍性、典型性的差异进行反应，反应的方式就是在设定权利和保障权利的行使方面对实际行为能力弱小的当事人（无论他是申请人还是被申请人）作一定的倾斜。为此，该学者提出如下建议②：（1）仲裁机关应当为缺乏有关仲裁知识的当事人行使权利提供便利，如告知权利的内容和行使权利的要求，准许并指导当事人对行使权利时出现的某些形式欠缺进行补正，等等；（2）当事人预交仲裁费用确有困难的，可以申请缓交、减交或者免交；（3）无民事行为能力或限制民事行为能力的当事人如果没有明确的法定代理人，仲裁机构应当为其指定代理人；（4）当事人及其代理人因客观原因不能自行收集证据，仲裁机构应当调查收集；（5）在实行"谁主张，谁举证"原则的前提下，规定举证责任的倒置。在这一构想下，仲裁庭的衡平对象几乎是全方位的，从经济衡平到技术衡平、从形式衡平到实质衡平。当然，无论仲裁庭如何进行衡平以及从哪些方面进行衡平，它必须保证公平对待各方当事人，衡平不是违法仲裁，衡平也不是简单的情感宣泄，仲裁庭在对双方当事人衡平之前必须对自己的衡平艺术先行衡平和考量，以防止衡平质变为自身的对立物。

---

① 详见《ICC 仲裁规则》第 20 条第 1 款："仲裁庭应在尽可能短的时间内采用一切适当的方式审理并确定案件事实。"

② 详见谭兵等《中国仲裁制度研究》，法律出版社 1995 年版，第 37—38 页。

三 衡平品质的加权

之所以要强调对仲裁程序予以衡平价值的加权考虑，其逻辑起点是建立在一般商事仲裁当事人在力量上具有不均衡性特征的基础之上的，而且这种力量的不均衡性在国际体育仲裁语境下被进一步放大。

（一）先天差距

国际体育仲裁双方当事人力量抗衡的不对等性是源于先天综合实力的差距。国际体育仲裁无疑具有强弱对立的特征，作为作出处罚性纪律制裁的体育协会或者机构与作为被处罚者的参赛运动员和团体在力量对比上明显地存在悬殊，此类悬殊并不是法律地位的悬殊，而是在仲裁庭审的舞台上展开平等的法律"竞技"时，双方在资源、信息、仲裁技艺与策略、法律智囊团等方面存在全方位差距，诸如教练员、运动员和机构代表之间的不平衡；许多运动员不熟悉判决程序，没有钱聘请律师的事实，等等。① 当双方当事人在仲裁框架下平等地进行辩论时，基于先天资源的不平等而带来的结果往往对弱方当事人并不公平。有学者就指出，仲裁庭审中对证人的反盘问（cross-examnation）"原旨是去寻求事实的真相，往往变了是问答双方的斗智游戏"。此种斗智游戏取决于代理律师的技艺高低，其结果并不代表真理，反而往往不过是真实的谎言。越来越多的人对仲裁证言的反盘问规则进行质疑："我们并没有意识到英国反盘问规则的优越性，相反，在我们看来，反盘问难以保证从证人那里获得自由和坦诚的证言。"英国对肇始于本国的反盘问规则之自我评价具有代表意义，但也更加尖刻："反盘问只不过展示出娴熟的反盘问将一个真诚的证人变得最好也就是一个迷惑不清的人，最差则是一个说谎者的力量。"② 而代理律师诸如反盘问等诉讼技艺和策略的高低看看他每小时收取的代理费用就知道了。体育纠纷当事人中作为体育管理者一方的国际体育协会等拥有足够雄厚的经济实力、豪华而善战的法律顾问团队以及广泛而良好的社会关系网络，这些对于散兵游勇式的参赛队员或团体而言都是无法比拟的，即便双方当事人亲自披挂上阵，作为被处罚者的参赛队员或团队更多的是体

---

① See Mark Lutous, "Alternative Disputes Resolution in Sports Arena: Sports Arbitration Procedural Rules as a Policy-making Measure", *Marquette Sports Law Review*, 2005 (16), p. 73.

② 转引自杨良宜《国际商务仲裁》，中国政法大学出版社1997年版，第492—493页。

育行业的专家，他们很少经过系统的法律训练，仲裁技艺和策略、语言表达方式等都相当稚嫩，更何况很多参赛队员还是智商尚未发展成熟的未成年人。反观作为处罚者的体育管理机构人员，作为管理者，他们不仅是高智商的精英人士，而且经过系统和专业化的训练，他们谙熟人事规则、社会规则、法律规则，有着精湛的讼辩艺术和过人的语言表达技法，而且他们还具有一般政治家的煽情能力和表演天赋。因此，国际体育仲裁双方当事人先天资源的不对等使在仲裁庭审时能够真正达到中立不过是一种奢望。

（二）体育仲裁的独特语境

相对于国际商事仲裁双方当事人力量抗衡的不对等性，国际体育仲裁语境下该不对等性进一步加剧。双方力量强弱加剧分化直接与国际体育仲裁的两个特征相关。

其一，体育仲裁双方当事人更具有行政法律关系而不是民商事法律关系的特征。CAS 仲裁法典和仲裁规则，以及 CAS 仲裁的若干案例都明确无误地将上诉类仲裁主题确定为纪律性处罚裁定（disciplinary decision），[①]该种处罚裁定决定了双方当事人之间地位的悬殊性，因为作为平等之象征的契约是无能约定惩罚的。从 CAS 仲裁案例适用的一般法律原则看，它们也更多地建立在行政法和刑事法的基本原则之上，正如学者指出："在与体育实践相关的争议中，被适用的一般法律原则通常不是从诸如国际商事仲裁领域中的合同法律规范抽象出来的，而是从刑事性或行政性法律规范中获得基础，例如 nulla poena sine lege 原则和 in dubio pro reo 原则。"[②]这一特征使行政法或刑事法领域中有关行政相对人或犯罪嫌疑人的衡平性规定在国际体育仲裁领域存在适用的想象空间，而事实上诸如"举证责任倒置""一事不二罚""罪刑法定"等衡平精神在国际体育仲裁案例中已有体现。国际体育仲裁双方当事人地位的准行政属性使二者具有类似命令与服从的关系，国际体育协会等管理机构处于强势的支配地位，而参赛队员或团队则处于相对的弱势地位，国际商事仲裁语境下的平等属性被准行

---

① See Arbitration CAS 是 2002/A/409, Longo vs. IAAF, award of 28 March 2003. CAS 在该案中明确指出，应当依据 CAS 仲裁法典第 47 条之规定确定被上诉裁定的性质；不管上诉的裁决由司法或行政机关作出，关键在于裁决是否是关于处罚性质的。

② Gabrielle Kaufmann-Kohler, *Arbitration at the Olympics: Issues of Fast-track Dispute Resolution and Sports Law*, Kluwer Law International, 2001, p. 27.

政属性置换掉了。

其二，双方当事人地位具有"恒定性"，强弱对立表现出固定的模式。学者指出，仲裁的一般属性决定了当事人的地位具有"随机性"，而不具有"恒定性"。① 原因在于，标准的国际民商事仲裁双方当事人作为契约或非契约关系之两造，均存在同等的概率成为仲裁申请人或被申请人，由此使当事人的地位表现出"随机性"。双方当事人地位的不定性决定了国际商事仲裁在静态的立法和规则方面必须保持严格的中立，而不能在规则的遣词用句方面表现出对一方当事人的滥情，否则即是对相对方当事人施加一种情感暴力。双方当事人在国际商事仲裁中地位的可逆性也因而决定在该领域中，只能通过仲裁庭的自由裁量权于具体个案对特定弱势者进行衡平。换言之，在国际商事仲裁中对弱者的衡平只能是实践的事业，而不是规则的事业。而国际体育仲裁与之相反，双方当事人地位具有"恒定性"，作为上诉类仲裁的申请人必然是处于被支配地位的、被处罚的运动员或参赛团队，他们属于典型的弱者；仲裁被申请人必然是处于强势支配地位的体育管理组织，诸如 IOC、各NOC、IFs 等。由于国际体育仲裁申请方总是弱势方，而被申请方则是强势方，这使当事人地位表现出固化模式，强弱对峙的模式一旦固化，则通过静态的规范确定衡平精神，即衡平精神的静态化、规则化遂成为可能。衡平精神的贯彻不再局限于商事仲裁领域下的实践的事业，它应该在国际体育仲裁领域中加权表达，即它还应当是国际体育仲裁法典和规则的事业。

国际体育仲裁程序的衡平品质在 CAS 仲裁法典和仲裁规则中的体现已在上文阐述，其在 CAS 仲裁的案例中也得到普遍的实践。

第一个案例是有关服用兴奋剂而受处罚的案件。在 CAS 特殊分庭看来，奥运会已然成为兴奋剂和腐败的组合，② 兴奋剂泛滥成灾到如此地步，以至于严重威胁奥林匹克公平竞赛的精义。在兴奋剂领域盛行的是"严格责任"，尽管有人批评其违背了"无罪推定"的精神，甚至有人为此上诉到瑞士联邦最高法院，要求确认严格责任侵犯当事人的人权，但司

---

① 谭兵等：《中国仲裁制度研究》，法律出版社 1995 年版，第 35 页。

② See Richard McLaren, "International Sports Law Perspective: the CAS Ad Hoc Division at the Athens Olympic Games", *Marquette Sports Law Review*, 2004 (15), p. 175.

法机关肯定了严格责任的合理性。① 根据严格责任规则，只要在运动员体内发现禁用物质，则运动员精神状态之故意或过失在所不问，禁用物质存在的事实即构成施加处罚的正当性根据。对兴奋剂的憎恨所形成的情绪倾向和先天偏见很可能淹没对无辜者的同情，然而即便在如此"铁血无情"的兴奋剂领域，仍然存在仲裁庭衡平弱者的温情。在 CAS 于 2003 年 5 月27 日裁决的 D. vs. Federation Internationale de Natation（FINA）案件中，仲裁庭首先阐明了兴奋剂领域的严格责任原则，它指出，如果一个受违禁物质影响而参加比赛的运动员通过主张由于医生或教练的失误、无法行为或者恶意而成为不知情的受害者，由此被许可赦免并继续恢复竞赛，那么反对兴奋剂的战争也将会受到很大的挫败，这是在公平运动中对运动员遵守规则的信赖，而不是对医生和教练这些在考虑问题时最有优先权的人的信赖，如果在体育竞赛的规则中允许这种违反，那么很明显大多数服用兴奋剂的运动员都会虚构自己不知情的证词寻求庇护。仲裁庭接着表达了对弱者的衡平态度：CAS 适用"禁止歧视性变更"原则，根据该原则之精神，上诉机构仅为了上诉人的利益且不得对其造成歧视情况下可修改被上诉的裁定。该原则存在两个例外：一是如果上诉机构必须依制定法作出裁决，则该上诉机构应依法作出裁决；二是如果被申请人提出一个反请求，则上诉机构应当考虑一旦被申请人的反请求被获准，其更可能对申请人造成的歧视性结果。

不仅如此，CAS 仲裁庭还审查了 FINA 纪律处罚性规则与《世界反兴奋剂法典》的冲突规定，并提请 FINA 最好执行即将生效的、处罚更轻的《世界反兴奋剂法典》。CAS 仲裁庭指出，被申请人现行规则对申请人第一次违纪的处罚最低年限为四年，而《世界反兴奋剂法典》只规定了两年禁赛的处罚期限，这使二者规定相冲突；CAS 仲裁庭尽管没有权限迫使被申请人调整其规则以与它已经采取的《世界反兴奋剂法典》相协调，但它要求 FINA 实施过渡性规则以处理本案。CAS 仲裁庭的意见是，对申请人作出的四年禁赛的处罚必须在过渡性规则框架内进行缩短，否则FINA 必须在《世界反兴奋剂法典》生效后对其依照以前纪律规则作出的

---

① See Excerpt of the judgment of mars 1999, delivered by the 2nd Civil Division of the Swiss Federal Tribunal in the case N., J., Y., W. vs. FINA (5AT 83/1999), in Matthieu Reeb (ed.), *Digest of CAS Awards* Ⅱ *(1998-2000)*, Kluwer Law International, 2002, pp. 775-782.

处罚性决定进行追溯调整。①

尽管 CAS 按照现行规则驳回了申请人的上诉申请，并维持了 FINA 的处罚决定，但它明确表达了对申请人类似"上诉不加刑""从轻兼从新"的精神。它的行动因受到现有规则的束缚而不能将衡平的态度转化为仲裁实践，但无疑传递出一些积极的信息，即如果仲裁庭在这一方面具有自由裁量权，那么它将毫不犹豫地衡平弱者。另外一个类似的案例 Raducan vs. IOC 案显示了仲裁庭柔情的一面。Raducan 因体内存在禁用物质最终被施加处罚，但仲裁庭讨论的激烈程度充分显示了在严格归责的兴奋剂领域仲裁员对衡平无辜者的善良愿望。CAS 特设分庭就该案整整讨论了两天时间，仲裁庭在维持 IOC 的决定的同时发表声明："特殊分庭非常清楚这个决定，对一个年轻、善良、优秀的运动员所带来的影响。但在平衡 Raducan 小姐和奥林匹克反兴奋剂大局之间的利益后，他们认为所有反兴奋剂法令都必须毫不妥协地实施。"有人在转述仲裁庭上述观点后认为国际奥委会法令无情，但也有相反的观点认为 IOC 的处罚已经是比较轻的了，因为没有对 Raducan 进行禁赛处罚，而根据 IOC 反兴奋剂条例，服用兴奋剂的运动员将被取消比赛成绩，并处禁赛处罚，初犯处以两年禁赛，再犯处以终生禁赛。② 可见，IOC 并非完全绝情，而 CAS 仲裁庭通过肯定 IOC 的从轻处罚也间接彰显了其无情处见真情的形象。

相比 CAS 仲裁兴奋剂对严格责任的严格追随，其他仲裁机构如美国仲裁协会对兴奋剂严格责任予以否定的态度则相当激进，它表达了仲裁庭对无辜服用兴奋剂者的同情和衡平。在其他若干案例中，CAS 都展示了它同情弱者、悲天怜人的慈悲情怀。在 CAS 2003 年 8 月裁决的 WCM-GP Limited vs. Federation Internationale Motorcycliste 案中，仲裁庭在适用法律环节需要对被申请人的规则进行解释，仲裁庭采取了"不利于立法者"（contra proferentem rule）的解释原则，它指出，依据瑞士民法典第 1 条，法官必须根据字眼、精神及目的来解释法律，因此，法官的第一步是解释规则中的字眼，这需要其对立法者所使用的字词的含义进行解释，只有当

---

① See Arbitration CAS 2002/A/432, D. vs. FINA, award of 27 May 2003, in Matthieu Reeb (ed.), *Digest of CAS Awards* Ⅲ （2001—2003）, Kluwer Law International, 2004, pp. 419-430.

② 以上两相反观点均引自郭树理《体育纠纷的多元化救济机制探讨——比较法与国际法的视野》，法律出版社 2004 年版，第 330—334 页及其以下。

存在模糊不明并且从字眼和法律精神的解释中无法确定具体含义时，瑞士法官才可借助法定明确性、均衡性以及不利于（立法人）解释原则。① 该项原则的实施保护了处于被支配地位的申请人，因为游戏规则的缔结者必须对其措辞的明确性负责，一旦出现模棱两可或者相反的两种解释，仲裁庭就可以对游戏规则被动接受者进行衡平，径自采取不利于立法者的解释含义。

对国际体育仲裁程序进行衡平性加权也要防止走向另一极端，从而形成对被申请人的反向歧视。衡平性加权很容易使人在怀着崇高的道德神圣感的麻痹下形成一种道德幻觉，正如有人指出，在充满"博爱思想"的情感激励下，所谓的"实质平等观"很容易混淆平等和平均的界限，从而表现出"超现实的浪漫色彩"，任何超越等级社会现有局限性而企图实现"实质平等"的行为只是一种"空洞的理智勾当"。② 因此，对国际体育仲裁而言，加权而不失衡、平等而不平均，此种分寸和火候如何拿捏以及它们将对国际体育仲裁程序产生何种助益，我们似可保持谨慎的乐观，对 CAS 仲裁庭拭目以待了。

第二节　国际体育仲裁程序的德性与知性

一　德性与知性的程序化

仲裁首先是一种裁断活动，裁断需要有良好的秉性，即德性；仲裁其次也是一种专业裁断活动，专业裁断需要有精湛的技能，即知性。国际体育仲裁作为专业化仲裁，它更需要德性和知性，CAS 仲裁法典对仲裁员资格的确认体现了这两个素质的要求。在 CAS 仲裁员名单中既有著名的法学家和杰出律师，也有体育界的优秀运动员；CAS 奥运会特设分庭的仲裁员必须也是 CAS 仲裁员，即特设分庭仲裁员是从 CAS 仲裁员中挑选出来

---

① See Arbitration CAS 2003/A/461&471&473, WCM-GP Limited vs. FIM, award of 19 August 2003, in Matthieu Reeb (ed.), *Digest of CAS Awards* Ⅲ (*2001-2003*), Kluwer Law International, 2004, pp. 559-569.

② 转引自谭兵等《中国仲裁制度研究》，法律出版社 1995 年版，第 34—35 页。

的。奥运会特设分庭的第一次创立是在亚特兰大奥运会期间，为致力于创造出一个公平、快捷和免费的仲裁程序，专门设置了 CAS 奥运会特设分庭，该分庭包括 12 名仲裁员，考察这些仲裁员的资格，可归纳出如下几个特征。

（1）仲裁员通常具有法律和体育方面的复合技能，较好地结合了德性和才智双重美德。在亚特兰大奥运会特设分庭的 12 名仲裁员中包括法官、执业律师和法学教授，他们都有体育方面的经验，其中一些人甚至曾是运动员，比如，在巴塞罗那奥运会获得摔跤奖牌的美国律师，曾获得 6 枚奥运会金牌的德国马术冠军 Rainer Klimke 也是一名律师。

（2）这些仲裁员的国籍也比较分散，充分反映了 CAS 仲裁法典致力于创造一个脱离地方偏见和具有广泛代表性的国际仲裁庭。仲裁员除美国人外，还有一位加拿大人和数名欧洲人，以及一名澳大利亚人、一名塞内加尔人和一名中国人。仲裁庭设有主席和联合主席职务，联合主席是印度前首席大法官、海牙国际法院前法官 Raghunandan S. Pathak。仲裁庭由仲裁庭办公室协助，该办公室由 CAS 秘书长、瑞士洛桑的执业律师 Jean-Philippe Rochat 管理。

（3）拥有一个德才兼备的名誉理事会，理事会成员在法律和体育方面享有卓越的声誉。名誉理事会成员包括美国运动员 Edwin Moses 和 Evelyn Ashford，美国仲裁协会主席 William Slate，以及美国第八巡回上诉法院首席法官 Richard Arnold，由于他们在体育和法律界的一流的作用和成就，他们的支持提升了临时仲裁庭可信度。①

可见，CAS 仲裁员一般地要求具有法律的德性和体育的才智，几乎所有案例都涉及体育方面的专业知识，这就需要仲裁员首先得具备体育才智以对体育争议的案件事实有清楚的认识和理解，在此基础之上才说得上德性的裁断。有很多案例甚至因竞赛项目涉及其他更为精深的专业知识，诸如兴奋剂领域中禁用物质的类型、产生和作用原理、检测技术和浓度指标，国际汽车竞赛中动力设备的性能、涉及曲轴连杆、气缸或缸盖、喷油嘴的工业改装流程与工艺、改装程度、原型车与非原型车的区别、原型车与改装摩托车的区别，帆船比赛或者游泳比赛中使用特殊材料制作的比赛

① See Gabrielle Kaufmann-Kohler, *Arbitration at the Olympics: Issues of Fast-track Dispute Resolution and Sports Law*, Kluwer Law International, 2001, p. 105.

用具如鲨鱼皮泳衣通过减少液体或流体摩擦而帮助提高比赛速度是否有违公平竞赛、流体力学作用原理及其使用的方式和限度，等等，此类特殊领域对仲裁员才能或许提出了过于宽泛和不切实际的要求，仲裁员当然并不必须具备这些专业知识，正如 CAS 仲裁的若干案例表明，技术规则及其运用那是裁判的事业，仲裁员不能代替赛场裁判，仲裁员只能对那些涉及法律权利和义务的问题作出裁决。但即便如此，"首席仲裁员或独立仲裁员定下仲裁程序的专业基调"①，对这些专业知识的通晓或熟悉必然有助于仲裁员更为胜任地理解案情、查明事实，从而为正确裁断奠定基础。

尽管 CAS 仲裁法典和仲裁规则对于仲裁员的德性和才智之要求只有寥寥数语，但其简练的用语提出了一个并不简单的要求，它希望选任出经验、禀赋、智慧、才干俱佳的仲裁员，打造出浸透德性和才智之美的仲裁程序并直接产生真善美之仲裁裁决。

二　知性品质的加权

专业性强是国际仲裁常为人称道的美德，毕竟"法律问题不是一个活在真空的东西，可随意去套在任何的行业上"，而"仲裁有一个好处是可以找专业性强的仲裁员，往往可由专家来裁决，这种做法也是相当普遍的。复杂的商业仲裁不像刑事案件，后者可以用一般市民的普通常识来判决，但前者却需要有大量的专业知识，特殊做法，根本不能用常识可去理解"。②从逻辑上讲，鉴于法律纠纷涉及社会生活的方方面面，理想的法官应当是百科全书式的通才，然而正如威尔·杜兰特所说：人类知识的重负太大了，已经不能为人类的心灵所承受了，剩下的便只是对越来越少的问题知道得越来越多的科学专门家和对越来越多问题知道得越来越少的哲学思辨家了；当专门家们蒙上自己的双眼，以便对整个世界不闻不问，而把眼光仅仅盯在鼻子底下的那一小块地方时，整体消失了，事实取代了理解，而被分割得七零八落互不关联的知识不再产生智慧和力量了……大量的人类知识陷入僵死状态。③人类知识的现状使法官不得不倚赖大量的

---

① See W. Laurence Craig, William W. Park and Jan Paulsson, *International Chamber of Commerce Arbitration*, Dobbs Ferry, 1988, p. 27.

② 详见杨良宜《国际商务仲裁》，中国政法大学出版社 1997 年版，第 60—61 页。

③ 详见［美］威尔·杜兰特《哲学的故事》，梁春译，中国档案出版社 2001 年版，"出版说明"第 1 页。

专家意见或专家证据，或者走向满怀傲慢与偏见的极端，再加上诉辩程序的仪式化和技术化，"对抗性辩论的审判完全是在重复古代的肉搏审判方式"①，国际仲裁专业性强的比较优势得以凸显。事实上，查阅各国立法对仲裁员资格的规制，无外乎要求具备法律或者专业知识背景，有学者甚至直接将仲裁员视作服务提供者，"仲裁员和当事人之间的合同无疑更像一个服务提供合同……仲裁员为了当事人的利益向其提供脑力服务，并得到相应的酬劳。和其他专业人士一样，仲裁员向当事人奉献自己的丰富的经验和知识的优势，在一段固定的时间内完成诸如调查案件，听取当事人意见的任务。仲裁员因此同意提供服务以达到最好的结果。从微观经济的角度讲也是一样。国际仲裁'市场化'使得客户（公司）和那些互相竞争着要提供他们高度专业化的服务的专业人士走到了一起"②。

国际体育仲裁，尤其是奥运会赛事仲裁具有更强的专业属性和更为紧迫的时间要求，它通常要求仲裁员在极短的时间内，有时甚至是24小时之内对复杂的、技术含量高、涉及方面多、牵涉利益广的案件进行查明和裁决。与法院诉讼不一样，法官拥有较为充足的时间，也具有足够正当的理由去聘请专家提供咨询意见，而奥运会体育仲裁不可能具备如此富裕的时间去聘请专家提供意见，仲裁庭可能需要当机立断，在听取双方当事人陈述事实和进行简要辩论后即刻作出权威性裁决。在体育仲裁程序进行中，可以根据仲裁员的法律专长和他们对体育体制和体育争议的知识来选择仲裁员。人们已经注意到"体育争议的解决往往取决于争议的事实，而非复杂的法律问题"，并且经常涉及某个机构政策的解释和适用。因此，对体育管理和政策的熟悉可以成为一种专长。对于仲裁员而言，有些特定的体育问题必须重点关注，这些问题包括：审理的时间，特别是当比赛时间迫近时；教练员、运动员和机构代表之间的不平衡；对相似情况的先前裁决；教练和选拔程序中其他人的专长，以及在这类争议中他们决定力的作用；受影响的第三方所面临的情况，特

---

① 转引自［英］彼得·希伯德、保尔·纽曼《工程争端替代解决方法与裁决》，路晓村等译，邱闯校，中国建筑工业出版社2004年版，第19页。

② See Emmanual Gaillard, John Savage（eds.），*Fouchard Gaillard Goldman on International Commercial Arbitration*，CITIC Publishing House，2004，p. 606.

别是在选拔争议中，受影响的一方通常是原告的队友；当事人所处的地点，当事人经常因参加比赛而不能出庭；需要揭露的文件的特性；许多运动员不熟悉判决程序，没有钱聘请律师的事实，等等。① 这就要求仲裁员至少必须具备体育行业的专门知识，能够在最短的时间内厘清当事人之间争论的焦点，并归纳出庭审重心和辩论重心，引导当事人在争议问题上发表意见，随后以查明的事实为基础作出正确的裁决。因此，体育仲裁本身的专业化程度及其时间性限制要求仲裁员必须具备更加优秀的才智，在有限时间内能从容应对突发的、形态多样的体育纠纷，这使国际体育仲裁程序呈现出才智性加权的品质。

国际体育仲裁程序的高才智性一方面说明 CAS 上诉仲裁机构比国家司法机关更加适合裁决体育纠纷，另一方面则要防止国际体育仲裁员僭越自身的身份，而过度涉入赛场裁决，不适当地取代或者更改赛场裁判的判罚。

（1）国际体育仲裁比法院诉讼更加适合管辖体育纠纷的上诉裁决。以 McCaig 诉加拿大游艇协会和加拿大奥林匹克协会案件为例，该案的司法裁决表明将作出裁决的责任施加到全国体育组织和 IFs 的内部仲裁机构或外部仲裁机构更加合适。在该案中，Murray 和 Amy McCaig 申请救济，并宣称被告加拿大游艇协会（CYA）忽略了双方达成的协议，即提供两次划船比赛，以便选出加拿大队参加 1996 年奥运会的帆船比赛。事实上，第二次划船比赛由于气候风力太小而被推迟，因此只举行了一次划船比赛。因此主张要求 CYA 指定第二次划船比赛的日期以便完成团队选拔的标准。法院认为，判决依赖于对 McCaig 和 CYA 之间协议的解释。（合同）没有规定在两次划船比赛不能举行时如何作出选择，因此双方当事人都没有过错，法院也将 CYA 的上述描述作为对合同的合理解释。据法院所说："审理上诉的机构应当对划船比赛有经验有了解，并清楚地知道选择程序。"重要的是，法官这样写道："作为一个对体育和合同术语有了解的人，我不愿以我的观点代替那些了解体育并了解问题实质的人们的观点。""当一方当事人意识到所有发生的事都真的是与鼓励我们最好的运动员为了他们自己和国家而实现他们最高水平的技能有关时，诉讼终止

---

① See Mark Lutous, "Alternative Disputes Resolution in Sports Arena: Sports Arbitration Procedural Rules as a Policy-making Measure", *Marquette Sports Law Review*, 2005（16）.

了。对此我深表抱歉。"①这些评论与诸如英国、美国等不愿本国法律制度将法院代替为体育竞赛场的观点相一致。如美国联邦第七巡回法院的 Richard Posner 法官在 Michels vs. United States Olympic Committee 案件中裁决指出："有更多、更适格的机构比联邦法院更适合处理运动员的参赛资格问题，以及决定应当以何种程序来确定运动员参赛资格。"②

（2）国际体育仲裁员尽管兼具法律德性和体育才智，但仍然不能干涉赛场裁决，技术规则或竞技规则不在仲裁审查的范围之列。下列若干案例表明了国际体育仲裁员及其操纵的仲裁程序之才智界限。

在悉尼奥运会期间 CAS 特设分庭仲裁 Bernardo Segular vs. IAAF 案件时，被申请人 IAAF 从以往案例中吸取经验后，没有对 CAS 管辖权提出质疑，而是提出答辩认为，CAS 仲裁庭不能审理这个案件，因为它涉及技术性规则或游戏规则。仲裁庭明确指出："CAS 仲裁庭不会审查由负责实施运动规则的裁判员在竞技场上作出的裁定［除非该规则是因恶意（bad faith）而实施，例如是因为贿赂而得之结果］。"③

在亚特兰大奥运会期间 CAS 特设分庭仲裁的法国拳击运动员 Christophe Mendy vs. AIBA（国际业余拳击联合会）案件中，申请人不服 AIBA 的决定而提出仲裁申请。国际业余拳击联合会因其在重量级 1/4 比赛中击打对手腰部以下而取消其资格。多年以来，瑞士联邦最高法院一直坚持认为技术性规则或者游戏规则不能由法院或者仲裁庭进行审查，因为游戏规则不属于法律范围。CAS 仲裁员也认为在对体育裁判对技术性判罚的申请进行评价时，要保持克制。确实，体育裁判更了解事实并且更加熟悉如何运用日常的技术性规则。因此，他在决定技术性申请时比法律专家处于更有利位置。因此，认为裁判的观点优先是有意义的，除非明显侵犯了运动员的权利，或者以专家组的话来说"法律上错误，一个错误的或者恶意的行为"④。

---

① See Richard H. McLaren, "The Court of Arbitration for Sport: An Independence Arena for the World's Sports Disputes", *Valparaiso University Law Review*, 2001 (35).

② See Michels vs. USOC, 16 August 1984 Seven Circuit 741 F. 2d 155.

③ See Gabrielle Kaufmann-Kohler. *Arbitration at the Olympics: Issues of Fast-track Dispute Resolution and Sports Law*, Kluwer Law International, 2001, p. 19.

④ See Arbitration CAS ad hoc Division of 1996 Atlantic Olympic Game 006, Mendy vs. AIBA, in Matthieu Reeb (ed.), *Digest of CAS Awards* I (*1986-1998*), Staempfli, 1998, pp. 413-415.

在 2002 年盐湖城奥运会期间 CAS 特设分庭仲裁的 Korean Olympic Committee vs. International Skating Union 案件中，韩国选手被判违规从而使其第一名成绩作废。韩国国家奥委会不服该判罚而向 CAS 特设分庭提起仲裁申请。特设分庭审查认为，国际体育仲裁院仲裁庭对于公断人、裁判员或其他官员在竞技场上作出的"场地"裁决不作审查。这些公断人、裁判员或官员有责任适用特定比赛的法律或规则。仅在有证据证明恶意——通常为直接证据——的情况下，仲裁庭才得审查场地裁决，在此情况下，例如"随意""违反职责"，或者"不良意图"等任一用语都意味着存在某种对特定参赛团队或参赛者的偏向或歧视。国际体育仲裁院认为这为任何申诉者设置了寻求审查的障碍。然而，如果这一障碍变低，闸门就打开了，任何不满的参赛者都将寻求对场地裁决的审查。①

除仲裁案件之外，CAS 在提供咨询服务时也不会滥用才智。在悉尼奥运会前夕，澳大利亚国家奥委会就游泳运动员身穿鲨鱼皮泳衣是否违纪向 CAS 寻求咨询，仲裁员认为："该咨询意见将涉及一项比赛运动的竞赛规则，即泳衣比赛的竞赛规则，此类规则是在长期的比赛运动实践中形成的，它们并不具有国际泳联章程规则的性质，并不会直接影响单个的运动员个人的人身权利和财产权利。这种规则有时候被称为'游戏规则'……由于本案不涉及国际单项体育联合会影响到运动员个人的人身和财产权益的处罚决定，因此，CAS 无权受理该咨询意见的请求，总之，根据法理，CAS 无权就国际泳联执行局对游泳衣的决定进行审查。"② 技术性问题属于体育组织专属管辖的范畴，它同时向司法机关和仲裁机关封闭，CAS 仲裁员即便是该方面的专家，也不得擅越禁区。

CAS 仲裁的其他一系列案例也表明，尽管其仲裁员德才兼备，但仍然恪守有所为和有所不为的风范。相对于国家司法机关而言，他们在体育纠纷的法律处理方面具有更为优势的才智特长，因而也具有更为适格的上诉纠纷仲裁管辖权；相对于赛场裁判而言，他们复查的主题和范畴仅仅局限于法律规则及其适用，纯粹技术性规则的运用是赛场裁判的天职，仲裁庭

---

① See Arbitration CAS ad hoc Division（OWG Salt Lake City 2002）007，Korean Olympic Committee（KOC）/International Skating Union（ISU），award of 23 February 2002，in Matthieu Reeb（ed.），*Digest of CAS Awards* Ⅲ（*2001-2003*），Kluwer Law International，2004，pp. 611-616.

② 转引自［英］布莱克肖《体育纠纷的调解解决：国内与国际的视野》，郭树理译，中国检察出版社 2005 年版，第 68—69 页。

无权也不愿过多涉入，不适当地充当赛场裁判。

第三节　国际体育仲裁程序的私密与透明

仲裁私密性是国际仲裁的比较性特征，这也内化在国际体育仲裁的多层次制度安排之中。但与国际商事仲裁不同，国际体育仲裁在多个方面表现出强烈的透明化趋势：仲裁第三人制度和合并仲裁、专家证人的介入、当事人反向约定、仲裁裁决之公布，以及观察员附条件地介入。究其因由，在于体育仲裁的时效性、求实性、主题的非私密性、裁决的公益性，以及体育法制统一化与体育法治化等综合原因之使然。[①]

一　私密品质的程序化

效率、专业和私密被认为是仲裁的三大特色，然而仲裁相对于诉讼而言的真正比较优势是私密，效率和专业两大传统优势因民事诉讼的变革而不再为仲裁程序所独有。仲裁程序被认为是当事人之间的私人程序，并因而具有封闭的特征。[②] 在英国，仲裁的私密性甚至被提到了公共政策的高度，仲裁裁决也被视作当事人的私人财产。[③] 仲裁之所以表现出强大的生命力，其重要原因之一即在于其私密性契合了当事人的安全需要、利益需要和情感需要。

（一）私密性能满足人的安全需要

人是分裂的动物并因而具有多面性，作为表演的人生，[④] 人们习惯于

---

① 本部分的部分内容以《国际体育仲裁透明化之释证》为题发表在《武汉体育学院学报》2011 年第 2 期。特此说明并特致谢忱！

② 详见张建华《仲裁新论》，中国法制出版社 2002 年版，第 163—165 页。

③ 有学者认为，仲裁裁决是仲裁员的产物，仲裁员对它们享有知识产权；有更多的学者则认为，仲裁员作为当事人的服务提供者，当事人支付报酬后，即成为该裁决的所有者。See Emmanual Gaillard, John Savage (eds.), *Fouchard Gaillard Goldman on International Commercial Arbitration*, CITIC Publishing House, 2004. 也可参见杨良宜《国际商务仲裁》，中国政法大学出版社 1997 年版，第 38 页。

④ 邓晓芒：《灵之舞》，载邓晓芝《文学与文化三论》，湖北人民出版社 2005 年版，第 25—214 页。

在公共场合屏蔽自己的真实信息以抵御来自外界的可能的伤害，只有在确信自己处于私密的空间时人类才真正显露自己的真实面目，并独自舔干生活给予的伤泪以蓄势待发再次表演自己最强悍和华丽的一面。在仲裁环境下，仲裁程序构成严谨封闭的空间并对外隔绝，当事人能从公众瞩目的敞开状态逃离世界的关注，并在对等条件下与对方当事人同时卸下武装，从而能够在后续环节中敞开心扉进行真诚而坦率的交流与沟通。

(二) 私密性能满足人的利益需要

私密不仅能缓冲外界的伤害，而且也会形成利益垄断，商业秘密带来的巨额利润迫使纠纷当事人更喜欢以私了的方式化解争议，信息的敞开不仅会直接损害其可得利益，而且很可能导致一系列的连锁反应，诸如财务状况、内部控制等方面存在的瑕疵一旦公之于世极有可能带来市场的扰动和骚乱，从而引发更为可怕的利益流失。仲裁的私密性消除了当事人的利益担忧，经过仲裁的案件对于当事人和仲裁员而言便若"事如春梦了无痕"一般，要么锁闭在内心最深处永不宣扬，要么就是最为彻底地遗忘，从而维护着当事人的信息优势。在这一意义上讲，最好的仲裁员也就是最善忘的仲裁员。

(三) 私密性能满足人的情感需要

情感需要是人的荣誉使然，按照马斯洛的感言，安全和利益的需要还可以从人的生存需要出发加以解释，那么对荣誉的情感需要则是生存并非不可或缺的奢侈的调味品。仲裁的私密性能满足当事人这种高贵的情感，尤其是当纠纷一方当事人是国家时，更是如此。有学者就指出，很多国家，"小国还好，要是中国，日本，会是自愿败诉也不肯派部长去外国法院宣誓作证，再被公开盘问"。在国家为一方当事人，另一方当事人威胁诉诸法院的时候，"对方是一个富有石油国家的部长马上跳起来说：'哎呀，我们不能去英国法院，这太丢国家面子'"①。法院诉讼的公开性和对抗性使其在情感方面很难让人接受，纠纷当事人把法院诉讼视作一种"恶"，更愿意通过仲裁、和解等方式进行私力救济，似乎有文化方面的根源，② 外国人在看待中国人的礼法文化时认为："传统的儒家思想可以追溯到几千年前，其中有一种概念叫作'礼'，……一种体现法律的概念

---

① 详见杨良宜《国家商务仲裁》，中国政法大学出版社 1997 年版，第 46 页。
② 详见徐昕《论私力救济》，中国政法大学出版社 2005 年版，第 184—195 页。

叫'法'，……尽管法的概念具有法律强制性的优点，但是它在传统上其重要性是低于'礼'的。中国人常常把诉讼方法看作终极阶段，就意味着争端当事人之间的关系不可能是和睦的。诉讼的方法将导致失去面子，而讨论式的和解式的方法应该是更好的。随着时间的推移，'法'和'礼'的概念被混淆在一起了，保持关系的思想，还有面子的概念已经成为中国法律体系中的一个部分。"[1] 礼乐文化本质上是一种耻感文化，[2] 羞耻是一切德行、善良风度以及高尚道德的土壤，是人类道德自觉的最初的征兆。[3] 因此，礼乐文化视诉讼为恶、视为不道德行为，也就在相反意义上赋予和成就了以私密性与和谐性为比较优势的仲裁之道德正当性。正如新渡户稻造先生在悲叹羞耻的原始感和人类在其面前的无助感、无可逃避时指出："我认为，由于尝了'禁果'而落到人类头上的最初而且最重的惩罚，既不是生育孩子的痛苦，也不是荆棘，而是羞耻感的觉醒。再也没有比那最初的母亲【夏娃】喘息着胸脯，颤抖着手指，用粗糙的针来缝那沮丧的丈夫摘给她的几片无花果树叶的情景，更为可悲的历史事件了。这个不服从的最初之果，以其非他物所能企及的执拗性顽固地纠缠着我们。人类所有的裁缝技术，在缝制一条足以有效地遮蔽我们的羞耻感的围裙上一直还未取得成功。"[4] 仲裁程序作为人类缝制的围裙能否有效遮蔽纠纷当事人的羞耻感，至少相对于诉讼而言要成功得多，并且谨慎和精致地营造出私密的时空以缓解纠纷当事人的羞耻感一直都是仲裁制度着力致达的目标，或许它现在并不完善，但它至少在完善的努力和进程之中。

有时候仲裁的私密性可能走得过火，在仲裁庭或仲裁机构与当事人之间也可能存在信息屏障。在仲裁员回避、撤换或替换过程中，仲裁机构可能不会向当事人乃至当事仲裁员说明动机与理由；在仲裁裁决书中也可能并不附具裁决理由，据说在伦敦海事仲裁中就存在一种所谓的"机密理由裁决书"，该类裁决书之所以不附具理由并不是它没有理由，相反它通常

---

[1]　See M. Scott Donahey, Seeking Harmony, JCI Arb. (4), 1995, p. 280.

[2]　耻感文化一词是本尼迪克特用以描述日本文化时创造的用语，被中国社会科学院日本研究所高增杰先生列为评论日本文化六种学说的第一位。详见高增杰《国外日本文化研究概况》，转引自［美］鲁思·本尼迪克特《菊与刀》，吕万和等译，商务印书馆2004年版，第98页。而"羞恶之心，义之端也"（《孟子·公孙丑上》）。

[3]　［日］新渡户稻造：《武士道》，张俊彦译，商务印书馆2005年版，第47—48页。

[4]　同上书，第48页。

都有一个详细的理由，但该理由是机密的，对外不透明，其目的旨在防止当事人从中找出法律问题去向法院申请干预。①

仲裁私密性从生存的低端要求和高端享受对当事人进行了无微不至的体贴与呵护，它成为仲裁程序的一种母性品质，为当事人提供一个展示真我、宣泄情感的场所，它营造出的宽容和慈爱氛围让饱尝人间冷暖、历经世态炎凉、辗转红尘悲喜的俗世中人获得一份安全的感觉和一个情感皈依的场所。在仲裁私密性方面具有示范意义的机构是国际商会仲裁院，该院制定了专门调整保密性工作的内部规章，对保密的责任主体、保密的内容范围、保密工作的监督机制，以及保密的例外及其条件等作了详尽的制度安排。国际体育仲裁程序也具有私密的属性，CAS 仲裁法典主要通过五个层次防止仲裁案件的信息外泄。

第一层次是法典第 43 条确立的有关保密的一般义务。CAS 仲裁程序的私密性主要由仲裁法典第 43 条所保障，该条规定："按照本规则进行的程序是保密的。当事人、仲裁员以及 CAS 承诺不向任何第三方披露有关争议或程序的事实及其他资料。"

第二层次是法典第 57 条规定的庭审不公开进行。该条第 3 款规定："经征询当事人意见，仲裁庭如认为已获悉充分的材料，可以决定不开庭。除非当事人另有约定，庭审不公开进行。"

第三层次是法典第 5 条和第 9 条对第 43 条的再次援引与确认，对 ICAS 成员和仲裁员重申了保密责任。CAS 仲裁法典还在其第 5 条和第 19 条中对 ICAS 成员和仲裁员的保密义务与责任作了规定，要求他们必须严守上述第 43 条的规定。此处尤其需要提出的是，所谓任何第三方特别地包括任命 ICAS 成员或仲裁员的机构或人士，诸如 IOC、各 NOC、IFs 等，正如国际商会仲裁院调整保密性的内部规章第 6 条规定的那样："以身份而言，仲裁院的成员独立于向国际商会理事会提议任命他们为成员的国际商会国家委员会。而且他们必须为其作为仲裁院成员的身份而获悉有关案件的任何信息予以保密，不得向其自己的国家委员会透露……"

---

① 机密理由裁决书通常都附带一个保密条款："Confidential Reasons for the arbitrator's final (or interim) award given after its publication, for theinformation of the parties, on the understanding that no use will be made of them in any proceedings arising therefrom." 详见杨良宜《国际商务仲裁》，中国政法大学出版社 1997 年版，第 42 页。

第四层次是法典第 11 条、第 21 条就回避人士不得接触仲裁案件具体资料的保密规定。其第 11 条第 2 款规定："已回避的 ICAS 成员不得参与有关仲裁事宜的讨论，并不得收取 ICAS 以及理事会任何有关此类仲裁所采取的行动的资料。"第 21 条第 2 款作出了类似的规定："如分处主席回避，则程序规则授予其有关程序顺利运行的职权由 CAS 主席行使。该分处主席并不得接受 CAS 有关导致其回避的仲裁程序所作的任何行动的资料。"

第五层次是法典第 43 条、第 59 条和第 62 条对仲裁裁决或咨询意见的保密性规定。在普通仲裁程序中裁决以不公开为原则；上诉仲裁裁决在双方当事人协商一致的情况下可不公开；仲裁庭的咨询意见未经双方当事人同意不得公布。

二　透明品质的程序化

正如任何其他事物一样，体育仲裁程序同样是一个辩证的矛盾产物。私密性构成仲裁程序品质之一面，透明性也与之伴生而成。人们对私密性有何种程度的渴望，就在相同程度上对透明性有何种程度的压抑。然而当透明性与私密性交错生成而非零和博弈时，二者的兼容与和谐却熔铸出仲裁程序的透明正义和私密安全，它的阴阳两性组合成最完美的太极图腾，蕴含了天地玄机。仲裁程序阴阳两性的紧张、黑白分明的对立仿若纠纷当事人之间的抗衡，干戈暴戾之气最终转变为和谐圆融之美。

仲裁程序的透明性品质包括两个方面，即内部绝对透明和外部相对透明。内部绝对透明意味着双方当事人之间就仲裁案件的相关信息必须做到信息对称和共享；而外部相对透明是指，仲裁程序相对于仲裁庭和当事人之外的人或机构而言，不具有透明性，除了在有限的情况下并满足一定的条件时才能对外公开。

（一）内部绝对透明

内部绝对透明是当事人与仲裁庭之间的关系状态，它一方面要求双方当事人之间进行充分的信息披露，即类似于开示制度或披露制度（discovery）；另一方面要求仲裁庭必须持平对待当事人，在当事人之间进行艺术性的斡旋和信息传递。

开示或披露制度之兴起源于世人对司法诉讼实践步入误区的反思。在辩论式诉讼模式下，法官只是消极的裁判者，更多的责任被转移到当事人的身上。当事人通过律师的辩论技艺进行对抗，而律师则在金钱的奴隶下日益异化为技术崇拜的牺牲品。诉讼不再是实事求是的审判过程，而演变成一种司法竞技。George Ragland 认为，开示制度将有助于使辩论聚焦在真正争执的争点上并会使审判与和解变得更富有理性；① 森德兰也认为，开示或披露程序"在法律领域中的作用就像外科医学中的 X 光一样；如果它能够被充分延伸适用并且使其方法简化，那么作为机会赌博的诉讼将会大大终止。"② 在国际仲裁中是否存在开示或披露制度并不存在一致实践，但即便国际仲裁没有接受自动和全面的披露，也不表示没有披露这一问题要面对，仲裁员应当常常记住，适度的披露仍然是非常重要的。③ CAS 仲裁法典对开示或披露制度并没有明确规定，其中 57 条授权仲裁庭全权审查事实和法律问题，《奥林匹克运动会仲裁规则》第 15 条通过前 4 款的规定对仲裁庭进行广泛授权，允许其采取适当的方式组织和控制证据程序，特别考虑案件个性、当事人利益、争议解决的速度和效率等因素。尽管相关规定并没有以明确的措辞确立开示制度，然而作为程序自然正义的一个基本原则，当事人双方应当负有开示的义务，也是其向对方享有的权利。奥运会仲裁对速度和效率的需求更是促使仲裁庭采取开示制度以有效缩短仲裁过程的强力因素，当然在非常有限的时间框架内，体育仲裁的开示制度可能必须作出不同于一般商事仲裁的变动。开示制度促进了当事人之间的透明化，任何一方当事人提交给仲裁庭的资料必须同时为对方所知悉。仲裁法典第 31 条规定，当事人向 CAS 或仲裁庭作出的所有通信，包括仲裁申请书、上诉申请书、咨询申请书以及请求第三人加入申请书连同答辩书均应向 CAS 送达，副本数应足够当事人、顾问和仲裁员一人一份并另加一份给 CAS。这些资料包括上诉人提交的上诉仲裁申请书（statement of appeal）、上诉摘要以及附带相关证据，《奥林匹克运动会仲裁规则》第 10 条就申请人提交的详细材料列示了清单，包括被上诉的裁决、关于事实和法律争议的简要陈述、对 CAS 管辖权的评价等；被上诉人提交的答辩书和相关证据。仲裁法典第 56 条的规定具有明显的"开示

---

① See George Ragland, *Discovery Before Trial*, Chicago Callaghan and Company, 1932, p. 266.

② 转引自［美］史蒂文·苏本、玛格瑞特·伍《美国民事诉讼的真谛：从历史、文化、实务的视角》，蔡彦敏等译，法律出版社 2002 年版，第 129—130 页。

③ 详见杨良宜《国际商务仲裁》，中国政法大学出版社 1997 年版，第 188 页。

色彩"，它起到了开示制度的"诉讼突袭"预防功能。该条款规定，当事人在提交上诉理由和答辩以后，无权再就其主张和证据提出新的请求，除非双方当事人同意或首席仲裁员另有指示。可见，通过强势仲裁庭的自由裁量权和仲裁规则对"诉讼突袭"的规制，当事人之间的信息能够在有限的时间框架内得到交流和沟通，从而以完全透明的姿态呈现在仲裁庭的面前，以对是非曲直作一公正了断。

为促进内部透明，除了当事人之间的自我披露和开示之外，尚需要仲裁庭在当事人之间穿针引线。上诉申请资料和答辩资料的交换固然离不开仲裁庭的协助，在其他资料的交换、仲裁庭通知的送达等方面也需要仲裁庭居中转承，仲裁庭应当在整个过程中保持中立，负有平等对待当事人与保证当事人具有陈述案情的充分机会之义务。此类义务包括：进行仲裁的通知；证据与庭审中的口头陈述；超过 24 小时时间限制作出裁决的可能性；在奥运会后将争议进一步提交 CAS 一般仲裁程序的可能性。[1] 仲裁庭中立的义务已在上文阐述过，此处只涉及仲裁庭中立义务在促进内部透明方面的体现。体现之一即是有关仲裁员回避、撤换和替换的理由及其评述方面，根据仲裁法典第 34 条和第 35 条之规定，当事人提交回避申请书后，ICAS 或其理事会应当在对方当事人、被请求回避的仲裁员以及其他仲裁员提交书面意见后方可决定，而且该决定需要附具简要的理由；撤换仲裁员时同样如此。《奥林匹克仲裁规则》第 13 条也规定，特设分庭主席在情况允许的情况下，应当给予当事人和有关仲裁员发表意见的机会，并随后作出是否回避的决定。这些规定保证了 CAS 仲裁庭不至于像 1975 年仲裁规则规定下的国际商会仲裁庭在撤换仲裁员时不出具理由而招致对"秘密法庭"的抱怨和不符合"正当程序"的尖锐批评。[2] 此外，仲裁庭在作出裁决时，不同于英国海事仲裁发展而来的"机密理由仲裁裁决"那样，它必须说明简要的理由，按照《奥林匹克仲裁规则》第 19 条之精神，虽然因时间的局限可以先行颁发不附具理由的裁决，但其后必须在适当的时间内向当事人宣布理由，从而再次在仲裁庭和当事人之间完全透

---

① See Gabrielle Kaufmann-Kohler, *Arbitration at the Olympics: Issues of Fast-track Dispute Resolution and Sports Law*, Kluwer Law International, 2001, p. 45.

② See Stephen R. Bond, *The Constitution of the Arbitral Tribunal*, the ICC International Court of Arbitration Bulletin (Special Supplement), ICC Pub. S. A., November 1997, pp. 23-24.

明化。

（二）外部相对透明

体育仲裁程序当事人及仲裁庭以外之机构与人士即构成程序外部，仲裁具有自治的特征，此种自治性不单是相对于世俗法制而言，而且在个案处理中也相对于民间社会而言。一般，仲裁程序对当事人之外的人士及机构不具有透明性，这是仲裁的私密性决定的，这也是许多国家立法和仲裁规则不容许仲裁第三人或合并仲裁无条件出现的主要原因。但仲裁程序，包括体育仲裁程序并不是绝对密封的真空，基于特定条件的满足，仲裁程序对外部保持附条件的相对透明。在 CAS 仲裁法典与《奥林匹克仲裁规则》中，外部相对透明的表现主要包括三个方面。

1. 仲裁第三人和合并仲裁的制度安排

对于仲裁第三人和合并仲裁的制度安排，使特定个案当事人之外的第三者涉足庭审，从而使在当事人与仲裁庭之间形成的闭环结构被打开，仲裁庭审具有了一定程度的透明性。在一般商事仲裁中，无论是仲裁第三人还是合并仲裁，原则上都要征得庭审当事人的同意，并且满足其他一些条件。CAS 仲裁法典对于合并仲裁没有明示规定，而对于仲裁第三人在第 31 条第 3 款作了指示，该款要求当事人向 CAS 或仲裁庭做出的所有通信，其中包括请求第三人加入的申请书，副本数应足够当事人、顾问和仲裁员一人一份并另加一份给 CAS。《奥林匹克仲裁规则》对于合并仲裁和仲裁第三人均没有明确规定。不过考虑到仲裁法典和仲裁规则旨在建立一个强势仲裁庭，且仲裁庭拥有完全的权力查明事实和法律问题，同时鉴于奥运会体育仲裁的时间性要求，似乎可理解为仲裁庭在征得当事人的同意下有权合并仲裁并增设仲裁第三人，至于仲裁庭能否直接合并仲裁或增设仲裁第三人，似乎具有理论上的可能，因为《奥林匹克仲裁规则》在第 15 条实质性的第 2 款、第 3 款、第 4 款有关程序、庭审和其他证据措施的相关规定中都授予了仲裁庭宽泛的自由裁量权，只要仲裁庭觉得"适当"即可。当然，毕竟第三人和合并仲裁的出现将冲击仲裁的私密性，仲裁庭不经当事人许可而直接采取相关措施的做法仍然过于冒险，CAS 仲裁的若干案例都出现了第三人和合并仲裁的情况，遗憾的是，迄今为止的案例报告似乎都没有关于当事人拒绝仲裁庭要求合并仲裁和增设第三人的例子。

2. 专家证人等的介入

证人一般是就其知道的案件情况向仲裁庭反映，他们只在自己知道的案情范围内参与庭审，然而庭审过程中的辩论、盘问和反盘问也可能向证人等传递出一些私密信息，尤其是专家证人。专家证人是以其专业知识和经验结合案件具体情况奉献专家智慧和意见的人士，他为案件提供技术性服务和判断必然需要知晓相关案情，因此仲裁法典第44条第3款第2、3项对专家证人涉入体育仲裁程序作了较为详尽的规定："如果仲裁庭认为补充当事人的陈述是适当的，则其可随时命令提交补充文件或询问证人，委任和聆讯专家，并采取其他的程序性措施。关于专家的委任及其权限范围，仲裁庭应征询当事人的意见。仲裁庭委任之专家应保持独立于当事人并应立即向当事人披露任何可能影响对某方当事人的独立性的情形。"分析该条款的规定，专家证人能否介入仲裁程序不再是当事人能够主宰的问题，仲裁庭在该问题上具有完全的决定权，仲裁法典在这一问题上措辞明确，不同于在仲裁第三人或者合并仲裁问题上的语焉不详。留给当事人的只是专家人选及其权限范围的建议权限，仲裁庭也只是征询当事人的意见，而不是以当事人的同意为条件。专家证人的介入不再依赖当事人的意思自治，这对仲裁程序的私密性是一个较为强硬的突破，当然专家证人基于其身份必然也要承担保密的责任和义务。

3. 当事人同意下的公开开庭

与商事仲裁一样，国际体育仲裁原则上不公开庭审，庭审过程是仲裁透明化的底线，在体育仲裁程序的其他方面即便实现了完全的透明化，庭审过程也必须被保留在透明化的改革进程之外。仲裁程序毕竟与法庭程序不一样，它们对新闻界或者公众是不公开的，不是直接涉及程序的其他人士在当事人同意的情况下方可应邀出席，比如这种邀请可扩大到希望积累经验的仲裁员实习生，同时，出席者必须承诺遵守程序的秘密。① 在这一点上国际体育仲裁程序与国际商事仲裁程序没有区别，CAS仲裁法典第57条第2款规定："经征询当事人意见，仲裁庭如果认为已经获悉充分的材料，可以决定不开庭。除非当事人另有约定，庭审不公开进行。"仲裁庭不公开庭审是仲裁私密性的需要，唯一的例外是双方当事人的明示许可。

4. 裁决公开

附具简要理由的CAS仲裁裁决原则上要予以公开，除非当事人协议

---

① ［英］道格拉斯·斯蒂芬：《工程合同仲裁实务》，路晓村等译，中国建筑工业出版社2004年版，第8页。

保密。仲裁裁决是否应该公布，在逻辑上取决于仲裁裁决的性质。仲裁既然是民间个人的私人程序，仲裁员既然是为当事人提供服务的人士，则作为服务结晶的产物即仲裁裁决理应属于当事人的私人财产，而且是当事人共同共有之私有财产；也有学者认为，仲裁裁决是仲裁员创造性智力成果，仲裁员享有著作权。但更占上风的观点是："仲裁员对于他们的裁决没有有效的知识产权。仲裁裁决不是一个受保护的知识产权作品。它是由当事人发起的，他们对仲裁员的裁决工作支付酬劳，一旦裁决作出，他们就成为该裁决的所有者。"① 如果仲裁裁决是当事人的共同共有之财产，则当事人对该财产享有包括是否公布在内的处分权利。逻辑尽管如此，仲裁实践似乎采取的是推定同意原则，即"现在由媒体杂志来公布仲裁裁决和关于仲裁过程的行政管理总结，是越来越普遍的现象"②。纽约海事仲裁员协会（Society of Maritime Arbitration，SMA）和伦敦海事仲裁员协会（London Maritime Arbitrator's Association，LMAA）对此的态度截然不同，SMA 主张刊登，而且在过去几十年里也是这么做的，任何人均可付钱订阅，其刊登的内容几乎是全面的，除了仲裁员收费多少之外，包括双方当事人的名字、代理律师、证人、仲裁员等所有内容几乎一字不漏，一清二楚，除非当事人提出反对。而 LMAA 则要保守得多，它一般会考虑将重要的裁决予以公开，但相关仲裁员会写信给当事人，双方当事人在合理期限内不反对即视作同意刊登，仲裁员随后对仲裁裁决作出必要的技术处理，包括抹去当事人和仲裁员姓名等，但会留下案件内容与最后裁决。③ CAS 仲裁法典第 59 条最后一款规定，裁决或概括程序结果的总结应由 CAS 公开，当事人协议保密者除外。《奥林匹克仲裁规则》第 19 条第 3 款还进一步规定："如果相关国家奥委会不是仲裁程序当事人，且为此没有得到仲裁裁决副本，本裁决应为告知之目的而寄送给它们。"之所以要作出这一规定，可能是因为仲裁裁决的效果将直接或间接地及于它们，有时候仲裁裁决的承认和执行也需要它们来协助完成。可见，CAS 仲裁裁决以公开为原则，以不公开为例外，采取的是推定同意原则，而且裁决必须附具理

---

① See Emmanual Gaillard, John Savage (eds.), *Fouchard Gaillard Goldman on International Commercial Arbitration*, CITIC Publishing House, 2004, p. 24.

② Ibid., p. 628.

③ 详见杨良宜《国际商务仲裁》，中国政法大学出版社 1997 年版，第 40—41 页。

由。仲裁程序在结果这一端开始透明化，这突出地表现在 CAS 连续几年出版了《CAS 仲裁裁决摘要》，其中包括《国际体育仲裁院仲裁裁决摘要（1986—1998 年卷）》《国际体育仲裁院仲裁裁决摘要之二（1998—2000年卷）》《国际体育仲裁院仲裁裁决摘要之三（2001—2003 年卷）》，这些仲裁裁决均以 CAS 工作语言，即法文和英文两种语言出版，为了防止仲裁裁决过度透明而带来对当事人私密性的冲击，根据案件类型及当事人的愿望，有些案件的当事人姓名已经被略去。这些公开的案件都附具了较为翔实的案情，以及相关法律适用和仲裁庭的推理意见，当然包括仲裁终局裁决的决定。CAS 仲裁裁决的透明度因此而大大提高。[①] 与此相反，CAS 仲裁庭的咨询意见则以不公开为原则，以当事人同意公开为例外，不过在澳大利亚奥委会向 CAS 提出的鲨鱼皮泳衣咨询案中，CAS 在未经当事人同意的情况下擅自公开咨询意见有炒作之嫌，有人对此提出了质疑。[②] CAS 这种违规性的透明化似乎表达了 CAS 晦涩的心态。

5. 特别观察员

世界反兴奋剂组织作为观察员列席兴奋剂案件的庭审，但需作出保密承诺。在最近几年，兴奋剂成了公众瞩目的问题。各国及各体育机构承诺打击兴奋剂问题。结果，世界反兴奋剂组织（WADA）被接纳为奥运会的检查员。为履行其职责，WADA 在仲裁规则发布后被请求参与 CAS 涉及兴奋剂的案件庭审。尽管 CAS 仲裁裁决因涉及公共利益这一明显缘由不在保密之列，但其听审并不对公众开放。特设分庭基于这一理由并不拒绝 WADA 的请求，但它与后者进行协商，确认了其特定检查者的地位，允许其参与听审，只要当事人同意并且 WADA 作出特定的保密承诺。WADA 参与仲裁程序提高了仲裁程序的透明度，不过它取决于两个条件，即需要当事人同意，且其本身必须作出保密承诺。当然，WADA 只能加入涉及兴奋剂的体育仲裁程序，它的身份既不是仲裁当事人，也不是仲裁第三人和专家证人，它只是一个观察者，其功能或许更多的是做一些统计和资料收集，以整理出兴奋剂的违纪现状和规律，并为后续反兴奋剂斗争规划的拟

---

① See Presentation to CAS case law, in Matthieu Reeb（ed.）, *Digest of CAS Awards* Ⅲ（2001-2003）, Kluwer Law International, 2004, p. 1.

② 详见［英］布莱克肖《体育纠纷的调解解决：国际与国内的视野》，郭树理译，中国检察出版社 2005 年版，第 74 页。

制准备素材。

三　透明品质的加权

与透明性相比，私密性是仲裁品质更主要的一面。然而相对于国际商事仲裁而言，国际体育仲裁程序的透明性品质应当得到加权考虑。透明性加权的本质无意于将仲裁的私密性压抑到透明性品质宰制之下，而是提高透明性品质在国际体育仲裁中与私密性的比例权重。比较 CAS 仲裁法典、《奥林匹克仲裁规则》与一般商事仲裁规则在私密性与透明性的比例设置问题，即可发现 CAS 仲裁程序之透明性要远高于商事仲裁，姑且不论附具理由的仲裁裁决的公开问题，即便是封闭的仲裁程序也仍然存在很多外部涉入的环节和理由。究其缘由，可归纳如下。

（一）　时间性要求

仲裁程序的展开速度被认为是仲裁与诉讼比肩而立的主要原因，也是其备受攻击的主要原因。人们习惯于将仲裁裁决的质量与适当的速度挂钩，并将快速裁决与草率裁决混淆。对奥林匹克体育仲裁而言，速度不仅是运动员的品质，同时也是仲裁员的品质；运动员与自己赛跑，仲裁员与时间赛跑。在奥林匹克体育仲裁中，谈论速度并没有必要，但速度是必需的，即便是不否定正义之要求，一份许可上诉人在决赛竞赛完毕后参与决赛的仲裁裁决变得毫无意义，关键的问题不再是速度的快慢，在体育仲裁中我们已经超越了这一话题，问题的重心已经转向：如何在不损伤仲裁质量的同时获得速度？[①] 如果说奖牌是对最优者的奖赏，那么一切以速度为竞赛内容的金牌都应该授予奥运会仲裁员，是他们赶在时间的前面授予参赛队员参与比赛的资格。奥运会特设分庭的显赫功绩包括：日本长野奥运会期间，"特设分庭尽职地裁决了 6 个案件（尽管竞赛项目和运动员数量减少，但与亚特兰大仲裁案件数目相等），每一个案件耗时大约 24 小时，因竞赛日程的要求不同，每个案件耗时或多或少"。而在悉尼奥运会期间，特设分庭可能创造了很多世界纪录，如果仲裁速度也算作奥运会的竞赛项目的话，在其仲裁的 15 个案件中，"有 5 个仲裁案件在 24 小时内完成，其中一个甚至在 7 小时内完成；另

---

① See Gabrielle Kaufmann-Kohler, *Arbitration at the Olympics: Issues of Fast-track Dispute Resolution and Sports Law*, Kluwer Law International, 2001, p. 32.

有 5 个案件在 48 小时内完成，3 个案件持续约 50 小时，余下 1 个在奥运会前完成的案件持续了 72 小时"①。在海事和商品仲裁中，仲裁进程最多持续 60 天，该种仲裁即被称作"快车道仲裁"（fast-track），② 然而与奥运会仲裁相比，则可能过分缓慢了，因为一个仲裁进程持续的时间就已经超过了奥运会的竞赛日程。

体育仲裁的时间性要求促使仲裁规则提高透明度的权重，以在原则范围内牺牲私密性换取仲裁庭推进仲裁的速度。当事人以种种方式拖延仲裁程序已经成为惯常的伎俩，其中尤其包括信息披露的不透明、仲裁证据提交的延宕、专家证人委任的不合作，等等，奥运会仲裁法典和仲裁规则对付有此种倾向的当事人便是规定较为强硬和有效的透明措施，包括庭审前的证据开示、资料交换，专家证人的委任、仲裁第三人或合并仲裁制度的运用等，通过信息的加速流通和共享为仲裁速度的提升扫清障碍。CAS 仲裁的很多案例牵涉面广，仲裁庭常常既要进行合并仲裁，同时又要传唤和听取众多证人及其意见，仲裁庭审尽管不公开进行，但几乎整个庭审情况都无秘密可言。③

庭审程序中对其他证人的询问，如果认为必要，一个证人可以在其庭审陈述中就其他证人陈述事项进行评述，在这一意义上，仲裁的"公开

---

① See Gabrielle Kaufmann-Kohler, *Arbitration at the Olympics：Issues of Fast-track Dispute Resolution and Sports Law*, Kluwer Law International, 2001.

② See Mauro Rubino-Sammartano, *International Arbitration Law and Practice*, CITIC Publishing House, 2003, p. 550.

③ 比如，在长野奥运会期间，Rebagliati vs. IOC 案件中，该案关涉一个 snowboarder 资格案。申请人是加拿大运动员，在 4 月 8 日获得 snowboard giant slalom 赛金牌。它是第一枚 snowboard 赛事的金牌，赛事规则第一次出现在奥林匹克运动会中。在所有奖牌获得者赛后进行的药检中申请人被查出了 marijuana 药物。4 月 20 日傍晚举行一场会议中，IOC 药物委员会经过小范围的投票建议撤销其资格。在 11 日凌晨，IOC 根据这一建议撤回了金牌。数小时后，申请人在加拿大奥林匹克组织的帮助下于下午 5 点 15 分向 CAS 特设分庭提请仲裁。申请人一提出仲裁申请，三人仲裁庭立即组建。在电话联系各方参与人后，庭审定于下午 9 点进行。庭审通知，连带一份仲裁请求副本和仲裁规则通过电传等方式发送出去。庭审持续了两个半小时，为保证在紧迫的时间内查明案件事实，仲裁庭传唤了大量的证人，听取了包括申请人、加拿大奥林匹克协会代表、IOC 高级官员和国际滑雪协会主席等人在内的意见。See Gabrielle Kaufmann-Kohler, *Arbitration at the Olympics：Issues of Fast-track Dispute Resolution and Sports Law*, Kluwer Law International, 2001, pp. 12-35.

性"精神得到充分体现。① 因此，奥运会特设分庭仲裁庭审因时间性要求
更有正当理由容许众多证人旁听并随时准备发表证人证言，这固然加快了
仲裁速度，但也使仲裁当事人的私密被曝光在众多证人的关注之下。

（二）公益性要求

私益仲裁或诉讼只涉及当事人的利益分配，与他人无关，在此种基础
上仲裁的私密性成为可能。而国际体育仲裁及其裁决不仅直接关涉个人利
益，而且在更大程度上影响其他人员的利益，裁决的公益性决定了大量利
益关系人涌入封闭的仲裁程序，仲裁的私密性在这一正当理由的强力攻击
下遭遇到最为犀利的突破，仲裁透明性指数因此而提高并得以正当化。

国际民事诉讼或国际商事仲裁是私益纠纷的救济模式，而国际体育仲
裁及其裁决不仅关涉个人私益，而且也必然影响到全体赛事格局和参赛队
员的利益，具有公益性。在奥运会体育仲裁中，IOC 对某个参赛队员资格
的剥夺不仅首先直接涉及该队员个人人权、名利的实现，而且也将影响该
队员所属参赛团队的集体项目比赛名次，更为间接但更为重要的是，在优
胜劣汰的限额制竞赛项目中，某位参赛选手的退出，意味着下位选手的替
补加入；某位金牌或奖牌取得者被剥夺奖牌便意味着其他选手递补得奖。
因此，国际体育竞赛在某种意义上是一个零和博弈式的利益关联体和利益
共同体，这也是为什么 CAS 体育仲裁中广泛存在多方仲裁、合并仲裁以
及仲裁第三人的情形。正如 CAS 特设分庭前主席 Kaufmann-Kohler 所言：
与商事仲裁和民事诉讼相比，"体育争议的解决更接近行政程序或刑事程
序。在这些领域，某人因具体情况而使利益受影响时可作为程序一方当事
人。很明显，比赛结果受到质疑的运动员应当成为一方当事人。那么其他
运动呢？在 Segura、Raducan 以及 Neykova 案件中，标的都是金牌。此类
任一案件中，特设分庭将所有的奖牌获得者加入了仲裁程序。严格地讲，
某人可主张，仲裁结果对所有其他竞赛者的名次造成了同等程度的威胁。
尽管其他竞赛者可能受到影响，但是必须在他们之间达到一个合理的平
衡，否则仲裁程序将变得难以控制"②。同时，"人们已经注意到，CAS 仲

① W. Laurence Craig, William W. Park, Jan Paulsson, *International Chamber of Commerce Arbitration*, Oceana/ICC Pub., 1990, p. 231.

② See Gabrielle Kaufmann-Kohler, *Arbitration at the Olympics: Issues of Fast-track Dispute Resolution and Sports Law*, Kluwer Law International, 2001, p. 36.

裁与多数仲裁一样，建立在合同的基础上。这个基础提出了一个有关既非申请方也非被申请方的一方当事人，所受仲裁裁决影响的程度的问题。一项仲裁裁决对第三方当事人所产生的影响是一个复杂的问题。然而有一点是明确的，即仲裁裁决可能对非直接参与审理程序的当事人产生严重后果。法典和奥林匹克运动会规则规定，专家组对诉讼程序有充分的控制权并可以组织程序，只要它认为适当"①。下列案例突出地说明了仲裁裁决的公益性及其导致的仲裁程序的开放性和透明性。

在 Samuelsson vs. 国际冰球协会案件中，仲裁裁决的公意性使得涉入仲裁程序的利害关系人人数更为广泛，仲裁庭除了进行合并仲裁之外，还听取众多相关人士的意见，当事人之间的私密性受到很大的突破。该案申请人是瑞典冰球队队员。他参加了第一届奥林匹克巡回赛 olympic tournament 三次比赛，一负两胜。他在 1/4 决赛中遭遇芬兰队，此时他错误地代表了一个队参加比赛。不可思议的是，作为一个国家冰球联合会的明星球员怎么可能在代表队上出错呢？但是事实的确如此，申请人不是瑞典人，他成了一个美国人。该消息被记者于 4 月 16 日揭示出来。国际冰球协会在 4 月 17 日上午作出两份决定，禁止申请人参加余下的赛事，继续维持瑞典 1/4 决赛的胜者地位。同一天中午，申请人和瑞典向 CAS 提出仲裁，要求撤销第一部分决定，允许申请人参加余下赛事。半小时后，捷克奥委会也上诉，但是针对的是后半部分决定，认为瑞典的获胜是作假的结果。理由很容易理解，如果瑞典失败，捷克队将与白俄罗斯而不是与美国在 1/4 决赛中相遇，这将提高捷克队进入半决赛的机会。五天后，捷克队本应该说这些问题全是在浪费时间，因为他们最终获得了决赛冠军。然而，在 4 月 17 日晚上，这个问题的确是他们关注的问题。两个仲裁请求被合并审理，庭审在 4 月 17 日下午进行。在许多翻译人员的帮助下，庭审不仅听取了申请人、瑞典奥委会、国际冰球协会代表的意见，而且听取了捷克奥委会、NHL 委员、IOC、俄罗斯国家奥委会代表的意见。为保证所有相关利益关系方能有机会陈述意见，CAS 事实上还给了其他有资格参与 1/4 决赛的六个球队参与庭审的机会。只有俄罗斯反对捷克的仲裁请求，原因很简单，如果捷克请求被满足，他们将在 1/4 决赛中遭遇瑞典而

① See Gabrielle Kaufmann-Kohler, *Arbitration at the Olympics: Issues of Fast-track Dispute Resolution and Sports Law*, Kluwer Law International, 2001, pp. 36-45.

不是白俄罗斯。在仲裁申请提出后 24 小时内，仲裁庭就作出裁决并给出理由，且予以公布。

仲裁裁决载明：首先，禁止申请人参与奥运会。他生活并为美国效力多年，在 1995 年就获得美国国籍。申请人不否定这一事实。而且，《瑞典国籍法》第 7 条规定，另一国籍的获得自动导致瑞典国籍的丧失。因此，申请人在 1995 年 11 月就不再是瑞典人，他也自该日期起不再为瑞典队打球。冰球协会规则和《奥林匹克运动会章程》很清楚：运动员必须具有他所效力的球队所属国国籍。申请人请求宽恕，因为他也是该日前才知道自己的身份地位的。瑞典法律条款是不正常的，可能导致很多意外。然而，各种事实表明，无论运动员怎样善意作为，非法性是不争的客观事实。本案中，违法行为是明显的，申请人被禁赛。

瑞典参赛的问题更加复杂了，协会规则规定，参与运动会的球队因非法球员而应予处罚的结果是剥夺参赛资格。但是，该规则适用于锦标赛，而不适用于奥运会。锦标赛的结构与奥运会的结构不一样。让我们忽略技术性细节而关注结果：该规则不仅处罚作假的球队，而且也间接处罚了无辜的球队，诸如俄罗斯队。为避免此种结果，仲裁庭拒绝认定瑞典不合格。该裁决在体育圈内和媒体中被认可为体育精神的真实表达。或许，有人会质疑它是否真正符合相关法律规则。[①]

事实上，体育仲裁裁决之所以需要公开，也是由于裁决关涉公共利益。[②] 公共利益的需要置换了仲裁当事人私密性的需要，它为利益关系知悉案件情况提供了根据，体育仲裁程序的透明品质在这一基础上得到了最为强硬的支持。

（三）体育法制一体化与体育运动法治化的要求

体育法制一体化和体育运动法治化是体育世界持续健康发展的制度保障，要在各国、各单项运动协会割据的离散状态下整合起来，需要一个强势的机构在立法和司法过程中成为示范的标杆，通过它的尺度和规范把握体育界的节奏，并形成强有力的凝聚中心。CAS 迄今为止的行动表明它是一个适格的指挥家，它通过自身的规则与仲裁实践发展出初具雏形的一体

---

① See Gabrielle Kaufmann-Kohler, *Arbitration at the Olympics*: *Issues of Fast-track Dispute Resolution and Sports Law*, Kluwer Law International, 2001, p. 99.

② Ibid., p. 45.

化法制，并通过透明化自身的言行来传递、感染和带动整个体育界糅合而成和谐的体育世界秩序。透明化成为 CAS 发挥作用的主要渠道。

体育行业是一个相对自治和封闭的行业，但那已经是很久远岁月里的情事了。当金钱和财富在体育领域内开始流动时，体育行业这块净土变得不再纯粹，随着体育转变为全球性产业，尤其是在世界贸易领域内占据了保守估计下的 3% 的份额，体育纠纷日益世俗化，体育官司越来越多也就不足为奇了，毕竟利之所在、民之所趋。① 金钱的力量在成就了体育的繁荣和辉煌的同时也开始显示其对体育产业的负面影响，滥用药物、操纵比赛、球场暴力等一系列现象的出现亟待规则治理下的秩序。然而各国、各区域、各体育项目的条块管理导致体育法制一体化运动的分崩离析，体育世界坠入深重的混沌状态。为促使体育法制一体化并进而在其上推行体育运动的法治化，这成为国际奥委会这一体坛龙头不可推卸的责任和抱负。

然而国际奥委会的身份决定其不能成为一个纯粹的司法机构，从而难以发展和创造出权威和中立的体育法制规则，并为仲裁界所心悦诚服地接受。CAS 成立初期就因为其接受 IOC 的财政资助而广受质疑，它与 IOC 千丝万缕的联系使其缺乏袖范天下的独立身份。直到它"正式脱离国际奥委会的翼护而发展成为国际性的常设独立仲裁机构"之后，② 其权威性始得世人信赖，而其后对 IOC 决定的颠覆使它以更为决绝的姿态和强悍的作风捍卫了自身的威仪，一跃而成"世界体育之最高法院。或许 CAS 自其创设初期并没有享受如此尊容的称号，然而现在在专家眼里它没有理由不足以配享如此殊荣"③。

CAS 的权威和尊严形成了一种强大的力量，迫使 IFs 服从于 CAS 的规则治理进程。学者撰文指出，对于 CAS 作为"世界体育之最高法庭"的越发广泛的共识，已使其扮演着控制 IFs 背离自身规则与规章的角色。当一项争议提交至特设仲裁分庭（AHD），查明案件事实、解释可适用的体育规则，以及最终对专家组确认存在的事实情况适用相关规则，是专家组的责任。因此，独立的 CAS 专家组将推翻任何背离规则的故意或疏忽。

---

① 详见［英］布莱克肖《体育纠纷的调解解决：国内与国际的视野》，郭树理译，中国检察出版社 2005 年版，第 1—2 页。

② 张春良等：《北京奥运会法制危机及其消解》，《重庆文理学院学报》2006 年第 3 期。

③ See H. E. Judge Keba Mbaye, "Introduction to the Digest of CAS Awards Ⅲ（2001—2003）", in Matthieu Reeb（ed.）, *Digest of CAS Awards Ⅲ（2001-2003）*, Kluwer Law International, 2004.

CAS 的 AHD 的存在对 IFs 有一定的影响。它们将更加用心地得出与它们自己的规则和规章相符的裁决。①

CAS 致力于体育法制的一体化，并且取得初步的成功。按某些学者看来，CAS 为世界运动员和体育联盟设立了法庭，通过一个单独的、独立的和有经验的体育裁判团解决他们的争议，该体育裁判团能够始终如一地运用不同体育组织的规则和世界最普遍的奥林匹克运动反兴奋剂法令。CAS制定了一套统一的体制，这样就可以帮助体育回到它的初衷。正是这种统一的体制能够通过健全的法律监控和各种法律与原则的调整来保证体育的公平。因此，该学者乐观地认为，CAS 正处在逐步提出普遍原则的过程中，也许将来有一天会出现普遍认可的体育法。

CAS 通过其法典和规则为世界体育树立了静态的示范法，并通过其仲裁实践为世界演示着示范法的动态运行和法治化的精义，动态的仲裁实践不断给 CAS 带来冲击并转而通过 CAS 仲裁员的天才创造不断地发展和延伸出新的、一脉相承的体育法制。CAS 就像一只空灵的蜘蛛舞着优美的步伐，以其勤勉、谨慎、智慧和不懈的努力编织着庞大、精致和严谨的法制网络，它直接拘束各类体育机构和体育从业人员并间接提供示范，使其在潜移默化之中调整和修正自身的节奏与韵律以与 CAS 之法律体制保持相同的审美情趣，在其错落有致的网络之中，无序的体育世界被整理出一种秩序，从而得以生成一个法律帝国。

CAS 对体育世界的影响是通过透明化其运作过程来完成的，它主要包括四种方式：一是通过直接仲裁案件，对各体育类机构和人员进行体育法制的讲解和适用。二是邀请相关人士参与仲裁或者直接作为仲裁员。将体育领域和法律领域具有重大影响的人物聘请为仲裁员，或者邀请相关权威机构参与仲裁，比如 WADA 等国际体育界重要的造法机构已成为仲裁庭仲裁兴奋剂案件的观察者，通过这些方式不仅发展了体育法制，而且也使他们成为 CAS 体育法制的缔造者和宣传者。三是公布仲裁裁决。CAS 仲裁裁决几乎都进行了公布，每一个案例都是一部动态的示范法，纠纷当事人可直接从中得到支持、教育和示范，而且通过学术界对它的整理、归纳、研究和分析，也在不断地促使体育法制化和体育法制一体化向纵深程

---

① See Richard H. McLaren, "International Sports Law Perspective: Introduction to the Court of Arbitration for Sport", *Marquette Sports Law Review*, 2001 (12).

度发展。四是发表咨询意见。尽管咨询意见并不具有法律拘束力，但鉴于 CAS 在世界体育法制中的支配地位，它的意见无疑会成为一种重要的参考。

CAS 不满足于消极地裁决案件，它更大的抱负在于构建统一的法律帝国，作为这个法律帝国的奠基物，便是被透明化过程牺牲的仲裁程序的私密品质。CAS 在何种程度上渴望这个帝国的建成，便在何种程度上依赖对仲裁程序的透明性加权考虑。鉴于 CAS 目标的崇高性，以及国际体育仲裁主题的非私密性等因素，仲裁程序的透明性加权具有正当性和必要性。

第四节　国际体育仲裁程序的自治与它导

体育仲裁，特别是竞技仲裁首先作为仲裁机制之一类分享着常规仲裁的自治与它导理念。竞技仲裁的自治性渊源于争议当事人之间的平位结构，并实证地表达为程序选择自治、程序展开自治和裁决履行自治。竞技仲裁的它导性渊源于仲裁庭与当事人之间的差位结构，并实证地贯穿在仲裁规则之选用、仲裁选址、组庭救济、临时与保全措施之采取、裁决之作出等方面。竞技仲裁不应持平兼顾二者，而应加权考虑仲裁程序的它导取向，赋予仲裁庭在案件管辖、程序管理、证据组织及裁决作出等方面的强势力量，确保竞技体育争议得到公正且高效的处理。①

一　自治与它导的程序化

国际体育仲裁作为商事仲裁的范畴，自治性仍然是其仲裁程序的基调。CAS 仲裁法典和《奥林匹克仲裁规则》也体现了当事人的自治性，这最主要地体现在三个方面，即体育仲裁程序选择的自愿性、体育仲裁程序展开的合作性、体育仲裁裁决履行的自我承诺性。

整个 CAS 仲裁法典无非是当事人自律意志的宣言，其第 27 条、第 47 条集中体现了程序选择的自由，它规定 CAS 仲裁庭受理案件必须存在体现当事人合意的仲裁协议，该仲裁协议既可以是合同中的仲裁条款，也可

---

① 本部分是在《自治与它导：竞技仲裁理念之程序表达》一文的基础上经扩充调整而成。该文发表在《北京体育大学学报》2013 年第 1 期。特此说明并致谢忱！

以是事后形成的仲裁协议书，还可以是载入体育协会或其他体育机构制度中的开放式仲裁要约，此类开放式仲裁要约因另一方当事人加入该协会或机构的承诺行为而转变为格式化的仲裁协议。在奥林匹克仲裁语境下，当事人的仲裁合意主要体现为如下几个层次：首先是《奥林匹克章程》第74条所形成的开放式仲裁要约，以相对人参加奥运会的行动为承诺行为，由此构成体育仲裁合意；其次是各 IFs、NOCs 等机构在其章程中直接确立或间接援引《奥林匹克章程》第74条之规定而形成的开放式仲裁要约，以相对人加入该协会或机构而成为其成员时，该行为及其导致的成员身份之事实构成仲裁承诺，由此构成体育仲裁合意；再次是奥运会参赛报名表上插入的仲裁条款，以参赛队员、其所属 NOC 和奥运会主办者 IOC 为三方签署人所形成的仲裁合意；最后，IOC 也会与奥运会承办国缔结体育仲裁协议，确保所有参与赛事者之间存在仲裁合意。

在仲裁程序的展开过程中，程序的自治性仍然突出。CAS 仲裁法典第28条在事实仲裁地的选择上要求仲裁庭在尊重当事人意志的情况下可另行选择；第29条有关仲裁语言的选定上当事人可协议选择。第34、35、36条有关仲裁员的选任、回避、撤换和替换问题都给予当事人表达意志的机会，并对当事人合理和真诚的意志予以尊重，并且在仲裁员替换后是否需对以前进行过的仲裁程序进行追溯仲裁也可取决于当事人的自治。第44条第2、3款规定，庭审原则上不公开进行，但是当事人可另行约定；仲裁庭委任专家也需要征询当事人意见。第50条有关仲裁庭的组建方面，仲裁庭以合议制还是独任制形式组建由当事人自治。第57条关于仲裁庭审是否公开方面当事人有权自治。

在仲裁裁决阶段，当事人主动或被动履行仲裁裁决都是当事人自治的体现。败诉方不履行仲裁裁决而被迫履行仲裁裁决似乎并不是当事人合意的结果，然而，让我们再次回忆康德的自由命题，即一个理性人只有在遵守自己意志的时候才是自由的，体育纠纷当事人选择仲裁时的自由和合意确保了遵守仲裁裁决的行为不再是低级的义务或责任，而是一个理性自由之人真正自由的表现，无论裁决之内容如何，主动要求履行仲裁裁决的担当行为就不再是责任，而是一种权利和尊容；而对强迫要求自己履行仲裁裁决的行为和人士，被迫履行者则应胸怀敬意和感激，是他们使他皈依自己之自由意志并由此而重获自由。公权力程序和当事人合意程序作为当代纠纷解决机制的两大类型，尽管二者存在质的区别，但都具有其正当性理据。公权力程序的正当性理据建立在公益保护和私益当事人寻求公力救济的基础之上；合意程序的正当性理据建立在私益自治和理性人自律的基础之上。也因此，合意程序要一贯地维持其正当性，就必须确保程序始终一贯地运转于正当性理据之上。作为合意程序的正当性理据，理性人的自律是指一个理性之人在自由意志的指引下作出的庄严抉择，并逻辑地对其抉择后果承担责任，一切逃避自身自由意志抉择行为之后果者都是在逃避自由。体育纠纷当事人作为理性人，一旦选择以国际体育仲裁的方式进行裁决，则必须在随后展开的体育仲裁程序中履行合作义务并因理性人的自律而担保仲裁裁决的履行，所谓"禁止反言"，其本身并不是理由而只不过是"尊重自己之为人的尊严"的结果。CAS 仲裁法典第 59 条有关仲裁裁决的效力与公开问题上规定，仲裁裁决是终局的，并对当事人具有约束力，当事人不得通过其他撤销程序对其效力提出质疑；在仲裁裁决是否公开方面当事人也有权自主决定。

而仲裁程序的它导性主要是指相对于当事人而言，仲裁庭在某些问题上享有支配权和自由裁量权。当然，仲裁程序的它导性在本质上也是当事人自治性的曲折和辩证表现，但从权力行使的形式上看，仲裁庭与当事人之间存在命令与服从的关系。它导性是仲裁权的权力性态之另一方面，仲裁权是一种权力，这是绝对多数人的共识，学界内鲜少有人否认国际商事仲裁权的权力属性，反而极尽肯定之能事。杨荣新先生认为，"纵观理论界对仲裁权含义的界定，不外乎认为，仲裁权即是仲裁机构依法享有的对仲裁案件进行审理并作出判决的权力"，"仲裁权是指仲裁机构对争议双方当事人自愿协商提交其仲裁的争议案件，以第三者的身份居中依法进行审理并作出判决的权力"。[①] 刘家兴先生认为，"仲裁权，从形式上看是仲裁机构对一定争议的裁决权，而实质上是发生纠纷的当事人事前或事后，在协商一致的基础上，赋予仲裁机构对其争议的公正裁决权"[②]。李汉生先生认为仲裁权是"指民事经济纠纷的当事人按照事先或事后达成的协议，赋予仲裁机构对其争议的事实即权利义务作出裁定的权力"[③]。而另一种观点则认为："所谓仲裁权，就是指仲裁主体对争议双方当事人议定

① 杨荣新：《仲裁法理论与适用》，中国经济出版社 1998 年版，第 152 页。

② 刘家兴：《论仲裁权》，《中外法学》1994 年第 2 期。

③ 李汉生等：《仲裁法释论》，中国法制出版社 1995 年版，第 1 页。

由其裁决的某些民商事纠纷以第三者的身份依法作出公断的权利。"①

它导性表现为权力属性，而要穷究权力的内涵，我们不得不揭开尘封的历史，去对话往昔的圣贤。在中西方文化中，权力都是一个古老的概念，正如笛卡尔评价哲学一样，"关于哲学我只能说一句话：我看到它经过千百年来最杰出的能人钻研，却没有一点不在争论中，因而没有一点不是可疑的……"② 古往今来，那些尝试着给"权力"下定义的学究们仍然徘徊在笛卡尔巫术般的断言中。在中国古代典籍中，"权"的概念有两个：一是衡量审度之意。二是制约别人的能力。在西方，权力的英语为Power，侧重指有影响、支配、操纵他人的能力与力量。近代以来，罗素认为："权力可以释为一种力量，所以产生出意图之效果者也。"③ 更多人认为，权力是一种社会关系，是指任何主体能够运用其拥有的资源，对他人发生强制性的影响力、支配力，促使或命令、强迫对方按权力者的意志和价值标准作为或不作为。简言之，一如美国学者丹尼斯·朗所采用的修正的罗素定义：权力是某些人对他人产生预期效果的能力。④ 按照这一权力内涵，可以从 CAS 仲裁法典，尤其是《奥林匹克仲裁规则》中解读出较为浓重的它导性色彩。

CAS 仲裁法典第 27 条在程序规则的适用上硬性指定了 CAS 自身的规则，不允许当事人如在一般商事仲裁中可以协议选择乃至生造仲裁规则。第 28 条在仲裁地的选定上直接以瑞士洛桑为法律名义上的仲裁地，从而把法律适用问题和挑战仲裁裁决品质的管辖权问题收归瑞士法律调整。在第 34、35、36 条有关仲裁员的回避和替换等问题上，当事人的意志固然需要尊重，但决定是否回避的权力是掌握在 ICAS 及其理事会的手中，且对于已进行程序是否需要进行追溯仲裁，仲裁庭也有权力自行决定。第 34 条有关临时措施和保全措施的问题，当事人不得向有关国家机构请求行使此类权力，而由仲裁庭自行决定是否采取，以及独占地采取。第 44 条第 2、3 款规定，庭审结束后，仲裁庭有权裁定是否接受当事人进一步提交的书面陈述，并在考虑当事人意见后可决定不再开庭；在举证程序

---

① 谭兵等：《中国仲裁制度研究》，法律出版社 1995 年版，第 140 页。

② ［法］笛卡尔：《谈谈方法》，王太庆译，商务印书馆 2000 年版，第 8 页。

③ ［英］罗素：《权力的欲望》，水牛出版社 1998 年版，第 23 页。

④ ［美］丹尼斯·朗：《权力论》，陆震纶、郑明哲译，中国社会科学出版社 2001 年版，第3 页。

中，仲裁庭可随时命令提交补充文件或询问证人，委任和聆讯专家，并采取其他程序性措施；对于专家证人的委任，仲裁庭也有权作出决定。第52条规定，CAS应采取所有适当措施以启动仲裁程序。第57条更是授权仲裁庭审查事实和法律的充分权力，当事人无权进行干涉或者合意变更。《奥林匹克仲裁规则》通篇烘托的都是一个强势仲裁庭的印象，仲裁庭的权限在奥运会的语境下被适当地提高了，提高到特别是为了特设分庭的速度和效率的需要而由仲裁庭在很多方面可自由裁量直至解决争议所"必要的程度"①。

二　它导品质的加权

加权考虑国际体育仲裁程序的它导性，主要动因是私力救济的有限性和公力救济的有效性。私力救济的精神是自治，公力救济的精神则是它导。自治性没有它导性的有效辅佐，可能出现效率低下，而对于奥运会体育仲裁而言，仲裁速度的减缓是无可原谅的错误，它将直接带来毁灭性的打击。

私力救济作为纠纷当事人自我实现彼此之间权利义务再分配的一种路径，在不逾越社会限定的基本原则的情况下具有积极意义。人们"自我拯救"式的权利意识的苏醒以及对法院诉讼机制所存在的主观和客观瑕疵的失望成就了包括仲裁在内的私力救济机制的辉煌，对于诉讼外纠纷解决机制而言，它们"能够提供更多的好处，包括更高的当事人满意度，创造性的纠纷解决方法和在实现和解上的高效率"②；仲裁机构等私力救济机构"往往拥有自己的或有关部门的调查机构，而且有精通特定专业领域知识的人员负责处理纠纷，所以在信息的收集及判断上具有优势，使更为符合实际的解决成为可能"，且当事人之间的合意比依据法律一刀两断作出的裁决"更容易带来符合纠纷实际情况的衡平式的解决"③。仲裁机制的确具有专业性、效率性、温情性、自主性等特点，它使特定纠纷尤其适合仲裁处理，反观诉讼机制，除了必须接受形式性、对抗性、烦冗性的程序以

---

① See Article 15 procedure before the Panel (d) of Arbitration Rules for the Olympic Games.

② ［美］史蒂文·苏本、玛格瑞特·伍：《美国民事诉讼的真谛：从历史、文化、实务的视角》，蔡彦敏等译，法律出版社2002年版，第215页。

③ ［日］棚濑孝雄：《纠纷的解决与审判制度》，王亚新译，中国政法大学出版社2004年版，第75—76页。

外，当事人还得忍受法官日益傲慢和自负的嘴脸，以及承担律师们高昂的费用，一如林肯曾言："任何时候，只要你能够，就请说服你的邻居达成妥协。向他们指出名义上的赢家通常是实际上的输家——在费用、开支和时间的浪费上。作为一个调解者，律师有更好的机会做一个好人，而这样做仍然会有足够的业务。"人们也不断受到告诫："如果你走上法庭，就不是胜利者。高额的法律费用还仅仅是其中的一部分。诉讼是漫长且反反复复的。法律体系是深不可测的，没有任何效率可言。"①所有这些评论都支持了仲裁等 ADR 机制的"善"和诉讼的"恶"。然而，随着诉讼日益契约化②以及仲裁日益诉讼化③，对诉讼和仲裁的民间评价正处在转变之中。

仲裁与诉讼作为私力救济和公力救济的两大典型程序，它导性在其中的配置比例有明显的差别。仲裁以自治为主，以它导性为辅；诉讼，即便是法官处于消极地位的辩论式诉讼，法官的它导性仍然明显优势于当事人的自治性。当诉讼程序"由仪式化、教条化、武断性向实用、有效、民主方向发展"后，④法官的它导性不再是诉讼程序饱受诟病的消极因素，一变而成促进诉讼效率的强力杠杆。而仲裁曾经为人称赞的自治品性却开始揭示出私力救济的无助性及其导致的非效率性。对仲裁重效率而轻公平的道德质疑早有传闻，一些人就认为仲裁等诉讼外纠纷解决机制是一种"廉价的正义"，"意在谋求转移人们得到审判机关公正裁决的要求，结果是扼杀了人民实现自己权利的意愿"⑤；仲裁就像和解一样是"对大众社会的投降"⑥。但在效率问题上对仲裁提出挑剔则属少见，相反，效率性作为仲裁的德性被广为传颂。然而，随着仲裁当事人滥用自治性以及仲裁调

---

① Ian Dixon, *Building*, 7 February 1992, p. 9. 转引自［美］史蒂文·苏本、玛格瑞特·伍《美国民事诉讼的真谛：从历史、文化、实务的视角》，蔡彦敏等译，法律出版社 2002 年版，第 203 页。

② 张卫平：《论民事诉讼的契约化》，《中国法学》2004 年第 3 期。

③ 参见汪祖兴《效率本位与本位回归——论我国仲裁法的效率之维》，《中国法学》2005 年第 4 期。

④ 顾培东：《社会冲突与诉讼机制》，法律出版社 2004 年版，第 46 页。

⑤ 详见［日］棚濑孝雄《纠纷的解决与审判制度》，王亚新译，中国政法大学出版社 2004 年版，第 77 页。

⑥ See Owen M. Fiss, "Against Settlement", *Yale Law Journal*, 1984 (93), p. 1075.

查和辩论的策略化、技术化，在合意基础上建立起来的精诚合作并由此产生的仲裁效率却因合意的贫困化、非诚信化而走向反面。依赖自律和道德的柔性约束难以有效弥合当事人之间的貌合神离以为仲裁速度的提升清除障碍，历史的钟摆又朝向倚重以他律和规则为基础的硬性约束机制来促进仲裁效率。

CAS 仲裁法典通过对仲裁庭的它导性进行加权，构建出一个强势仲裁机构以粉碎当事人拖延仲裁程序的仲裁谋略、有效组织证据程序、全权认定案件事实和法律适用，从而保证了 CAS 仲裁的高效率性。

首先，在粉碎当事人拖延仲裁程序的仲裁策略方面，CAS 仲裁法典赋予仲裁庭强硬的权力以启动仲裁程序，并设立了证据开示制度。仲裁法典第 52 条规定，除非当事人之间一开始就明显不存在 CAS 仲裁协议，否则 CAS 有权采取所有适当的措施以启动仲裁程序。此规定意图明确，即只要仲裁协议表面存在（prima facie），CAS 就应当采取一切措施启动仲裁程序，防止当事人以仲裁协议不存在、无效、失效、尚未生效或存在其他瑕疵为由阻止或减缓仲裁程序的启动速度。第 56 条规定了证据开示制度："除非当事人另有约定或仲裁庭主席依据特设情况另有指令，提交上诉理由和答辩后，当事人无权补充其主张、提交新的证据或详述其拟依据的新证据。"此种证据开示制度一方面通过庭审前的透明化措施，为后续庭审调查和辩论的有效高速进行奠定了基础；另一方面也防止当事人以提交新证据为由采取"突然袭击"的仲裁策略，此类仲裁策略不仅导致证据的提交出现反复从而使先前证据程序丧失意义，而且严重影响仲裁的流畅程度，仲裁庭的调查和辩论也因此变得重复和繁杂，仲裁庭拟制的仲裁步骤和时间框架完全落空，终致仲裁程序之进展变得毫无规划和希望。因此，证据开示制度通过设定一个时间点，要求当事人一次提交全部证据，加强当事人和仲裁庭之间信息对称的同时也防止当事人的"仲裁欺诈"，从正反两方面提高了仲裁的效率。

其次，在有效组织证据程序方面，仲裁庭有权传唤和询问众多证人，有权征询当事人意见后委任专家证人，有权命令当事人提交相关证据，有权请求得到相关体育机构纪律委员会或类似机构拥有的被上诉决定的相关证据，更重要的是对证据的取舍和运用由仲裁庭享有自由裁量权。《奥林匹克仲裁规则》第 15 条更是对仲裁庭的支配权力进行加权处理，它要求仲裁庭全权控制证据程序，在庭审中可采取与证据相关的一切适当措施，以及仲裁庭可在解决争议所必要的范围内容许当事人提交庭审中未提交的证据，除此之外，"仲裁庭可在任何时候采取一切与证据相关的适当措施。尤其是，仲裁庭可任命专家、命令提交文献证据、信息证据以及其任何其他证据。仲裁庭自由裁量决定采纳或者排除证据，并评估证据"。相比国际商事仲裁而言，CAS 仲裁庭在证据方面的强势地位异常明显。

最后，在案件事实认定和法律审查方面，仲裁庭也拥有主导权。CAS 仲裁法典第 57 条规定，仲裁庭拥有审查事实和法律的充分权力；在《奥林匹克仲裁规则》中，"充分权力"提升为"完全权力"，其 16 条规定："仲裁庭对仲裁申请依据之事实的认定拥有完全权力。"

CAS 仲裁庭的它导性加权色彩还体现在其对奥运会赛事争议的垄断性管辖上。根据《奥林匹克章程》第 74 条的规定及其在各体育机构中的延伸体现，它在所有奥运会参与者之间形成一个多边仲裁安排，一切争议均由 CAS 受理。这一仲裁协议首先是以格式条款的形式提供；其次它不容许参与者有程序选择权，除非其退出奥运会；最后，CAS 的管辖不以相关人士是否书面签署仲裁协议为限，参赛行为本身即构成对 CAS 管辖权的事实接受。CAS 管辖权的制度安排使其它导性加强，相关人士或机构为参赛除了接受该制度外，别无选择。强化的它导性保证了奥运会赛事争议能由一个纠纷解决机构按照一以贯之的裁决准则和推理模式作出裁决，有利于保证仲裁案件的划一处理，并促进体育法制的统一化进程。

对 CAS 仲裁程序的它导性进行加权考虑还在于体育仲裁裁决的公益性、处罚性使然。国际商事仲裁当事人能够在程序中享有很高的自治性是因为他们处分的权利和义务仅关涉个人私益，而一旦超越私益范畴，当事人就无权进行处置了。法律只允许一个人处理法律限定范围内的私益，如果当事人超出法定范围擅自处分自己不得处分的私益和他人利益，此时仲裁因所涉主题不具可仲裁性而使仲裁裁决即归于无效。国际体育仲裁主题具有公益性质和处罚性质，从严格的逻辑上讲，它并不是纯粹的民商事仲裁，法律允许以仲裁的方式裁决体育争议，是对一般仲裁机理的突破，而之所以仍然让体育仲裁保留在商事仲裁的范畴内，是体育界希望进入1958 年《纽约公约》多边框架的善良愿望。鉴于国际体育仲裁主题关涉公共利益，具有处罚性，甚至按照《奥林匹克章程》看来具有人权色彩，其仲裁程序具有公法仲裁的属性，由此决定仲裁程序的展开不能高度依赖于当事人的自治，必须对当事人的处分权予以公共利益的限制，而对公共利益的衡量取舍只有依赖于仲裁庭的判断。在这一意义上，仲裁庭及其成员不再局限于是当事人的"雇佣法官"，甚至也不仅仅是单纯的服务提供者，他们具有了国家司法官员的身份。他们职能的公共性在客观上需要他们表现出更为积极的态度和拥有更为主导的支配权力，减少对当事人合意的依赖和影响，据此独立客观地行使公益佑护者的角色。对公益的权衡必然在相对意义上平抑当事人的自治权限，从而提供了 CAS 仲裁庭它导性的加权根据。

此外，对 CAS 仲裁程序的它导性进行加权还在于参与仲裁程序的人员或机构众多，需要提升仲裁庭的组织和支配强度。为使仲裁程序能有序展开，包括是否传唤证人、如何传唤证人、传唤哪些证人，以及合并仲裁或增设仲裁第三人如何统筹安排等，如果过多顾虑当事人的意志，而当事人意见分歧，尤其是当事人恶意不合作时，仲裁庭在此时表现出的民主只能是一种应受谴责的多愁善感和优柔寡断，轻则导致程序受阻、裹足不前，重则将使仲裁程序失去控制、完全瘫痪。当程序陷入混沌状态，当事人各执己见时，对 CAS 仲裁庭的它导性加权考虑必将使其能以铁腕手段拯救和引领无序的仲裁程序重归秩序。

第四章

国际体育仲裁裁决专题研究

第一节　国际体育仲裁的裁决机制

以 CAS 仲裁法典为基础，可将其裁决机制概括为三个方面：一是裁决作出的程序，二是裁决的生效，三是裁决的督促。以下分别论述之。

一　CAS 的裁决程序

相比于国际商事仲裁的一般裁决程序，CAS 裁决之作出具有独特性。按 CAS 裁决过程中参与主体进行界定，其裁决程序可分为相对独立的三阶段：一是仲裁庭合议与拟决程序，其结果是作出仲裁裁决草案；二是仲裁机构的审查程序，其功能旨在预先排除裁决的形式与实质问题；三是仲裁庭的更正与签署程序，得出终局裁决。三阶段各有独特使命与程序规则，最大限度地提升裁决品质。

（一）裁决议拟阶段

仲裁庭在经过仲裁庭审之后将宣布结束仲裁程序，进入仲裁裁决程序。仲裁裁决草案的合议及其作出因仲裁庭模式不同而略有差异。在独任制仲裁庭模式下，独任仲裁员的意见既是一人意见，也是一致意见，不存在仲裁合意的问题。在三人制仲裁庭模式下，裁决草案的作出则需要有一致或多数意见。在多数意见不能达成的情况下，首席仲裁员通常具有决定性权利，或者由其投表决票，或者由其单独作出裁决。CAS 仲裁法典有关上诉仲裁的裁决规则的第 59 条采取了类似的规定，它要求裁决应以多数作出；在缺乏多数意见时，则由首席仲裁员单独作出。该条还对裁决提出了两点要求：一是裁决应采取书面形式，二是裁决应当载明裁决理由。

（二）CAS 的审查阶段

依一般仲裁法理，仲裁庭全权负责争议的裁决事项，包括形式与实质，仲裁机构退隐其后仅为其提供裁决服务，被禁止干涉裁决的形式与实质问题。但 CAS 在此方面表现激进，它有权对裁决进行审查，并且此种审查是仲裁庭签署裁决的先决条件。国际商会（ICC）仲裁院仲裁规则也有类似的规定，与之比较而言，CAS 的裁决审查职能具有如下要点及特征。

1. 审查主体是仲裁院秘书长，由其代表仲裁机构执行裁决审查。ICC仲裁规则中，负责裁决审查的主体不是个人而是仲裁院，实践中一般是由三级主体构成：首先是各具体个案中的案件管理员，其次则是仲裁院秘书，最后是仲裁院相关人士组成每周或月度会议。

2. 审查对象主要是裁决形式。CAS 与 ICC 在这方面立场相同，微小差别有二：一是 CAS 规则允许秘书长直接对裁决形式问题进行纠正，无须返回仲裁庭调整；ICC 规则授权仲裁机构可以"规定"但不能自行直接纠正裁决形式。二是 CAS 秘书长可以直接纠正的仅限于裁决的"纯形式"；ICC 规则仅指出裁决形式问题，没有严格区分形式与纯形式。

3. 仲裁机构也可提请仲裁庭关注裁决实质问题，但限制条件有三：一是 CAS 与 ICC 都不得干涉仲裁庭的独立判断；二是 CAS 与 ICC 都不能代替仲裁庭，而只能提请仲裁庭关注实质问题；三是仲裁庭关于裁决的分歧意见不属于仲裁机构的审查范围。CAS 与 ICC 之间的规则差异在于提请仲裁庭关注的实质问题的范围不同：后者宽泛地包括所有实质问题，前者仅限于"根本的原则问题"。

（三）裁决签署阶段

CAS 秘书长在纠正裁决形式并提醒仲裁庭关注根本的原则问题之后，裁决将返回给仲裁庭。仲裁庭在签署裁决前原则上应在形式问题方面遵循秘书长的指示，但可保留对裁决实质问题的意见。仲裁实践中，秘书长凭借其常年累积的审查经验对裁决实质问题提出的关切通常并非毫无根据，仲裁庭有义务认真斟酌。毕竟裁决不仅是仲裁庭的"作品"，也带着 CAS 的"品牌"，在捍卫裁决品质方面，仲裁庭与 CAS 共享着荣耀也共担着责任。仲裁庭依审查意见完成对裁决的调整或斟酌后，应当对裁决进行适当的签署。CAS 裁决签署的一个特色是，不论是一致裁决、多数意见裁决还是首席仲裁员单独裁决，该裁决都仅需要首席仲裁员一人签名即可；并且，CAS 仲裁法典并无要求必须述明其他仲裁员不予签名的原因或理由。在其他仲裁规则中，其他仲裁员未签名的，仲裁裁决中应载明未签名之理由。后者显然更加透明，但 CAS 的做法则更有效率。

需要注意的是，仲裁庭在收到 CAS 秘书长返回的裁决时，如果秘书长未对裁决提出任何修改意见，仲裁庭即刻签署裁决当不存在问题。但如果该裁决被秘书长附带修改意见地返回，在仲裁庭对裁决进行了修改，或者经斟酌后拒绝进行修改后，仲裁庭在签署裁决前是否仍需再次向秘书长提交裁决进行复查？对该问题的回答取决于在两种相互竞争的价值之间进行何种取舍：一是效率导向，此价值取舍下裁决无须再返回给秘书长审查；二是品质及规则导向，此价值取舍下裁决仍需返回审查。笔者倾向于第二种立场，毕竟 CAS 仲裁法典第 59 条明确规定：仲裁庭最终签署裁决前，应提交 CAS 秘书长审查。横比 CAS 所借鉴的 ICC 仲裁机构裁决审查实践，ICC 裁决在经仲裁机构返回仲裁庭进行调整后、签署前仍应由仲裁院复查。在严格控制时限的情形下，机构复查有助于确保裁决审查的功能被实现。

二　CAS 裁决的生效

裁决生效是裁决被承认和执行的首要条件，如何确定裁决的生效日期因此成为关键。裁决生效日期一般被认为是裁决作出之日，但此种表述过于宽泛，不同仲裁规则采取了不同的做法。相比于一般仲裁裁决与法院判决的生效而言，CAS 裁决生效有如下特点。

（一）生效日之确定

裁决自书面通知当事人之日为裁决生效日。CAS 仲裁法典第 59 条第 3 款即如此规定，裁决自书面通知之日起具有"可执行效力"。与此不同，ICC 规则第 31.3 条采取的是裁决载明日，即"裁决应视为在仲裁地并于裁决书中载明的日期作出"。WIPO 规则更接近于 CAS 的做法，其第 64（b）条规定，裁决应自其送达之日生效并对当事人产生拘束力。比较两种做法，ICC 规则更值得肯定，因为在采取一裁终局制的仲裁机制下，裁决生效不应受制于送达程序的影响，CAS 要求自裁决自送达之日生效，就使裁决的终局性与拘束力附条件地被延长。

（二）生效裁决的分解

CAS 仲裁裁决可以分解通知，并以先行通知之日为裁决生效可执行之日。仲裁裁决的各组成部分应构成一个完整不可分割的整体，并因这种整体完善性而具有法律效力。但 CAS 仲裁裁决却被策略性地分解成为两个部分：一是裁决的理由（reasons），二是裁决的处理（operative part）。其中，裁决的处理部分可以先于理由部分通知当事人，并且，尽管终局裁决自 CAS 仲裁院办公室通知当事人即为终局裁决并对当事人产生法律拘束力，但先期通知的裁决处理部分却可自其书面送达当事人之日具有法律效力，可被执行。这种分解做法一方面缓解了仲裁庭作出裁决的时限压力，[1] 另一方面也确保仲裁裁决能够有效率地执行，以契合体育仲裁的特别需要。

（三）生效裁决的通知

CAS 裁决的通知由仲裁庭和仲裁机构共同执行。CAS 裁决的执行部分将由仲裁庭决定是否可先行通知当事人，而附带理由的完整裁决则由仲裁院办公室通知。其他仲裁机构由于并无此种分解与先予通知的独特制度设计，因此其完整仲裁裁决将主要由仲裁机构负责通知当事人。

（四）生效裁决的效力

裁决一经书面通知当事人即生效，并无上诉机会及上诉宽限期。这是仲裁裁决不同于法院判决的生效方式。在法院诉讼中，一般程序通常会给予当事人上诉的机会，法院判决的生效因此取决于当事人是否上诉，并受上诉时限的影响。但仲裁裁决的一裁终局性意味着，当事人不能上诉，虽然他们可以向法院提出撤销之诉，但是这并不影响仲裁裁决的生效。因此包括 CAS 仲裁在内的裁决采取的是裁决作出或通知当事人之日起生效方式。

三 CAS 裁决的督促

（一）仲裁效率与裁决督促

国际仲裁的传统比较优势是效率，国际体育仲裁因其时效性尤甚。[2]

---

① 按 CAS 仲裁法典之规定，仲裁庭在其收到仲裁机构转交的资料开始只有 3 个月的时限作出裁决。但裁决中的执行部分通知当事人之日可作为 3 个月时限的计算截止点，这就使裁决理由部分可以在该时限外作出。

② 张春良：《论北京奥运会仲裁的法律问题》，《体育科学》2007 年第 9 期。

仲裁裁决既然是仲裁过程诸多因素的互动结果，仲裁效率的实现与提升就不能简单归于某一主体的独角戏。系统观之，抵消仲裁效率的消极因素从主体角度看主要有二：一是当事人，二是仲裁庭。源自当事人的大多数消极因素可通过善意仲裁庭的动态管控和不断完善的仲裁规则的静态限制而被解决，但如果仲裁庭自身出现了问题，如仲裁员的不合作、懈怠或欺诈，问题就变得尖锐，并引起了这样一种反思：仲裁庭管控当事人，谁来管控仲裁庭？仲裁庭一般以三人制为常态，因此也就涉及三人之间的配合与协调问题。除首席仲裁员外，其余仲裁员一般为当事人各自指定，尽管仲裁立法、规则与仲裁员职业道德要求仲裁员保持独立与中立，不受这种指定关系的影响，但实践中人心难测，当事人指定仲裁员可能有意或无意地表现出立场的偏向性。在有意偏私的情形下，仲裁员就可能以拒绝或拖延出庭或缺席讨论等方式不予合作、懈怠或者欺诈。实践中，当事人所指定的仲裁员在仲裁后期拒绝对指定自己的当事人不利的裁决进行表决的现象时有报道。

从理论上讲，仲裁庭之外还有司法机关作为其监督与干预主体，但司法的救济通常情形下也只是迟到的正义；即便并非总是迟到，至少也极大地耗损仲裁效率。不唯此，司法的介入救济还意味着仲裁机制自身的失败。为在仲裁机制内部实现自力救济，不仅挫击仲裁员的不良或恶意倾向，而且捍卫和提升仲裁效率，仲裁机构开始成为仲裁中的重要一极对仲裁庭的裁决作出过程进行管理，仲裁裁决的机构促进制度由此发生、发展起来。

（二）裁决督促的比较考察

1. 以仲裁庭为主导的弱促成方式。在此方式下，仲裁庭在程序结束与裁决作出等方面具有主导权，典型如美国仲裁协会的国际仲裁规则（AAA-ICDR）。该仲裁规则第 27.1 条只是规定，仲裁裁决应由仲裁庭以书面形式即时地（promptly）作出，但并没有建立明确的时限框架，仲裁庭拥有自由裁量和自行斟酌的权利。

2. 仲裁机构批准的平衡促成方式。更多的仲裁机构采取的是总量控制、仲裁庭把握、机构延期批准三结合的平衡促成方式，即仲裁规则对裁决规定一个明确的作出时限，在该时限内原则上由仲裁庭自行控制进程，如仲裁庭不能如期作出裁决而需要延期的，需附具理由地向仲裁机构提交延期请求，由后者批准。典型如 ICC 仲裁规则第 30 条，依该条内容看，仲裁庭首先被规则授予 6 个月的裁决周期，规则对该周期内的仲裁安排不做过多干预,但仲裁庭如需延期应向仲裁院提出申请。该规则相对于旧规则的一个突出发展是,仲裁院不仅可以应仲裁庭之请求进行延期,而且还可以主动依仲裁程序的日程确定时限。[1] 这种规则安排体现了仲裁机构对裁决促成的力量渗透。比利时仲裁与调解中心(CEPANI)2013 年 1 月 1 日生效实施的新规则第 28 条也大致如此:首先,授予仲裁庭 6 个月的裁决周期;其次,允许秘书处主动或应仲裁庭请求而延期。

3. 提交周期性报告的强促成模式。最具特色和有效的裁决促成制度体现在世界知识产权组织(WIPO)仲裁规则之中,该仲裁规则具有诸多值得肯定的殊异之处,[2] 裁决促成即是其一。该裁决促成机制的特点是:

(1)细化从而更有效地干预了仲裁过程。WIPO 仲裁规则将整个仲裁程序一分为二,分阶段设定时限框架。其仲裁过程包括仲裁程序与裁决程序两个阶段,仲裁程序的时限框架为不超过 9 个月,起算点是仲裁答辩书提交或仲裁庭建立;裁决程序的时限框架为程序结束日起 3 个月内。这种方法能够具体化各阶段的任务,从而有助于仲裁庭更好地把控节奏。

(2)无须仲裁机构批准,但促成效果更佳。WIPO 仲裁规则只字不提仲裁机构对仲裁超期的监督或批准,只是要求仲裁庭分别针对程序超期和裁决超期的情形向仲裁机构提交"仲裁情况报告"和书面的"裁决迟延解释"。并且,此种报告和解释必须是周期性的,即以 3 个月为限,每超期一次就得提交一次报告或解释,直至程序终止或裁决作出。

(3)引入当事人监督。仲裁庭延期的解释或报告除了向机构提交外,还应向当事人提交副本,这一举措在利益层面对仲裁员有激励功效。对于无正当理由延期的仲裁员,显然不可能再次获得当事人的信任;而为获得当事人更多的认可,以此确保未来有更多的被选任机会,仲裁员就应当在恪守时限方面向当事人作出表率。

(三)CAS 裁决督促之评析

1. 较短的时限总体控制

CAS 仲裁法典第 59 条规定,仲裁庭作出仲裁裁决的时限为 3 个月。

---

[1] Jason Fry Simon Greenberg, Francesca Mazza, *The Secretariat's Guide to ICC Arbitration: A Practical Commentary on the 2012 ICC Rules of Arbitration from the Secretariat of the ICC International Court of Arbitration*, ICC Publication, 2012, para. 3-1104.

[2] 黄晖:《世界知识产权组织(WIPO)仲裁研究》,四川大学出版社 2013 年版,第 231—232 页。

相比于其他商事仲裁规则，该规定突出的特点是总体时限非常短，通常为一般商事仲裁总体时限的一半或更低。如 ICC 与 CEPANI 仲裁规则规定的总体时限为 6 个月，WIPO 仲裁长达 12 个月。较短的时限考虑有两种可能：一是体育争议的解决有更强的时效性，二是上诉类争议的独特性，即体育上诉争议一般经过国际体育协会或其他体育组织的内部前期程序的处理，事实相对清楚，问题相对集中，为 CAS 上诉仲裁做了必要整理。

2. 裁决起止点的独特性

一般商事仲裁期限的计算起点主要有两种方法：一是自仲裁诉答阶段起算，如 WIPO 规则就将起算点设定为被申请人提交答辩书或仲裁庭建立之日；二是自仲裁庭审理范围书的签署起算，ICC 与 CEPANI 仲裁规则即如此。比较而言，第一种方式确定的时限更紧凑，第二种方式确定的时限更科学。审理范围书的签署意味着仲裁准备工作的完成，仲裁过程因此变得更清晰、稳定和更具有可预期性。在截止方面则一般是以终局裁决的为计算点。

CAS 仲裁法典的起止点很独特：一方面，其起点是仲裁上诉资料转交至仲裁庭之日，这意味着 CAS 仲裁起点具有居中性。它要晚于 WIPO 仲裁，后者是自仲裁庭成立前的仲裁诉答阶段起算；但要早于 ICC 仲裁，后者是自仲裁庭成立后召开案件管理会议，并对管理会议结果即审理范围书进行签署后开始计算。CAS 的计算起点是仲裁庭已经成立、资料开始移转但尚未进入案件管理会议阶段。由于案件管理会议的召开及其结果具有较大的不可预期性，因此 3 个月的裁决时限在起算方面具有一定的风险。

另一方面，其终点是裁决中的实施部分（operative part）被送达至当事人之时。这是 CAS 独有的裁决截止期限计算方式。裁决的实施部分载明的是争议解决方案，是可以进行执行或实现的部分。在 CAS 上诉仲裁制度安排下，这部分甚至可以与裁决理由或推理分离开来，由仲裁庭决定将其先于理由部分通告当事人，且一旦通告后即具有正式裁决的可执行的法律效力。这种分割后先行通知的安排体现出体育上诉仲裁的特性，它有效地缩短了裁决周期，使仲裁裁决能够跟上竞技体育的速度。

3. 机构被动延期制

一般国际仲裁规则都允许以两种方式延期，或者由仲裁庭请求仲裁机构批准延期，或者由仲裁机构依职权主动延期。CAS 仲裁法典采取了从严控制的一种延期方式，即裁决作出的延期只能经仲裁庭附具理由地提出申请，由 CAS 上诉仲裁分处负责人决定是否批准。这种机构被动控制的裁决延期方式传递出 CAS 限制延期、促进裁决的信息。相比于 WIPO 独特的周期报告而言，CAS 突出了仲裁机构在裁决延期中的审批作用，这在强调时效优先的体育领域具有必要性。

第二节　国际体育仲裁的裁决管理

仲裁是当事人合意之花，裁决则是当事人合意之果。仲裁裁决是仲裁过程的综合结果，它凝聚着当事人的合作、仲裁庭的智慧和仲裁机构的努力。仲裁裁决的品质直接关涉当事人的权利义务，间接涉及仲裁员、仲裁机构的声誉与竞争力，因此在日益倚重机构管理的国际仲裁体制下，各仲裁机构都采取了不同措施对裁决进行管理。CAS 作为国际体育领域最具影响力、作为国际仲裁领域最具影响力之一的仲裁机构，其裁决管理经验经过 20 多年的磨砺已渐成体系，在其 2012 年新版仲裁法典之中体现出较完整的管理机制，可概括为审查、矫正、公布与辅助执行等方面。[1] 本节拟逐一述要后剖其利弊，以为我国体育仲裁奠定理论建设的基础。

一　仲裁裁决的审查：裁决品质的提升机制

（一）裁决审查的法理之辩

尽管存在争议，但一裁终局制作为主流仲裁公理却是不争之事实。[2] 部分地源于对仲裁一裁终局制弊端之反思，以 ICC、CAS 等为代表的仲裁机构开始采取一些替代措施强化对裁判品质的提升，这就是仲裁机构的裁决审查制。仲裁体制之中一个不可逾越的分工界限是：仲裁庭全权负责案件仲裁，仲裁机构只能为仲裁庭提供裁决服务，但不得干涉仲裁庭的独立裁决。仲裁机构的裁决审查职能形式上开始入侵专属仲裁庭的裁决"禁区"，按 ICC 及 CAS 仲裁规则，仲裁庭在终局裁决签署前应将其裁决草案提交给仲裁机构进行审查（scrutiny）或纠正（rectification）。如果仲裁庭

---

[1]　本部分的删节版本以"论国际体育仲裁中的裁决管理"为题，刊登在《西南政法大学学报》2014 年第 3 期。西南政法大学高峰教师对本部分内容做出了部分贡献。特此说明并致谢忱。

[2]　石现明：《国际商事仲裁当事人权利救济制度研究》，法律出版社 2011 年版，第 279 页。

拒绝对裁决中的某些方面进行改正,其裁决不能被机构通过。但裁决审查为仲裁裁决的品质提升带来了不可估量的好处,如 ICC 秘书处人士说:"仲裁院对所有裁决草案进行审查是 ICC 仲裁的突出特征。它主要旨在,确认任何可能被力图用在仲裁地请求撤销裁决,或者其他地方抵制裁决执行的任何瑕疵,以此方式最大化裁决的法律有效性。裁决审查也一般地改善了仲裁裁决的准确性、质量和说服力。"① 因此,现在的问题或许不再是应否采取,而是应当如何采取机构审查,利其所利,避其所弊。具言之,机构审查裁决应附带如下条件:

(1)审查范围应限于形式审查,不涉及裁决实质。(2)审查方式应为提示,而非代理。仲裁机构审查裁决时应把重心放在提示上,即将其发现的问题或不当之处向仲裁庭指出或提请其注意,为回避僭越嫌疑,仲裁机构不应直接更正仲裁裁决。(3)审查功能应为辅助,而非监督。仲裁机构不能代理仲裁庭直接裁决或更正裁决,也不能代理司法机关对仲裁庭的裁决活动和结果进行监督。它是在仲裁体制内对裁决的完善发挥优化作用,其审查旨在辅助仲裁庭得出无暇裁决。(4)审查位阶应当前移,而非后置。审查后于裁决,无裁决即无审查。这种置后的审查弊端有二:一是易使审查涉嫌侵犯仲裁庭的独立地位;二是事后补救有损仲裁效率。实践中,机构审查可采取更积极的前移干预,即将审查的标准和要点予以明示,事先提供给仲裁员,为其裁决提供预警与规范。审查位阶的前移一方面将降低出错概率,提升裁决质量,另一方面也可减少或免除仲裁机构与仲裁庭之间在裁决问题上的冲突,从而降低或消除机构审查裁决的不当性。

(二) 裁决审查的比较考察

机构审查裁决尽管对裁决品质提升多有裨益,但因其与裁判独立原则可能的冲突使其至今仍只为先锋而非主流仲裁机构采取,典型的有 ICC、CAS 与中国国际经济贸易仲裁委员会(CIETAC)。ICC 与 CIETAC 代表了机构审查裁决中的强弱两种方式,差异如下。

其一,审查对象上,ICC 规则措辞明确地划定了审查范围,既包括裁

---

① Jason Fry Simon Greenberg, Francesca Mazza, *The Secretariat's Guide to ICC Arbitration*: *A Practical Commentary on the 2012 ICC Rules of Arbitration from the Secretariat of the ICC International Court of Arbitration*, ICC Publication, 2012, para. 3-1181.

决形式，也包括裁决实体；CIETAC 规则没有具体区分，只是抽象地将审查范围界定为裁决所阐述的问题，依其意似偏于实体。

其二，审查方式上，ICC 规则既有直接干预，即就裁决形式规定修改，又包括间接干预，即提醒仲裁庭注意裁决实质；CIETAC 仲裁规则只有间接干预，即仲裁庭可提请仲裁庭注意裁决所阐述的问题。

其三，审查效果上，二者都强调不得影响仲裁庭的独立裁量权，但 ICC 规则一个突出的特征是，它强调了机构审查的现实效力，即裁决形式非经仲裁机构批准，不得作出；CIETAC 仲裁规则回避了这个问题，只是一般性地指出"仲裁庭应在签署裁决前将裁决草案提交 CIETAC 审查"，如果 CIETAC 审查不过应做何处理，则语焉不详。

（三）CAS 裁决审查之评析

CAS 裁决的机构审查规定在第 59 条中，该条第 2 款仍然保留着 ICC 仲裁规则的影响痕迹。该款相关部分规定："裁决签署前应提交 CAS 秘书长，秘书长可对纯形式进行纠正，也可提醒仲裁庭注意根本的原则性问题。"分析此款内容，参照 ICC 及 CIETAC 规则可得如下要点。

1. 综合的审查对象

CAS 的审查对象既包括裁决的形式问题，也包括裁决的实质性问题。但与 ICC 等规则略有区别的是，CAS 特别强调了其审查的是裁决的"纯形式"（pure form）和"根本的原则问题"（fundamental issues of principle）。CAS 审查的实质问题似有所缩限，因为从语义与语用的角度看，根本的原则问题在范围上要小于实质问题。就此而言，CAS 的机构审查制在审查范围上实现了重点突出的战略收缩：一方面，突出了审查重点在于实质性问题中的根本原则问题；另一方面，并非针对所有实质性问题，以此方式，CAS 就能做到有的放矢，抓大放小。

2. 二元的审查方式

CAS 审查时在方式上有两个强势特征：其一，并用直接和间接两种审查方式，分别裁决的形式问题与根本的原则问题分而治之。纯形式问题可直接干预，根本的原则问题则为"提请"仲裁庭注意。其二，在对形式问题的直接干预方面，CAS 甚至比 ICC 更激进。ICC 可以对形式问题"规定纠正"（lay down modifications），其意是指，仲裁机构可命令仲裁庭进行纠正，但它本身并不直接更正。CAS 则可直接对裁决形式进行改正，而非通过仲裁庭改正之。直接改正裁决形式问题的做法使 CAS 处于更大的正当性危机之中，毕竟裁决是由当事人授权仲裁庭作出，仲裁机构作为辅助者不具有代替仲裁庭直接改动仲裁裁决的身份和合法依据。

3. 单一的审查主体

CAS 裁决的审查主体是单一的行为者即 CAS 秘书长（secretary general），这不同于 ICC、CIETAC 的集体审查制（court）。依 ICC 仲裁实践考察，① 其审查主体有三级：一是仲裁院秘书指派的案件管理顾问（counsel managing case）；二是秘书处；三是由仲裁院相关成员组成的月全体会议（plenary session）或周委员会议（committee session）进行终局审查。对比两种安排可认为：集体审查制更民主和智慧，因此裁决品质更有保证，但因程序较长、涉及主体和层级过多，易滋拖沓之弊；秘书长负责制更集中和灵敏，审查效率更高，更契合体育仲裁的特质，但审查质量可能下滑，特别是考虑到在 CAS 上诉仲裁案件累积增多的情形下，秘书长的审查工作可能不堪重负，从而有改革调整的必要。

二　裁决的矫正：裁决瑕疵的救济机制

（一）裁决矫正的制度难题

博恩曾说，人类犯错的可能性使所有仲裁裁决，如同所有国家法院判决和学术著述一样，将会出错、疏漏或模糊。② 综合主要仲裁规则看，仲裁机制可自补救的裁决瑕疵主要有三类，即失误（error）、漏裁（omission）和模糊（ambiguity）。此三类裁决瑕疵能否由仲裁机制自补救存在重大分歧。在理论上，争议主要体现如下。

1. 裁决既判力与矫正的冲突

所有赋予仲裁裁决终局性的仲裁立法和规则都将仲裁庭签名裁决或该裁决被送达当事人的日期作为裁决生效的日期，从而赋予其终局性。这种终局拘束力赋予仲裁裁决以既判效应（res judicata），对裁决的变动将被视为违背裁决既判力。裁决瑕疵的矫正后于裁决的作出，其针对的是已经生效且具有终局性的裁决，由此导致了裁决既判力与矫正之间的逻辑冲突

---

① Jason Fry Simon Greenberg, Francesca Mazza, *The Secretariat's Guide to ICC Arbitration：A Practical Commentary on the 2012 ICC Rules of Arbitration from the Secretariat of the ICC International Court of Arbitration*, ICC Publication, 2012, para. 3-1200.

② Gary B. Born, *International Commercial Arbitration*, Vol. II, Kluwer Law International, 2009, p. 2512.

难题：或者实施矫正，则裁决既判力被否定；或者维持裁决既判力，则裁决瑕疵不能自补救。面临这种左右为难的选择，许多学者赞成维持裁决既判力，拒绝对裁决进行事后解释，因为其可能成为重启仲裁程序的借口，违背裁决既判力，从而不应支持。① 纠正与补充同样是对终局和既判裁决的变动，面临着重启仲裁的相同危险。

2. 主体资格与矫正的冲突

仲裁法理和规则均设定，仲裁庭自其作出终局裁决之时起即履行完毕职责，不再具有影响或改变仲裁裁决的权力。因此，要求权力已经穷竭的卸任的仲裁员重新矫正仲裁裁决，就缺乏适当的主体资格。这种理论被称作为"履职理论"（Doctrine Functus Officio）②。某司法机关曾指出：该用语"是拉丁语，在仲裁法中意指仲裁员一旦签发仲裁裁决就不可改变之"③。易言之，仲裁裁决一经作出就将被作为尘封的历史，它是过去式，只能尊重和实现；但不是将来式，不可以更改或创造。对裁决瑕疵的矫正遂而落入国家司法机关进行司法监督的范畴。

3. 裁决矫正的正当性

（1）从功能主义的角度看，仲裁自矫正更合仲裁本质及效率优势。仲裁本质在于自力救济，排除司法干预，因此在仲裁本身发生问题时，现有的仲裁理论和开明的司法实践都倾向于首先由仲裁机制内部进行自救济，而非直接启动司法干预。典型如仲裁庭的自裁管辖权，当构成仲裁庭管辖权合法性的依据即仲裁协议发生争议时，更合仲裁本质的做法是由仲裁庭自裁而非司法裁定。同理，仲裁裁决出现瑕疵，应首先依仲裁本质在仲裁机制内部予以解决。同时，此种自我补救于理于实都比司法救济更有效，一方面是因为补救的主体是负责整个仲裁裁决的既有仲裁庭，无须再重新启动整个程序的事实认定和法律适用之审查；另一方面许多错误是直接和形式的，如计算错误等，为此启动正式的司法程序得不偿失。

（2）必须区分裁决矫正与变更，从而回避与裁决既判力的冲突。裁

---

① Jean-Francois Poudret, Sebastien Besson (eds.), *Comparative Law of International Arbitration*, Sweet & Maxwell, 2007, p. 306.

② Ibid., p. 686.

③ Glass Molder, Pottery, Plastics & Allied Workers Int'l Union, AFL-CIO, ClC, Local 182B v. Excelsior Foundry Co., 56 F. 3d 844 (7th Cir. 1995).

决矫正不是对裁决进行实质变更，而只是对裁决的形式问题的补救，或对仲裁中已经提出但裁决未处理的请求进行补裁，或对裁决的本意予以明确。三种附条件的矫正措施使其仍处于既有裁决的范围和效力状态，因此不存在对既判力的挑战。如荷兰一法院曾指出："解释意味着对糟糕地表达的思想之意义与范围进行的事后探究；用法律术语讲，它意味着澄清作出裁决的模糊点。解释因此不是判决。仲裁庭……消除怀疑，澄清笨拙表达，解释用语，纠正形式，不会影响裁决事实和被认为不可更改的既判力。"① 法国法院更深刻：仲裁员可以纠正资料或常识所揭示的实质性错误，但他们不得变更裁决的意义。②

（3）必须区分裁决矫正与新裁，从而回避与履职理论的冲突。以履职理论反对对裁决瑕疵进行矫正的立场显然混淆了裁决矫正与新裁之间的关系。一个新的仲裁必须要有新的协议依据，但裁决瑕疵的矫正应被视为仲裁庭对同一个案件所拥有的正当裁决权之组成部分，因为仲裁庭有职责和职权作出正确无误的终局裁决，这是当事人授权其裁决的题中应有之义，因此在其作出有瑕疵的裁决时，对裁决进行矫正并不是否定裁决的终局性，而只是有溯及力地完成其本应完成的职责。如此观之，裁决矫正就不是对新问题的裁决，而是仲裁庭履行其未尽职责。

立足仲裁的本质及其效率优势，严格区分并正确界定裁决矫正与改裁、新裁之间的关系，就能一方面赋予裁决矫正以正当性，另一方面无损裁决的既判力与履职理论。概念混淆本身所致的制度冲突幻觉将因其澄清而得自然消解。

（二）裁决矫正的比较考察

1. 规定方式

从仲裁规则的比较内容看，对裁决矫正主要有三类方式：一类是规定对裁决失误的更正和解释，回避对漏裁的矫正。这是大多数仲裁规则采取的立场，如 ICC 规则第 35 条、CEPANI 规则第 26 条，以及 AAA-ICDR 规则第 30 条即是如此。二类是规定对裁决失误进行更正，允许补裁，但未

---

① Jean-Francois Poudret, Sebastien Besson (eds.), *Comparative Law of International Arbitration*, Sweet & Maxwell, 2007, p. 691.

② Jason Fry Simon Greenberg, Francesca Mazza, *The Secretariat's Guide to ICC Arbitration: A Practical Commentary on the 2012 ICC Rules of Arbitration from the Secretariat of the ICC International Court of Arbitration*, ICC Publication, 2012, para. 3-1265.

规定裁决的解释。如 WIPO 仲裁规则第 66 条，该条题标即为"仲裁裁决的更正与补充裁决"；我国 CIETAC 仲裁规则也是如此。三类是允许对三种瑕疵采取矫正措施。最典型的是联合国国际贸易法委员会推荐的仲裁示范法（UNCITAL Model Law）。

2. 矫正条件

对裁决进行矫正必须满足特定条件：（1）矫正时限。仲裁裁决的矫正通常必须在特定时限内提出并完成，否则它就会成为对裁决终局性形成威胁的永恒"创口"。如 ICC 及 WIPO 规则都规定了 30 天的矫正有效期。

（2）矫正范围。主要限于裁决的形式错误、含义模糊或仲裁中曾经提出过的请求等方面，具体包括文字性、打印或计算错误；裁决表述存在意义模糊的地方；仲裁过程已经提出但裁决未予处理的部分，但仲裁过程中未曾提出的请求不得提出，该请求只能作为新的仲裁事项另启一个全新程序。

（3）矫正主体。其一，只有仲裁庭而非仲裁机构才具有适格的矫正权力。其二，能够进行矫正的仲裁庭必须遵守"同一性"原则，即必须由原仲裁庭进行矫正，如某一仲裁员客观不能承担矫正任务的，必须按仲裁规则进行替换。其三，在原裁决需要机构审查的情形下，作出的矫正还必须由仲裁机构进行审查。

（4）矫正形式。对裁决进行矫正应当采取裁决、裁定、命令或者其他，这取决于仲裁规则的不同规定。ICC 仲裁规则要求采取"附录"（addendum）形式，WIPO 规则要求采取"备忘录"（memorandum）形式，而 CIETAC 规则对形式问题未作明确规定。

（5）矫正效果。矫正结论，无论采取何种形式，在效果上均构成裁决的组成部分，因此具有正式仲裁裁决的法律效力。相应的，有关裁决作出的所有规则适用于仲裁裁决瑕疵的矫正，从形式、内容到审查程序等。

（三）CAS 裁决矫正之评析

CAS 仲裁法典有关裁决矫正的内容规定在第 59 条及第 63 条两条中，依其内容可概括 CAS 裁决矫正制度要点如下。

1. 开放的矫正申请时限

CAS 仲裁法典只规定了当事人申请矫正的情形，未提及仲裁庭依职权主动矫正。在申请矫正时，法典也没有规定申请的硬性时限要求，而只规定了仲裁庭应在接受请求后 1 个月内作出裁定。应指出的是，开放的时限并不意味着当事人可无限期地提出申请，该期限应受"合理"限制。根据 CAS 仲裁法典的精神看，授权仲裁机构对申请期限进行合理把握是值得推荐的做法。

2. 矛盾的矫正范围

纠正、解释与补裁是三种分别针对失误、模糊和漏裁瑕疵的矫正措施。CAS 仲裁法典的规定存在矛盾和模糊之处：第 63 条题标为"解释"，意味着它将仅针对裁决的模糊瑕疵进行矫正，排除了失误与疏漏瑕疵。但具体内容中，该条又授权当事人可就裁决的实施部分出现的不明确（unclear）、缺漏（incomplete）、模棱两可（ambiguous）等提请 CAS 进行解释，这显然将疏漏等现象包括在内。CAS 矫正范围的界定也有两点独特之处：一是缩限了裁决被矫正的范围，即仅限于裁决的实施部分，不包括裁决的首部与尾部等内容；二是不仅针对形式，而且也针对裁决的实质，如裁决实施部分"自相矛盾"（self-contradictory）或者"与理由矛盾"（contrary to the reasons）。这就过于激进了，按 ICC 仲裁实践看，"请求解释或纠正并非等同于上诉。……仲裁庭不得据此审查案件实质推理或解决额外的请求或争议。仅限于解决明显的错误或模糊的语言"①。CAS 矫正矛盾理由的做法涉嫌某种程度的仲裁上诉。

3. 仲裁庭是唯一矫正主体

仲裁机构具有前、后审查的权力。首先，具体作出矫正措施的主体必须是作出该裁决的同一仲裁庭，若仲裁庭成员无法行为的，应根据法典有关替换仲裁员的规则与程序进行替换。其次，仲裁机构可以对当事人申请的适当性进行审查（review），具体负责审查的人员是普通或上诉仲裁分处的负责人，由其确定是否存在需要矫正的理由。最后，仲裁庭作出解释后，由于该决定属于裁决的组成部分，因此还需按照 CAS 裁决审查的程序、规则与标准由 CAS 秘书长进行审查。

三　裁决的公布：仲裁法理的结晶机制

（一）仲裁私密与裁决公布

私密性是仲裁的另一比较优势，但相对封闭的成本或代价则是仲裁领

---

① E. Gaillard & J. Savage（eds.），*Fouchard Gaillard Goldman on International Commercial Arbitration*，Kluwer Law International，1999，p. 183.

域中缺乏有助于仲裁法理生长发展的先例条件。在司法领域，遵循先例作为普通法的基本原则富有生机地促进了普通法的创造与发展，而大陆法系的形式逻辑思维虽然更有助于实现法律的统一，但也因逻辑的过于严谨而限制了法律发展的空间、窒息了法律生长的灵气。国际体育领域迄今缺乏因此亟须有统一体育法的发展，在国际立法机构缺失的情形下，通过体育判例渐积累进地发展规则既是上佳，也是不二之路由，遗憾的是，国际仲裁的私密性瓦解了仲裁判例得以成立的基本生态环境。根由在于，仲裁先例的形成取决于仲裁裁决的公布，后者被认为是"结晶跨国规则的中介"①。事实上，仲裁先例的形成需要同时满足如下主要条件：（1）裁决的透明化；（2）问题的一致性；②（3）体制的层级化。对比诉讼情境，仲裁既缺乏裁决公开，又缺乏层级环境，这实质性地削弱乃至否定了仲裁先例得以成立的基础。但在国际体育仲裁领域，主流观点认为该领域存在仲裁先例，原因在于：

（1）裁决的公开性。CAS 仲裁法典第 59 条就专款规定，其裁决以公开为原则，除非当事人协议保密。这种反其道而行之的做法，最大限度地解放了仲裁私密性对仲裁先例形成的制约。（2）仲裁主题的重复性。上诉类体育仲裁所针对的竞技类争议具有很高频率的重复性，一般主要涉及公平竞赛的资格、条件、结果及违规处理等问题，相比于商事争议的广泛性和多元性而言具有主题稳定、专业性强的特征。这为仲裁先例的形成与适用提供了良好的事实基础。（3）体育领域的层级化。国际体育仲裁领域形成了以 CAS 为上诉终端、以各级别各类型的体育组织或协会的内部仲裁机制为下级的层级制结构，CAS 上诉仲裁机构接受的大部分仲裁申请针对的就是下级解纷机构作出的决定。这使事实上的"上诉法院"——CAS 的仲裁判例首先在纵向层面获得了先例化的条件；其次通过 CAS 仲裁机构对裁决的审查机制于机构内不同仲裁庭之间造就了横向层面的先例

---

① Marc Henry, "The Contribution of Arbitral Case Law and National Laws", in Anne-Veronique Schlaepfer, Philippe Pinsolle, Louis Degos（eds.）, *Towards a Uniform International Arbitration Law?* Juris Publishing, 2005, pp.39-62.

② 有观点道出了先例的发生原理："在面对一个问题时，人们想知道其他人在类似处境下是如何做的，并倾向于重复他们。因此，一系列仲裁裁决被公布，一些裁决就开始流传。"Lando, *Conflict of Law Rules for Arbitrators*, Fetschrift fur Konrad Zweigert, 1981, pp.157-159.

化条件。①

（二） 裁决公布的比较考察

1. 以不公开为原则，为公开为例外

这是包括 ICC 在内的大多数仲裁规则所采取的立场，尤以 WIPO 仲裁规则为典范，该规则被认为"包括了最复杂的仲裁保密性建构"② 的规则，其第 73—76 条建立了相对完整的仲裁保密性体系，所涉内容从仲裁的存在到裁决的作出。规范裁决保密性的是第 75 条，该条明确了裁决"应被当事人视为保密事项"。只有在四种情形下可披露裁决：当事人合意；法院诉讼或其他管辖机构程序导致裁决进入公共领域；为遵守法律要求，或为向第三人主张或保护当事人的权利；仲裁机构在公布其相关活动时在其统计数据中纳入有关仲裁的信息，但这些信息不能透露当事人或争议的具体情形。

2. 以公开为原则，以不公开为例外

这是少数规则如 AAA-ICDR 及解决投资争端国际中心（ICSID）所采做法，尤以 ICSID 规则为典范。后者被认为反映了仲裁领域"向一个更大透明度趋势"发展。③ ICSID 规则第 48（4）条规定，机构公布裁决仍然得以当事人的同意为条件，但对于仲裁庭作出的法律推理（legal reasoning）部分，ICSID 可即刻将其摘要予以公布。事实上，也正是法律推理部分才构成仲裁先例的核心部分。ICSID 一方面维持裁决的私密性，另一方面基于公共责任和对国际社会的预期积极回应与满足，原则性地公布仲裁庭裁决的法律推理部分，这种公私兼顾、两全其美的做法值得肯定。

无论是以原则还是以例外方式公开仲裁裁决或其中的特定部分，都必须满足有关条件：（1）裁决公布的前提，必须以当事人的意思为准则。

---

① 考夫曼·科勒的考察适作为结论："在体育仲裁领域存在一个强有力的机构，有必要通过一致与连贯的……仲裁处理方案来实施公平竞技竞争。体育仲裁裁决被公布并为相关公众所遵守，体育仲裁裁决现在证明了对仲裁先例的某种程度的依赖，该法律制度承认有拘束力的先例。" See Gabielle Kaufmann-Kohler, "Arbitral Precedent: Dream, Necessity or Excuse? —The 2006 Freshfieds Lecture", *Arb. Int'l*, 2007 (3), p. 373.

② Ileana M. Smeureanu, *Confidentiality in International Commercial Arbitration*, Kluwer Law International, 2011, p. 88.

③ Ibid., p. 93.

不同仲裁规则可以对裁决公开或不公开作出一般推定，但都应视为当事人合意的结果，且一经当事人反对即以当事人合意为准。（2）裁决公布的技术规则，必须隐去当事人的身份信息。在保密性与公布之间并非纯粹的"零和博弈"，只要被公布的裁决信息无法辨识出当事人身份，就能做到保守必要秘密的有益公布。（3）裁决公布的范围，只限于裁决的处理或法律推理。事实上，公布裁决的目的主要有两个：一是有利于促进仲裁案例法的发展，二是有利于进行学术研究。① 此两目的并不需要知悉当事人的身份，因此，仲裁裁决没有必要全部公布。（4）裁决公布的主体，应为仲裁机构。当事人及其代理人、仲裁庭都不得自行公布裁决。（5）裁决公布的形式，应当采取仲裁机构的官方媒介，避免裁决私用。如 ICC 仲裁院自 1974 年开始就在"Clunet"中公布裁决节录，并定期出版。

（三） CAS 裁决公布之评析

CAS 仲裁法典有关裁决私密与公布的规定在第 59 条中，该条最后一段言简意赅："仲裁裁决、裁决总结和/或阐述仲裁程序结果的新闻稿应由 CAS 公开，除非双方当事人约定它们应保密。"据此可看出 CAS 裁决公布制度具有如下特征。

1. 裁决公布仍然需以双方当事人的意思为准，但与其他规则不同之处是，CAS 采取了推定公开原则，以当事人合意反对为例外，就此而言 CAS 与 ICSID 具有类似之处；但两者不同的地方在于，ICSID 的裁决推理部分是无条件公开，不论当事人合意与否；CAS 未作如是区分。

2. 裁决公布的方式包括三类，分别是全部裁决（award）、裁决总结（summary），以及新闻稿（press release），究竟采用何种方式，或者并用其中两种或全部方式，由仲裁机构决定。其中专属于 CAS 公布方式的是新闻稿的发布方式，这是因为某些国际体育仲裁案件，特别是万众瞩目、涉及面广的奥运会或类似的体育赛事争议，有向所涉公众或利益人士作出

---

① 如 ICSID 在公布仲裁裁决时一般附有这样的评述："我们认为，仲裁庭裁决书杰出的国际法学者实质性研究的结果，其公布不仅是为了国际法律界的利益，而且也一般地有助于发展国际法律和秩序，特别是为着《解决成员国与其他成员国国民之间投资争端的公约》之目的。"See Pierre Duprey, "Do Arbitral Awards Constitute Precedents? Should Commercial Arbitration Be Distinguished in this Regard from Arbitration Based on Investment Treaties?" in Anne-Veronique Schlaepfer, Philippe Pinsolle, Louis Degos（eds.）, *Towards a Uniform International Arbitration Law*? Juris Publishing, 2005, p. 251.

回应的必要。

3. 裁决公布的形式主要有两类：一是公布在 CAS 官网，二是由 CAS 结集出版，迄今已经出版三卷本《CAS 裁决摘要》。该裁决摘要对于国际体育仲裁法的发展、对于国际体育法制秩序的建设具有重要意义。

4. 裁决公布的技术规则独特，一般仲裁通常都隐去双方身份信息，但就《CAS 裁决摘要》公布的裁决信息看，其通常只省去申请人一方的身份信息，而保留了所涉被申请的体育组织或体育协会的完整信息。由于体育竞赛争议通常并不涉及商业秘密，而涉及竞赛资格、获奖名次等具有公共性的争议，仲裁裁决的私密性无此必要，因此，CAS 裁决公布在技术处理方面的透明度远超过其他仲裁。

5. 裁决公布的主体只能由 CAS 进行，仲裁员及当事人禁止私自向外公布。[①] 裁决公布，特别是以新闻稿形式向外公布需要有规范、正式的表述方式，特别是要做到公布的中立性、客观性和适可性。仲裁庭或当事人的公布可能夹带着自身的立场或情感，表述上的不规范也易引发错误的理解与印象。由 CAS 控制裁决公布，决定公布的范围、方式，并对公布内容作必要审查后，最终通过专业、训练有素和富有经验的工作人员对外规范公布，以此方式确保信息传递中的真实性、客观性与适当性，有助于裁决信息的保真传播，有助于维护 CAS 的仲裁形象，也有助于保护当事人的合法权益。

四　裁决的辅执：裁决执行的佐佑机制

（一）裁决执行与裁决辅执

为便利和促进裁决的承认与执行，不同仲裁机构采取了不同的裁决执行辅助制度。所有佐佑裁决执行的辅执举措应以裁决执行的条件为标准，规范裁决跨国承认和执行的条件在根本上取决于被请求国的法律规定，但在国际层面存在一个被认为是支撑起国际仲裁大厦"基石"的公约即 1958 年纽约的《承认和执行外国仲裁裁决的公约》（下称 1958 年公约）。迄今已有超过 140 个国家成为其成员。概要其承认和执行的条件，同时也就是裁决辅执制度的标准主要有以下两个。

1. 形式标准

1958 年公约第 4.1 条规定了两个形式条件：一是经适当鉴证的裁决

---

① 刘想树主编：《国际体育仲裁研究》，法律出版社 2010 年版，第 251 页。

原件（duly authenticated original award）或适当认证（duly certified）的裁决副本；二是仲裁协议原件或经适当认证的协议副本。第4.2条进一步规定，如果该裁决或协议并非以被请求国官方语言作出的，当事人请求承认和执行时应提交官方语言翻译件，并经特定人士认证。总计而言，该两款就裁决而言提出了这样的形式要求：（1）如为裁决原件，须经适当鉴证（authenticated）。仲裁原件的真实性自然不容置疑，但该裁决是否属于原件则是需要验证的。（2）如为裁决原件的副本，须经认证，即是需由仲裁机构提供认证手续或证明。（3）不论是裁决原件还是副本，都应采取被请求国的官方语言；否则，应予翻译，同时该翻译件应经特定官方人员或经宣誓的翻译员或外交领事人士予以认证。

2. 实质标准

1958年公约没有正面规定具体条件或标准，而是授权成员方在7类情形下可拒绝承认和执行。这7类情形从反面划定了最低限度标准，释言如下。

（1）仲裁协议当事人应具有行为能力，且仲裁协议应具有法律效力。公约第5（a）条规定，仲裁协议当事人依据适用于他们的法律属于无行为能力的；或者根据当事人选定的法律，或在当事人没有选择的情况下根据裁决作出的法律，该仲裁协议无效的，该裁决可被拒绝。（2）应确保仲裁当事人受正当程序的保障。正当程序的基本要求之一即是，应给予当事人参与程序的通知，并给予陈述案情的机会。公约第5（b）条规定，仲裁裁决执行所针对的对方当事人未被给予指定仲裁员、参与仲裁程序通知，或未能陈述案情的，该裁决可被拒绝。（3）裁决超裁的，超裁部分无效。仲裁事项必须是当事人明确提交的争议，仲裁庭超越协议范围作出的裁决不能被承认和执行。但超裁部分与其他部分可以区分的，其他部分裁决仍然可被承认和执行。（4）仲裁庭组成及程序进行应符合当事人的协议或仲裁进行地国家的法律。在仲裁实践中，许多仲裁规则直接规定，当事人在选择某一仲裁机构时即推定他们就程序规则同意适用该机构的仲裁规则。通过将仲裁规则视为当事人协议的结果，以此排除了当事人无协议时的国别法律适用。（5）根据仲裁裁决地国家或其法律，裁决必须已生效且具有可执行性。实践中，生效仲裁裁决也可能发生被撤销或中止执行的情形，被请求承认和执行的裁决应排除此类非常现象。（6）根据被请求国法律，争议事项必须具有可仲裁性。仲裁是当事人合意的产物，因此其正当适用范围应是当事人可以合意处分的事项。（7）裁决的承认和执行必须符合被请求国的公共政策。仲裁裁决是否冲犯公共政策，存在文字与效果两类判断标准。从 1958 年公约的精神看，倾向于效果而非规则标准。

上述 7 个标准是仲裁庭和仲裁机构既分工又合作地对裁决的实质与形式方面进行把关，以确保裁决具有广泛可执行性的行动指南。由于仲裁实质问题专属于仲裁庭的职责范围，仲裁机构为辅助裁决执行而能够采取的举措就主要集中在裁决形式层面。当然，仲裁机构也可在不干涉仲裁庭独立裁判的情况下，就实质问题提请仲裁庭注意，正如 ICC、CAS 及 CIETAC 等提供的裁决审查所意欲的。

（二）裁决辅执的比较考察

1. 消极模式

此模式下，仲裁机构只提供裁决正本的鉴证与裁决副本的认证工作，除此之外，仲裁庭全面负责裁决的形式与实质问题，包括裁决的内容、日期、形式，以及仲裁员签名等。这种模式表现为积极的仲裁庭与消极的仲裁机构，典型如 AAA-ICDR 规则第 27.6 条规定：如果裁决作出地国仲裁法要求裁决提交或登记的，仲裁庭应遵守此类规定。① 这些义务如能分由仲裁机构负责执行，将能有效减轻仲裁庭工作量，并更好地发挥仲裁机构居中协调、提升裁决可执行性的功能。

2. 积极模式

此模式下仲裁机构提升裁决执行性的管理制度又分为两类：一类是以仲裁庭为主的联合磋商模式，另一类是以仲裁机构为主的裁决审查模式。WIPO 仲裁规则的做法是联合磋商模式的典范，在规则中有两点特别提到了仲裁机构有促进裁决使其具有 1958 年公约意义上的可执行性的义务。一是裁决作出阶段，仲裁机构应仲裁庭之请与其就裁决形式问题进行磋商。这规定在第 62（e）条规定中："仲裁庭应就裁决的形式问题，特别是为确保裁决的可执行性，与 WIPO 仲裁与调解中心进行磋商。"二是裁决认证阶段，当事人请求仲裁机构认证裁决副本的，仲裁机构认证的裁决副本应"视为遵守了 1958 年公约第 4（1）（a）条的要求"。

---

① Martin F. Gusy, James M. Hosking & Franz T. Schwarz, *A Guide to the ICDR International Arbitration Rules*, Oxford University Press, 2011, p. 341.

以仲裁机构为主的裁决审查模式即是上述的机构审查裁决制，以 ICC 的裁决审查为强势典范。就裁决审查促进其可执行性的角度看，ICC 提供的辅助举措包括：（1）在仲裁庭建立后接受仲裁诉答资料的同时，ICC 仲裁机构将同时给予仲裁员一份审查清单，其中载明仲裁员裁决时应注意的有利于裁决执行的形式问题；（2）仲裁庭在正式作出裁决前，必须将裁决草案送交仲裁院审查，仲裁院可要求仲裁庭更改形式，且在仲裁庭拒绝更改的情况下，仲裁院可以不批准该裁决；（3）仲裁院秘书应当事人之请求，应提供裁决副本并予以认证，为使认证有助于裁决执行，ICC 仲裁院还专门编辑了《关于承认和执行纽约公约裁决的国家程序规则指南》，以使仲裁院秘书长认证时能"帮助当事人满足特殊要求"；（4）仲裁庭和秘书有共同的义务帮助当事人遵守进一步的必要的形式要求，但仲裁院在履行该义务时必须"保持中立，确保其并没有不公平地帮助一方而损害另一方的权利"①。

（三）CAS 裁决辅执之评析

CAS 仲裁有其特殊性，但主流观点仍认为其裁决属 1958 年公约所涵盖的范畴，因此 1958 年公约规定的形式和实质条件适用于 CAS 裁决的承认和执行。就总体特征看，CAS 的裁决执行辅助措施更接近 ICC 的积极模式，其主要内容及特征包括以下几方面。

1. 以裁决的机构审查为主。CAS 也对仲裁庭的裁决进行审查，并可对不符合 1958 年公约形式要求的形式问题直接予以纠正，这是 CAS 比 ICC 更强势和直接的地方。不仅如此，CAS 对于仲裁裁决中"根本的原则性问题"可提请仲裁庭予以关注。立足 1958 年公约有关承认和执行的条件看，所谓的根本的原则性问题应主要是指正当程序、可仲裁性和公共政策等要件。

2. CAS 秘书长始终以咨询者身份在各种决议中提供会商服务。由于 CAS 在进行机构审查或提供其他机构服务时，是由秘书长代表其全权负责的，因此他的权力和责任大于其他机构的同等职务者。依 CAS 法典第 8.4 条、第 10 条规定，秘书长在决策过程中始终以咨询者的身份参与，并作

---

① Jason Fry Simon Greenberg, Francesca Mazza, *The Secretariat's Guide to ICC Arbitration: A Practical Commentary on the 2012 ICC Rules of Arbitration from the Secretariat of the ICC International Court of Arbitration*, ICC Publication, 2012, para. 3-1246.

为 ICAS 的秘书而行事。因此，秘书长就以双重身份促进 CAS 裁决的承认与执行：一是对抽象层面的仲裁规则之拟定、修订或完善提供决策咨询，使便利裁决承认和执行的经验、措施转化为规则和制度；二是对具体层面的仲裁裁决、当事人的裁决认证请求等提供决策咨询，在个案中现实地作出推动裁决被承认和执行的努力。

3. CAS 可以解释之名，对裁决采取解释、纠正与补充等矫正措施，完善裁决的形式与实质问题，提升裁决的可执行性。由于 CAS 不仅可以直接纠正裁决形式，而且还可以矫正裁决中自相矛盾的地方，这种激进的做法是否能在实践中得到司法机关的接受，答案尚需假以时日。更优的抉择是，在裁决审查阶段就阻止实质性的错误，同时在解释阶段，对于错误或者需要补充裁决的地方，应当以单独的文件如附录或备忘录形式作出，以回避承认和执行中不被接受的风险。

五 作为结语的启示：为我国体育仲裁的裁决管理制献策

以 CAS 及其他卓越国际仲裁机构的裁决管理制度为总结得失成败经验的母本，可据此对我国拟议中的体育仲裁裁决管理制度之建设作如下献策。

（一）裁决审查

为有效发挥仲裁机构的裁决审查功效，同时避免其质变为上诉机构或第二仲裁庭，裁决审查应恪守如下清规戒律：（1）审查重心应放在裁决形式上，裁决实质只能提请仲裁庭注意；（2）即便裁决形式有问题，应由仲裁庭自行纠正，机构不能直接变动裁决；（3）应实现机构审查的透明化和位序前置，将审查的标准和要点形成清单，并先行向仲裁员发送；（4）集体审查制优于个体审查制，应建立仲裁机构的集体审查力量，为确保时效可精简审查程序。

（二）裁决矫正

仲裁规则应明确仲裁庭有权针对裁决的形式错误、用语模糊及仲裁中提出但漏裁部分提供纠正、解释和补裁等救济措施，并要求当事人接受此类规定，明确放弃对仲裁庭此类行为之结果提起撤销或上诉程序的权利。仲裁机构应在裁决审查阶段严格把关，尽可能预止此类问题。同时，仲裁庭补救裁决瑕疵后，其补救结果应采特定的书面形式并构成裁决，有关裁决的所有规则相应适用。此外，仲裁规则应当明确此类矫正结论的生效日期，可赋予其溯及力，追溯至原正式裁决生效实施之日，但应给予裁决义务人相应免责。

（三）裁决公布

应在保护当事人私密与促进体育法发展两方面维持平衡，因此，可采推定公开为原则、明示合意不公开为例外的公布政策。实施公布政策应树立如下准则：（1）无论公开与否，决定性的根据是当事人的合意；（2）公布时应采必要措施，屏蔽当事人信息和可能透露当事人信息的案件事实背景，公开裁决的法律推理和抽象的裁决结论；（3）公开主体应为仲裁机构，由其建立专门的裁决公开规则，仲裁庭、当事人必须恪守裁决秘密，仲裁机构也必须依规公开；（4）公开方式应以正式路径为准，主要公布在仲裁机构官网或正式出版物上。此外，公开裁决应以服务仲裁研究和体育事业发展之公益为要旨，不以营利为目的。

（四）裁决辅执

仲裁机构可重点考虑两举措：（1）将促进裁决执行的目标整合进机构的裁决审查与矫正措施中。在机构实施裁决审查和矫正时，依1958年公约、仲裁地仲裁法，及潜在的被请求国之可仲裁性规则与公共政策，建立裁决预警机制。（2）在仲裁机构建立专门的裁决辅执机构，集裁决的内部辅佐、外部协调、内外反馈三种功效于一体。所谓内部辅佐，即由该机构为裁决的翻译、副本及其认证等有利于裁决执行的措施提供内部服务。所谓外部协调，即由该机构在当事人向相关外国或机构申请承认和执行裁决的程序中提供必要的信息、通信或服务，笔者建议可借鉴国际外交中采取的照会方式，建立一种"裁决照会"，辅助被请求国确认裁决原件的真实性和有效性，便利裁决的执行。所谓内外反馈，即由该机构负责总结在对外协调、促进裁决过程中积累的得失经验，密切把握和提炼国别承认和执行裁决的实践标准，形成决策建议，仲裁机构可据之直接改善后续裁决的作出过程和方式，间接助推仲裁规则的完善。

第三节　国际体育仲裁裁决先例化

仲裁先例有强弱二义，其在体育立法缺失的背景下通过整合立法与司法功能有助于弥补规则与实践的差距，建构体育法则，提升体育实践透明度，促成体育法制统一化。鉴于仲裁环境下机构离散，裁决保密，一裁终审及争议多样，仲裁先例缺乏有利生成的生态环境。CAS 仲裁独特的上诉等级制，裁决公开制，仲裁权威性，以及作为专门化仲裁而致管辖事项的重复性，在国际体育领域建构了仲裁先例的生长条件。我国体育实践生机勃勃，但因经验缺乏及体育法则的陈旧，实践乱象渐生。应建构我国体育仲裁机构并赋予其先例创设功能，通过立法与司法功能的统合整顿体育秩序。①

　　谈及先例（precedent），一般会附带两个预设：一是普通法背景，二是司法领域。大陆法系国家秉承成文法传统挤压了先例的存在空间；国际仲裁等诉讼外替代纠纷解决机制又因在司法体制之外而缺乏先例形成的环境。然而，仲裁与诉讼的交互影响与接近，特别是先例存在的积极意义和价值，促使国际仲裁领域出现了准先例的现象。② 以 CAS 为核心的国际体育仲裁领域发展出较高程度的司法化格局，这就为仲裁先例的创生和发展提供了有利条件。我国未来体育仲裁机制的建设应为先例预留空间，通过先例的助推以促成有序的国内体育秩序，并实现与国际体育秩序的和谐对接。

一　何为仲裁先例

　　先例一词含有双重意义：一是其原始义，即在先的判例；二是其增量意义，即依托于特定司法体制而被赋予的功能增量，这就是在普通法系国家中依"遵循先例"（stare decisis）原则赋予特定先例所具有的规范意义。显然，只有增量意义上的先例才具有讨论的重要价值，一个判例在时间上的先后并无实质功效，只有当一个在先的判例对后续判例具有规范意义，特别是这种规范意义不仅是"说服性的权威"（persuasive authority），而且还是一种可以据之作为断案依据即"法律渊源"（source of law）的时候，此特定语境中的"先例"就具有了法律发展与规范实践的双重价值。

---

　　① 本部分是在《体育仲裁先例论》一文基础上经调整扩充而成，该文刊登在《武汉体育学院学报》2014 年第 2 期。特此说明并特致谢忱！

　　② 国际仲裁研究所（International Arbitration Institute）在 2007 年 9 月 14 日于巴黎召开了一次"国际仲裁中的先例"主题学术会议，会议中的主要论文整理后结集成书予以出版。Yas Banifatemi（ed.），*Precedent in International Arbitration*，Juris Publishing，Inc.，2008.

因此，本部分所指的仲裁先例尤其是针对其增量意义而言的，它首先应当是成为法律渊源的案例法。对此种仲裁案例法的存在及其功效，有观点中肯地指出："尽管有人习惯于持怀疑态度，但当下毋庸置疑的是，真正的仲裁案例法在如下意义上是存在的，即存在着一整套通过援引仲裁裁决所建立起来的解决规则，它们对于仲裁员而言构成了特别有益的指导规则。"①

针对仲裁先例的定义，有学者分别考察了仲裁当事人的代理人、仲裁员以及社会公众对先例的定位，然后在这些相对定位中综合出了最终的结论，即仲裁先例是"任何一种可以合理地用来向裁决的首要听众正当化仲裁员裁决的决定性权威"②。该定义有四有要点：（1）先例的功能在于正当化仲裁裁决；（2）先例针对的对象是后例裁决的首要听众，这些听众首先和首要是指争议当事人及其代理人，其次是进行仲裁监督以及对裁决予以承认与执行的特定国家司法机关；（3）先例应当具有特定的资质，是一种决定性权威；（4）先例作为一种决定性权威还必须是合理的。

上述定义对争议中的仲裁先例给出了一个相对清晰的界定，但其探索价值更甚于科学意义，至少在一些极其关键的方面它有意或无意地疏漏了决定性信息，主要包括：（1）何为"正当化"，上述定义虽然谈及了先例的功能，认为仲裁先例在于正当化仲裁裁决，但何为正当化的方式和标准，不明确；（2）何为"决定性"，先例是一种决定性权威，这意味着并非每一种在先的仲裁裁决都可以作为仲裁先例，但如何区分在先的判例与先例，也未给出区分标准；（3）何为"合理"，该定义指出仲裁先例必须能够合理地支持后例裁决，同样，对合理与否的标准也未给出。

本部分认为仲裁先例应当是指：由上级或具有示范性的仲裁庭作出的，其对法律问题的解决能够为后续仲裁庭在相同或类似案情中作为裁决依据直接引用，并据之作出后例裁决的在先仲裁裁决。这一界定需作

---

① Marc Henry, "The Contribution of Arbitral Case Law and National Laws", in Anne-Veronique Schlaepfer, Philippe Pinsolle, Louis Degos (eds.), *Towards a Uniform International Arbitration Law?* Juris Publishering, Inc., 2005, pp. 39-62.

② Barton Legum, "The Definition of 'Precedent' in International Arbitration", in Yas Banifatemi (ed.), *Precedent in International Arbitration*, Juris Publishing, Inc., 2008.

如下说明：（1）仲裁先例的主体条件。仲裁先例的作出主体首先应当是仲裁庭而非司法机关；其次这种仲裁庭应包括两类型，一是上级仲裁庭，这可能有悖于国际商事仲裁中的一裁终局制，但对于某些专业化了的仲裁，如 CAS 的上诉仲裁，以及某些允许上诉的国际商事仲裁，如巴黎仲裁院、1996 年《英国仲裁法》所允许的仲裁上诉[①]等，上级仲裁庭是合法和现实地存在着的。二是示范性仲裁庭，这是特指在一裁终局的处境下，由依托于国际社会的卓越机构并得国际公认的仲裁员所组成的仲裁庭，如国际商事领域中的 ICC 仲裁院，国际体育仲裁领域中的 CAS，国际海事领域中的伦敦国际仲裁院（LCIA），国际知识产权领域中的世界知识产权组织仲裁与调解中心（WIPO-AMC）等，它们管理下的仲裁庭因此具有更高的权威性与认同度，其示范性裁决具有先例的资质。

（2）仲裁先例的应用条件。能够作为先例被援引的条件是，先后例之间在案情上的相同或类似性。相同或类似案件应当具有相同或类似的处理，这一先例基础不仅是先例的合法性，而且还是正当性理据。这就要求仲裁庭在援引先例时必须正确理解先例的有效适用条件和范围，审慎区分先后例之间的差异及其程度，避免滥用先例的情形。

（3）仲裁先例的适用条件。按学者理解，仲裁先例被赋予强弱两义：弱意义上的先例仅是指说服性先例；[②] 强意义上的先例则是指可以直接作为裁决依据的先例。[③] 在严格意义上言，仲裁先例应如司法先例一样，能为仲裁庭直接援引，并明确作为裁决案件的法定依据。这就不仅为仲裁庭

---

①　D. Rhidian Thomas, *The Law and Practice Relating to Appeals from Arbitration Awards*, Lloyd's of London Press Ltd., 1994.

②　"如果通过先例这一用语意指一个裁决的拘束力规则，那么国际法中没有先例理论。国际仲裁庭没有等级，即便有，也没有理由让第一个仲裁庭去解决所有以后的仲裁庭所要解决的问题。" See SGS Societe Gen, de Surveillance SA V. Republic of the Philippines, Decision on Jurisdiction, ICSID Case No. ARB/02/6 (29 January 2004), 8 ICSID Rep. 515, 545 (2004); also See Gary B. Born, *International Commercial Arbitration*, Vol. II, Kluwer Law International, 2009.

③　如有观点指出："如果相继的仲裁裁决就特定的法律问题具有一致性，那么这些裁决毫无疑问将对那些针对相同问题进行裁决的仲裁员产生说服力。" 转引自 Francois Perret, "Is There a Need for Consistency in International Commercial Arbitration?" in Yas Banifatemi (ed.), *Precedent in International Arbitration*, Juris Publishing, Inc., 2008, p. 25。

设定了裁决所受理案件的具体任务，而且还赋予仲裁庭创设仲裁法律规则、建构仲裁法律秩序的使命。① 据此，仲裁先例应区别于仅具有说服力的在先判例，后者只是一些判例，其是否以及如何被考虑将决定于审理后例的仲裁庭之意志，但后者并无法律义务与责任必须接受这些在先判例的约束。简言之，具有说服力的在先判例并非先例，而只是一些类似于法庭之友（amicus curiae）的"专家法律意见"（legal opinion）。②

二　CAS 仲裁先例的意义

仲裁先例的出现是对现实呼求的回应，这种呼求体现出了实践对仲裁寄托的期望。对此，美国联邦最高法院对司法先例的价值定位可作参考："在绝大多数情况下，解决案件所适用的法律规则远比正确地解决案件更重要，因为遵循先例原则提升了法律原则的平衡、预期和一致性发展，促进了对司法裁决的信任，并有助于现实和如愿地整合司法过程。"③此言大体总结了先例存在的意义，而在作为"体育世界最高法庭"的国际体育仲裁院（Court of Arbitration for Sport，CAS）所表征的国际体育司法体制中，仲裁先例的积极意义主要在于以下几个方面。

---

① 对此，Jan Paulsson 指出："在仲裁庭裁决个案与其有意识地促进国际规范的发展二者之间并无矛盾。" See Jan Paulsson, "the Role of Precedent in Investment Arbitration", in Katia Yannaca-Small（ed.）, *Arbitration under International Investment Agreements：A Guide to the Key Issues*, Oxford University Press, 2010, p. 669. 此外，"当仲裁机构专门化或者依托于一个商会、商品市场或专业组织，仲裁员自身通常也是该领域中的专业人士。所导致的案例法将更具有一致性，因为所产生的问题将会以类似条款被提出，且仲裁员有责任适用他们辅助创设或修改的贸易惯例。" See E. Gaillard & J. Savage（eds.）, *Fouchard Gaillard Goldman on International Commercial Arbitration*, Kluwer Law International, 1999, sec. 381. 转引自 Pierre Duprey, "Do Arbitral Awards Constitute Precedents? Should Commercial Arbitration Be Distinguished in this Regard from Arbitration Based on Investment Treaties?" in Anne-Veronique Schlaepfer, Philippe Pinsolle, Louis Degos（eds.）, *Towards a Uniform International Arbitration Law*? Juris Publishering, Inc., 2005, p. 251.

② Thomas Walde, "Confidential Awards as Precedent in Arbitration：Dynamics and Implication of Award Publication", in Yas Banifatemi, *Precedent in International Arbitration*, Juris Publishing, Inc., 2008, p. 124.

③ Gary B. Born, *International Commercial Arbitration*, Vol. II, Kluwer Law International, 2009, p. 2953.

（一）弥补规则与实践的差距

梅因曾指出，立法始终滞后于实践，并与实践之间存在不可抹除的差距。规则与实践之间的不对称，以及对这种不对称关系的不同理解与回应，当是造成两大法系对先例采取不同态度的主要原因之一。英美法系国家反对立法对实践的禁锢，主张通过实践自身的发展带动法律的自然生长。在法律的自然生长过程中，司法者作为助产士以判例的方式完成这一过程。因此，英美法系国家重判例而轻立法，主张在判例过程中完成立法。大陆法系国家虽然也越来越重视判例的示范或"指导"① 意义，但并没有将判例上升作为法律的渊源，司法者不能在判决过程中直接据之断案。由于立法自身的滞后性和保守性，这就使规则与实践之间的紧张度在大陆法系国家尤为明显。两大法系的经验对比揭示，承认判例的法律地位将有效缩短规则与实践之间的代际落差，最大限度地实现二者的同步发展。国际体育仲裁领域尤其如此：一方面，国际体育领域缺乏统一的立法机关，致使国际体育法律的存在难以明确；另一方面，国际体育实践的快速发展也需要相应的措施跟进以巩固其发展中形成的经验成果。CAS 作为体育世界最突出的司法性机构，在其缺乏明确的立法授权的情况下，通过其仲裁先例的建立实现立法与司法的合二为一，与时俱进地通过仲裁裁决确认、宣扬并保存有效的规则成果，② 并确保这些规则成果不因时事变易而趋保守。

（二）催生并发展国际体育法

承认仲裁先例，也就是承认先例中所呈现的解决规则具有法律效果。这种承认也就相当于赋予仲裁庭立法功能。国际体育世界要形成统一和谐的体育秩序，需要首先存在统一的体育法律规则，在这种规则当前无法通过专门的体育立法机构来予以担当时，体育世界秩序的离斥就不可避免。赋予特定仲裁裁决以法律效力，认可其为仲裁先例，就能够在两方面实现

---

① 如我国作为大陆法系国家的传统，首先不承认判例能够作为法律的渊源，其次也不认可遵循先例原则。即便如此，我国人民最高法院近年来开始周期性地确定并公布一批"指导性案例"，以供司法系统进行参考。

② 如在 ICC 仲裁的一个案件中，仲裁庭认为，仲裁裁决所体现的案例法"应予考虑，因为它是源自经济现实的结果，并满足国际贸易的需要，而具体的国际仲裁规则对此必须有所回应"。See 1982 Interim Award in ICC Case No. 4131, 110 J. D. I. 899, 904 (1983). 这对于国际体育仲裁而言同样适用。

国际体育法的建构与完善：一方面，补充了国际体育立法的空白，仲裁先例中的裁决理由部分将成为体育世界的行为准则；另一方面，仲裁先例的后续规范功能将在一致性与连续性基础之上完成对行为准则的整合，从而使国际体育领域不仅发展出国际体育法，而且还将确保这些被发展出来的体育法能够形成统一秩序。在这个过程中，仲裁员的案件裁决与造法功能是统一的，"仲裁员在履行职责过程中陈述法律。跨国规则因此包括一整套已经和将要作出的仲裁裁决。它不是更高法律秩序的产物，而是仲裁员现实司法行为的结果。……的确，如果仲裁员创设法律，跨国规则不过就是他们的仲裁裁决"①。

（三）提升体育实践的透明度

人类社会曾经围绕法律规则应否公开形成过两种经验：一种经验是"刑不可知，则威不可测"；另一种经验则是"公之于众，而民知所趋"。第一种经验作为原始经验，法律为少数人据为己有，从而掌握了生杀予夺的特权，但其必然后果就是生民惶惶不可终日，社会无序而终至大乱。第二种经验作为现代民主经验使法律成为社会行动之准绳，行为者据此可明得失利弊，并在预期之中形成秩序。职是之故，明确的行动准则保护了行为者的正当期望，提升了行为者对自己和他人的行为后果的透明度。在国际层面的世界性体育规则缺位的情况下，仲裁先例的存在将提升行为人的预期，促进体育实践的透明度。如 Schreuer 教授如是说：公约、附属规则、条例，以及由若干单独成立的仲裁庭作出的实体法之适用，"使一致的案例法之发展变得特别重要。此类案例法的发展假以时日将增加裁决的可预期性，简化程序，并据此降低成本"②。

CAS 的仲裁先例将通过如下方式保护行为人的预期，提升体育实践的透明度：（1）当国际体育领域缺乏行为准则的情况下，仲裁先例将发挥其立法功效，为行为人补充行为准则；（2）确认一般性的体育法律原则，

---

① Marc Henry, "The Contribution of Arbitral Case Law and National Laws", in Anne-Veronique Schlaepfer, Philippe Pinsolle, Louis Degos（eds.）, *Towards a Uniform International Arbitration Law*? Juris Publishering, Inc., 2005, p. 62.

② 转引自 Pierre Duprey, "Do Arbitral Awards Constitute Precedents? Should Commercial Arbitration Be Distinguished in this Regard from Arbitration Based on Investment Treaties?" in Anne-Veronique Schlaepfer, Philippe Pinsolle, Louis Degos（eds.）, *Towards a Uniform International Arbitration Law*? Juris Publishering, Inc., 2005, p. 251。

将其明确化，为行为者提供行动依据；① （3）具体化抽象的一般体育规则，通过仲裁先例以案释法地阐述体育法律精神及其特定含义，为行为者提供具体示范；（4）通过个案咨询，具体回应特定当事人对体育法律问题的理解，并帮助其预判行为后果。②

（四）促进体育法制的统一化

CAS 仲裁先例对体育法制的统一功效表现为内外两个方面。

1. 内部强化统一

即在 CAS 管辖的体制范围内，CAS 仲裁先例对具有相同或类似案情的后续案例有硬性的统一功能。CAS 的管辖范围可以认为是几乎实现了对国际体育领域的全覆盖，并通过全球性的体育组织如 IOC 及专业性的体育组织如各国际单项体育运动协会 IFs，将其管辖范围向下渗透至国别体育领域之中。就前一方面而言，在 2011 年 7 月修订生效的《奥林匹克章程》第 61 条分两款确认了 CAS 可对 IOC 的特定决定及其解释与适用，以及与奥运会相关的争议具有独占的管辖权。就后一方面而言，许多国际单项运动协会如国际足协、国际田联等均在其章程中将 CAS 指定为其内部争议的排他管辖主体，并要求其地区或国别的成员接受该管辖条款。这就实质性地将 CAS 的管辖范围扩展至了国内乃至区域层面。在其章程性规范中明确援引 CAS 作为解纷主体的组织范围内，CAS 的仲裁先例不仅具有统一性，而且这种统一性还因 CAS 的机构担保而具有硬性的拘束力。

2. 外部示范统一

CAS 尽管是体育世界中覆盖范围最广的解纷机制，但毕竟在体育世界尚未一统的背景下不能实现体育领域的完全统一管辖，因此在 CAS 力所未及的范围内，其仲裁判例能否作为仲裁先例予以援引适用，这是 CAS

---

① 根据 2012 年 1 月 1 日起修订生效的 CAS 仲裁法典第 45 条之规定，"仲裁庭将根据当事人所选法律，或者没有此种选择的情况下，用各级瑞士法律裁决争议。当事人可授权仲裁庭根据公平合理原则进行裁决。"仲裁庭在经授权依公平合理原则进行裁决时，就可能适用一般的体育法律原则。对该原则在国际体育仲裁中的适用，可参阅刘畅《一般法律原则与国际体育仲裁的法律适用》，《社会科学家》2011 年第 5 期。

② 需要指出的是，2004 年版的 CAS 仲裁法典规定了 CAS 的咨询职能，允许 CAS 就潜在的仲裁当事人就其争议提供咨询。但该功能在 2012 年修订过程中被删除，其删除理由可参阅张春良、卿莹《CAS 仲裁法典最新发展述评》，《武汉体育学院学报》2012 年第 9 期。

无法控制的情形。在理论上,其他仲裁机构在审理相同或类似案件时可以不顾 CAS 业已建立的仲裁先例,因为仲裁机构依其法理性质乃属于平权地位,并非处于等级制度之中,而等级制度之于先例的形成与运作具有重要的构成意义。然而在实践中,鉴于 CAS 在体育领域业已成为体育争议解决机制的无冕之王,许多仲裁机构如日本、加拿大等体育仲裁机构均以 CAS 为理想范本进行建设,其影响力和权威性在全球和国别层面得到了独一无二的确证,因此,在体育仲裁的实践中,CAS 仲裁先例对其管辖范围之外的体育后例无疑具有"说服性权威"的示范意义,这也并不排除其他仲裁庭在其裁决中直接援引 CAS 仲裁先例作为裁决的可能。以此两方式,CAS 仲裁先例确立起来的行为规则和标准就将对 CAS 管辖外的领域产生统一影响。

三 仲裁先例的生成障碍

先例无疑具有积极意义,否则仲裁领域也不会效仿司法体制而力图建设仲裁先例制度。司法先例有其独特的生成环境,环境条件的变异就可能毁败先例的生成基础。仲裁体制作为诉讼外救济机制,其基本法理及其运作环境存在与司法环境根本歧异之处,这对仲裁先例的生成将造成消极影响。Pierre Lalive 在介绍仲裁裁决所形成的案例法这个主题时写道:"讨论仲裁案例法可能看起来有些相当地莽撞,这直接与所有仲裁的合意与临时性质,及其保密特征之间存在直接的冲突。"[1] 换言之,作为司法机制之成果的先例有其得以产生的构成条件,而仲裁环境改变了这些条件,从而抑制了先例在仲裁体制中的移植与存活。

(一) 先例的构成条件

一个司法先例的构成究竟包括哪些条件,学者们在这个问题上存在不同见解。[2] 一种观点认为应包括三个条件:第一,它必须是法院的裁定,或更准确地说,它是法律问题与判决理由;第二,重复性,这使先

---

[1] Fabie Gelinas, *La Jurisprudence arbitrale de la Chambre de commerce international*, Gaz. Pal., Jan. 9/11, 2000, at 116.

[2] Pierre Duprey, "Do Arbitral Awards Constitute Precedents? Should Commercial Arbitration Be Distinguished in this Regard from Arbitration Based on Investment Treaties?" in Anne-Veronique Schla-epfer, Philippe Pinsolle, Louis Degos (eds.), *Towards a Uniform International Arbitration Law*? Juris Publishering, Inc., 2005, pp. 256-257.

例更接近习惯；第三，司法等级。另一种观点也提出了另外三个条件：一是司法等级的层次，即先例应当是一定等级的司法机关作出的。二是应通过媒介予以公布，"案例法除非被视为一个具体的事件，否则就不存在，因此案例法意味着知悉"。三是存在一个接受它的法律实务者共同体，包括法学家、法官、律师和公证人等。① 这些观点部分地点明了先例得以形成的条件，如果保留司法先例之精神与功效，同时撇开先例的外在司法形式，那么可认为，一个仲裁先例可以证立的条件当包括四方面。

1. 统一性（consistency）

先例的统一性品质，既是仲裁先例要致达的效果，也是其成立的标志。Fouchard 就将"连贯性，也就是意味着必须具有某种程度的一致性"视为先例成立的三大标准之一。② 按司法先例之功效看，先例被创设出来的目的有二：一是补白，即在没有规则的地方建立规则；二是规范，即在有了规矩的地方要统一实施。在司法环境下，这种统一性得以可能的基础在于司法体制的保障。在同一个法域之内，司法体制表现出金字塔式的结构：最高级法院居上，次之为上诉或高中级法院，最下为地区或基层法院。尽管上下级法院之间并垂直的领导与被领导的行政关系，但存在业务上的指导与被指导的关系。并且，这种统一性还通过上诉机制被强化。简言之，下级法院虽然能够独立地依法断案，上级法院无权干涉，但上诉机制的存在使上级法院拥有了复核和改正下级法院做出判决的权力。在此种金字塔式结构及其上诉监督机制担保下，司法先例的统一性就通过两种方式建立起来了：一种方式是直接给予，即上级法院创设的判例，其判例中体现的裁决立场与倾向，就是下级法院效仿的直接标准，从而确保了上下级法院之间、整个金字塔式的司法体制中先例的统一性；另一种方式则是间接给予，即上级法院通过驳回或改正原判的方式，否定原审法院的裁决立场。

---

① Pierre Duprey, "Do Arbitral Awards Constitute Precedents? Should Commercial Arbitration Be Distinguished in this Regard from Arbitration Based on Investment Treaties?" in Yas Banifatemi (ed.), *Precedent in International Arbitration*, Juris Publishing, Inc., 2008, p. 257.

② 另外两个标准按 Fouchard 看来应为：仲裁先例必须是自治或独立于任何国别法律秩序的；它必须是公共的。E. Gaillard & J. Savage (eds.), *Fouchard Gaillard Goldman on International Commercial Arbitration*, Kluwer Law International, 1999, p. 183.

由此可见，先例的统一性是由司法体制的两个特征决定的：其一，司法体制具有上下层级性，上级司法标准对下级具有规范约束力，由此担保了先例的一致性；其二，司法体制具有终端闭锁性，即在上下级司法体制中，有一个最终共同抵达的归宿点即最高级司法机关，由此确保了司法先例不会政出多门，共同统一于该最高司法机关的司法先例之下，从而避免先例之间的冲突或抵触。

2. 公开性（Publicity）

仲裁案例要作为先例，还必须具有公开性；不公开无足以形成先例。有学者指出："如果当事人援引未公布的裁决，很可能被只当作为专家意见（expert opinion）。"① 要求一个先例具有公开性，这是一个自明的条件，因为只有当作为先例的裁决公之于众，才具有为他人关注、了解，进而援引作为行动或裁决根据的可能。这里的关键不是公开与否的问题，而是如何可算作为公开的问题。有观点认为，仲裁裁决要作为先例必须要做到"系统地公布"（systematically published）②。这个标准包括两方面的考量：一是公布，二是系统地公布。

首先，对于何为"公布"这个标准，主要通过两种指标予以评价：公布的形式载体和接近渠道。展言之，如果公布的形式载体是在纯粹私人而非公共的空间之中存在，则其公布效果是很难被接受的；相反，如果是在仲裁机构、国家机关，或者面向公众公开的某些学术网站上予以发布的，此种公布一般被认可。至于公布的方式是以网络电子资源或者纸面出版物的方式实施，③ 这不构成任何问题。甚至在一些营业性的专业机构处需要付费获得的仲裁判例也被认为是一种有效公布，对此有学者就认为，"只要是在可以被广泛地得到且声誉良好的来源处获得的，即便是要付出

---

① Thomas Walde, "Confidential Awards as Precedent in Arbitration: Dynamics and Implication of Award Publication", in Yas Banifatemi (ed.), *Precedent in International Arbitration*, Juris Publishing, Inc., 2008, p. 113.

② Emmanuel Jolivet, "Access to Information and Awards", *Arb. Int'l*, 2006 (2), pp. 265-272.

③ 如瑞典斯德哥尔摩仲裁院就季度性地出版《斯德哥尔摩国际仲裁评论》，公布了在1999—2003 年的 24 个仲裁裁决。See SCC Arbitral Awards 1999-2004, in S. Jarvin and A. Magnusson (eds.), Juris Net, 2006. 就 ICC 而言，该机构一年两次地出版 *ICC Court Bulletin*，一年一次地出版《商事仲裁年刊》和《国际法杂志（Clunet）》，以及一年两次地出版 *Gazette du Palais*。

一定的信息费，也是可以认为属于公布"①。

其次，对于何为"系统地公布"，这就必然涉及公布的仲裁裁决的数量。仲裁先例的出现必须要有足够多的类似仲裁裁决，这就是所谓的路径相关性（path dependency）。② 换言之，如果假定先例是由最先开创的判例开始，经由若干相同或类似案例而串联起来的一条"射线"的话，那么单个的或少数部分仲裁裁决就是其中的"点"，这些孤点是不能成为证据证明"射线"的存在的。Larroumet 正确地指出："说服性——其假定一种示范价值，并相应地设定了建立在特定裁决的价值之上的一个判决——通常需要与数量结合起来。就国家的最高法院针对重要问题签发的判决而言，欧洲人权法院或欧洲法院是有利益的，并且就此判决被预期用以解决此类问题的法律而言，可以认为这个判决具有说服性，并具有先例价值。反过来，下级法院的判决明显地不具有相同的权威。先例价值只能被赋予连贯的判决系列。这同样适用于仲裁裁决。"③ 至于究竟多少具体数量上的判例之公布可认为构成"系统公布"的标准，这显然不是一个单纯精确的数学问题，只能定性地指出，当一系列的相同或类似判例累积公布之后，其效果使仲裁界确信业已形成一条可供援引和据之裁决的规则即可。

3. 权威性（authoritative）

先例还必须具有权威性，且仲裁先例的权威程度甚至还应高于司法判例的标准。司法判例对后续案例的先例效力存在司法等级体制的保障，也就是说，上级法院做出的判例，即便下级法院的法官并不认同其中的裁决立场，但由于上下级之间的等次决定了，下级法院在针对相同或类似判例时应遵循上级先例。这种先例的权威性是可以通过高度形式化的上下级标准来加以判衡的。但在仲裁环境中，仲裁的一裁终局制意味着在主流的仲裁体制下，并不存在各仲裁机构的高低上下之分，因此其裁决能够作为先例为其他仲裁庭所接受，更多地依赖的就是裁决本身的理性力量及其产生的说服力。

---

① Thomas Walde, "Confidential Awards as Precedent in Arbitration: Dynamics and Implication of Award Publication", in Yas Banifatemi, *Precedent in International Arbitration*, Juris Publishing, Inc., 2008, p. 113.

② Alexis Mourre, "The Case for the Publication of Arbitral Awards", in Yas Banifatemi (ed.), *Precedent in International Arbitration*, Juris Publishing, Inc., 2008, p. 48.

③ Christian Larroumet, *A Propos de la jurisprudence arbitrale*, Gaz. Pal., Dec. 14, 2006, at 5.

对于仲裁先例的权威性有强弱两种理解。弱意义上的理解是将仲裁裁决的权威性等同于说服性（persuasive），在这样的理解下仲裁先例就不是司法先例意义上的先例了，而是一种说服性佐证资料。如在一份 ICC 仲裁裁决中，仲裁庭总结认为，在先裁决没有正式的既决效力，但在先裁决代表了一次对后续仲裁中的特定相关事项的"权威性裁决"（authoritative ruling）。① 在另一份 ICC 仲裁中，仲裁庭类似地总结认为，尽管一份在先裁决没有正式的既判效应（因为在先争议涉及不同当事人和不同合同），但在先裁决将被认为是具有说服力的："仲裁庭不受 X 裁决的约束；这些仲裁程序中的当事人也不受其约束。没有被禁止反言的问题。尽管如此，它对本争议的一般事实背景提供一词有益的分析。相应的，本庭将考虑其事实认定和结论，但要审慎地对这些程序中的当事人提交的资料得出我们自己的结论。"② 强意义上的理解则是将仲裁裁决的权威性等同于法律渊源，此意义上的仲裁裁决才是严格意义上的先例。如有学者指出，在国际仲裁中存在着某些"领导性案例"（leading case），这些案例的"领导性"在显而易见的意义上是指，它们"通常地被援引作为法律分析的起点"③。需要指出的是，仅有说服力的在先的仲裁裁决还不是真正意义上的仲裁先例，它们只是处于向仲裁先例的演进过程中的半成品，借用学者的用语而言，它们只是先例的"结晶中介"（medium of crystallization）④。

4. 类似性（similarity）

先例的正当作用基础必须是，相同或类似问题应得到相同或类似处理。这就提出了构成先例的另外一个不言而喻的预设条件，即情景的类似性。这个条件可能过于自明以至于很少有学者将其列作为先例的条件。先后例之间应当保持必要的类似性，这个条件事实上在相对的意义上揭示

---

① See Final Award in ICC Case No. 6363, XⅦ Y. B. Comm. Arb. 186, 201 (1992).

② Gary B. Born, *International Commercial Arbitration*, Vol. Ⅱ, Kluwer Law International, 2009, p. 2966.

③ See "Editor's Preface", in Todd Weiler (ed.), *International Investment Law and Arbitration: Leading Cases from the ICSID, NAFTA, Bilateral Treaties and Customary International Law*, Cameron May Ltd., 2005, p. 11.

④ Marc Henry, "The Contribution of Arbitral Case Law and National Laws", in Anne-Veronique Schlaepfer, Philippe Pinsolle, Louis Degos (eds.), *Towards a Uniform International Arbitration Law?* Juris Publishing, 2005, pp. 39-62.

了，能够成为先例的裁决问题应当具有重复性，先例的构成及其强度将在很大程度上取决于这种重复的概率和频率。在当某一个问题只是出现一次之后不再或者极少重复出现时，仲裁裁决就失去其先例意义了；反之，当某一问题不断出现，就将在短期内催生出针对该问题的先例，并在后例的反复适用中先例效力被强化。有一种观点就曾认为，在专门化的仲裁与一般的商事仲裁之间存在的一个根本性差别就在于，专门化了的仲裁中出现相同或类似问题的概率要远高于一般的商事仲裁。因此，仲裁先例如果存在的话，那么也只是在专门化了的仲裁领域存在，而在一般的商事仲裁领域则因问题重复的概率极低，所以不存在先例一说。Fouchard 等人就持如此见解：“当仲裁机构专门化或者依托于一个商会、商品市场或专业组织，仲裁员自身通常也是该领域中的专业人士。所导致的案例法将更具有一致性，因为所产生的问题将会以类似条款被提出，且仲裁员有责任适用他们辅助创设或修改的贸易惯例。”① Jean Carbonnier 也直接将“重复性”作为先例构成的三大标准之一。总而言之，争议问题的相同或类似性使仲裁先例成为可能，因为“在面对一个问题时，人们想知道其他人在类似处境下是如何做的，并倾向于重复他们。因此，一系列仲裁裁决被公布，一些裁决就开始流传”②。所裁决问题的相同或类似性反过来也就建构出仲裁先后例之间的同质性，或更准确地说是类似性。

（二）国际仲裁的消极环境

司法先例有一套独特的生长基础和环境，国际仲裁领域能否发展出先例，或者说仲裁先例能够在国际仲裁环境中存活因此决定于仲裁环境与司法环境之间的条件变异。针对先例形成的上述条件，可对应看出国际仲裁环境的消极之处。

1. 仲裁机构的离散性

先例为实现其一致性，因此有赖于一个统一和集中的司法体制，但国际仲裁环境首先就不满足这一条件。国际仲裁是由常设机构仲裁与临时仲裁所构成，在机构仲裁占主流的背景下，这些仲裁机构均是依各国仲裁立

---

① E. Gaillard & J. Savage（eds.）, *Fouchard Gaillard Goldman on International Commercial Arbitration*, Kluwer Law International, 1999, sec. 381.

② Lando, *Conflict of Law Rules for Arbitrators*, in Fetschrift fur Konrad Zweigert, 1981, pp. 157–159.

法成立的民间机构，它们彼此之间具有同等的法律地位，不存在上下等级之分和管理。国际商会仲裁院并不比中国国际商会仲裁院具有更高的法律地位，它们之间既有合作也有竞争。同理，CAS 也并不比中国国际商会仲裁院、国际商会仲裁院具有更高的法律地位。更进一步，各国国内设立的仲裁机构在法律上也与国际仲裁机构具有平权地位，其对案件的管辖仅取决于当事人的意思自治，而不存在仲裁机构的地域和级别分工。仲裁机构的离散性使仲裁裁决彼此之间未进入纵向关联之中，从而很难获得仲裁先例所必要的权威性与一致性。为解决这个问题，曾经有学者致力于建立一个世界范围内的统一的"上诉仲裁院"的"梦想"，由该上诉仲裁院统管其他仲裁机构做出的裁决的执行和撤销争议。① 此方案本质上是将司法等级制复制于国际仲裁体制，但它因有悖于一裁终局的基本仲裁法理，特别是不存在统一的法域背景之支持，因而该"梦想"就只是一个"梦幻"。

2. 仲裁裁决的保密性

先例要被当事人或其代理人、被仲裁庭所援引作为裁决依据，其前提就是必须要为所援引者所知悉，这就涉及仲裁裁决的公布及其所冲击的仲裁保密性问题。仲裁保密性被认为是国际商事仲裁"最重要"② 的方面，ICC 仲裁院前任秘书长曾经指出："的确，对我而言很快就明白了，如果 ICC 采取公开或其他政策，这将减损或缩小 ICC 对保密性的严格坚持，从而构成对 ICC 仲裁利用的重大威胁。"③ 因此，绝大多数仲裁机构迄今仍然维持严格的仲裁保密性政策，即便在此方面有所松动的一些机构如 ICC 等也建立了附条件的公开政策，即原则上不公布，除非当事人另行同意。与先例相关的问题由此产生，如果绝大多数仲裁裁决不能被有效地公开，则在后例中的当事人和仲裁庭如何知悉所涉争议问题是否存在先例？存在何种先例？有学者就国际商事仲裁中裁决公开的现象进行了实证统计，分析后发现被公开的裁决属于极少数，如解决投资争端国际中心（ICSID）仲裁的 500 个案例中，大约有 100 个案例被有效公开；ICC 自 1974 年以来做出过超过 6000 份的裁决，但只有约 700 份裁决被公布。立足此种考

① Charles N. Brower, "The Coming Crisis in the Global Adjudication System", *Arb. Int'l*, 2003（19），pp. 415-428.

② Klaus Peter Berger, *Private Dispute Resolution in International Business: Negotiation, Mediation, Arbitration*, Vol. II, Kluwer Law International, 2006, p. 313.

③ See "Expert Report of Stephen Bond, in Esso v. Plowmann", *Arb. Int'l.*, 1995（11），p. 273.

察，一个不无悲观的结论将不可避免地得出："如果考虑到世界上大多数仲裁机构不公布仲裁裁决，且几乎所有临时仲裁裁决均不公布，那么能够被公布的裁决就太少了。"① 对被公布的有限的仲裁案例的实证研究也表明，"在过去的案例中仲裁员只是做他们所要做的"，仲裁先例"在这个领域没有明显的实践"②。

3. 仲裁机制的一裁性

仲裁机制的一裁终局制也实质性地消解了仲裁裁决的权威性。上已述及，仲裁裁决作为先例所具有的权威性源自两方面，一是等级制，二是裁决的理性力量。前者是硬性权威，后者是软性权威。由于仲裁机构之间的离散性和平位性使仲裁领域内并无等级制，因此仲裁裁决的权威就唯一地依赖仲裁裁决自身的推理质量和说服力。这种软性权威还可以进一步区分为同一机构下不同仲裁庭之间的裁决权威，以及不同仲裁机构下不同仲裁庭之间的裁决权威。在同一机构下，仲裁庭也是因案而设的，因此具有临时性质，其裁决能否为后续仲裁庭所接受，这是后者的权利而非义务。当然，相比于不同仲裁机构下不同仲裁裁决之间的权威程度而言，同一仲裁机构的裁决之间具有相对较强的说服力，这是因为某些仲裁机构如 ICC、中国国际经济贸易仲裁委员会（CIETAC）等的仲裁规则均授权仲裁机构对仲裁庭裁决进行审查，这种审查有助于保持裁决之间的一致性。但总体而言，不管是同一机构内还是不同机构之间的仲裁庭之裁决，受到一裁终局的条件限制，其裁决的权威性趋于软化，不利于仲裁先例的成立。

4. 争议事项的多元性

事实上，更有利于先例生成的条件是相同或类似争议事项的重复出现。即便仲裁领域不存在等级制，如果某些类似问题重复出现在不同仲裁机构的不同仲裁庭面前，起初的仲裁裁决可能表现出不同的解决方案，然而在经过比较分析之后，相同或类似问题得到相同或类似处理的理性力量将占据上风。据此，权威性的仲裁裁决将被确定，并成为后续类似案例的

① Alexis Mourre, "The Case for the Publication of Arbitral Awards", In Yas Banifatemi (ed.), *Precedent in International Arbitration*, Juris Publishing, Inc., 2008, p. 39.

② Gabrielle Kaufmann-Kohler, "Arbitral Precedent: Dream, Necessity or Excuse? —The 2006 Freshfields Lecture", *Arb. Int'l.*, 2007 (3), p. 362.

裁决尺度或标杆，也就是仲裁先例将最终得以建立。但就国际商事仲裁所处理的争议事项而言，它们具有较强的多元性，彼此之间的差别更大于类似，这就在事实基础层面阻碍了先例的形成。Born 曾经指出，比较国际商事仲裁程序与实体两方面的先例状况就可以看出，仲裁先例主要在程序层面存在，并对程序问题的发展"做出了卓越的贡献"，而在实体层面仲裁裁决"并非经常作为先例"，原因之一是"国际仲裁裁决通常并没有机会重复处理相同的国内实体法律问题"①。相对而言，程序问题由于是几乎每个仲裁庭都将重复遭遇的问题，其问题的类似性概率极大地提高，从而有助于仲裁先例的产生。

四 CAS 仲裁先例的可能性

为获得裁决承认和执行上的便利，CAS 仲裁被定位为国际商事仲裁，因此上述立足国际商事仲裁背景所总结的不利于仲裁先例生成的消极因素在 CAS 仲裁体制下也自然存在。然而，必须承认的是，以 CAS 为代表的国际体育仲裁有其实质不同于国际商事仲裁的诸多方面。这些因应体育争议而发展出的体育仲裁特性部分地抵消了不利于仲裁先例的消极条件，从而在 CAS 仲裁体制下创设出了准司法化的体制，部分恢复了仲裁先例的生态环境并给予其生长可能性。

（一）CAS 仲裁的等级性

CAS 仲裁机制内在地包括相对独立的两方面：一是普通的体育仲裁机制，由普通仲裁分处（The Ordinary Arbitration Division）负责；二是上诉性体育仲裁机制，由上诉仲裁分处（The Appeals Arbitration Division）负责。② 前者管辖和受理的是与体育相关的一般商事争议，因此其本质是商事性的体育类争议；后者才是 CAS 的特色仲裁部分，它管辖和受理的是针对竞技性体育争议的处理决定而提起的上诉性争议。就上诉性仲裁机制而言，它体现出了两个首要的特征：（1）外部性，即 CAS 上诉仲裁机构相对于作出处分决定的机构而言具有外部性，这种外部性确保了 CAS 仲裁机制的独立性和公平性。（2）等级性，即 CAS 上诉仲裁机制属于二级

---

① Gary B. Born, *International Commercial Arbitration*, Vol. II, Kluwer Law International, 2009, pp. 2967–2968.

② See Article S20, Statutes of the Bodies Working for the Settlement of Sports—Related Disputes.

解纷机制，其所针对的争议不仅是单纯的竞技体育争议，而且更是针对经过特定体育组织的内部纪律或仲裁机构处理之后签发的处分决定。这赋予 CAS 二级终审机构的法律地位。"体育组织内部机制—CAS 仲裁机制"所形成的等级结构最大限度地释放了 CAS 仲裁裁决发展成为先例的潜力，CAS 仲裁庭作出的裁决将据此成为各相关体育组织内部处分机构作出后续决定的先例。

不仅如此，CAS 仲裁裁决的先例除了循"体育组织内部机制—CAS 仲裁机制"这种层级性而对体育组织内部发生影响力之外，还通过 CAS 仲裁法典所建立的独特的机构审查制对后续 CAS 仲裁庭发生拘束力。CAS 作为常设机构并不具体参与案件的审理和裁决，而是分别建立不同的仲裁庭承担案件的仲裁职责。这种裁决机制使前后仲裁庭之间的关联性被割断，从而不利于前庭裁决对后庭裁决形成先例效应。然而，CAS 仲裁法典有关上诉类仲裁程序的规则第 59 条第 2 段规定："在仲裁裁决签署前，应提交 CAS 秘书长，秘书长可以纠正裁决的单纯形式，也可以提请仲裁庭注意根本的原则性问题。"该规定即赋予了机构的裁决审查功能，这种功能被认为是能够直接有助于"仲裁裁决的内在连贯与一致"①。前后庭针对相同或类似争议的仲裁裁决就可以通过 CAS 的机构审查实现协调，从而也就赋予前庭仲裁裁决先例效力。

还需指出的是，CAS 上诉仲裁机制所具有的"体育组织—CAS 仲裁庭—CAS 仲裁机构"三者两两之间建立起的层级制在国际体育领域具有普遍性和广适性。主要原因有两个：一是 IOC 这个全球范围内最有影响力的国际体育组织唯一授权 CAS 作为终局的争端解决机构，允许 CAS 就涉及 IOC 所主办的各种赛事，包括奥运会赛事争议行使管辖权；二是几乎国际上主要的单项体育运动协会都在其章程规范中将 CAS 援引作为上诉机构。因此，CAS 的等级仲裁制构成了国际体育仲裁领域最普遍和突出的特征，为其裁决的先例化奠定了得天独厚的地基。

（二）CAS 裁决的公布制

阻碍仲裁裁决成为先例的仲裁保密性，在 CAS 仲裁机制下也不构成

---

① W. Laurence Craig, William W. Park, and Jan Paulsson, *International chambev of Commercial Arbitration* 2nded., ICC Publishing S. A., 1990, p. 349.

重大问题，后者表现出"透明化"之趋势。① 在国际商事仲裁领域以裁决不公开为原则，以公开为例外；② 与之相对，CAS 仲裁裁决是以公开为原则，以不公开为例外。CAS 仲裁法典第 59 条就规定："仲裁裁决的总结和/或旨在说明仲裁结果的新闻发布应由 CAS 公开，除非双方当事人约定保密。"事实上，CAS 已经"系统地出版"其 1986—2003 年的仲裁裁决。③ 这些裁决隐去了私人信息，但基本保留了案情经过、裁决推理和裁决结果。Kaufmann-Kohler 教授就指出，在体育仲裁领域，存在一个强有力的机构，有必要通过一致与连贯的针对兴奋剂违纪的仲裁处理方案来实施公平竞技竞争；体育仲裁裁决被公布并为相关公众所遵守，体育仲裁裁决现在证明了对仲裁先例的某种程度的依赖，该法律制度承认有拘束力的先例之存在。④ CAS 仲裁裁决一反常态地原则性予以公布，这主要归因于其裁决的人权性、公益性和公共性。CAS 仲裁也因此实质性地有别于一般的私密性的商事仲裁，保密性这个阻碍商事仲裁裁决成为先例的前提条件在体育仲裁环境下走向反面，CAS 仲裁裁决的先例化成为可能。

（三）CAS 裁决的权威性

CAS 仲裁裁决的权威性主要通过如下途径建立：（1）经 IOC 等国际权威体育组织的"钦点"成为其唯一的上诉解决机构之后，CAS 事实上被提升为世界体育范围内的最高或超级上诉仲裁院，而这正是上文所述的某些学者致力于在国际商事仲裁领域建设的梦想。依靠这种金字塔式的"塔尖"地位，CAS 裁决获得了最强有力和实质性的权威含量。

（2）CAS 仲裁员的聘任资质也为其裁决权威提供了担保。"仲裁好如仲裁员"这是为仲裁界所公知公认的观点，CAS 聘任的仲裁员通常在法律和体育领域具有极高的造诣，甚至某些仲裁员还曾经是奥运赛事的奖牌获得者。这种专业知识层面确保了 CAS 裁决的质量。

---

① 张春良：《国际体育仲裁透明化之释证》，《武汉体育学院学报》2011 年第 2 期。

② Ileana M. Smeureanu, *Confidentiality in International Commercial Arbitration*, Kluwer Law International, 2011, p. 83.

③ Matthieu Reeb（ed.），*Digest of CAS Awards* Ⅰ（1986-1998），Staempfli, 1998；Matthieu Reeb（ed.），*Digest of CAS Awards* Ⅱ（1998-2000），Kluwer Law International, 2002；and Matthieu Reeb（ed.），*Digest of CAS Awards* Ⅲ（2001-2003），Kluwer Law International, 2004.

④ Gabielle Kaufmann-Kohler, "Arbitral Precedent: Dream, Necessity or Excuse? —The 2006 Freshfieds Lecture", *Arb. Int'l.*, 2007（3），p. 373.

（3）CAS 仲裁裁决的权威还经由机构的裁决审查机制得到巩固。CAS 秘书长负责日常的仲裁管理工作，为各仲裁庭提供专业和系统的服务。在过去数十年中积累起来的仲裁经验有助于 CAS 秘书处为裁决品质把关，并通过裁决审查职能将这些有益的实践经验转化为审查标准，辅助仲裁庭提升裁决品质。

（4）CAS 仲裁裁决迄今所受到的司法待遇的良好记录也提升了其裁决的权威性。针对 CAS 仲裁裁决进行司法监督的主体包括两大类型，一是 CAS 法定仲裁地的瑞士国家司法机关，二是 CAS 裁决被请求承认和执行地国的司法机关。就前者而言，瑞士联邦法院对 CAS 仲裁提供了最大的支持和最宽容的司法监督，即便在 CAS 改制前因依托 IOC 而明显有失形式中立的情景下，瑞士联邦法院仍然作出了有利于 CAS 的判决认定。①就后者而言，迄今尚未有任何案例报道过被请求国拒绝承认和执行 CAS 的仲裁裁决。这些源于 CAS 内外的制度举措与运行环境赋予了 CAS 裁决很高的威望与说服力，这有助于其裁决发展成为先例。

（四）体育争议的重复性

CAS 仲裁与商事仲裁不同之处还在于，它作为体育领域内的专业化仲裁机构，有更高的概率和机会重复受理相同或类似的争议。特别是 CAS 上诉仲裁机制又主要针对体育组织内部决定受理复议事项，这更进一步限制了争议的范围，从而在相对层面提高了案件本身的重复度。至于 CAS 管辖的奥运会赛事争议仲裁，其争议事项的重复率则更高。据统计，在悉尼奥运会期间，共有 15 个案件提起仲裁，其中有 11 个案件涉及运动竞赛资格的问题，3 个案件涉及金牌归属问题，1 个案件涉及运动服上的广告争议问题。更具体而言，5 个案件涉及国籍问题，4 个案件涉及兴奋剂违纪问题，3 个案件涉及竞赛规则适用范围问题，还有 3 个案件涉及参赛资格问题。兴奋剂违纪、参赛资格、奖牌归属、竞赛规则适用等主题具有稳定性，在其后的北京奥运会、伦敦奥运会期间也构成 CAS 仲裁案件的主题争议。总的来说，专门化的仲裁相比于一般商事仲裁具有更高概率的争议重复率；而 CAS 的上诉仲裁及奥运会仲裁，其争议事项更集中于专门化领域内的专业性范畴，表现出稳定的重复现象也就不足为奇了。重复稳定的争议事项，便利了仲裁先例的形成，并缩短了其生成周期。如有观察

---

① 刘想树主编：《国际体育仲裁研究》，法律出版社 2010 年版。

者指出："对体育仲裁、域名仲裁和投资条约仲裁领域的晚近考察表明，在先仲裁裁决被频繁地援引，通常被给予实质性先例价值。"① 该中肯结论有其对应的背景支持。

五　小结：CCAS 的先例促成之道

体育仲裁先例的建设对于体育法制的创生与发展，对于体育实践中人正当期望的满足，对于提升体育法制的透明度，建构体育和谐秩序具有重大意义。对于我国而言，仲裁先例尤其具有战略性意义。我国当前体育实践生机勃勃，但由于经验的短缺和规则的陈旧无法担负起建立健康体育秩序的使命，如何建构统一、立足实践、接轨国际的富有生命力和动态发展潜能的体育规则乃是我国体育界面临的当务之急。仲裁先例作为一种与时俱进的规则创生方式和与实践休戚相关的规则本身，特别有助于回应我国当下体育实践出现的乱象。在相关体育立法和司法功能缺位与趋于失灵的处境下，建立一个集司法与立法功效于一身的仲裁机构即中国国际体育仲裁院（CCAS）乃是一不二路径。为此，笔者认为，应当为 CCAS 的先例创制与执行功能创造条件，让其肩负起整顿中国体育秩序的重任。为此应注意下述建设要点。

1. 建构等级性与统一性，将 CCAS 建设成为中国各体育协会或其他体育组织的外部、二级上诉仲裁机构，由其受理针对这些协会或组织内部决定提起的上诉。为强化 CCAS 的统一管辖功能，各体育协会或组织应在其章程规范中嵌入 CCAS 管辖条款，以此作为条件免除其内部决定被诉诸国家司法机关进行审查的义务。由于 CCAS 是独立的仲裁机构，因此根据我国《仲裁法》之规定，CCAS 是适格的终局机构。

2. 实现 CCAS 裁决的有效公开，但应注意保护仲裁当事人的私密信息。可借鉴 CAS 仲裁法典有关裁决公布的机制，以公开为原则，以当事人协议不公开为例外。同时，公开裁决应当统一由 CCAS 进行，仲裁庭组成人员及参与人员未经允许不得私自公开仲裁事宜。在所公开的裁决内容方面，应重在裁决理由（ratio decisis），该部分通常构成先例的核心部分。

3. 赋予 CCAS 以裁决审查功能，利用 CCAS 的稳定性和积累的仲裁经

---

① Gary B. Born, *International Commercial Arbitration*, Vol. II, Kluwer Law International, 2009, p. 2965.

验提升 CCAS 裁决的连贯性与一致性，并在审查中促成先例的形成与应用。CCAS 的审查应当是一种软性督查，而非硬性干预，否则将可能干涉仲裁庭的独立裁案，从而引起不必要的司法监督。为此，应将 CCAS 的审查主要限定在裁决的形式审查方面，对于实体问题只能提醒仲裁庭予以关注。但无论形式与实体问题，最终仍然需得由仲裁庭而非仲裁机构予以更正。这一点应有别于 CAS 对形式问题的直接纠正。

第五章

国际体育仲裁应用专题研究

第一节 内部应用：体育协会内部治理的法治度评估

一 导论：体育协会内部治理中解纷机制的概况

体育协会在体育行业自治中居于承上启下的关键地位，[①] 体育协会的治理机制由此在协会内部的微观层面，以及在协会间的宏观层面发挥着双重的秩序建构作用。作为体育协会的治理机制之重要组成，协会内部的纠纷解决机制——通常是仲裁机制，对体育秩序的建构尤其具有重大和直接的因果制约效应。这种制约效应体现为对协会、对行业自治权力运行的审查、管控和后续指引。合理的内部解纷机制能有效遏制行业自治中的不端和违法行为，矫正行业自治的内在缺陷；也是中介行业自治与外部法治，承载法治精神，对行业自治实施法治化改造的枢纽。我国奥运项目类体育协会共有 31 个，考察各协会章程的机构设置可发现，此类内部解纷机制只要有两大类型：一是纪律委员会，二是仲裁委员会。由于纪律委员会属于行政性质的机构，因此并不是严格意义上的司法性质的解纷机构。据此，可将我国奥运项目类体育协会的内部解纷机制之设立模式概括为

---

① 张春良、张春燕：《论国际体育仲裁中的"接近正义"原则——接近 CAS 上诉仲裁救济的先决条件》，《体育文化导刊》2007 年第 11 期。

三类。

第一类是单设纪律委员会。采取此种机构设立模式的协会包括：中国举重协会、中国柔道协会，以及中国跆拳道协会。其中，中国柔道协会还将反兴奋剂工作纳入纪律委员会之中，形成"纪律和反兴奋剂委员会"。

第二类是同时设立纪律委员会和仲裁委员会。采取此种机构设立模式的协会在具体方式上又分为两种：一是分立方式，中国足球协会就是唯一采取将纪律委员会和仲裁委员会分别设立的协会；二是合并方式，中国网球协会也是唯一将纪律委员会和仲裁委员会合二为一地设立为"纪律仲裁委员会"的机构。

第三类是未常设任何解纷委员会。其他体育协会则在其章程中没有对内部解纷机制的设立进行明确规定。这当然不是说，这些协会没有解纷机制，如中国篮球协会就在篮球甲 A 联赛之中设有纪律处罚机构和规范。但必须指出和明确的是，此类解纷机制是局部或非常设性的，并非协会层面的常设性解纷机制。当然，从发展角度看，很多协会章程赋予其权力机构及其执行机构依照规范新设分支机构或专门委员会的职权，这就为纠纷解决功能的专门化、独立化和实体化提供了可能。然而就现有的机制建设看，至少截至笔者考察的时点前，大多数体育协会在其章程中未设立任何专门和常设的解纷机构。

在三类模式中，第二类设立模式无疑是相对完善的。它一方面明确区分了纪律委员会和仲裁委员会的不同角色，体现了纠纷解决的专业分工；另一方面，纪律委员会作为行政性质的解纷机构，从现代法治的精神看，属于协会行政机构的重要组成部分，当其裁断涉及协会及其行政机构的争议时，其"既是运动员，又是裁判员"的地位之独立性是备受质疑的。为此，应在行政机制之外专设相对独立的纠纷解决机构，这就是仲裁委员会。中国网球协会将两种性质不同的解纷机构合而为一，抵消了二者分立的合理性。中国足球协会区分二者、分别设立的方式，既体现了协会内部治理的法治精神，又成为中国各体育协会中的先行者和先进者。本部分拟以中国足协的内部仲裁机制为样本，对我国体育协会内部治理机制的法治状态进行实证考察，评析其内蕴的法治涵养及问题，通过提炼"足协经验"或"足协模式"，希冀在体育协会之间予以示范和扩展。

二　仲裁机制在足协内部治理中的地位

（一）足协的内部治理结构

中国足协是非营利性的社会团体法人，其建立的内部治理结构体现了法人治理的基本架构。从法人治理的分权与制衡角度出发，可将足协内部的治理主体概括为权力机构、行政机构和司法机构三个方面，分述如下。

1. 作为权力机构的会员代表大会

中国足协会员包括单位会员和个人会员两类。一类是个人会员并非指足球运动员或其他与足球有关的工作人员，而是特指经单位会员或主席会议提出，并经执行委员会批准，对中国足球事业有突出贡献的人士，个人会员又被称为足协荣誉个人会员。另一类是会员代表大会是足协的"最高权力机构"，掌握并决定足协的最高决策，包括：制定和修改足协章程；选举或罢免足协主席；表决通过副主席、秘书长和司库人选；审议执行委员会的工作报告；决定足协终止事宜；以及决定其他重大事宜。

执行委员会是足协最高权力机构的"常设"机构，它在会员代表大会闭会期间行使大会职权。执行委员会的"常设性"是相对的：相对于会员代表大会"四年一会"的周期而言，它具有常设性；但它也具有非常设的特征，即执行委员会实为"年会"，一般是"一年一会"。执行委员会的职权主要包括：执行会员代表大会的决议；向会员代表大会提议选举并罢免主席；决定和筹备会员代表大会或特别会员代表大会；向会员代表大会报告工作；决定会员的吸收或除名；决定其他重大事项。

2. 作为行政机构的主席会议

足协主席是足协负责人，也是其法定代表人。主席会议负责执行会员代表大会和执行委员会的决定，并在执行委员会闭会期间处理足协的重要日常工作。主席会议采取月会制，其职权主要包括：执行会员代表大会和执行委员会的决定；筹备会员代表大会；决定会员的吸收或出名；决定副秘书长及各机构主要负责人；领导足协各机构开展工作；以及决定其他重要事项。

主席会议下设办事机构，由秘书长负责领导，它是足协真正意义上的行政机构，负责处理足协的日常工作事务。秘书长领导下的常设办事机构主要职权包括：执行执行委员会和主席会议的决定；执行各专项委员会的决定；处理日常事务性工作；负责对外联络工作；管理足协财务；以及办理其他工作。

3. 作为司法机构的仲裁委员会

仲裁委员会在足协内部治理结构的规则设计中并不具有特别突出的地位，它与纪律委员会、裁判委员会、各级各类足球委员会等共同组成足协的职能机构，是足协领导下的各专项委员会之一。其组织制度由执行委员会确定；工作机构及人员配置则由主席会议批准。对于仲裁委员会的职能，足协制定的工作规则特别规定，它是"中国足球协会处理行业内部纠纷"① 的职能机构。因此，可以将仲裁委员会视为足协的司法机构，承担解纷止争的司法职能。

总结而言，会员代表大会，及作为其代表的执行委员会构成足协的权力机构，负责制定足协章程等宪法性文件的基本立法活动，并掌握足协的重大决策；主席会议及其领导下的秘书长负责的常设机构是足协的日常行政机构，对外代表足协，对内则协调各职能机构的有效运作；仲裁委员会虽忝列足协专项委员会之一，但它的角色地位和功能具有特别重要的意义，在足协内部相对独立地发挥着司法机构的功效。

（二） 仲裁机制的定位

应当指出的是，仲裁机制作为足协指定的争议解决机制，它在足协章程中体现出名义与功能两种定位的落差。功能上，虽然可以从足协章程中提炼出权力机构、行政机构与司法机构的三足鼎立的治理结构，但在名义上，仲裁委员会只是足协的专项委员会之一，并不具有与权力、行政机构平等的地位。

1. 名义定位

《中国足球协会章程》第 26 条仅将仲裁委员会列为专项委员会之一，并明确其为足协的职能机构，主要任务是在足协的授权范围内负责处理足协的专项事务。这一定位在名义上将仲裁委员会置于作为行政机构的主席会议之下，并在如下方面受制于主席会议之决定：其一，工作小组设立的批准，即仲裁委员会内部的工作小组是否及如何设立，应报主席会议批准；其二，规范制定的批准，即仲裁委员会拟定的工作规范、规章制度和工作细则等，应报主席会议批准后执行；其三，人事增设的批准，即仲裁委员会如需增设副主任委员或设立常务委员会，应报主席会议批准；其

---

① 参阅《中国足球协会仲裁委员会工作规则》第 2 条。

四，专项工作的汇报，即仲裁委员会负责人应向主席会议汇报工作。

由上可见，在足协的内部治理结构中，承担争议解决功能的仲裁委员会并没有清晰地与行政机构的地位和职能区分开来。在足协章程的规则名义上，有较为明确的权力机制和行政机制之间的界限划分，但司法机制却有被吸收入行政机制之中的倾向。没有相对独立的身位，致使典型的"立法—行政—司法"鼎足而立的法人治理机制出现了结构坍塌，① 相互间的制衡缺失，也将影响足协治理的效率和法治程度。

2. 功能定位

仲裁委员会在名义上虽然并未获得其应得的地位，但在足协章程实际赋予的功能上却得到了一定程度的弥补。这主要证显为：

其一，司法职能的明确。足协章程虽然将仲裁委员会与其他委员会并列，作为专项委员会之一，并在人事、机构、工作等方面要求服从和服务于主席会议，但其被行政机构遮掩的司法之光最终仍然透过《中国足球协会仲裁委员会工作规则》被澄清，被其明确定位为纠纷解决机构。

其二，机构独立。独立是司法机制的首要德性，没有独立就没有法治精神。因为正义不仅要做到，更要被看到。机构独立在形式和实质层面是对正义的担保。《中国足球协会仲裁委员会工作规则》第 3 条首先一般地要求仲裁委员会"独立审理"案件；其次在许多具体规则上也强化了仲裁委员会特别是相对于足协行政机构的独立性，如在当事人对仲裁庭成员的独立性和公正性发生合理的怀疑，请求回避时，对于回避决定的作出，由仲裁委员会主任决定；仲裁委员会主任回避与否，则由仲裁委员会会议决定。这就体现了"司法独立"的精神，避免足协主席、主席会议或秘书长的行政干涉。

其三，功能超越。仲裁委员会不同于一般专项委员会的地方，这尤其表现为其功能上的超越性，即它首先超越于各专项委员会，各专项委员会均是其潜在的管辖对象；其次甚至超越足协本身，因为仲裁委员会还可以受理足协作为一方当事人的特定争议。足协章程第 62 条之"一"即规

---

① 需要指出的是，在一般的公司法人治理结构中，也并没有司法机制，但形成了"股东（大）会—董事会—监事会"三足鼎立的制约机制，监事会在一定程度上发挥着准司法性的角色，并且其标准的司法机制外置于法人，并因允许内部纠纷向外部司法机制接近而得到补足。但足协内部纠纷的解决并无此种"通透性"，解纷途径堵塞可能导致法治衰减。

定，仲裁委员会可受理会员协会、注册俱乐部及其成员，与"本会"等的业内争议。不仅如此，仲裁委员会作出的决定是最终的，对包括足协自身在内的各方均具约束力。

其四，强制接受。仲裁委员会享有的司法上的独立和特权还通过强制性条款的方式得到巩固。足协章程第 10 条，即把接受仲裁委员会管辖的条件列为会员入会的先决前提，无此不能被足协接受为会员。该条一方面要求所有会员在书面申请中应保证遵守足协章程的各项规定，包括仲裁委员会的工作规则；另一方面则专门强调各会员应在各自的协会章程中明确承认接受足协章程第 61、62 条规定的"强制性内容"。该两条内容正是对仲裁委员会职责、地位和功能的单独和强化规定。

因此，对足协内部仲裁委员会的地位界定，不能简单地局限于足协章程规则上的名义定位，而应透过规则的文字面纱，把握其在功能上的实质地位。这种功能上的实质地位就是，仲裁委员会不是与其他专项委员会简单并列的委员会之一，而是具有超越于这些委员会乃至超越足协自身的司法地位。在此种司法地位下，足协应确保其会员之间、会员与自身之间的争议应由仲裁委员会管辖，独立裁断，并承诺执行其终局性裁定。这些承诺被视为足协章程中必须被接受、不得以任何形式加以损抑的强制性规定。

三 足协内部仲裁机制的架构

足协内部仲裁机制主要由《中国足球协会章程》及《中国足球协会仲裁委员会工作规则》两部分组成，前者是抽象的框架设定，后者则是在此基础上对仲裁机制的具体细化。综合考量，足协内部仲裁机制的设置、运作及其特征包括如下方面。

（一）机构设立

仲裁委员会属于专项委员会，因此在机构建制上应遵守足协章程中有关专项委员会设立的规则。但足协章程并没有明确、直接地规定专项委员会的批设主体，因此，在仲裁委员会机构设立的问题上，必须首先厘定会员代表大会、执行委员会，以及主席会议各自的权限何在。分析足协章程规则，并结合三机构的职能性质定位，可认为它们在仲裁机制建设中各发挥如下作用。

1. 主席会议不具有设立仲裁委员会的职权，但具有确定仲裁委员会成员及执行其决定的职责。主席会议的职权定位是，领导秘书长在执行委员会闭会期间处理足协的日常事务，其职责是行政性的，从原理上不宜承担建设司法职能机构的责任。并且，足协章程在所列示的主席会议职权清单中，它被明确定位为对各专项委员会作出的决定的执行机构。此外，主席会议还被赋予对仲裁委员会的人员组成的人事决定权。[①]

2. 会员代表大会和执行委员会在理论上均为批设仲裁委员会的适格主体。会员代表大会是足协最高权力机关，在理论上可以决定足协的任何事务，包括仲裁委员会的建制问题。执行委员会是会员代表大会职权的行使者，在后者闭会期间代表其作为权力机关行动，因此，它们当然是建构仲裁委员会的适格的批设主体。

3. 在是否设立及如何设立仲裁委员会的问题上，会员代表大会和执行委员会分工负责，各司其职。尽管执行委员会也具有批设仲裁委员会的主体资格，但笔者认为，在足协内部仲裁机制的设立与否问题上宜将其定位为最高权力机构的职权范畴，具体的建制问题则可分解给执行委员会负责。简言之，足协内部仲裁机制的机构设立包括两个相继的问题：是否设立，如何设立。前者由会员代表大会决定；后者由执行委员会决定。

这样的建设思路也间接体现在足协章程中。足协章程第26条之三规定，"本会可调整或组建新的专项委员会"。从规则的文义解释角度出发，"本会"应首先被解释和理解为足协，而在会员代表大会、执行委员会和主席会议三者中，最能代表足协的当首属会员代表大会。在足协章程的同条之五中，执行委员会被明确赋予确定"各专项委员会的组织制度"的职责。这就间接地表明，组织而非建设专项委员会，才是执行委员会的职权。

(二) 受案范围

足协仲裁委员会的受案范围是一个较为复杂的问题，因为其范围界定在本质上是一个多头协调和平衡的问题，概括而言主要涉及三个层面、六大机构之间的管辖分工。准确且清晰地界定六个机构之间的分工，也就合理地确定了足协内部仲裁机构的受案范围。

1. 宏观层面：行业自治与国家治理的内外分工

所谓行业自治与国家治理的内外分工，是指足协仲裁委员与法院之间

---

① 参阅《中国足球协会仲裁委员会工作规则》第25条。

的受案分工。需要分解的第一个层面的受案范围是国家法院与足协内部仲裁机构之间的管辖分工，其本质是司法与仲裁之间的平衡，在形式上则是行业内、外治理的协调。从实证角度看，行业自治的立足基础和生存环境是国家的司法治理。因此，作为行业自治的足协内部仲裁机制应服从于国家司法机制，表现在受案范围的关系上，国家司法机构的受案范围应覆盖足协内部仲裁机制的受案范围。但从现代治理理念的角度看，行业自治更为本质地展现了国家司法自治的原理，这就是契约自治，它作为治理理念贯穿、支撑并正当化一切现代治理机制。据此，行业自治不应被视为国家司法自治的领域，而应当是国家司法自治的前提。这一结论意味着，国家司法机制不应全面而应适度介入行业自治，并将某些争议之解决完全保留给行业自治。

足协章程第 61 条之一、第 62 条之二即是对此作出的规定。依照规定的精神看，只能提交内部仲裁解决，不能提交法院诉讼的争议主要是从两个角度概括的：（1）主体特定的角度，即争议必须是行业各级各类成员之间及其与行业协会本身之间的争议。就足协而言，此类争议应当是指足协会员协会、注册俱乐部及成员与足协、其他会员协会、会员俱乐部及其成员之间争议。（2）争议特定的角度，即争议必须是"业内争议"。对于何谓业内争议的概念，并不十分清晰，但它至少表明了这样两个基本立场：一方面，即便是行业成员之间发生的争议，如果并非业内争议，而是其他的普通民商事争议，此类争议理可诉诸行业外的司法诉讼；另一方面，《中国足球协会仲裁委员会工作规则》第 5 条对受案范围的规定在一定程度上具体例示了业内争议的类型，它主要包括两类：一是足协纪律委员会作出的处罚决定；① 二是会员协会、足球俱乐部、足球运动员、教练员、经纪人相互间就注册、转会、参赛资格、工作合同、经纪人合同等事项发生的属于行业管理范畴的争议。

2. 中观层面：行业自治与协会自治的内外分工

所谓内外分工，是指足协仲裁委与 CAS 之间的受案分工。体育行业是对各级各类体育组织及其形成的体育关系的总称，各体育协会则是其重要组成部分和行为主体，二者之间就业内争议的管辖分工在性质上首先是

---

① 足协纪律委员会作出的处罚决定类型，涉及足协纪律委员会与足协仲裁委员会之间的受案范围比较，下文将对此进一步论述。

内部关系，其次才是以协会为标准的内外部关系：作为整体的体育行业属于体育协会的外部空间，其争议解决机制属行业自治范畴；体育协会则是存在于体育行业中的行为主体，其内部争议解决机制则是协会自治的体现。在全球范围内，国际体育仲裁院（CAS）是体育行业自治的集中表现，而在中国层面的体育行业自治却缺乏独立和统一的仲裁机制。就中国足协而言，其协会内部仲裁机制在受案范围上也需要厘清其与 CAS 的管辖分工。这种分工的特征主要体现在三个方面。

其一，专属于 CAS 的管辖事项，足协内部仲裁机制无权受理。这些争议事项主要是指主体涉外的体育争议。[①] 其二，足协内部仲裁机制可终局裁决的案件，这主要是指《国际足联章程》第 67 条第 3 款第 3 项授权各协会可自行保留裁决权的争议事项。[②] 具体争议事项并未被列明，而是由各协会自决之。其三，可由 CAS 和足协仲裁委共同管辖的争议事项，以兴奋剂争议为典型。依《国际足联章程》第 67 条之规定，尽管国际足联为各协会、洲际足联保留了必要的专属管辖权，但它同时对有关兴奋剂的争议事项作了特别保留，要求各协会、联赛组织内部就此作出的具有最后约束力的决定向 CAS 上诉管辖开放，世界反兴奋剂组织（WADA）是适格的申诉主体之一。据此，中国足协内部仲裁机制有权首先对兴奋剂事项作出决定，在当事人或 WADA 对决定不服的情况下，则可向 CAS 提起申诉。需要指出的是，此种申诉的前提条件是"穷尽内部救济"，即"如内部解决办法都无效，才能向体育仲裁法庭提出申诉"[③]。

3. 微观层面：协会自治的内部分工

所谓协会自治的内部分工，是指足协仲裁委与足协纪委、执委、主席会议的受案分工。中国足协内部仲裁委员会也并非足协内部所有争议的万能管辖机构，它与足协纪律委员会、执行委员会和主席会议就内部争议有两种分工管辖方式：一是各别专属管辖；二是分级共同管辖。各别专属管

---

① 依足协章程第 61 条之规定，足协会员、注册俱乐部不得将自己与国际足联、亚足联及其会员协会和俱乐部的任何争议提交法院，而同意提交各方认可的仲裁委员会。这种各方认可的仲裁委员会事实上也就是《国际足联章程》第 66 条第 1 款所指的"CAS"。

② 被国际足协章程明确排除由 CAS 上诉管辖的争议事项包括三类：一是违反足球规则的申诉；二是不超过 4 场比赛或 3 个月的比赛的停赛的申诉；三是按协会或洲际足联规定应向独立的、专门的仲裁庭提出的对决定的申诉。

③ 参阅《国际足联章程》第 67 条第 2 款。

辖，是指由三者各自专门管辖的争议事项；分级共同管辖，则是指某些争议可由其中的两个或三个机构管辖，并且各机构之间的管辖具有层级性。下以仲裁委员会为中心，分别比较它与纪律委员会、主席会议之间的受案范围。

其一，仲裁委员会和纪律委员会之间的管辖分工。二者分工采取的是明示清单的方式，即只属于特定类型的纪律处罚方可被允许向仲裁委员会提起申诉，其余纪律处罚则专属纪律委员会终局决定。具体而言，允许向仲裁委员会提起申诉的纪律处罚包括 10 类：（1）停赛或禁止进入体育场、休息室、替补席 4 场或 4 个月以上；（2）退回奖项；（3）减少转会名额；（4）限制引进外籍运动员；（5）禁止从事任何与足球有关的活动；（6）取消比赛结果、比分作废；（7）扣分、禁止转会、降级、取消比赛资格、取消注册资格；（8）进行无观众比赛、在中立场所进行比赛、禁止在某体育场（馆）比赛；（9）对赛区罚款 4 万元以上、对俱乐部（队）罚款 5 万元以上、对个人罚款 3 万元以上；（10）其他更严重的处罚。[1]纪律委员会根据足协纪律准则作出的其他纪律处罚，将是终局性的决定，不能向仲裁委员会提起申诉。

其二，仲裁委员会和执行委员会之间分工。二者的受案关系也包括两个方面：一方面，足协内部仲裁委员会拥有终局裁定权的专属争议，主要是指它根据《中国足球协会仲裁委员会工作规则》规定范围受理的案件；另一方面，仲裁委员会对上述范围外的争议作出的裁决，则是非终局性的，当事人可向执行委员会提出申诉，由后者作出最终裁决。[2]需要指出的是，执行委员会作为权力机构参与司法性的上诉复审，一方面在受案范围上应局限于少数情形，另一方面也不能受理当事人直接越过仲裁委员会而提起申诉的案件。

其三，仲裁委员会与主席会议之间的分工。主席会议主要是一个行政性机构，它承担司法性职能需要满足以下几个条件：必须是重大或特殊类型的案件；必须由仲裁委员会转交，当事人不能直接向主席会议提交；是否提交

---

① 参阅 2014 年 2 月《中国足球协会纪律准则》第 94 条。相比于 2011 年的《中国足球协会纪律准则及处罚办法》第 93 条，可向仲裁委员会提起申诉的类型增加了两类，一是减少转会名额，二是限制引进外籍运动员。

② 《中国足球协会章程》第 62 条之二、之三。

主席会议处理，这属于仲裁委员会的职权；主席会议对案件进行处理采取的是特别程序，不受《中国足球协会仲裁委员会工作规则》的约束。[①] 这些条件也构成了足协仲裁委员会和主席会议之间的管辖分工标准。需要指出的是，主席会议对重大、特殊案件的处理，在与仲裁委员会管辖分工上并不十分明确：它究竟与仲裁委员会构成上诉或差序关系，还是专门针对特殊类型案件的处理与仲裁委员会处于平行关系？从规则表述看，二者关系似应定位为平行关系，即主席会议并非仲裁委员会的上诉机构，一方面，执行委员会已经成为仲裁委员会就特定类型争议作出的决定的上诉机构，没有必要再将主席会议列为上诉机构；另一方面，对提交主席会议处理的重大或特殊案件，仲裁委员会并未作出裁定，而是因案情特质转交主席会议处理，因此，不存在主席会议对仲裁委员会裁定的再审理。

为直观呈现以中国足协内部仲裁委为中心的受案范围关系，可将其整理如图5-1所示。

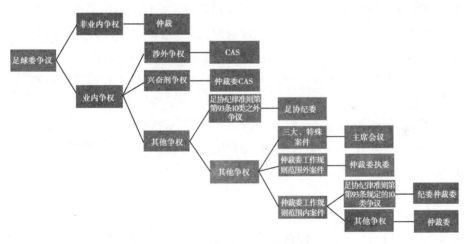

图5-1　中国足协内部仲裁委受案范围

（三）管辖依据

为正当化并巩固仲裁委员会的管辖权，足协章程设计了独特的仲裁条款，以确保仲裁委员会成为足协框架内唯一、最高和最终的争端解决机构，除亚足联、国际足联的特别规定另有规定的除外。足协内部仲裁委员会仲裁条款主要以两种途径发挥最高规范效力。

---

① 《中国足球协会仲裁委员会工作规则》第27条。

一是将仲裁委员会仲裁条款直接列示为足协章程条款，这就赋予了内部仲裁委管辖权"宪法性"的最高权威。仲裁委管辖条款的作用原理是，它类似于一个开放性要约，会员申请入会的行为和书件就是对这一开放要约的承诺，从而在足协及其会员、足协会员彼此之间形成一个共享的仲裁合意。足协章程第 10 条第 1 款之（一）的规定就彰显了这种作用原理：拟申请入会的会员加入足协时必须提出书面申请，申请书中应保证遵守足协章程和各项规定。

二是要求各会员将接受足协内部仲裁委作为唯一、最高和最终管辖机构的规定，载入会员自身的章程中，并将此作为申请入会的必备条件。足协章程第 10 条第 1 款之（二）即规定，拟申请入会的会员申请入会时必须提交自身的协会章程，在会员章程中必须包括足协内部仲裁委员会的仲裁条款。

事实上，如果将考察视角向上扩展至亚足联和国际足联的章程规范，都可以发现类似的仲裁条款。分析这些仲裁条款彼此的勾连关系，可揭示出足球行业内部仲裁条款的宏观结构特征，这就是"顶层设计、章程保证、伞形布局、分工合作"。需要指出的是，国内与国际足协两层面存在的一个关键差异是仲裁机构的独立性，这将在很大程度上影响仲裁条款的效力认定。

（四）关键程序

仲裁程序集中规定在《中国足球协会仲裁委员会工作规则》之中。依该工作规则的设计，足协内部仲裁的关键程序可概括这样几个环节。

1. 仲裁诉答

仲裁申请是启动仲裁程序的第一环节，包括必要信息的合格申请书及附件是有效申请的条件。仲裁委收到申请后将进行必要的形式审查，并根据审查结果或驳回，或受理。受理后，仲裁委应组建仲裁庭，仲裁庭作为仲裁程序的主导者和推动者，将对案件审理全权负责。仲裁庭采取三人制仲裁庭形式，不区分案件性质和影响，无独立仲裁庭建制。包括首席仲裁员在内的三人制仲裁庭的所有人选将由仲裁委员会主任决定之。依仲裁争议事项的性质不同，仲裁采取有偿和无偿两种形式：针对足协纪律委员会作出的处罚决定不服而提起仲裁的，实行免费仲裁；除外之争议，则是收费仲裁。仲裁委员会还应将受理通知书、仲裁申请书及其他附件，及时寄送被申请人，并将仲裁庭组成告知双方当事人。被申请人应及时提交答辩，并附必要附件。

双方当事人对仲裁庭人员的独立、公正品格产生合理的怀疑时，可向仲裁委提交回避申请。仲裁员的回避决定，由仲裁委员会主任作出；仲裁委员会主任的回避，则由仲裁委员会会议决定。

2. 仲裁庭审

仲裁庭可自行决定庭审的方式，或开庭审理，或不开庭审理。无论开庭审理与否，原则上都要保证仲裁庭审的秘密性。但对仲裁秘密性的一个重要突破是，在涉及仲裁足球运动员与俱乐部之间的争议时，仲裁委员会可根据案件情况以随机抽取的方式在当事人之外的足球俱乐部及运动员中各选择1—2名代表参加庭审。这些代表有权对案件仲裁发表独立意见，仲裁庭有义务充分听取。这是体育仲裁透明化的一个表现，是体育仲裁公益性的内在要求。

仲裁庭审中的一个核心事项是仲裁证据的提交、审查与采信。足协仲裁采取谁主张、谁举证的责任模式，举证责任人应承担举证不力的后果。但针对纪委的处罚而提起仲裁的案件，原则上采取举证责任倒置的模式，即纪委应对其处罚依据举证，但申请人也有责任对主张的事实进行证明。在证据的审查和采信方面，仲裁庭在经过充分质证之后可依职权进行裁量。

3. 仲裁裁决

足协仲裁采取调解与仲裁相结合的方式，调解不是必选项，是仲裁庭自由裁量的范畴。仲裁中的调解不同于一般调解，当事人达成和解协议后应以书面形式固定，仲裁庭应据此制作调解书。调解书具有与裁决书同等的法律效力。同样地，鉴于纪律处罚的特殊性，此类争议不适用调解。

调解不成，或仲裁庭决定不采取调解的，就需要进入裁决程序。裁决要点包括：其一，裁决时限较短，对纪委决定和其他类争议的仲裁时限分别为3个月和6个月，这体现了体育仲裁注重时效的一贯特征。其二，裁决规范较多，仲裁庭作出裁决时可依据四类规范，分别是法律法规、行业规范、国际惯例，以及公平公正原则。这体现了足协内部仲裁的综合风格，融一般的规范仲裁与特别的友好仲裁于一体。其三，裁决意见的形成方面，原则上采取多数票决；在无法形成多数票决的情形下，则由仲裁庭上报仲裁委员会决定。其四，裁决履行保障方面，建立以纪委为中心的管控机制。即裁决义务人未履行裁决的，对方当事人可向纪委提出申请，由其给予处罚。

四 足协内部仲裁机制的法治度评析

(一) 内部仲裁机制的法治化

行业自治有其合理性，因此并不要求它完全等同于法治，然而法治的精神却是行业自治不能贬损的。足协内部仲裁机制的建设与发展在如下几个方面体现了法治精神。

第一，初步实现司法与行政的分离与相对独立。足协内部治理中，主席会议领导下的秘书长负责制是其行政治理方式，表征着足协的行政职能。从法治的精神看，司法机构及其职能就在于合理限制或规范行政职权，实现有序的自治。因此，司法机构和职能应当从行政机构和职能分离开来，保持必要的距离以实现权力制约和权利保障。特别是，足协行政机构及其职能在行使公共权力时既可能对自治体相对人的权益造成侵犯，又可能本身作为争议参与的一方。为避免足协行政机构既当运动员，又当裁判员；同时能合规、合理行政，在它之外建立独立的承担司法职能的机构就尤显必要。有了独立的司法机制，不一定就必然实现实质公正；然而，如果没有独立的司法机制，就连形式的公正也谈不上。

足协内部仲裁机制实现了一定程度的独立。这体现为：（1）仲裁委员会的设置由权力机构而非行政机构决定，即足协执行委员会而非主席会议决定专项委员会的设立。（2）仲裁委独立审理案件，不受其他机构或人士的干涉，这为仲裁委工作规则第3条所明确。（3）在仲裁回避机制中，仲裁委主任需要回避时，由仲裁委员会自行决定，体现了仲裁独立的精神。（4）仲裁庭形成裁决意见时候，如不能达成多数意见，也由仲裁委员会决定，足协内部其他机构或人员不得干涉。（5）特别是仲裁庭在撤销作为行政机构的纪律委员会的处罚决定时，自主裁定，并只需向主席会议备案，无须征得后者同意。

第二，合理厘定国家法治与行业自治的关系，既确保足协成员接近正义的机会和权利，也妥当地捍卫了行业自治的权限。行业自治与国家法治之间并不是简单的包容关系，似乎国家法治君临一切，从而完全覆盖和限制行业自治；它们之间也并不是简单的并存关系，似乎行业自治领域就是国家法治力所不及的地方，在这片领域中实现完全和绝对的家长制。上已述及，行业自治是比国家法治更为古老、更贴近契约自治本质的治理模式，因此对二者的关系或有效域的界定应当是持法治必要介入下的行业自治标准。该标准下，行业自治就如同市场，国家法治只是为其划定基本红线，对行业自治持有限介入态度，只在行业自治逾越基本法治尺度，侵犯基本人权时，才为当事人提供一条接近正义的道路。除外的领域，应交付行业理性自治。

足协内部仲裁机制在管辖范围的确定上，体现了这样的法治精神。一方面，它将自身的适格管辖范围严格且明确地限定为"业内争议"或"行业管理范畴的争议"，以实现此类争议处理的高效和合理化。毕竟相比于足协仲裁委员会而言，国家司法机构并不比足协内部仲裁员更懂行业规律。另一方面，足协仲裁委也并不一味地强调其管辖权的独占性和终局性，对于足协内部成员彼此之间发生的除业内或行业管理争议之外的其他争议，也就是超出行业自治范围之外的普通民商事争议，国家法院有权管辖。此外，对于某些较为严重、影响体育行业较大的争议如兴奋剂争议，足协也允许当事人或 WADA 向更中立、更权威的国际体育法庭 CAS 提起上诉仲裁。

第三，合理设计内部仲裁机构的管辖依据，进一步正当化了足协内部仲裁委管辖权的适格性。仲裁条款具有碍诉抗辩力，这是仲裁和司法界共同接受的前提和共识。[①] 因此，设立并要求相关人员接受完善的足协仲裁条款，就强化了足协仲裁的正当基础。足协仲裁条款通过章程化的方式，载入作为足协基本规范的章程之中，列作为普遍和开放的仲裁要约，这就对所有其他希望永久和临时参与足协活动的相对人构成了一个准入条件，只要加入甚或只是以行为参与足协活动，[②] 在法律和法理上就必须承认，该相对人已经通过言行接受了仲裁要约，构成仲裁承诺。不仅如此，足协内部仲裁委的管辖依据，还延伸至各会员的章程规范中，并作为足协入会的前提条件。以此双重章程化的方式，足协内部仲裁委的管辖权就不存在管辖漏洞，在相对意义上也就排除了足协仲裁委无权仲裁的可能。

（二）内部仲裁机制的负法治性

在某种意义上可以如下断言：足协内部仲裁机制在何种程度上彰显了

---

① Axel H. Baum, "Anti-suit Injunctions Issued by National Courts to Permit Arbitration Proceedings", in Emmanuel Gaillard（ed.）, *Anti-suit Injunctions in International Arbitration*, Juris Publishing, Inc., 2005, p. 19.

② 刘想树主编：《国际体育仲裁研究》，法律出版社 2010 年版，第 111 页。

法治精神，其行业自治就能在何种程度上得到保障。国家司法机构介入行业自治的必要性和必需性，正在于其内部争端解决机制的反法治性，在功能上也是为了补足内部解纷机制的法治精神。因此，足协内部仲裁机制已经尽可能地依照法治的精神进行了设计。然而，在如下两方面，足协内部仲裁机制还有所不足。

1. 机构独立性的不彻底

真正符合法治理念的独立首先是形式上的独立，足协内部仲裁机制位于足协内部框架中，在形式上难以保证其透彻的独立性。同样的问题曾经也存在于 CAS 机制中，CAS 作为国际奥委会的组成部分，在一起涉及以国际奥委会为被申请人的仲裁案件中，CAS 的中立性和公正性受到广泛质疑。当事人还将这个问题提交瑞士法庭进行裁断。尽管瑞士法庭裁定 CAS 是中立仲裁机构，但仍然对其作为国际奥委会的组成部分的地位表达了关切。[1] 其后，CAS 脱离国际奥委会，成为真正独立的仲裁机构，也成长为世界体育的最高上诉法庭。因此，从严格意义上的法治精神看，足协内部仲裁委员会作为足协的职能机构之一，在不涉及足协自身作为当事人的情况下，其独立性尚可得到保证，但在以足协或其构成部分为当事人一方的情形下，其独立性就发生认可危机，也应当来一次类似 CAS 的"独立革命"。

2. 仲裁中的行政干预

足协内部仲裁委员会虽然在一些方面维持了与行政机构的距离，但仲裁中的行政干预仍然不可避免，并且某些制度设计还值得进一步商榷。总结而言，主要存在的可能的行政干预包括以下几种。

其一，在仲裁委设立的问题上，由足协权力机构即执行委员会负责，但其如何组织则是由足协行政机构即主席会议决定。重要的体现有：仲裁委的组织制度由主席会议决定；仲裁委员会应向主席会议汇报工作；以及，仲裁委员会的内设工作机构也由主席会议批准。其二，仲裁委的人员组成，由主席会议决定。其三，重大或特殊案件，主席会议可能是裁决主体，并不受仲裁规则的约束，自由处理案件。其四，在仲裁裁决的执行过程中，纪委被赋予采取处罚措施以保障仲裁裁决顺利履行的权力。这就将

---

[1] Stephen A. Kaufman, "Issues in International Sports Arbitration", *Boston University Law Journal*, 1995（13）, p. 527.

足协司法裁决的强制执行力量移交给了作为行政机构的纪委，使足协内部仲裁委成为一只没有牙齿的老虎。更堪疑虑的是，如果拒不履行仲裁裁决一方正好是足协纪律委员会时，该纪律委员会会否以及将会如何对自身的不履行行为实施纪律处罚？在足协纪委的纪律准则中看不到这样的程序设计。并且，从行政与司法的关系角度看，司法审查或救济应始终位于行政决定之后，如果将纪委作为不履行裁决的处罚机构，那么在纪委对裁决不履行的相对人实施纪律处罚时，此类纪律处罚是否可被当事人再向仲裁委员会提起申诉？答案如果是否定的，就会让纪委的此类行政决定置于司法审查之外，不合法治精神；答案如果是肯定的，就会陷入纪委与仲裁委之间的无穷循环。

　　一方面，足协内部仲裁机制的不独立和行政干预，也难以保证其裁决具有排除外部司法救济和内部行业上诉救济的公信力。根据《国际足联章程》第 67 条之规定，只有按照协会或洲际足联规定向"独立的、专门的仲裁庭"提出的申诉，才能不受 CAS 的上诉管辖。足协内部现行仲裁机制很难称得上独立的仲裁庭，因此不能据该条之规定豁免于 CAS 的上诉管辖。另一方面，足协章程声明，其内部仲裁委就业内管理争议及其他争议作出的仲裁裁决，具有终局效力，但这有赖于外部司法机构对其独立地位的确认。在足协内部仲裁委独立性不被司法机构接受的情况下，其终局性声明就不具有客观效力。

　　因此，如何在形式上实现内部仲裁委的机构中立，并且在实质上厘清与行政机构之间的关系，这是足协内部仲裁机制有欠法治化的两个关键点。问题的存在，既是难点所在，也为问题的解决指明了方向。要提升足协内部仲裁机制的法治精神，如果不是谋求程度上的改良，就需要在根本上就这两个问题进行改革。

五　足协内部仲裁机制的法治化改造

（一）推进体育仲裁机制的独立

　　实现足协体育仲裁机制的独立，解决方案有两个：一是最彻底也是最激进的方案，这就是面向中国体育行业，建构统一的体育仲裁机制。此种方案已为业内人士所力倡。二是我国行业内体育仲裁的现状是零散的，由各单项体育协会或组织，如足协、篮协等在自己的内部分别设立。支持这种做法的现实基础是，可以更有针对性地处理协会内部争议，并且将争议的终局决定权控制在内部。但其不合理性则在于，一方面，各协会或组织各自为政，导致仲裁机制建设重复，不利于纠纷解决的专业化、高效化和统一化；另一方面，由于将仲裁机制内置于各协会框架内，就始终难以回避其独立性危机，特别是在以该协会或组织为仲裁当事人的情形下，问题就更为尖锐。反之，如果建立独立的体育仲裁机构，这些问题都将迎刃而解，并且还能保留争议解决的专业性、统一性和高效性等优势。当然，独立体育仲裁机制的建设，需要各体育协会或组织进行多边协调，这就涉及利益的让渡和治理观念的转变。这个过程无疑是长期的，对于足协内部仲裁机制的法治改造而言，短期见效、更具有可操作性的方案则是另外一种改良方案。

改良方案，即是在足协框架内通过提升内部仲裁机制的地位，促进体育仲裁委的内部独立。通过上文梳理，可认为足协内部治理结构中主要主体有三，一是作为权力机构的会员代表大会，及作为其闭会期间代表的执行委员会；二是作为行政机构的主席会议，及其领导下的秘书处；三是作为职能机构的若干专项委员会，仲裁委也是专项委员会之一。三者的基本关系是，专项委员会向主席会议汇报工作，主席会议向执行委员会负责，并且主席会议对外代表足协。仲裁委作为专项委员会也需向主席会议负责，但主席会议一方面是一个行政性机构，另一方面也不受仲裁委工作规则的限制受理并处理一些重大、特殊的案件，再一方面，主席会议还决定仲裁委的人员组成和章制建设。这就在内部使行政关系与司法关系出现了交汇和冲突，司法职能最需要的相对于行政职能的独立就不能得到保障。因此，改良方案的关键行动有二：一是实现司法职能与行政职能的尽可能分离和分立，二是提升司法职能承担者即仲裁委的内部治理地位。

具体而言，将仲裁委从作为职能机构的专项委员会之中析取出来，提升到与主席会议并重的地位，在规章制度、内部机构建设、人事组成等方面，不再由主席会议决定，而是改由作为权力机构的会员代表大会和执行委员会决定，并向其负责和汇报工作。权力机构是适当和必要的对仲裁委进行领导的机构，行政机构和司法机构以之为最终服务目标是契合现代法治理念的；并且权力机构作为二者共同的领导机构，有助于避免二者之间因绝对的隔离和分分立所可能造成的恶性冲突，实现二者必要的协调。此外，由于权力机构具有行政和司法事务方面的超越性，只负责足协内部重大的抽象立法决策，因此它与主席会议不同，一般不会作为仲裁当事人参与仲裁，避免干涉司法独立。

（二）消除仲裁中的行政干预

将仲裁委提升至与主席会议并重且仅对权力机构负责的地位，就必须相应地剔除现行规则赋予主席会议和其他行政机构所享有的司法职能。由行政机构承担的司法职能在足协章程和相关规则中主要有二：一是由仲裁委转交给主席会议可按非常规则处理的重大、特殊案件；二是由足协纪律委员会针对不履行仲裁委裁决的当事人作出的纪律处罚。两种司法职能从法治治理的标准看，理应由承担司法职能的仲裁委回收，由仲裁委统一行使所有的司法职能，并对作出的司法决定负责。不过，本部分倾向将两种司法职能配置给不同的主体：涉及仲裁委难以掌控，或者自身管辖不当的重大、特殊案件时，仲裁委可决定将此类案件提交给执行委员会处理；对于仲裁当事人拒不履行仲裁委裁决的情形如何处罚，此种司法职权则应保留给仲裁委。

分而论之，考虑到仲裁委工作规则所指"重大、特殊案件"的社会效应和法外影响，为尊重行业自治，可由足协执行委员会而非主席会议处理。但为最大限度地符合法治观念，在允许权力机构对此类案件进行处理时应尽可能满足如下条件：其一，案件应严格限定在重大、特殊类型上，并且尽可能对此类案件进行明确；其二，应明确仲裁委的提交决议程序和规则；其三，应由仲裁委自由决定，执行委员会不得主动要求提审案件；其四，应明确规范执行委员会审理案件的程序和规则，不能暗箱操作；其五，应对执行委员会的裁定设立救济机制，必要时可考虑与外部司法机构之间的管辖衔接。事实上，针对此类案件，为实现内部治理和法治化的结合，还可考虑的另外一种替代方案是，将仲裁委作为此类案件的一审机构，由执行委员会作为二审机构。

对于现行规则下由纪委对不履行仲裁委裁决的当事人实施处罚的机制，也应进行调整，避免行政与司法之间的循环。建议的解决方案是实现两机构之间的合作：由仲裁委或仲裁庭负责对不履行裁决的行为作出处罚裁定；由纪律委员会负责执行。简言之，针对裁决不履行的行为和当事人，采取裁决与执行职能的分离。毕竟，对仲裁裁决不履行的处罚，在性质上并不完全等同于纪律性处罚，由纪委进行裁定，与职权性质和法治原理不合。另外还需考虑的是，在纪委拒不执行仲裁委裁定的处罚措施时，应如何救济，此时可由仲裁委向主席会议出具建议，责令纪委执行之；在主席会议也拒不履行的情况下，可由仲裁委向执行委员会提出请求，由执行委员会责令主席会议及纪委执行之。或者，可供考虑的另外一种改造方案则是，在仲裁委下设专门机构，专司仲裁裁决的执行之职，完全不仰赖行政机构的力量。

六　小结：体育法治在途中

中国体育行业治理的法治化是一个需要付出耐心、决心和恒心的事业，这就注定了它是一个阶段性推进的艰难历程。在这个历程中，需要的不只是勇气，更需要智慧；既需要现行格局下的既得利益者以壮士断腕的魄力实现利益让渡和再分配，也需要法治改革的激进者们用理性驾驭激情，认真对待行业自治。中国体育行业在宏观上包括"总会—各协会或团体—个体"三级结构，要实现中国体育行业治理的总体和谐和法治化，需要三类行为主体的分工与合作，其中，作为中介层面的各协会或团体在行业治理中尤显战略意义：一方面，它以承上启下的方式将总会有关法治理念和方案的顶层设计贯彻到自身，并接续到基层个体；另一方面，它又以其接地气的独特优势地位将基层个体的权利呼求反馈给总会，沟通上下层级之间的信息，对接上下层级之间的供求，达到上行下效、下呼上应的上下一体、协调行动的功效。特别是，在中国体育法治进程中，当总会和个体尚未充分发挥出法治建设中的主体角色作用时，作为中介层级的各协会或团体就成为带动体育行业法治化并事关其成败的决定性力量。中国足协就是这样的中介组织，在总会有关体育法治的顶层设计尚未出台，在基层个体有关体育法治的意识尚未苏醒的现时代，体育行业的法治化首先是各体育协会或组织的法治化；反过来，后者的法治化程度及其进程，也就表征了中国体育法治的程度及其进程。

以中国足协治理机制的法治状态为实证样本，就是对揭示中国体育行业法治现状的努力，这种努力首先不应被视为"挑刺"，而应被理解为"问诊"。从足协内部治理的现状也可以看出，中国足协及其表征的中国体育行业在内部治理的进程中已经触及法治化改革过程中最后、最难也是最关键的节点，这就是实现各协会内部司法职能最彻底、最充分的外化，建立统一、独立和专业的行业自治机构，让其承载的法治之光亮彻整个体育界。就这一目标尚未达致而言，中国的体育法治在途中；就我们正面向这一目标挺进而言，中国的体育法治在通往光明的途中！①

第二节　外部应用：中国资本海外并购
体育产业的风险及防范

　　资本的本性在于扩张，体育产业作为朝阳产业，同时也是产业投资的新贵，自然成为资本扩张的最佳目标之一。本节以海外职业足球俱乐部的收购运动为样本，进行风险分析及防范研究。无疑，当下中国资本正凭借其雄厚的力量，灵敏的嗅觉，以及对职业足球的热忱，在欧洲经济急需资本活力之际，强势介入职业足球俱乐部的股权治理机构，目标囊括各级俱乐部，形成风起云涌的中国收购运动。国际社会侧目欧洲足坛劲刮的中国风，国内各界也往往只关注中国资本介入各级职业足球俱乐部的光鲜亮丽之处，却多多少少忽视或无视此种收购运动中的潜在风险。为免欧洲足坛的"中国风"掉入"中国疯"陷阱，实有必要静心考量并购协议的风险及其防范。在一切风险防范措施中，争议解决条款的设计和拟定无疑是最后，同时也是最重要的条款。因为除了明显违背并购协议条款的争议，几乎所有的其他争议均涉及对条款的理解和解释，而这高度决定于争议解决方式的选择、争议解决机构的敲定，争议解决的法律适用，特别是争议解决主体的人选和素养。本节以职业足球俱乐部的并购协议之争议解决为关切主题，从法理上尝试将与此主题相关联的若干关键要素进行组合，期冀设计最佳的示范性争议解决条款，并排定解纷条款优势递减序列，为中国资本日渐高涨的海外并购热情注入理性，供其参考选用。②

一　海外职业足球俱乐部并购运动：现象及其风险

　　并购一词有其特定的法律内涵，包括兼并与收购之义。兼并又因双方主体的独立与转化而分为新设兼并与吸收兼并。收购则可因对象不同而分

---

　　①　本部分是在《体育协会内部治理的法治度评估——以中国足协争端解决机制为样本的实证考察》一文的基础上经调整扩充而成。该文发表在《体育科学》2015 年第 7 期，特此说明并致谢忱！

　　②　本部分是在《论中国资本海外并购职业足球俱乐部的法律风险及防范》一文的基础上经调整扩充而成，该文拟刊发在《体育学刊》2017 年第 5 期，特此说明并致谢忱！

为目标主体的资产收购和股权收购。当下炙手可热的中国资本并购职业足球俱乐部的运动主要隶属于股权收购的范畴。本部分将主要围绕足球俱乐部的股权收购为中心进行论述，但给出的研究结论却同时具有普适性，对所有并购行为普遍有效。

迄今，中国资本对包括足球在内的世界体育市场进行了史无前例的高强度投入，在资本注入的模式和演进轨迹上基本表现为"两个面向、三个阶段"。所谓"两个面向"，是指向内和向外，即中国资本对足球领域的投资在早期呈现为内向性的，主要是从国外购买、注重引进外部体育资源，如高薪引入优秀教练和运动员；但在后期，在中国足球市场投资渐趋饱和之际，中国资本开始"走出去"，通过股权结构对海外足球俱乐部进行股权参与或者控制，从而呈现出现时段典型的外向特征。所谓"三个阶段"，是指中国资本对足球体育资源的投资在方式上经历了从送出足球运动员，到引进球员和教练以及提供海外足球俱乐部赞助，再到海外足球俱乐部股权投资。三个阶段，由表及里，彰显了中国资本对世界足球版图的勃勃雄心。

无所不买，这是现时期海外足球界对中国资本全球扩张与布局的直观感觉。据不完全统计，自2015年以来，中国资本已经完成了对"英格兰、西班牙、意大利、法国、荷兰和澳大利亚等10家海外俱乐部的并购，其中8家实现控股，这8家当中有3家实现全资控股"[①]。以下数例或许仅是中国人的并购序曲。

2015年1月，北京合力万盛国际体育发展有限公司斥资800万欧元收购荷兰劲旅海牙俱乐部，成为该俱乐部最大股东。[②]这是迄今有据可查的中国资本向欧洲足坛扩张的首例。

2015年3月至今，万达集团为体育界注入三笔大手笔资本，分别是：宣布出资近4500万欧元收购欧洲顶级足球俱乐部马德里竞技增发的20%股份，同时派专人进入俱乐部董事会。该笔收购标志着中国资本首次进入欧洲顶级足球俱乐部。[③]万达还并购了盈方体育，且在2016年3月出资数

---

① 陈晨曦：《中国资本抢滩海外足坛》，《人民日报》2016年7月10日第6版。

② 王帆、张骛：《合力万盛斥资收购荷兰海牙 借力发展中国青训》，《法制晚报》2015年1月26日。

③ 王松才：《万达集团4500万欧元入股马德里竞技足球俱乐部》，《中国经济时报》2015年1月22日第6版。

亿美元，宣布成为国际足联顶级赞助商。[①]

2015 年 7 月，中国照明业巨鳄德普科技发展有限公司旗下的莱德斯公司以 700 万欧元收购法乙索肖足球俱乐部 100% 股权。[②] 该笔收购标志着中国资本首次全资控股欧洲足坛俱乐部。

2015 年 11 月，星辉互动娱乐以超过 6000 万欧元的价格收购西班牙人俱乐部股权并增资，可控制收购西班牙人俱乐部 50.1% 的股权。截至发文日，其全资子公司实际控制西班牙人股份达 53.6%。[③]

2015 年 12 月，华人文化控股集团联手中信资本控股公司斥资 4 亿美元收购英超劲旅曼城俱乐部的母公司城市足球集团（CFG）13% 的股份，黎瑞刚也将成为城市足球集团董事会七名成员之一。[④]

2015 年 11 月，徐根宝个人出资约 1500 万元人民币收购西班牙乙级联赛 B 组俱乐部洛尔卡 100% 股权。[⑤]

2015 年 5 月，中国企业家夏建统及其公司联合睿康集团以约 6000 万英镑收购英格兰历史最悠久的阿斯顿维拉俱乐部。[⑥]

2016 年 5 月，暴风科技于收盘后公告，其参设的浸鑫投资基金宣布已经完成收购全球体育媒体服务公司 MR & Silva 的 65% 股权。[⑦]

---

① 参阅谢玮《王健林：万达国际化的内在逻辑》，《中国经济周刊》2016 年 5 月 23 日，第 35—37 页。

② 参阅《德普科技 700 万欧元收购法乙索肖足球俱乐部》，《第一财经日报》2016 年 6 月 13 日。

③ 参阅《互动娱乐收购西班牙人足球俱乐部》，《北京商报》2016 年 1 月 22 日。

④ 华人文化迄今涉猎的体育业务包括中超联赛全媒体全球独家转播权、"中国之队"全媒体全球独家转播权以及中国大学生足球联赛、世界俱乐部杯、德国甲级联赛等核心赛事转播权，其体育产业布局正全面覆盖赛事版权开发、内容生产、媒体运营、赛事及活动管理、运动员经纪、体育营销、数据服务等环节。参阅舒抒《华人文化联手中信资本入股英超曼城》，《解放日报》2015 年 12 月 2 日第 2 版。

⑤ 陈华、祝瑜婷：《中国资本为何纷纷盯上欧洲足球豪门》，《解放日报》2016 年 6 月 7 日第 5 版。

⑥ 微信公众号（http://mp.weixin.qq.com/s?＿＿biz = MzAxMTAzNTY0Mw = = &mid = 2653113020&idx = 3&sn = ff42859bf3ddab782d52386027c12c3b&scene = 23&srcid = 0708jnKDMkx2BOWSQJOkJpqE#rd）。

⑦ 据悉，MP & Silva 是全球知名的体育媒体服务公司，在世界范围内拥有 20 个分部，核心业务是体育赛事版权的收购、管理和分销，涵盖主要国家队、俱乐部、联赛和知名赛事。尤其在国际足球和网球、篮球、赛车及手球等方面，该公司在版权运营上有丰富经验。参阅王雪青《参与海外并购 暴风科技涉足体育产业》，《上海证券报》2016 年 5 月 25 日第 5 版。

2016 年 6 月，苏宁集团以 2.7 亿欧元总价，以认购新股及收购老股的方式收购国际米兰约 70% 的股份。①

2016 年法国当地时间 6 月 10 日，中国香港资本 NewCity 联合美资收购法甲尼斯俱乐部 80% 股份。②

2016 年 6 月，AC 米兰俱乐部将公开宣布 70% 的股权流向，潜在的购买者包括华为公司和百度公司。

2016 年 7 月 5 日、6 日，宏爱大平台收购法甲尼斯俱乐部 80% 的股份；雷曼集团购入澳大利亚足球超级联赛纽卡斯尔喷气机俱乐部 100% 的股权。③

此外，意大利丙级球队帕维亚、澳超球队阿德莱德据悉也为中国资本收购；④ 还有中方资本愿意付出超过 10 亿欧元的价格收购股权结构复杂的英超曼联俱乐部。⑤

从此类收购事例看，中国资本对海外职业足球俱乐部的收购展示出如下主要特征：其一，收购目标通常是辉煌或曾经辉煌过的声名显赫的足球俱乐部；其二，收购涉及的金额较大，通常动辄数亿人民币；其三，收购目的更多是长久持有，并通过职业足球运动为收购方带来"吸睛"和"吸金"的双重效果。

但正如俗言说得好，并购的愿望是丰满的，但并购中及其后的运营则是骨感的。并购过程潜伏着各种风险，就职业足球俱乐部的海外并购而言，其除了具有海外并购的一般风险之外，还兼有足球领域内的特殊风险。分析此类风险，可将其概括为四大类型。

1. 政治风险

海外并购作为一种国际投资方式，很可能牵涉一些敏感领域、信息和问题。各国一般地针对海外并购设置了安全审查机制，对海外并购可能导

---

① 微信公众号（http：//mp. weixin. qq. com/s？__ biz = MzAxMTAzNTY0Mw = = &mid = 2653113234&idx = 6&sn = bd12e047b6e30f22872c3fa5b71f4c39&scene = 23&srcid = 0708d5k7CtEuFCF8KirbUNZ8 # rd）。

② 《港商联手美资收购法甲尼斯俱乐部 80% 股份》，凤凰新闻（http：//news. ifeng. com/a/20160614/49002414_ 0. shtml）。

③ 陈晨曦：《中国资本抢滩海外足坛》，《人民日报》2016 年 7 月 10 日第 6 版。

④ 杨天婴：《收购才刚刚开始……》，《中国体育报》2015 年 5 月 22 日第 3 版。

⑤ 微信公众号（http：//mp. weixin. qq. com/s？__ biz=MzAxMTAzNTY0Mw = = &mid = 2653113206&idx = 2&sn = 9481d21856cc4f1bb35ce1dd0ea8e9eb&scene = 23&srcid = 0708ubP17vDm5nMnbMAvD2BG#rd）。

致的主权安全进行风险分析和反制。[①] 职业足球俱乐部作为纯民间的主体，对其并购往往并不涉及国家安全的问题，但在并购过程中必须考虑的是，目标主体所在国对职业足球俱乐部的特别管制措施，以及本次收购是否触发此类特别管制措施。不仅如此，在并购后的足球俱乐部运营过程中最可能触及的政治风险，则是人权风险，诸如运动员禁赛、种族歧视[②]等主动或被动地引发的人权风险。

2. 市场风险

资本注入足球的目的主要不是行善，而是谋利，也因此，海外职业足球俱乐部并购中首要考虑的目标应是并购后的市场运营效果。市场运营效果的好坏是多因的，但在决定并购且决定并购职业足球俱乐部的既定框架下，影响运营效果的关键因素则主要限定在适当足球俱乐部的选择与具体运营方案的设定上。具体运营方案的设定是并购之后的战略执行即战术问题，而适当足球俱乐部的选择则是并购的战略选择问题。一般而言，顶级的职业足球俱乐部表征着优质的并购适格性，然而在综合考虑并购成本及其效益的基础之上，最佳的资本投资原则乃是以尽可能低的对价并购最具发展潜质的足球俱乐部。因此，万达集团斥巨资收购马德里竞技俱乐部在单一地考虑市场影响的向度，是毋庸置疑的，但其收购成本却并不一定是最优的。比较而言，理想的职业足球俱乐部并购应是锁定在价位偏低但有潜在提升潜力的各顶级联赛中下游俱乐部，或者在具有充足的科学分析和评估的基础之上，锁定性价比更高的各顶级联赛的二级俱乐部，如西班牙乙级联赛、英国甲级联赛等。当然，无论如何，并购中的市场风险总是存在的，对于并购主体而言只是尽可能地降低此类风险。

3. 法律风险

并购不只是商业行为，其底色固然是谋利，但必须是在法律框架内的谋利。因此，职业足球俱乐部的并购同时还是一系列的法律行为，行为的不当即可能引发法律风险。就职业足球俱乐部并购中及其后的法律风险而言，主要包括但不限于：并购目标的债务风险，并购后的俱乐部治理机制风险，并购中的违法乃至犯罪行为，诸如偷漏税、腐败问题等，以及球员劳工问题。在欧洲足坛，从足球运动员到足球俱乐部，再到欧洲足球协

①　徐芳：《海外并购的额外法律风险及其对策》，《法商研究》2006 年第 5 期。

②　王方玉：《权利保护视野下的体育法制建设》，《体育与科学》2007 年第 5 期。

会，直至国际足球协会中，各层次、各类型的法律问题不断涌现，这对于中国资本的足球并购都造成巨大的挑战。特别是，欧洲足坛所处法律环境与国内法律环境存在极大的差异，中国资本在并购决策和方案中必须考虑此类法律差异对并购成本及其运营带来的巨大的影响。

4. 其他风险

足球运动显然不只是一种运动，否则精明的中国资本就不会豪掷千金大肆收购职业足球俱乐部。通过职业化运作，足球运动已经被文化化、娱乐化，乃至偶像化，在注意力经济时代，谁控制了市场注意力，谁就主宰了市场的经济命脉。循此逻辑，中国资本强势介入职业足球俱乐部，是看重其在国外消费市场中的注意力聚焦高位态势，通过"吸睛"实现"吸金"。由于足球运动不再简单地停滞在运动段位，它还在经济、社会、文化乃至政治领域广种"善"缘，从而使足球运动因纳入此类因素而成为一种复杂和复合的社会存在。相应的，社会心理、民族情感，① 以及其他非常因素就可能进入、影响乃至左右足球俱乐部的运营，② 最终逆向影响对特定俱乐部并购的选择和决策。

必须指出的是，海外足球俱乐部的并购虽然存在法律内、外的种种风险，但此种风险的最终演化及解决是一个法律化的过程，即必然表达为一个法律问题并回归法律轨道进行解决。无论是政治风险、市场风险还是其他风险，其影响结果必然是足球俱乐部的并购成功与否，及并购成功后的运营状况，并将此类风险结果传递到并购各方主体，表现为法律并购中及其后具体的争议或纠纷。因此，海外足球俱乐部的并购风险分析与防范，无论做到多么的尽善尽美，但一方面智者千虑仍可能有失，另一方面风险无处不在，对风险的最佳防范就只能是设定兜底的解纷条款，以此全面锁定考虑不周、无法预料，或者业已考虑和预料但无法避免的各种风险。就此而言，足球俱乐部并购协议中解纷条款的拟定是最后、最重要也是最全面的救济措施，将其誉为海外并购的保护伞，或并购协议"皇冠上的珍珠"也并不为过。

---

① 例如，在万达收购西班牙大厦的事例中，西班牙大厦显然不只是一座普通建筑物，它还凝聚着数代西班牙人的集体记忆和民族认同，从而直接影响了万达集团收购后的运营问题。西班牙大厦如是，各历史悠久的足球俱乐部同样如此。

② 典型如各种德比俱乐部，诸如皇家马德里与马德里竞技，它们之间的因缘关系对社会民众、各国球迷的影响是明显和巨大的，反过来也抬升了彼此的关注度和社会市场价值。

如何设计此类解纷条款，特别是并购协议中如何斟酌和定位号称"世界体育法庭"的国际体育仲裁院（Court of Arbitration for Sports，CAS）？它作为体育领域的强制性仲裁程序是否依然强制适用于体育领域中的并购，以及在不同回答下，中国资本的并购法律行为从利益最优化的角度应何去何从？所有这些问题，都需要得到回答。

二 海外并购中解纷条款的路径选择：CAS 强制管辖的适用问题

为了管控和解决争议，人类社会已经发展出各类争议解决机制，并构成以诉讼机制为正宗、以其他机制为替代的解纷体系。然而，诉讼机制虽在解决国内纠纷方面优势独步，但在应对涉外或国际争议方面则有所不逮。特别是 1958 年《纽约公约》的生效实施，直至今日逾 150 个国家的鼎力参与，直接奠定了仲裁机制在国际解纷领域的主流地位。中国资本海外并购职业足球俱乐部是否仍应遵循主流，这不只是诉讼与仲裁的优势对比问题，而且还牵涉此类独特并购的性质认定问题，这个问题关乎其是否隶属 CAS 体育仲裁的受案范围。

CAS 不仅号称，而且事实上也的确扮演着体育世界最高法庭的角色。其成立之初隶属于国际奥委会（International Olympic Committee，IOC），后因回应 Gundel 案所挑战其独立性危机，[①] 从 IOC 的结构中分离出来，依托于 IOC 新设的一个独立的机构即国际体育仲裁委员会（International Council of Arbitration for Sport，ICAS），完成其独立化改造。其后至今，其独立性与合法性一直为仲裁院所在地，同时也是所有 CAS 仲裁裁决的名义仲裁地即瑞士的司法机关所肯认。[②] 但在晚近的一起所谓新 Gundel 案中，CAS 的一起仲裁裁决在德国遭遇了承认和执行的危机。被请求的德国法院否定了 CAS 相对于 IOC 的独立性。[③]该案在国际体育领域是否会引发多米诺骨牌效应，以及 CAS 将如何进行更为彻底的独立化，是应另当别论的问题。与本部分主题相关的是，中国资本海外并购职业足球俱乐部是

---

① 刘想树主编：《国际体育仲裁研究》，法律出版社 2010 年版。

② See Decision 4P. 267–270/2002 du 27 mai 2003，Lazutina C. CIO，ATF 129 Ⅲ 445，Bull. ASA 2003，p.601.

③ 安托耶尼·杜瓦尔（Antoine Duval）：《德国慕尼黑 Oberlandesgericht 法院作出的佩希施泰因案——CAS 是时候改革了!》，罗小霜译，http://chinasportslaw.com/newsitem/276761802.

否因涉足体育行业而应由 CAS 行使管辖权。要回答这个问题，首先应对 CAS 在体育领域建立的管辖权体制进行概览。

CAS 在竞技领域的管辖体制形成一个环环相扣、首尾衔接的"伞形"机制。即其管辖条款从顶层设计开始，就逐步插入各级体育协会或组织之中，从而对相对人，主要是对竞技体育参与者形成一种"要么接受，要么离开"的别无选择的选择压力。具体而言，CAS 管辖条款在体育领域的世界化是通过如下四级机制得到保障的：（1）首先通过世界范围内最广泛、最重要的体育运动章程即《奥林匹克章程》①"钦定"为唯一合法的解纷条款，② 并被要求贯彻到各级国际单项体育协会（International Sports Federations，IFs）和各国国家奥委会（National Olympic Committees，NOCs）。③（2）各国家奥委会在其章程中再次确认并确保在本国内遵守《奥林匹克章程》，④ 从而连带承认和遵守章程中的 CAS 管辖条款。（3）各国际单项体育协会也在其法规中确认 CAS 作为唯一适格的管辖机构。如国际足协（International Association Football Federation，FIFA）在其法规中，一方面通过正反两种方式确认了 CAS 的管辖范围，另一方面则反复强调了要求其成员协会、联合会、俱乐部、运动员、官员、中介及执业竞赛代理人唯一服从 CAS 管辖，禁止向普通法院提起诉讼的义务和责任。⑤（4）在拟参与奥运会赛事的各种申请表格中插入格式化的 CAS 仲裁管辖条款，以锁定 CAS 的唯一管辖资格。由上可见，在层层叠叠的体育组织和运动中，CAS 虽名为独立仲裁机构，却因管辖条款彼此关联而形成伞形结构，⑥ 其仲裁管辖具有了强制性和垄断性。⑦问题因此是，职业足球俱乐部作为奥林匹克运动的主要参赛主体，作为国际足协的构成部分，因其产生的并购争议是否也应归属 CAS 强制管辖。为回应这个问题，必须查阅 CAS 仲裁

---

① 最新修订后的《奥林匹克章程》（*Olympic Charter*）自 2015 年 8 月 2 日生效实施。

② See Art. 61 of Olympic Charter.

③ See Art. 1. 2 of Olympic Charter.

④ 如《中国奥林匹克委员会章程》第 7 条第 1 款即规定："依据奥林匹克章程，在全国范围内发展和维护奥林匹克运动，宣传奥林匹克主义的基本原则，保证《奥林匹克章程》在本国得到遵守。"

⑤ See Article 57-59, FIFA Statutes. 该法规最新版本是 2016 年 2 月版。

⑥ 高峰等：《论体育仲裁协议的关联性及其效力》，《体育与科学》2015 年第 2 期。

⑦ 张春良：《强制性体育仲裁协议的合法性论证》，《体育与科学》2011 年第 2 期。

法规，并厘定《奥林匹克章程》及《国际足协章程》中对 CAS 管辖范围的授权。

先看《奥林匹克章程》及《国际足协章程》中的授权管辖条款。《奥林匹克章程》第 61 条共分两款。其第一款规定，IOC 的裁定均为终局的，任何与其适用及解释相关的任何可由 IOC 执行理事会独占解决，以及在特定情形下，由 CAS 解决。其第二款规定，任何产生于或关联于奥林匹克运动的争议应依 CAS《与体育相关的仲裁法典》独占地提交 CAS 管辖。从此条款看，CAS 被授权独占管辖两类争议：一是 IOC 裁定的适用与解释问题，二是奥林匹克运动相关争议。显然，中国资本并购海外职业足球俱乐部的法律行为与此两问题无关，IOC 裁定是其内部针对成员或运动员作出的准行政性或纪律性决定，具有命令与服从的上下级关系性质；而奥林匹克运动相关争议则是在赛事举办过程中围绕赛事举办、参赛和奖惩等事实发生的争议。因此，中国资本海外并购职业足球俱乐部作为平等主体之间的、无涉奥林匹克运动赛事的法律事实，并不受《奥林匹克章程》中的 CAS 独占授权管辖条款的约束。同理，《国际足协章程》的 CAS 授权管辖条款也不适用于中国资本的海外并购法律事实。

次看 CAS 仲裁法规的相关规定。在 CAS《与体育相关的仲裁法典》①中，有三个条款涉及对 CAS 管辖范围的厘定。

1. 总则性的"S12"条款

该条款建构了两类与体育相关的仲裁程序，即普通仲裁（ordinary arbitration）和上诉仲裁（appeals arbitration）程序。普通仲裁程序解决的是提交给 CAS 普通仲裁分处的争议；上诉仲裁程序解决的则是与体育协会、联合会或其他相关体育机构的决定有关的争议，但需上述相关体育机构的法规或条例，或者特定协议之中有此规定。

2. 作为程序规则的"R27"条

该条分两款，分别确定了普通仲裁程序和上诉仲裁程序的适用条件，以及二者针对的"争议事项"的范围。据之可知，普通仲裁程序适用于涉体育的一般仲裁案件，其条件与一般商事仲裁并无二致，即必须是当事

---

① ICAS 对该法典的修订较为频繁，最晚近的版本自 2016 年 1 月 1 日起生效实施。此前版本演进变化，可参阅张春良、卿莹《CAS 仲裁法典最新发展述评》，《武汉体育学院学报》2012 年第 9 期。

人合意将相关体育争议提交 CAS 仲裁。此类仲裁合意可以表现为包含在合同或条例中的仲裁条款，或基于事后的仲裁协议。而对于上诉仲裁程序，也需要有作出决定的体育协会、联合会或相关体育机构在其法规或条例，或者具体协议中中作出此类规定。总之，必须存在仲裁合意，普通仲裁与上诉仲裁的主要不同是，该仲裁合意的存在形式是以仲裁条款形式，还是体现在体育组织机构的法规或条例之中。

至于可提交 CAS 仲裁的"争议事项"①，该法典明确其必须具有体育相关性。如何理解体育相关性，法典的措辞似区分为三种类型：一是涉及有关体育原则的事项；二是涉及有关体育实践或发展的处罚措施或其他利益事项；三是更为宽泛的、涉及或关于体育的任何活动或事项。前两者可谓体育专业事项；后者则极大地扩展了 CAS 的受案范围，不仅限于体育专业事项，而且还扩展至体育性或涉体育的任何事项。

3. 作为程序规则的"R47"条

该条的特色集中体现在两个方面：一方面，具体化了 CAS 行使上诉仲裁管辖权的严格条件：针对的争议事项仅限于上诉性体育类争议，即针对的是体育协会、联合会或相关体育机构作出的内部处理决定；必须存在事先或事后的格式化或特定仲裁协议，即在其法规、条例或特定仲裁协议中有此约定；必须是上诉申请人根据其所属体育机构内部法规或条例业已穷尽可供利用的法律救济措施。另一方面，针对此类争议，CAS 新设了二级上诉机制，即针对相关体育机构的内部裁定向 CAS 提起上诉的，在 CAS 作出一审裁决后，相关当事人仍可将该 CAS 裁决提交 CAS 进行上诉仲裁。但条件是，此类二级上诉仲裁必须在体育协会或相关体育机构的规则中有明确规定。

综上所述，CAS 仲裁的强制管辖主要涉及两方面：一是针对相关体育机构或组织的内部处理决定而进行的强制管辖，即上诉仲裁管辖；二是针对赛事期间发生的所有相关争议，既涉及普通仲裁程序管辖的案件，也涉及上诉仲裁程序管辖的案件。除此之外的涉体育类争议则不属于 CAS 强制仲裁管辖的范畴，但在双方当事人合意约定的情况下，仍然可以提交

---

① "Such disputes may involve matters of principle relating to sport or matters of pecuniary or other interests relating to the practice or the development of sport and may include, more generally, any activity or matter related or connected to sport." See R27, Code of Sports-related Arbitration.

CAS 依普通仲裁程序进行管辖。由此观之，中国资本海外并购职业足球俱乐部的法律事实不属于 CAS 强制仲裁管辖的事项，理由如下。

其一，中国资本海外并购职业足球俱乐部发生的任何争议事项，在性质上属于平等主体之间的外部争议事项，非属于国际足协或国际奥委会针对职业足球俱乐部，以及该职业足球俱乐部针对其成员作出的内部准行政性或纪律性处罚争议。

其二，中国资本海外并购职业足球俱乐部发生的任何争议事项，作为平等主体之间的普通争议事项，也与特定赛事安排没有任何关联，从而并不存在参赛报名表或其他文件中格式化的 CAS 管辖条款，CAS 强制仲裁管辖并无依据。

其三，中国资本海外并购职业足球俱乐部发生的任何争议事项，在性质上更多地属于一般商事仲裁的受案范围，只是与体育领域存在交叉关联，而与体育专业并无实质和直接的关系，在宽泛意义上可纳入 CAS《与体育相关的仲裁法典》第 27 条第 2 款所界定的第三种类型争议范围。

职是之故，中国资本并购海外职业足球俱乐部过程中的任何争议均不存在 CAS 强制仲裁管辖的问题，但并购双方主体可通过特别仲裁条款或仲裁协议将并购协议提交 CAS 依普通仲裁程序进行管辖和仲裁。当然，在作出如此解纷方案的抉择之前，中国资本仍然需要考虑的选项是：诉讼还是仲裁。

三　海外并购中解纷条款的要点考量：要素及其解析

必须指出的是，仲裁相对于诉讼而言被称作替代性争议解决机制（ADR），此种定位在国内层面无可非议，但在国际层面上，仲裁相对于诉讼的地位则发生了倒转。有观点说得深刻：正如海象非象一样，国际仲裁也不同于国内仲裁。简言之，在国际争议解决领域，国际仲裁是主流争议解决机制，诉讼则扮演着类似于仲裁在国内解纷体系中的替代性角色。原因众多，归结起来主因有三：其一，国际仲裁相对于跨国诉讼而言，可以充分发挥其非当地化优势，仲裁地的选择、仲裁程序的进行、仲裁员的指定，都可以实现高度自治，避免跨国诉讼必然存在的当地化倾向，特别是在此种当地化倾向通常会打破当事人之间的平衡，失却中立地位时更是如此。其二，国际仲裁相对于跨国诉讼而言，具有更大的弹性，更专业和便捷地解决当事人之间的争议。其三，在承认和执行环节，国际仲裁领域依据 1958 年《纽约公约》的一体化安排，可在全世界 150 多个国家得到承认和执行，具有高度可流通性，而跨国诉讼产生的判决却不存在此类高度国际化的制度安排，法院判决或裁定的承认和执行受制于各国严格的甚至有些苛刻的条件。因此，仲裁而非诉讼作为跨国争议当事人的首选方式，有其现实考虑。

但包括 CAS 在内的国际仲裁机构为数众多，各仲裁机构均有其独特优势，中国资本海外并购职业足球俱乐部时即便择定仲裁方式解决其争议，仍面临抉择问题。而且，作为并购对方主体也有其独特考虑。因之，仲裁条款作为仲裁机制的基本安排依据，并购双方就必须考虑如何设计仲裁条款以最大化自身利益，或者说至少应抵消对方在争议解决方面的相对优势，尽可能确保双方在争议解决时处于事实上的平等地位。为使仲裁条款的设计能对己产生最大化的利益效应，就必须先行把握仲裁机制的基本原理，特别是解析具有仲裁宪章性质的仲裁条款之关键要素。仲裁实践中，当事人常为自身利益考虑计，对仲裁条款的存在、效力及其具体安排提出异议。因此，把握仲裁条款的关键要素及其搭配，是中国资本在并购海外职业足球俱乐部的协议中必须严肃对待、理性构造的战略性条款。否则，在争议发生后很可能将自身置于不胜之地。

详究而言，仲裁条款的拟定可繁可简。[1] 繁复至极致者，可媲美一部完整的程序法，因为从仲裁原理看，当事人在程序上的自治在理论上是完全开放的，只要当事人愿意，可就仲裁的任何细节作出安排。仲裁规则通常只是当事人没有自治，或自治空白时的兜底规则。简约者，甚至可以在协议中惜墨如金地仅表达"仲裁合意"即可。[2] 尽管如此，对于那些可能左右仲裁机制的运行，乃至影响或决定当事人实体利益的仲裁条款构成要素即关键要素，实施海外并购的中国资本必须对其知悉，并合理运用，以掌握程序上的主动，避免或抵消实体争议上的被动。简要而言，中国资本在并购协议中拟定仲裁条款时，应重点关注如下要素及其设定方式。

(一) 仲裁机构要素及其设定

仲裁机构要素在不同国家的仲裁法中具有反差极大的法律效果，仲裁

---

[1]　W. Laurence Craig, William W. and Jan Paulsson, *International Chamber of Commerce Arbitration*, Oceana Publications, Inc. Dobbs Ferry, 2000.

[2]　杨良宜:《国际商务仲裁》，中国政法大学出版社 1997 年版。

及司法实践显示，对仲裁机构约定不当的最大风险即是仲裁条款的无效。仲裁机构要素的法律效果应置于两个层次考察：其一，是否需要约定仲裁机构要素。从仲裁原理看，仲裁机构并非必要要素，在没有仲裁机构的情形下，即为临时仲裁；否则，则为机构仲裁。机构仲裁具有相对优势，并为仲裁主流，CAS 仲裁即为机构仲裁。然而，在一些国家仲裁立法中，机构仲裁是唯一选项，这就意味着，如果根据这些国家立法来评判，缺乏仲裁机构的仲裁条款是无效的。中国立法即是如此。[①] 因此，在我国司法实践中，一方当事人在争议发生之后常不守仲裁合约，转而诉诸法院请求确认仲裁条款无效。我国司法机关针对涉外仲裁条款规定了法律适用，即依次适用当事人选择的法律、仲裁机构或仲裁地的法律，以及法院地法。如果根据该选法规则，最终适用中国法或类似不承认临时仲裁的立法，则缺乏仲裁机构约定的仲裁条款将归于无效。可见，在仲裁机构约定与否的问题上，不同国家仲裁立法的法律效果可能是截然相反的零和博弈。这是具体设定仲裁条款时必须考虑的首要问题。

其二，如何约定仲裁机构要素。仲裁机构约定与否是影响仲裁条款的"生死"问题，仲裁机构如何约定，则关系到仲裁条款的"优劣"问题。在林立的仲裁机构之中选择一家仲裁机构，考验的不只是慧眼，还应考虑对己有利的现实因素。针对中国资本海外并购职业足球俱乐部而言，在遴选仲裁机构时至少应当考虑如下因素：中立性、专业性，以及成本上的可接受性。就中国资本海外收购足球俱乐部的特定事例而言，尤其需要考虑此三方面：就中立性而言，被并购的足球俱乐部主要集中在欧盟国家，在价值观、法律文化以及职业足球发展方面与我国均存在较大的差异，且在以 CAS 为首的世界体育司法领域内也主要由来自欧美国家的人员构成，对我国存有程度不同的歧视。这就意味着 CAS 仲裁机构，以及位于欧盟领域内的解纷机构并非最佳的机构。就专业性而言，职业足球俱乐部的并购事例需要同时兼具职业体育和商事优长的仲裁机构。一般的商事仲裁机构并不一定擅长解决涉及体育规律的争议；而擅长职业体育争议解决的专业性仲裁机构如 CAS 在并购等商事争议的解决方面也有其相对不足。就成本的可接受性而言，资本的首要德性是利润，并购职业足球俱乐部的争议解决也必须考虑成本，尽管国际仲裁自称便捷和富有效率，但其成本效

---

① 参阅《仲裁法》第 16 条第 2 款第 3 项。

益问题已成晚近诟病的主题。不同仲裁机构的仲裁成本不同，且仲裁机制的具体展开样式直接决定了仲裁成本的构成及其额度。此三类因素是制约也是遴选特定仲裁机构的重要标准。

（二）仲裁地要素及其设定

仲裁地在仲裁条款乃至整个仲裁机制之中具有举足轻重的意义，以CAS 仲裁为例，其仲裁地的确定有如下法律效果。

1. 决定仲裁裁决的国籍，从而影响仲裁裁决的国际流通性。根据1958 年《纽约公约》之规定，一份仲裁裁决的国籍是由仲裁地所确定的，在包括我国在内的国家对内国仲裁裁决和外国仲裁裁决采取区别对待的双轨制格局下，外国仲裁裁决具有比内国仲裁裁决更为优待的地位。[1] 不仅如此，仲裁裁决的国籍还将决定其是否能依 1958 年《纽约公约》的便利条件得到承认和执行。[2]

2. 决定仲裁条款及案件实体争议的法律适用。在跨国足球俱乐部并购争议中，中国和足球俱乐部所在国的法律规制必然存在差异，如何解决争议取决于应根据何国法律规则即法律适用的问题。在仲裁条款及实体争议的法律适用上，原则上应先适用当事人选择的法律，然而在当事人没有选择法律，以及所选法律无效、不存在或无法查明的情况下，仲裁地所在国的法律通常将被采用。可见，仲裁地对于并购双方主体利益影响巨大。

3. 决定仲裁便利及高效程度。仲裁作为当事人的自治和自助式解纷机制，没有司法机关的公权力资源，从而在推动仲裁进行、便利仲裁裁决的作出等方面是没有牙齿的老虎，即可以作出中间裁决，但无力凭借自身实现该裁决。这就需要依赖国家动用司法资源予以支持，不同的仲裁理念和文化将决定国家支持仲裁的态度和力度。因此，对于并购双方而言，必须考虑"仲裁友好"（arbitration friendly）与否的环境，合理选择仲裁地。此外，仲裁地的选择还需一揽子考虑仲裁庭成员、双方当事人庭审的便利程度，以及仲裁庭审的必要设施的完善程度，庭审中其他必备要素的可利

---

① 内国仲裁裁决在执行环节，将接受司法机关来自实体和程序的双重审查；而外国仲裁裁决的承认和执行则只需要接受司法机关的程序审查，且依我国司法实践，还需受到内部上报制度的特别约束。

② 《纽约公约》的初心是不区分仲裁裁决的国籍为何，只要是承认和执行外国仲裁裁决，即便该裁决国籍国非属公约成员国，也应受公约约束。但包括我国在内的大多数国家对此提出了保留。

用性等，它们将影响双方的仲裁成本。

（三）仲裁庭要素及其组建

仲裁庭的组建对于解决足球俱乐部并购争议的重大意义，可从仲裁界中如下流行论断得见：仲裁好如仲裁员。在很大程度上，仲裁机制有"人治"色彩，即仲裁庭，特别是首席仲裁员具有很大的自由裁量权，从而才会出现有什么样的仲裁员就会有什么样的仲裁裁决的现象。有声望卓越的仲裁员甚至扬言：即便在撒哈拉大沙漠，好的仲裁员就是好的仲裁裁决唯一需要的保障。也可能是考虑到仲裁员是当事人选任的裁判者，越来越主流的倾向是赋予仲裁庭更大的权力，赋予首席仲裁员更大的自主决定权。[1]更大的主动性和自决力将仲裁庭特别是首席仲裁员置于更突出乃至显赫的地位，可谓对当事人利益的生杀予夺，此结论即便略为过分，但也并非极端。诸如 CAS 仲裁法典也仿效其他仲裁规则赋予了仲裁机构对裁决品质的核阅管控功能，但最终决定权仍然掌握在仲裁庭及首席仲裁员手中。[2] 鉴于此，在并购协议的仲裁条款中对仲裁庭的组建，特别是首席仲裁员的任职资格进行必要限制，实为上善之策。就中国资本并购欧洲职业足球俱乐部的特定事例而言，对首席或独任仲裁员的指定宜限定其专业资质，特别是来源，应特别考虑其中立性资格，避免任命受欧洲职业足球文化和发达市场影响的亲欧者。

此外，仲裁庭的建制也别为独任和合议两类，各有利弊。[3] 考虑到职业足球俱乐部的并购涉及金额巨大，社会效果广泛深远，所涉法律关系复杂，合议制是相对优秀的选择。合议制均衡对称的结构，相互制约又群策群力的机理，轻便而不失慎重的体制，虽然相较于独任制的低成本、高时效而言略有不足，但综合考虑其裁决品质的更高保障，在成本和时效绝对量上的适当减损是足以通过裁决品质的相对提升获得足够代偿的。

（四）仲裁法律适用要素及其设定

特定的秩序及其利益，是立足于特定规则之上的；立足规则的变化调整必将革新旧秩序、建构新秩序，以及变迁利益。因此，足球俱乐部并购争议中双方的利益秩序的重新分配、平衡或重构取决于重新分配、平衡或

---

① 如 CAS 仲裁法典就授权仲裁庭为裁决之便自主决定。

② 高峰、黄晖：《论国际体育仲裁中的裁决管理》，《西南政法大学学报》2014 年第 3 期。

③ 黄晖：《国际体育仲裁组庭瑕疵之救济》，《体育学刊》2012 年第 6 期。

重构的规则，这就涉及仲裁的法律适用即准据法的选择问题。仲裁法律适用在严格意义上分为三类：案件实体争议的法律适用；仲裁程序的法律适用，以及仲裁条款的法律适用。就其影响当事人双方利益重构的方式而言，案件实体争议的法律适用是直接的，也是决定性的；程序法律适用和仲裁条款法律适用则是间接的，具有影响性的。

限于篇幅，本部分暂只讨论案件实体争议的法律适用问题。首先和首要应予区分的是，实体争议的法律适用与仲裁条款的法律适用是相对独立的，不能混而用之。简言之，就中国资本并购海外职业足球俱乐部而言，需要注意的是，当事人之间通常会约定合同争议适用的法律，但这里可能存在一个为非法律人意识不到的误解，即将其约定适用的法律同时视为解决实体争议和仲裁条款效力的法律。此类误解在提请司法机关确认仲裁条款效力的诸多案例之中尤为突出。一个简单但大体正确的实践立场是，除非当事人在约定法律适用时非常明确地专门或兼及指向仲裁条款，否则，该约定适用的法律将仅限于案件实体争议的厘断。这就逆向提示并购双方在拟定仲裁条款时务必关切二者之间的差异，避免误将实体争议的法律适用理解为仲裁条款的法律适用，或者相反。否则，案件处理的实体结果很可能与并购双方的预期存在很大乃至完全相反的差异。

（五）仲裁裁决效力要素及其设定

仲裁机制被发展出来之初即为克服诉讼机制的相应弊端，以为争议当事人提供选择空间。作为有别于诉讼的多级终审制，仲裁为当事人提供了彰显其效率优势的一裁终局制。据此，作为仲裁一般原则的一裁终局制被确立下来沿用至今。大多数国家现今仍然维持严格的一裁终局制，并将其视为不可逾越的红线，凡是约定仲裁裁决不具有终局性，或者允许当事人提起上诉的仲裁条款，均被裁定为无效条款。就此而言，仲裁虽名为高度自治的产物，但在仲裁裁决的效力问题上却禁止当事人合意的介入，除极少数仲裁立法之外。随着国际社会对仲裁本质理解的转念，特别是反思一裁终局制的科学性和合理性，晚近在理论界泛起允许当事人合意决定仲裁裁决效力的思潮，并在仲裁实务界促致某些仲裁机构仲裁规则的转变。不过，现阶段允许仲裁上诉的仲裁规则仍属非主流，且主要体现在一些特殊领域的仲裁规则之中，CAS 的上诉仲裁程序即是著例之一。为避免仲裁条款的合法性危机，中国资本在海外足球俱乐部并购协议的仲裁条款之中必须对仲裁裁决的效力的约定保持谨慎。为此，必须特别查明将要适用的仲裁规则是否允许当事人提起上诉，或者是否允许当事人向司法机关提起诉讼。为谨慎起见，合意否定仲裁裁决一裁终局性的仲裁条款原则上不予推荐。

应当明确的是，上述要素只是在仲裁条款的拟订实践中较为常见和重要的类型，事实上只要当事人愿意，他们还可以就仲裁的其他方面进行安排，诸如仲裁语言及翻译、仲裁保密性问题，仲裁与其他程序机制的衔接等。不同要素对仲裁机制的效力及其展开具有不同的影响，理论和实践中当事人也不可能设计面面俱到的仲裁机制。因此，理想的仲裁条款应合理并有限度地运用仲裁要素，过或不及都可能产生消极乃至否定的法律效果。鉴于收购海外职业足球俱乐部的中国资本并不也无必要亲自拟订仲裁条款，但同时鉴于仲裁条款对整个并购协议的效力及内容具有重要乃至决定性的影响，为其事先拟订一些示范性的条款作为备选方案，就具有重要的实践意义。这些示范条款的设计必须立足并尊重条款要素的法律意义，同时适当兼顾特定并购交易双方主体的利益考虑，毕竟相对于并购方而言的最佳方案是导致其利益最大化的方案，但被收购方或目标方则可能予以拒绝。就此而言，最理想的示范条款并一定是最佳方案，能为双方当事人妥协后合意接受的次优条款才是有生命力的示范方案。

四　海外并购中解纷条款的示范设计：方案及其序列

在设计海外并购足球俱乐部的仲裁解纷条款时，应在观念上明确区分法理上完美的方案与并购方利益最大化的方案，二者并不一致。从策略上言，甚至为了使并购方利益最大化，还可能需要在实战意义上反用仲裁条款法理，即故意拟订有瑕疵的，或者使其无效的仲裁条款。具体而言，为最大化中国并购方的最大利益，应依序设定三阶解纷条款策略：首先，应为最大化并购方利益而极致地组合各仲裁要素；其次，如果利益最大化方案因相对地将被并购方置于不利地位而被对方拒绝的，事实上也的确如此，则至少应通过合理搭配仲裁要素确定中立的仲裁条款，避免对并购方解纷程序上的不利益；最后，如果并购双方并无平等磋商地位，且为完成并购而处于不得不单方被动接受的境地，则应考虑毒树之果策略，有意识地为仲裁条款埋下消极伏笔，在争议发生之后视情况决定是否挑战仲裁条款的效力。当然，在反用仲裁法理而为仲裁条款注入致命"毒素"时，必须综合评判仲裁条款无效之后的解纷机制及其可能后果。以下分三类策略论述示范仲裁条款的要素建构过程及结论。

（一）上策：中方利益最大化的仲裁条款

就最大化并购方主体利益而言，在不考虑并购目标方可能拒绝的情形下，仲裁条款应设计为最中国化的，或者说中国并购方可以控制或施加影响的方案。展而言之，在仲裁条款各要素的具体设定上应作如下考虑。

1. 在仲裁机构的选定上，应推荐选择中国仲裁机构。据不完全统计，中国仲裁机构有近 200 家，从受案范围看，经历了一次重要的历史转折。我国曾经仅允许中国国际经济贸易仲裁委员会（以下简称 CIETAC）和中国海事仲裁委员会（以下简称 CMAC）受理涉外争议，也只有此两家仲裁机构在立法上被称作涉外仲裁机构。在该时期，所有涉外争议必须也只能指定此两家仲裁委员会，否则即为无效。其后，立法放宽此种视仲裁机构性质而区别对待的"身份立法"，允许所有仲裁机构平等地受理国内外一切案件。据此，中国境内的所有仲裁机构均可被指定为适当机构，为中国资本海外并购职业足球俱乐部的争议解决服务。当然，在具体确定仲裁机构时，应考虑仲裁机构的品质及仲裁进行的便利程度。一般而言，并购方所在地仲裁机构是成本最低的选择，但从品质上考虑，CIETAC，以及某些发达地区的仲裁机构似更值得推荐，毕竟仲裁品质的提升还是建立在优质仲裁员名单、丰富的仲裁经验和历史积累，以及高效科学的仲裁管控基础之上的。

2. 在仲裁地的选择上，应优先考虑在中国进行仲裁。上已述及，仲裁地对于国际仲裁的法律意义是多维且重大的，将仲裁地设定在中国，有如下积极意义：一是仲裁裁决将为中国国籍，从而在 1958 年《纽约公约》的所有缔约国之中得到承认和执行。二是获得法律适用上的利益，即如果在当事人没有选择仲裁条款准据法的情况下，根据我国立法之规定，仲裁地的法律将作为准据法；而且，我国仲裁实践也倾向于对实体争议在当事人没有选择法律时也根据仲裁地确定应适用的法律。三是有助于提高中国并购方的仲裁参与能力和效率，降低仲裁成本。当然，可供考虑的另一合理方案则是，采取名义仲裁地与实际庭审地的分离做法。上述三种积极意义中，前面两种意义所依赖的是名义仲裁地，而第三种意义则依赖实际庭审地。越来越多的仲裁规则允许名义仲裁地和实际仲裁地的分离，CAS 仲裁法典同样如此，根据其规则，其所有仲裁裁决均视为在瑞士洛桑作出。这就意味着，所有 CAS 仲裁裁决，包括随着赛事举办国不同而辗转迁移的 CAS 派驻赛场旁的临时仲裁庭的裁决，其国籍均为瑞士籍，且其法律适用、仲裁裁决的司法审查等均受制于瑞士法律。①由此得到的启发则是，在确定并购协议仲裁条款的仲裁地时，可将名义仲裁地定在更有助于得到西方国家，特别是欧盟国家认可的外国，如瑞士等，同时将事实上的仲裁地定在中国，这样就有助于兼顾名义仲裁地产生的积极法效和实际仲裁地具有的现实意义。

3. 在仲裁庭的组建上，推荐选择三人制仲裁庭，并严格限定首席仲裁员的任命资质，如果可能，可约定由中国籍仲裁员担任首席仲裁员。仲裁庭成员数量影响仲裁效率、成本，以及裁决的品质。过少可能陷入独裁，缺乏制约和平衡；过多则因仲裁员众口难调而减损效率，提升成本。较好地结合独任制仲裁庭与合议制仲裁庭优势的方案是最低数量的合议制仲裁庭即三人制仲裁庭。

对于三人制仲裁庭的仲裁员指定，边裁由各方分别指定，不存疑虑。关键问题是，首席仲裁员的指定。首席仲裁员在仲裁实践中举足轻重，在仲裁庭不能就案件实体争议达成一致意见的情形下，有的仲裁规则采取的不是少数服从多数，而是依首席仲裁员意见做出裁决。由是观之，应尽可能掌握首席仲裁员的任命权。实践中，能达成合意人选则罢，事实上双方当事人很难就首席仲裁员达成一致意见，为提高共任的可能性或概率，越来越多的仲裁规则采取交叉名单制，即仲裁机构向双方当事人提供限定名额的仲裁员，由双方当事人分别通过排除方式去除一定数量的仲裁员，并对余下的仲裁员进行排序，在排序中有被共同选定者，则由具有最高位序的仲裁员担任首席仲裁员。在当事人不能达成共任合意的情况下，多数仲裁规则将此权限授予仲裁机构代为指定。鉴于首席仲裁员在某些仲裁中"我主沉浮"的地位，应予采纳的做法是，约定由中国仲裁员担任首席仲裁员；否则，至少应限定首席仲裁员的国籍、住所或惯常居所等具体信息，以免"所托非人"。

4. 在仲裁法律适用上，应区分仲裁条款和案件实体争议，如果可能，应分别约定均适用中国法律。仲裁条款与案件实体争议的法律适用具有层

① 笔者曾将此种赛事仲裁称作为"悬浮性"，即事实上在特定国家仲裁，但该仲裁在法律上与事实仲裁地国没有关联。参阅张春良《论北京奥运会仲裁的法律问题》，《体育科学》2007年第 9 期。

次性，仲裁条款的有效性是服务于案件实体争议的解决的，因此首先应确保仲裁条款法律适用的有效性和对己的有利性。由于根据我国关于仲裁条款的法律适用规则，仲裁条款的适用规则依次是当事人选择，仲裁机构或仲裁地法，法院地法。鉴于中国仲裁立法否定临时仲裁，因此，选择适用中国法律决定仲裁条款的效力并不总是最佳的，这尚需根据双方当事人的需求进行具体应对。其后才是考虑案件实体争议的法律适用，此方面则最好确保适用中国法律，毕竟中国法律才是中国并购方所熟知的。这当然并不是说外国法一定比中国法质量低劣，只是说，中国法上的权利和义务，以及立足其上的风险评估，对中国并购方而言是知悉的，熟悉就是最大的安全。

5. 在仲裁裁决效力的约定上，鉴于国际仲裁主流是维持仲裁裁决的一裁终局制，因此，在前述要素把好关的基础之上，足以接受仲裁的一裁终局制所可能导致的风险。事实上，不管是仲裁还是诉讼，不管是一裁终局还是多级终局，风险都是存在的。为此，建议对仲裁裁决的一裁终局予以确认，不挑战主流。或者，对仲裁裁决的效力不作任何约定，交由应予适用的仲裁规则及仲裁法决定之。

综合以上考虑，可得仲裁条款如下：

任何产生于或关联于本并购协议的争议，应提交中国×××仲裁机构，根据其现行有效的仲裁规则进行仲裁，适用中华人民共和国现行有效的法律、法规。仲裁庭应由三名仲裁员组成，双方各指定一名仲裁员，首席仲裁员应是专业、公道且具有中国国籍的公民担任。仲裁地在中国××地方。仲裁裁决是终局的，任何一方不得提起仲裁上诉，或向任何国家法院提起诉讼。仲裁条款应适用中华人民共和国现行有效的法律。

（二）中策：平等中立的仲裁条款

就中立客观地保护并购双方主体利益而言，在仲裁机构、仲裁地、仲裁庭组建、法律适用等要素上应保持平衡或中立，事实上，并购目标方也不可能完全同意各种要素都以并购方的选择为准，这就需要某种妥协或让渡。方案有二：一是在这些要素的选择上，采取等距离原则，不选择与并购双方主体有关联的仲裁机构、仲裁员、仲裁地及法律，从而维持中立；二是在这些要素的选择上进行平衡，例如选择并购方所在国的仲裁机构，但仲裁地应在并购目标方所在国，或者约定适用目标方所在国的法律，等等。展言之：

1. 就仲裁机构的选择而言，中国资本并购欧洲职业足球俱乐部所产生的争议在既不选择中国仲裁机构，也不选择被并购的足球俱乐部所在国的仲裁机构的情形下，事实上双方也不会完全选择没有关联的其他国际仲裁机构，如美国仲裁协会，双方更可能选择的仲裁机构应当是与并购事实有一定关联但又无直接联系的仲裁机构。诸如位于欧洲或者东亚国家或区域并被认为具有国际公信力的仲裁机构，典型如位于法国的国际商会仲裁院，以及位于新加坡的新加坡国际仲裁中心，香港国际仲裁中心等。就仲裁实践的经验推知，并购双方主体很可能选择香港国际仲裁中心，毕竟香港的特殊地位使其能贯通中西法律文化，并赢得中外双方主体的信任。CAS 仲裁机构并不是最佳选择，尽管 CAS 登记地在瑞士，但考虑到 CAS 在世界体育领域的影响力，以及瑞士本身受到欧盟法律及文化影响甚深，从而对中方而言，只有在香港国际仲裁中心，以及新加坡国际仲裁中心等仲裁机构被否定的情况下，才有考虑 CAS 管辖的必要。

2. 就仲裁地的选择而言，一是要考虑其法律意义，二是要考虑其现实成本。前者主要通过名义仲裁地的选择来控制，后者则主要通过实际庭审地来影响。名义仲裁地必须选择在 1958 年《纽约公约》成员国，以提升仲裁裁决的国际流通性，不过，中国、新加坡、欧盟大多数国家都是公约成员国，因此选择这些国家作为名义仲裁地都是可行的，但要注意仲裁地对法律适用的影响。当然，在当事人明确选法的情况下，仲裁地对法律适用的影响作用就会降低乃至消失。在实际庭审地的问题上，原则上仲裁庭具有决策权，并购双方不会对实际仲裁地有大的分歧，除非实际仲裁地完全位于双方的预期之外。

3. 就仲裁庭的组建而言，三人制仲裁庭仍然是最优选择。边裁的国籍等问题可不做要求，双方主体均可自指定本国国籍的仲裁员。首席仲裁员的任职资格最好应作出限制，至少应排除并购双方主体所属国来源的仲裁员，包括国籍和住所地在并购双方主体所属国的仲裁员。

4. 就仲裁法律适用而言，单一地选择中国法律或并购目标方所属国法律，如意大利法律、法国法律或者西班牙法律，都可能引起对方的反对，作为妥协或平衡的方案在实践中通常是，将双方主体来源国法律均作为选项，或者并用，或者选用。另外的方案则是，选择适用职业足球领域内的国际惯例或国际规则。两种方案都可能有需要进一步澄清的问题：就并用或选用双方相关联的法律而言，在这些法律相互冲突或矛盾时，其选择是否有效？应如何适用法律？就选择国际规则或国际惯例而言，在并购双方主体来源国均缔结或参加该国际规则，或者均认可某一做法是国际惯例时，此种选择的有效性自不待言，但如果该国际规则并非为并购双方主体来源国所接受，或该国际惯例并不被认可，此种选择的法律效果就只是一种契约安排，并在法律适用上被视为没有选法。因此，在选择应适用的法律时，最好是选择一个法律体系而非并用或选用两个法律体系，同时应注意所选国际规则的法律性质及其后果。特别需要提醒的是，从我国立法尺度看，在当事人法律选择无效或没有选法的情形下，实体争议应由仲裁庭决定之，仲裁条款则应适用仲裁机构或仲裁地的法律。因此，中国并购方必须考虑，在选法无效时，仲裁机构或仲裁地所在地域，而这反过来提示，必须谨慎且综合地约定仲裁机构或仲裁地。

5. 至于仲裁裁决的效力问题，对仲裁条款设定的中立性没有影响，可参考最大化并购方利益的示范条款而设置。即不宜挑战仲裁的一裁终局制，确认仲裁裁决的终局力。

综合以上考虑，如从中立客观地持衡维护双方主体的合法利益而言，可设计仲裁条款如下：

任何产生于或关联于本并购协议的争议，应提交香港国际仲裁中心（或类似地位的仲裁机构），根据其现行有效的仲裁规则进行仲裁，仲裁适用国际足球领域的国际惯例。仲裁庭应由三名仲裁员组成，双方各指定一名仲裁员，首席仲裁员应是专业、公道的公民，中国国籍和××国籍公民除外。仲裁地在香港。仲裁裁决是终局的，任何一方不得提起仲裁上诉或向任何国家法院提起诉讼。仲裁条款应适用仲裁地的法律。

（三）下策：倒行逆施仲裁法理

在并购过程中，双方的缔约谈判地位受制于多种因素，如果并购目标方是现阶段顶级足球俱乐部，可能就会对作为并购方的中国资本反向形成磋商压力，以至于并不存在对等的谈判地位。此时，为完成并购，中国资本就不得不做出单方的或巨大的妥协，包括并购协议中仲裁条款的签订。并购目标方很可能只是提供对其有利的格式化仲裁条款，对中国并购方而言只有两种选择：接受或拒绝。接受，将在解纷条款的设置上让自己处于非常不利的地位；不接受，并购就可能无法实现。因此，作为最差的纠纷解决条款，乃是在仲裁机构、仲裁地、仲裁庭组建、仲裁法律适用等要素上均由并购目标方单方指定。鉴于此种情形下，并购方无任何还价余地，示范条款的设计就变得毫无意义。此处需要讨论的是，在中国并购方还具有一定的磋商地位的前提下，应如何最大限度地维护自身利益。

中国资本在不能实现仲裁条款中立设置的情形下，如上文所述，应考虑逆向运用仲裁法理，为仲裁条款注入"毒素"。对此，最高人民法院相关专业庭法官曾表达了这样的意思："在当前的现实情况下，如果不能约定在我国仲裁，有意使仲裁条款无效也不失为一个好办法。"① 此种策略必须把握两个关键点：一是如何注入毒素？二是注入毒素之后有何法理后果？

对于如何注入毒素的问题，必须依据仲裁法理而为之。就本部分所切入的仲裁条款五要素而言，主要的措施包括以下几种。

1. 就仲裁机构的约定而言，可要求约定两个或以上的仲裁机构，或者约定"或裁或审"的仲裁条款，即一方面约定争议发生后，任何一方可向仲裁机构提起仲裁或向法院提起诉讼。在仲裁条款适用我国法律的前提下，约定两个仲裁机构是有瑕疵的仲裁协议，司法机关将要求当事人进一步约定，如不能达成合意，仲裁条款将被裁定无效。如果是"或裁或审"的仲裁条款，我国司法机关将直接认定其无效。仲裁条款无效之后，其碍诉抗辩力也不复存在，司法机关有权依法受理。当然，还可以完全不约定仲裁机构，作为可能的后果之一即是，在相关法律要求必须是机构仲裁，禁止临时仲裁时，此种无仲裁机构的约定就很可能被认为无效。

2. 就仲裁地的约定而言，一方面要考虑仲裁地对法律适用的影响，另一方面要考虑仲裁地对仲裁裁决的影响。策略由此是，尽可能推荐约定其法律对仲裁进行严格管控的国家或地区作为仲裁地，如我国立法就否定临时仲裁，并对仲裁机构约定规定了非常严格的条件，即仲裁条款必须有明确的且唯一的仲裁机构，否则无效。当然，鉴于仲裁地将决定仲裁裁决国籍，且裁决国籍将影响其国籍流通性，因此，在约定仲裁地时，也可以考虑约定1958年《纽约公约》成员国之外的国家。

3. 就仲裁庭的组建而言，有意设定不可能实现的仲裁员任职资格，或者对仲裁庭组建程序规定严格的条件。如规定，所有仲裁员必须由双方当事人共同合意指定，否则仲裁员的指定无效。显然，在争议发生之后，

---

① 刘贵祥、麻锦亮：《中国企业"走出去"法律风险及其司法应对》，《法律适用》2013年第5期。

双方当事人要达成合意，包括仲裁员指定上的合意，是非常困难，甚至几乎是不可能的。因此，此种条件就限制了仲裁庭的组建，任何一方不合作将使仲裁庭的组建程序停滞，反过来，如果仲裁机构强行推进仲裁庭的组建，就可能违背仲裁规则，从而为其仲裁裁决的被撤销或被拒绝承认和执行埋下伏笔。

4. 就法律适用而言，上已述及，同时约定两个或两个以上的法律，看似兼顾了并购双方主体的合法利益，但很可能因为被选择的法律相互矛盾而无效。此外，值得推荐的做法还包括浮动选法，即事先不明确应适用何国或和地区的法律，而只是抽象规定，在争议发生后应适用被申请人国籍国或住所地法律。此种约定，在约定时并不能确定应适用的具体法律，只有在争议发生之后，申请人与被申请人明确后，才可能知悉应适用何种法律。应当指出的是，有的国家并不支持浮动选法的有效性，认为其将当事人之间的法律关系的效力置于生灭变异的不定态。

5. 就仲裁裁决效力而言，当事人可以否定仲裁裁决的终局力，授权一方提起上诉仲裁，或者另行仲裁，或者向法院提起诉讼。鉴于一裁终局是大多数国家仲裁立法的基本原则，挑战仲裁裁决的一裁终局制，也就是违背一国的公共秩序，从而该仲裁条款的效力将被否定。

破立之间，立尤其难。否定一个仲裁条款，总是要比建构一个有效条款简单得多。但对于当事人而言，只是为了否定仲裁条款显然非其最终目的，因此必须考虑否定仲裁条款之后的法效为何。作为仲裁条款无效的直接法效是，当事人可以另行将争议提交司法机关进行诉讼审理。如此，中国资本必须考虑，在并购协议的仲裁条款如果被否定，那么在转入司法诉讼机制之后，其格局究竟如何？具体的关键问题是：中国法院有无管辖权；相关外国法院能否管辖；管辖之后如何适用法律；判决的承认和执行是否便利等。

在我国立法体制下，如果一份涉外仲裁条款被裁定为无效，其法律效果将是我国法院可根据我国涉外民事诉讼管辖的规定行使或不行使管辖权。就中国资本海外并购职业足球俱乐部的事例而言，对方主体在我国境内并无住所，因此一般诉讼管辖规则即原告就被告规则不能使中国法院具有管辖权，但依我国现行涉外民事诉讼规则，我国采取的是较为宽泛的涉外管辖体制，即对于合同纠纷或财产权益纠纷而言，即便被告在我国境内没有住所，但合同签订地、履行地、标的物所在地、可供扣押财产所在地等任一事实因素在中国领域内，或者被告在我国领域内设有代表机构的，或侵权行为地在中国领域内的，我国法院均可管辖。①据此，只要中国资本在并购海外职业足球俱乐部过程中有意识地在中国领域内创设上述管辖根据，中国法院即可管辖。最简便的创设管辖根据的措施即是在中国领域内签订并购协议，或要求在中国领域内部分履行合同。还需注意的是，我国最高人民法院晚近通过司法解释的方式引入了不方便法院管辖规则，即如果中国法院行使管辖权在诉讼上是"不方便"的，那么中国法院应拒绝行使管辖权。当然，我国司法解释中的不方便法院的条件甚高，就本部分所针对的主题而言，我国法院尚不属于"不方便法院"的范畴，② 至少此类并购争议涉及中国的公民、法人或其他组织的利益。

管辖权历来是讼家必争和首争之关键点，其意义对诉讼结果影响深远，既有法律内的，也有法律外的。概而言之，管辖权主要决定着如下事项：诉讼程序与语言；诉讼代理事项；诉讼成本；案件的法律适用；案件结果的救济。因此管辖权之后，在法律内意义上需要重点关注的事项即是诉讼中的法律适用。鉴于并购协议隶属合同范畴，据此，依我国关于涉外合同的法律适用规则，在当事人没有选法的情况下，将适用最密切联系地法或依特征履行方法决定之。③这就为并购当事人暗示了应对措施，即为导致我国法律的适用，应尽可能多地在中国嵌入相关因素，以使中国成为并购协议的最密切联系地。尽管在理论上言，被并购的职业足球俱乐部所在国更可能被界定为最密切联系地，但考察我国涉外司法实践的倾向，我国司法机关常为避免外国法的适用重荷，从宽解释最密切联系的标准，其常用手法有二：或者在庭审中引导当事人选择中国法，或者仅根据与中国的一个联系因素即认定中国为最密切联系地。

---

① 参见《民事诉讼法》第 265 条。

② 参见最高人民法院《民事诉讼法》2015 年司法解释第 532 条：涉外民事案件同时符合下列情形的，人民法院可以裁定驳回原告的起诉，告知其向更方便的外国法院提起诉讼：（一）被告提出案件应由更方便外国法院管辖的请求，或者提出管辖异议；（二）当事人之间不存在选择中华人民共和国法院管辖的协议；（三）案件不属于中华人民共和国法院专属管辖；（四）案件不涉及中华人民共和国国家、公民、法人或者其他组织的利益；（五）案件争议的主要事实不是发生在中华人民共和国境内，且案件不适用中华人民共和国法律，人民法院审理案件在认定事实和适用法律方面存在重大困难；（六）外国法院对案件享有管辖权，且审理该案件更加方便。

③ 参见《涉外民事关系法律适用法》第 41 条。

简言之，并购方在无力与被并购方就仲裁条款的拟订上作过多参与或谈判的情形下，可通过与其使其有效、不如使其无效的策略，为仲裁条款注入毒素；并前瞻性地在并购协议的缔结和履行过程中更多地引到中国领域进行，诸如并购协议的谈判、磋商、部分履行，要求并购对方在中国设立分支或代表机构，或者要求并购对方在中国领域内提供担保资金或财产，等等。诸如此类举措，其伏笔有二：一是为中国法院行使管辖权奠定根据；二是为适用中国法律提供事实基础。

五 余论：解纷条款拟订中的善恶辩证法

吊诡的是，解纷条款本为"灭火"即解纷而设计，本应守护当事人之间的和谐与和平秩序，但解纷条款本身却可能因为"玩火"而导致引火烧身，在解纷之前还得先行解决自身的次生纷争。如果仲裁条款本身是善的，且善的仲裁条款能带来善的秩序，那么有意识地"杀死"仲裁条款将是应被指责的讼棍恶行。然而，事实可能并非如此。尽可能促使仲裁等解纷条款有效，是法律人的善愿。但在海外并购职业足球俱乐部过程中，如果双方地位悬殊，有效的仲裁条款将会为中国并购主体带来极大的风险或不利益时，问题的考虑和解决就不可能太过"纯真"。毕竟，并购双方从法律人的善愿看一开始就"动机不纯"，他们并无意于践行法律的真善美，而是依据法律追求自身利益的最大化。因此，缘法而行，但从不自禁于法，是其真正的心态。围绕法律主线的斗智就成为更为真实的行动准则。这一准则的绝对律令显然不是任何情况下都应促成仲裁条款的有效；相反，这一准则的绝对律令乃是任何情况下都应追求自身利益的最大化。这就要求，仲裁条款的拟订也应为此目的或有效或无效。过于单纯的"唯有效论"不仅无法应对现实的骨感，而且也会因在解释实践、规范实践和改造实践上的无能力而最终灰飞烟灭。善用也好，恶用也罢，值得肯定的是，它们都是以仲裁法理和相关法律规则为依据而行之的。法律为众生提供了行为的平台和舞蹈的准则，如果法律并不禁止行为人因何作为、为何而舞之内在动机或目的，那么就不应在无规定的情形下指责众生的所作所为。相反，如果众生的作为背离了法律的初心，那么法律不应责众，而应首先检讨自身的缺漏，众生的作为为立法者精准地锁定了问题之所在，从而让立法者有能力恶为善用，更新立法。黑格尔曾言：大自然每每妙用人类恶劣的情欲，但其最终造就的却是大自然自身的目的。① 以此角度观之，解纷条款的拟订技巧彰显的是并购双方主体的利益博弈，但被妙用为改进体育领域治理秩序，趋于善治的动力。这就是所谓的善恶辩证法。

① ［德］黑格尔：《小逻辑》，贺麟译，商务印书馆 2013 年版，第 394—395 页。

参考文献

专著类

[1] 常怡：《比较民事诉讼法》，中国政法大学出版社 2002 年版。

[2] 邓晓芒：《新批判主义》，北京大学出版社 2008 年版。

[3] 邓晓芒：《文学与文化三论》，湖北人民出版社 2005 年版。

[4] 范愉：《非诉讼纠纷解决机制研究》，中国人民大学出版社 2000 年版。

[5] 顾培东：《社会冲突与诉讼机制》，法律出版社 2004 年版。

[6] 郭树理：《体育纠纷的多元化救济机制探讨——比较法与国际法的视野》，法律出版社 2004 年版。

[7] 黄晖：《世界知识产权组织（WIPO）仲裁机制研究》，四川大学出版社 2013 年版。

[8] 黄世席：《奥林匹克赛事争议与仲裁》，法律出版社 2005 年版。

[9] 李汉生等：《仲裁法释论》，中国法制出版社 1995 年版。

[10] 刘想树：《国际私法基本问题研究》，法律出版社 2001 年版。

[11] 刘想树：《中国涉外仲裁裁决制度与学理研究》，法律出版社 2001 年版。

[12] 刘想树主编：《国际体育仲裁研究》，法律出版社 2010 年版。

[13] 卢元镇：《中国体育社会学》，北京体育大学出版社 2001 年版。

[14] 潘俊星：《仲裁文化概论》，西安出版社 2003 年版。

[15] 石现明：《国际商事仲裁当事人权利救济制度研究》，法律出版社 2011 年版。

[16] 谭兵等：《中国仲裁制度研究》，法律出版社 1995 年版。

［17］汤卫东：《体育法学》，南京师范大学出版社 2000 年版。

［18］汪祖兴：《国际商会仲裁研究》，法律出版社 2005 年版。

［19］徐昕：《论私力救济》，中国政法大学出版社 2005 年版。

［20］杨良宜：《国际商务仲裁》，中国政法大学出版社 1997 年版。

［21］杨荣新：《仲裁法理论与适用》，中国经济出版社 1998 年版。

［22］张建华：《仲裁新论》，中国法制出版社 2002 年版。

［23］张君劢：《新儒家思想史》，中国人民大学出版社 2006 年版。

［24］张晋藩：《中国法律的传统与近代转型》，法律出版社 1997 年版。

［25］赵秀文：《国际商事仲裁案例评析》，中国法制出版社 1999 年版。

［26］［古希腊］亚里士多德：《政治学》，吴寿彭译，商务印书馆 1965 年版。

［27］［美］布莱克：《法律的运作行为》，唐越、苏力译，中国政法大学出版社 1994 年版。

［28］［美］丹尼斯·朗：《权力论》，陆震纶、郑明哲译，中国社会科学出版社 2001 年版。

［29］［美］鲁思·本尼迪克特：《菊与刀》，吕万和等译，商务印书馆 2004 年版。

［30］［美］罗素：《权力的欲望》，水牛出版社 1998 年版。

［31］［美］马丁·P. 戈尔丁：《法律哲学》，齐海滨译，生活·读书·新知三联书店 1987 年版。

［32］［美］史蒂文·苏本、玛格瑞特·伍：《美国民事诉讼的真谛：从历史、文化、实务的视角》，蔡彦敏等译，法律出版社 2002 年版。

［33］［美］威尔·杜兰特：《哲学的故事》，梁春译，中国档案出版社 2001 年版。

［34］［英］伯尔曼：《法律与宗教》，梁治平译，中国政法大学出版社 2003 年版。

［35］［英］伯尔曼：《法律与革命》，贺卫方、高鸿钧、张志铭等译，中国大百科全书出版社 1993 年版。

［36］［英］彼得·希伯德、保尔·纽曼：《工程争端替代解决方法与裁决》，路晓村等译，邱闯校，中国建筑工业出版社 2004 年版。

　　［37］［英］布莱克肖:《体育纠纷的调解解决——国内与国际的视野》,郭树理译,中国检察出版社 2005 年版。

　　［38］［英］道格拉斯·斯蒂芬:《工程合同仲裁实务》,路晓村等译,中国建筑工业出版社 2004 年版。

　　［39］［英］威廉·葛德文:《政治正义论》,何慕李译,商务印书馆 1991 年版。

　　［40］［法］笛卡尔:《谈谈方法》,王太庆译,商务印书馆 2000 年版。

　　［41］［法］卢梭:《爱弥儿》(上卷),李平沤译,商务印书馆 2003 年版。

　　［42］［法］萨特:《自我的超越性》,杜小真译,商务印书馆年 2005 年版。

　　［43］［德］黑格尔:《小逻辑》,贺麟译,商务印书馆 2013 年版。

　　［44］［日］棚濑孝雄:《纠纷的解决与审判制度》,王亚新译,中国政法大学出版社 2004 年版。

　　［45］［日］新渡户稻造:《武士道》,张俊彦译,商务印书馆 2005 年版。

　　［46］Aaron N. Wise and Bruce S. Meyer, *International Sports Law and Business*, Kluwer Law International, 1999.

　　［47］Alan Redfern and Martin Hunter, *Law and Practice of International Commercial Arbitration*, London Sweet and Maxwell, 1991.

　　［48］Anne-Veronique Schlaepfer, Philippe Pinsolle, Louis Degos (eds.), *Towards a Uniform International Arbitration Law*? Juris Publishing, 2005.

　　［49］Gary B. Born, *International Commercial Arbitration* (Ⅰ - Ⅱ), Kluwer Law International, 2009.

　　［50］D. Rhidian Thomas, *The Law and Practice Relating to Appeals from Arbitration Awards*, Lloyd's of London Press Ltd., 1994.

　　［51］Emmanuel Gaillard (ed.), *Anti-suit Injunctions in International Arbitration*, Juris Publishing, Inc., 2005.

　　［52］Emmanual Gaillard, John Savage (eds.), *Fouchard Gaillard Goldman on International Commercial Arbitration*, CITIC Publishing House, 2004.

[53] Gabrielle Kaufmann – Kohler, *Arbitration at the Olympics: Issues of Fast-track Dispute Resolution and Sports Law*, Kluwer Law International, 2001.

[54] George Ragland, *Discovery Before Trial*, Chicago Callaghan and Company, 1932.

[55] Henry J. Brown and Arthur L. Marriott Q. C., *ADR Principles and Practices*, second edition, Sweet & Maxwell Press, 1999.

[56] Ileana M.Smeureanu, *Confidentiality in International Commercial Arbitration*, Kluwer Law International, 2011.

[57] Ian S.Blackshaw, *Sport, Mediation and Arbitration*, T. M. C. Asser Press, 2009.

[58] Ian S. Blackshaw, Robert C. R. Siekmann and Janwillem Soek (eds.), *The Court of Arbitration for Sport (1984 – 2004)*, T. M. C. Asser Press, 2006.

[59] Jean – Francois Poudret, Sebastien Besson (eds.), *Comparative Law of International Arbitration*, Sweet & Maxwell, 2007.

[60] Jason Fry Simon Greenberg, Francesca Mazza, *The Secretariat's Guide to ICC Arbitration: A Practical Commentary on the 2012 ICC Rules of Arbitration from the Secretariat of the ICC International Court of Arbitration*, ICC Publication, 2012.

[61] Katia Yannaca–Small (ed.), *Arbitration under International Investment Agreements: A Guide to the Key Issues*, Oxford University Press, 2010.

[62] Klaus Peter Berger, *Private Dispute Resolution in International Business: Negotiation, Mediation, Arbitration*, Vol. II, Kluwer Law International, 2006.

[63] Mauro Rubino–Sammartano, *International Arbitration Law and Practice*, CITIC Publishing House, 2004.

[64] Murray, Rau, Sherman, *Process of Dispute Resolution: The Role of Lawyers*, Foundation Press, 1989.

[65] Martin F.Gusy, James M.Hosking & Franz T.Schwarz, *A Guide to the ICDR International Arbitration Rules*, Oxford University Press, 2011.

[66] Matthieu Reeb (ed.), *Digest of CAS Awards III (2001 – 2003)*, Kluwer Law International, 2004.

［67］ Matthieu Reeb （ ed.）， *Digest of CAS Awards* Ⅱ （1998 - 2000）， Kluwer Law International， 2002.

［68］ Matthieu Reeb （ ed.）， *Digest of CAS Awards* Ⅰ （1986 - 1998）， Staempfli， 1998.

［69］ Robert C.R.Siekmann and Janwillem Soek （ eds.）， *Arbitral and Disciplinary Rules of International Sports Organisation*， T.M.C.Asser Press 2001.

［70］ Richard Parrish， *Sports Law and Policy in the European Union*， T.M.C.Asser Press， 2003.

［71］ Robert C.R.Siekmann and Janwillem Soek （ eds.）， *Arbitral and Disciplinary Rules of International Sports Organisation*， T.M.C.Asser Press， 2001.

［72］ Simon Gardiner， Richard Parrish， Robert C.R.Siekmann （ eds.）， *EU， Sport， Law and Policy*：*Regulation， Re-regulation and Representation*， T.M.C.Asser Press， 2009.

［73］ Todd Weiler （ ed.）， *International Investment Law and Arbitration*：*Leading Cases from the ICSID， NAFTA， Bilateral Treaties and Customary International Law*， Cameron May Ltd.， 2005.

［74］ W. Laurence Craig， William W. and Jan Paulsson， *International Chamber of Commerce Arbitration*， *Oceana Publications*， Inc. Dobbs Ferry， 2000.

［75］ Yas Banifatemi （ ed.）， *Precedent in International Arbitration*， Juris Publishing， Inc.， 2008.

论文类

［76］ 陈安：《中国涉外仲裁监督机制申论》，《中国社会科学》1998年第2期。

［77］ 陈安：《再论中国涉外仲裁的监督机制及其与国际惯例的接轨——兼答肖永平先生等》，《仲裁与法律通讯》1998年第1期。

［78］ 陈敏：《仲裁员的行为规范》，《仲裁与法律通讯》1994年第3期。

［79］ 陈培德：《论我国体育的法治现状及发展对策》，《浙江体育科学》2003年第3期。

［80］ 高峰、苏本磊、张春良：《论体育仲裁协议的关联性及其效

力》，《体育与科学》2015 年第 2 期。

［81］高峰、黄晖：《论国际体育仲裁中的裁决管理》，《西南政法大学学报》2014 年第 3 期。

［82］高军东：《法治视角下的中国足协及其〈纪律准则及处罚办法〉》，《天津体育学院学报》2011 年第 2 期。

［83］郭树理：《CAS 体育仲裁若干问题探讨》，《比较法研究》2004 年第 5 期。

［84］黄晖：《体育争议解纷机制的复级化及其正当性》，《天津体育学院学报》2011 年第 4 期。

［85］黄晖：《国际体育仲裁组庭瑕疵之救济》，《体育学刊》2012 年第 6 期。

［86］黄世席：《奥运会特别体育仲裁制度若干问题探讨——兼谈北京 2008 年奥运会之有关问题》，载《中国国际私法学会 2004 年年会论文集》（下册）。

［87］姜秋菊：《仲裁员行为规范比较研究》，载《中国国际私法学会 2004 年年会论文集（下册）》。

［88］贾文彤、杨银田、盖立忠：《我国体育法学研究中的法治浪漫主义评析》，《上海体育学院学报》2006 年第 3 期。

［89］李丰祥、李少龙：《体育制度化建设中的法治问题》，《体育与科学》2003 年第 1 期。

［90］李智：《从德国佩希施泰因案看国际体育仲裁院管辖权》，载《中国国际私法学会 2016 年年会论文集》。

［91］李烈钧：《金哨、黑哨和官哨的思考》，《观察与思考》2011 年第 5 期。

［92］龙秋生：《依法治理黑哨探讨》，《体育文化导刊》2011 年第 11 期。

［93］卢元镇：《竞技体育的强化、异化与软化》，《体育文化导刊》2001 年第 4 期。

［94］刘畅：《一般法律原则与国际体育仲裁的法律适用》，《社会科学家》2011 年第 5 期。

［95］刘贵祥、麻锦亮：《中国企业"走出去"法律风险及其司法应对》，《法律适用》2013 年第 5 期。

［96］刘家兴：《论仲裁权》，《中外法学》1994 年第 2 期。

［97］任海：《体育"法治"与"德治"辩》，《体育科学》2005 年第 7 期。

［98］石现明：《承认与执行国际体育仲裁裁决相关法律问题研究》，《体育科学》2008 年第 6 期。

［99］孙义方、孙媛、黄爱峰：《中国特色的运动员综合教育体系构建》，《体育学刊》2010 年第 4 期。

［100］田思源：《改革开放三十年我国体育法治建设的回顾与展望》，《法学杂志》2009 年第 9 期。

［101］王方玉：《权利保护视野下的体育法制建设》，《体育与科学》2007 年第 5 期。

［102］王晓红、李金龙：《文化教育：我国运动员群体的战略抉择》，《北京体育大学学报》2010 年第 4 期。

［103］汪祖兴：《中国仲裁机构民间化改革要略》，《法学研究》2010 年第 1 期。

［104］汪祖兴：《效率本位与本位回归——论我国仲裁法的效率之维》，《中国法学》2005 年第 4 期。

［105］徐芳：《海外并购的额外法律风险及其对策》，《法商研究》2006 年第 5 期。

［106］肖永平：《内国、涉外仲裁监督机制之我见——对〈中国涉外仲裁监督机制评析〉一文的商榷》，《中国社会科学》1998 年第 2 期。

［107］易扬：《仲裁程序的合并与现代国际商事仲裁》，《法学评论》1991 年第 6 期。

［108］杨洪云、张杰：《论体育纠纷的争端解决机制》，《体育学刊》2002 年第 4 期。

［109］于善旭：《新中国 60 年：体育法治在探索中加快前行》，《天津体育学院学报》2009 年第 5 期。

［110］于善旭：《建设体育强国的法治抉择》，《体育文化导刊》2011 年第 2 期。

［111］于善旭：《我国迈向体育强国的法治进路》，《天津体育学院学报》2009 年第 2 期。

［112］于善旭等：《建立我国体育仲裁制度的研究》，《体育科学》

2005 年第 2 期。

　　［113］张卫平：《论民事诉讼的契约化》，《中国法学》2004 年第 3 期。

　　［114］张春良：《论国际商事仲裁权的性态》，《西南政法大学学报》2006 年第 2 期。

　　［115］张春良：《强制性体育仲裁协议的合法性论证》，《体育与科学》2011 年第 2 期。

　　［116］张春良、张春燕：《论国际体育仲裁中的"接近正义"原则——接近 CAS 上诉仲裁救济的先决条件》，《体育文化导刊》2007 年第 11 期。

　　［117］张春良：《论竞技体育争议之可仲裁性》，《武汉体育学院学报》2011 年第 12 期。

　　［118］张春良：《CAS 仲裁庭审模式研究》，《天津体育学院学报》2010 年第 3 期。

　　［119］张春良：《体育纠纷救济法治化方案论纲》，《体育科学》2011 年第 1 期。

　　［120］张春良：《CAS 仲裁中立原则的制度安排》，《天津体育学院学报》2010 年第 2 期。

　　［121］张春良：《体育纠纷救济机制的法理学分析》，《福建论坛》2007 年第 4 期。

　　［122］张春良：《论北京奥运会仲裁的法律问题》，《体育科学》2007 年第 9 期。

　　［123］张春良：《国际体育仲裁透明化之释证》，《武汉体育学院学报》2011 年第 2 期。

　　［124］张春良等：《北京奥运会法制危机及其消解》，《重庆文理学院学报》2006 年第 3 期。

　　［125］张春良：《国际体育仲裁透明化趋势释证》，《武汉体育学院学报》2011 年第 2 期。

　　［126］张春良、卿莹：《CAS 仲裁法典最新发展述评》，《武汉体育学院学报》2012 年第 9 期。

　　［127］赵秀文：《仲裁地点与司法监督》，载《中国国际私法学会 2004 年年会论文集》（下册）。

[128] Charles N.Brower, "The Coming Crisis in the Global Adjudication System", *Arb.Int'l*, 2003 (19).

[129] Emmanuel Jolivet, "Access to Information and Awards", *Arb. Int'l*, 2006 (2).

[130] Gabielle Kaufmann – Kohler, "Arbitral Precedent: Dream, Necessity or Excuse? —The 2006 Freshfieds Lecture", *Arb.Int'l*, 2007 (3).

[131] Janwillem Soek, "You Don't Win the Silver–You Miss the Gold", *International Sports Law Journal*, 2000 (9).

[132] James H.Carter, "The Rights and Duties of the Arbitration: Six Aspects of the Rule of Reasonableness", *The ICC International Court of Arbitration Bulletin*, No.564 ICC Publication

[133] Mark Lutous, "Alternative Disputes Resolution in Sports Arena: Sports Arbitration Procedural Rules as a Policy-making Measure", *Marquette Sports Law Review*, 2005 (16).

[134] M.Blessing, "The ICC Arbitral Procedure Under the 1998 ICC Rules–What has Changed?" 8 *ICC Bull*.16, 1997.

[135] M.Scott Donahey, "Seeking Harmony", *JCI Arb.*, 1995 (4).

[136] Owen M.Fiss, "Against Settlement", *Yale Law Journal*, 1984 (93).

[137] Richard H.McLaren, "The Court of Arbitration for Sport: An Independence Arena for the World's Sports Disputes", *Valparaiso University Law Review*, 2001 (35).

[138] Rodnals, "Court of Arbitration for Sports: Independent Arena of International Sports Disputes", *Valparaiso University Law Review*, 2001 (35).

[139] Roy Goode, "The Role of the Lex Loci Arbitri in International Commercial Arbitration", *Arbitration International*, 2000 (17).

[140] Russel Thirgood, "A Critique of Foreign Arbitration in China", *Journal of International Arbitration*, 2000 (3).

[141] Stephen A.Kaufman, "Issues in International Sports Arbitration", *Boston University Law Journal*, 1995 (13).

[142] Stephen F.Ross and Stephen Szymanski, "Antitrust and Inefficient Joint Ventures: Why Sports Leagues should Look More Like McDonald's and

Less the United Nations", *Marq. Sports L. Rev.*, 2006 (16).

[143] Stephen R. Bond, "The Constitution of the Arbitral Tribunal", *ICC International Court of Arbitration Bulletin*, ICC Pub., 1997.

[144] Stephen Weatherill, "Is the Pyramid Compatible with EC Law?" *Int'l Sports L. J.*, 2005 (3-4).

[145] Richard McLaren, "International Sports Law Perspective: the CAS Ad Hoc Division at the Athens Olympic Games", *Marquette Sports Law Review*, 2004 (15).

后　记

　　这里集结的是作者近年来围绕国际体育仲裁这一主题进行的若干思考，以及缘于此类思考的系列成文。

　　本书并不旨在系统阐述国际体育仲裁的原理和机制，而是以国际体育仲裁原理、机制和实践中凸显的具体问题为对象，以问题导向、聚焦问题的方式逐一成文，因此，在严格意义上本书更类似论文集而非专著体例。专著体例重论述的"面"，而论文集体例则着力于"点"。本书的体例可能使本书的写作少了些连续性，但也因此得以从系统和全面的论述要求中解放出来，集中精力，关切问题，从而更有助于论述的针对性，更有助于直面问题并做深入的探讨。

　　需要指出的是，本书的许多内容曾经发表在相关刊物上，此次结集出版主要是出于如下两方面的考虑：一方面，尽管有的内容已经发表，但受限于发表的条件，发表论文对原文内容进行了较大程度的删减调整，让这些被删减调整的内容完整地面世，也是作者的一个心愿。另一方面，虽然这些论文以问题点为中心，相对独立成文，但各问题点之间仍然存在关联，是国际体育仲裁这一框架中的不同侧重点，分割阅之如管中窥豹，结集出版有助于将这些"走珠"串联起来，从而为读者共现一幅点面结合的图景。相应的，本书在出版之际并没有刻意地更新相关信息，而是保留了成文时的历史痕迹，这些痕迹的存在不仅是对特定时空信息的留存，也以其必有的青涩标识出本书成长的轨迹。本书只是根据各独立的成文所关注的问题点之间的关系，进行了必要的主题归集。鉴于各问题点之间的关联，各文之间可能存在一定的重叠或重复。

　　本书得以结集出版，应首先感谢重庆大学法学院领导，及各位同事的支持和帮助。西南政法大学硕士研究生周童对本书参考文献的整理提供了协助，并以第一读者的身份通读全文，提出了较中肯的修改意见；本书编辑也付出了辛勤的劳动，在此，一并致谢。

其次作者深知，出版并不代表结束，而是意味着新的研究征程；出版更不代表成功，它不能让研究中的不完美变得完美。出版只是意味着阶段性的小结和小憩，让作者能在殚精竭虑的探索中知止而定，定而后能静，静而后能安，安而后能虑，虑而后能得。就此而言，本书的出版更应该被理解为新使命的开始与鞭策。

最后，但并非不重要的是，作者必须追加感谢本书编辑。看到她们寄来的书稿清样中密密麻麻的修改批注，我对她们的严谨认真深感震撼，也对曾经自以为是的语文功底深表怀疑。没有她们的付出，本书在形式和内容上不会那么完美。特此由衷致谢！

志此，以为后记！

作　者

于 Mackenzie Village, Ohio, U. S. A

2017 年 1 月 3 日

再改于重庆北碚区　2017 年 5 月 23 日